超大城市群协同发展研究丛书

超大城市群协同发展理论与机制研究

叶玉瑶　王长建　罗宏明　郭磊贤　等　著

科学出版社

北京

内 容 简 介

本书以粤港澳大湾区为实证对象,系统研究了超大城市群协同发展的理论基础与政策机制,通过梳理城市群协同发展的科学内涵,总结城市群协同发展的国内外先进经验,揭示城市群协同发展的模式与路径,从产业协同创新、服务协同共享、资源协同配置、环境协同治理、制度协同安排五个维度构建理论模型,开展粤港澳大湾区城市群协同发展的综合测度,提出粤港澳大湾区城市群协同发展的战略选择,完善粤港澳大湾区城市群协同发展的政策机制。

本书可为城市群协同发展提供理论基础和决策参考,适合城市群相关政府部门、科研机构、高等院校、行业组织等人员阅读。

审图号:GS 京(2024)0094 号

图书在版编目(CIP)数据

超大城市群协同发展理论与机制研究 / 叶玉瑶等著. —北京:科学出版社,2024.11

(超大城市群协同发展研究丛书)

ISBN 978-7-03-078214-4

Ⅰ.①超⋯ Ⅱ.①叶⋯ Ⅲ.①城市群－协调发展－研究－广东、香港、澳门 Ⅳ.①F299.276.5

中国国家版本馆 CIP 数据核字(2024)第 057810 号

责任编辑:郭勇斌　彭婧煜　冷　玥 / 责任校对:任云峰
责任印制:赵　博 / 封面设计:义和文创

科学出版社 出版
北京东黄城根北街 16 号
邮政编码:100717
http://www.sciencep.com

北京凌奇印刷有限责任公司印刷
科学出版社发行　各地新华书店经销

*

2024 年 11 月第　一　版　开本:720×1000　1/16
2025 年 10 月第二次印刷　印张:18
字数:310 000

定价:148.00 元
(如有印装质量问题,我社负责调换)

"超大城市群协同发展研究丛书"编委会

顾　问：郭仁忠　许学强　叶嘉安
主　编：黄正东
副主编：叶玉瑶　史文中　王　鹏　贺　彪　曾元武
编　委（按姓氏汉语拼音排序）：

蔡少仲　陈　宇　陈泽鹏　黄吴蒙　李启军
李晓明　罗宏明　齐志新　阮威健　单　樑
史京文　苏岳龙　孙　佳　涂　伟　王长建
严　淦　杨　阳　俞　露　张安舒　张　敏

丛 书 序 一

随着城市化进程的推进，城市空间、产业和人口规模不断扩展，相邻城市之间的联系日益增强，形成相互依存、合作紧密的城市群。城市群是资源要素高度集中的城市连绵区域，已成为经济、社会和科技发展的重要引擎。纽约、旧金山、伦敦、巴黎和东京等国际大都市，辐射带动了其周边不同等级规模的城市，形成特色鲜明、一体化程度高的城市群，在全球经济发展中具有重要地位。进入21世纪以来，我国逐步形成京津冀、长三角、粤港澳大湾区三个特大城市群，成渝、长江中游、山东半岛、粤闽浙沿海城市群、中原、关中平原、兰州-西宁、北部湾等不同规模的城市群也逐步纳入国家发展规划。实施城市群战略有利于推动区域协调发展，形成新发展格局，实现"双碳"目标，从而提升城市化质量和城市群竞争力。

《粤港澳大湾区发展规划纲要》明确提出"建设世界级城市群"，促进区域协调发展。粤港澳大湾区是典型的超大城市群，由珠三角9市和香港、澳门特别行政区共11个城市组成，经济社会密度高，创新要素集聚，产业体系完备，经济互补性强，区位和集群优势明显，国际化程度高，经济体量大，在我国发展大局和世界经济格局中均具有重要地位和作用。响应国家需求，强化城市协同，破解合作难题，向更高水平迈进，是粤港澳大湾区城市群的内在发展需求和必要使命担当。如何充分利用独特的体制机制优势，破除障碍因素，促进市场互联互通、资源合理配置、治理合作协同是粤港澳大湾区城市群发展面临的重要课题，需要政界、业界和学界共同努力，深入探究，破局求解。在数字技术和经济迅速发展的今天，通过数字湾区建设，强化粤港澳大湾区城市群在数字空间、网络空间的融合是推进区域一体化协同发展的重要路径。基于立体感知、深度分析和智能优化技术的应用，有利于整合粤港澳大湾区城市群的土地、人口、科技、经济、基础设施等资源，推动构建完整协调的产业生态链，降低企业的运营和创新成本，提升城市群综合竞争力，促进粤港澳大湾区城市群经济、社会和环境的可持续发展。

深圳大学联合广东省科学院广州地理研究所、香港理工大学深圳研究院、中国科学院自动化研究所、广东省土地调查规划院、中山大学、广东省国土资源技术中心、北京高德云图科技有限公司、中电科新型智慧城市研究院有限公司、深圳市城市规划设计研究院股份有限公司9家单位，承担了国家重点研发计划"物联网与智慧城市关键技术及示范"专项项目"粤港澳大湾区城市群综合决策和协同服务研究与示范"（项目编号：2019YFB2103100）。研究团队聚焦粤港澳大湾区城市群综合决策和协同管理服务需求，解析国内外城市群协同发展的规律与机理，构建粤港澳大湾区城市群协同发展理论框架，制定数字化治理、网络化服务、智能化协同技术标准；探索面向城市群空间协同的多源（元）数据治理、集成分析、优化决策等关键技术，提出综合决策和协同服务范式，构建粤港澳大湾区城市群综合数据一体化管理平台。通过近3年的合作研究，项目组取得一系列可喜的创新成果。"超大城市群协同发展研究丛书"是部分研究成果的总结，涉及粤港澳大湾区城市群协同创新、发展状态感知与计算、综合模拟与优化、协同发展场景规划等内容。本人希望并相信，丛书的出版能够引起各界的广泛关注、讨论和思考，为粤港澳大湾区城市群发展和国家城市群战略的实施提供有益的理论和方法参考及支持。

郭仁忠

中国工程院院士

深圳大学智慧城市研究院

2023 年 3 月

丛 书 序 二

超大城市群，作为一个国家和全球城市体系中的璀璨明珠，以其顶级的战略地位、庞大的人口规模、雄厚的经济总量、超大的核心城市以及高度的经济外向度和综合发育程度，成为了城市群发展的巅峰形态。从全球范围来看，以纽约为核心的美国东北部大西洋沿岸城市群、以芝加哥引领的五大湖城市群、以东京为核心的日本太平洋沿岸城市群，以及以伦敦为核心的英伦城市群、欧洲西北部巴黎领衔的城市群等都属于全球超大城市群。在我国的京津冀城市群、长三角城市群、粤港澳大湾区城市群等，它们无疑也是全球超大城市群的典型代表。

这些超大城市群，通过精细合理的分工合作，紧密地嵌入全球生产与创新网络，如同强大的磁场，吸引着全球资源，推动着科技创新，引领着世界经济的浪潮。然而，它们也面临着同质化竞争、资源错配、发展失序、人地矛盾等区域协同发展的共性难题。

相比之下，粤港澳大湾区城市群，其"一国两制"、三个关税区的独特背景，使得其空间尺度关系更为错综复杂。在这片充满活力的土地上，要实现市场互联互通、生产要素高效流动、产业合理分工和资源高效配置的协同发展，无疑是一项更为艰巨而复杂的任务，同时也蕴含着更为丰富的研究价值。

正因如此，粤港澳区域协同发展一直是地理学及其他有关学科研究的热点与焦点。自 20 世纪 80 年代以来，众多专家学者围绕粤港澳区域合作、联动与一体化发展等议题，展开了大量深入而富有成效的研究，揭示了粤港之间从"前店后厂"到"前金后厂"，从"单向辐射"到"双向辐射"的协同模式。然而，随着时代的变迁，粤港澳大湾区协同发展的机制已发生了深刻的变化，"前店后厂"等已成为历史，协同发展的模式更加多元，领域更加广泛。

特别是在当前全球数字化与人工智能加速发展的时代背景下，粤港澳大湾区协同发展正面临着数智转型的巨大挑战。一方面，需要突破综合决策与协同管理的技术瓶颈，以支撑城市群产业协同创新、资源协同配置、服务协同共享、环境协同治理、制度协同安排等应用场景；另一方面，需要构建全新的协同机制，促进区域数据流动、信息共享、规则对接与管理协同等。

在此背景下，深圳大学携手广东省科学院广州地理研究所等 9 家高等院校、科研机构和企业，共同承担了国家重点研发项目，聚焦粤港澳大湾区城市群综合决策与协同管理服务需求，深入解析超大城市群协同发展的规律与机理，探索面向城市群空间协同的多源数据治理、集成分析、优化决策等关键技术，提出城市群综合决策与协同服务的范式与机制创新。

经过系统研究与提炼总结，研究团队形成了这套"超大城市群协同发展研究丛书"。在数字技术和经济迅猛发展的今天，强化粤港澳城市群在数字空间、网络空间的融合，是推动区域一体化协同发展的重要路径。基于立体感知、深度分析与智能优化技术的应用，将有利于整合区域土地、人才、科技、信息、基础设施等资源，推动构建产业创新生态链，缓解城市群人地矛盾，提升城市群综合竞争力。

我坚信，这套丛书的出版将引领数字化时代超大城市群协同研究的新方向，为新时期粤港澳大湾区的协同发展与智慧转型注入强大的知识动力与智慧光芒！

许学强

中山大学地理科学与规划学院教授

2024 年 10 月

前　言

城市群作为中国推进新型城镇化的主体形态，正深刻改变着中国的区域发展格局。超大城市群是城市群发育的高级形态，在国家和全球城市体系中具有顶级战略地位，呈现出巨大人口规模、巨大经济总量、巨大核心城市、较高经济外向度与综合发育程度等特征。近年来，党中央陆续提出了京津冀协同发展、粤港澳大湾区建设、长三角区域一体化等一系列国家战略，尽管具体战略方向有所差别，但推动区域协同发展以提升超大城市群整体竞争力却是共同的战略目标。区域协同发展是新时期粤港澳大湾区提升国际竞争力、建设国际一流湾区和世界级城市群的关键，也是一项复杂的、系统的、与时俱进的科学议题。特别是，相对于京津冀和长三角，粤港澳大湾区在制度环境上具有特殊性，其空间尺度关系复杂，区域协同发展面临不同体制、不同政治制度、不同关税区、不同法律制度之间对接带来的巨大挑战，市场互联互通水平有待进一步提升，生产要素高效便捷流动的良好局面尚未形成，同质化竞争和资源错配现象仍然存在，区域内部包容性、协同性有待加强。因此，研究"一国两制"框架下粤港澳大湾区协同发展的理论基础与政策机制，既具有重要的现实意义，也具有独特的理论价值。

事实上，粤港澳大湾区协同发展并非全新话题。20 世纪 80 年代以来，众多学者围绕粤港澳区域合作、区域联动和一体化发展等议题展开了大量卓有成效的研究，普遍认为粤港澳的区域合作仍需进一步深化。特别是当前伴随全球化格局、区域治理体系以及技术革新的快速演进，粤港澳大湾区的协同发展将面临机制性的变化，需要不断调整和优化协同模式与机制，以适应新发展格局的要求。

近年来，笔者及团队相继主持了国家重点研发计划项目课题"城市群协同发展理论与统筹机制"（课题编号：2019YFB2103101）、国家社会科学基金重大项目"新型基础设施推动粤港澳大湾区经济发展与机制运行一体化研究"（课题编号：21&ZD107），深度参与了中国科学院学部咨询评议项目"粤港澳区域联动机制与优化对策"研究。本书基于上述研究基础，聚焦超大城市群协同发展理论与机制，从城市群协同发展的科学内涵、国内外先进经验、特征及挑战、综合测度、战略选择和政策机制等多个方面展开分析，提出了粤港澳大湾区协同发展的全球化与制度边界特性以及城市群协同发展五个维度的新认知。

本书由叶玉瑶、王长建、罗宏明、郭磊贤等著，全书分为 7 章。第 1 章由叶玉瑶、卢秦、王翔宇主笔；第 2 章由郭杰、姜璐、王翔宇、王长建主笔，郭远游协助完成部分内容；第 3 章由叶玉瑶、许吉黎、陈奕嘉主笔，卢秦协助完成部分内容；第 4 章 4.1 节产业协同创新由吴康敏主笔，4.2 节服务协同共享由王长建主笔，4.3 节资源协同配置由罗宏明、刘翠霞、李奇主笔，4.4 节环境协同治理由林浩曦主笔，4.5 节制度协同安排由雷祎、彭琳婧主笔；第 5 章由王长建、许吉黎主笔，刘郑倩协助完成图件制作；第 6 章由叶玉瑶、王翔宇、李启军主笔，卢秦、郭远游、雷祎协助完成部分内容；第 7 章由郭磊贤主笔，雷祎、程情仪协助完成部分内容。全书统稿工作由叶玉瑶、王长建完成。

  本书撰写过程中，得到了许学强教授、郭仁忠院士、周成虎院士、张虹鸥研究员等专家学者的指导和帮助，也得到了广东省科学院广州地理研究所、深圳大学、广东省土地调查规划院、深圳市城市规划设计研究院股份有限公司以及国家重点研发计划"粤港澳大湾区城市群综合决策和协同服务研究与示范"项目组等其他单位领导和工作人员的大力支持。在此一并表示最诚挚的感谢！

  由于笔者水平有限，书中难免存在不足之处，一些观点与见解也难免有失偏颇，恳请各位同仁和读者不吝赐教。

叶玉瑶
2024 年 4 月 1 日

目 录

丛书序一
丛书序二
前言

1 超大城市群协同发展的科学内涵 ·· 1
1.1 超大城市群协同的概念与内涵 ·· 1
1.1.1 超大城市群的概念及内涵特征 ·· 1
1.1.2 超大城市群的协同发展内涵 ·· 4
1.1.3 为什么城市群需要协同发展 ·· 9
1.2 超大城市群协同发展的理论基础 ·· 14
1.2.1 系统科学：协同学理论 ·· 14
1.2.2 城市地理学：流空间理论 ·· 17
1.2.3 经济地理学：生产网络和知识网络理论 ·· 21
1.2.4 新制度经济学：制度距离理论 ·· 24
1.2.5 政治经济学：空间选择与尺度重构理论 ·· 25
1.3 新时期超大城市群协同发展的机制变化 ·· 27
1.3.1 全球化：全球化转型与全球供应链变革 ·· 28
1.3.2 市场要素：由外向型经济向"内外一体"的市场转变 ································ 30
1.3.3 政府治理：从地方政府企业主义到中央政府推动下的尺度重构 ························ 32
1.3.4 技术变革：新基建赋能区域一体化纵深发展 ······································ 35
1.4 数字化时代超大城市群协同发展的内在要求 ······································ 37
1.4.1 数据跨区域高效流动 ·· 37
1.4.2 新基建的一体化运行 ·· 38
1.4.3 区域数字化协同治理 ·· 40
1.4.4 区域智慧化协同服务 ·· 41
参考文献 ·· 42

2 超大城市群协同发展的国内外先进经验 ·· 53
2.1 美国旧金山湾区 ·· 53
2.1.1 湾区空间演化特征与规律：从"中心-外围"到"泛网络化"功能结构 ···················· 53
2.1.2 内生性动力：市场机制推动湾区要素流动与功能"黏合" ······························ 57

2.1.3　外生性动力：规划引导与区域组织协作推动服务一体化 ············· 57
　2.2　日本东京湾区 ··· 60
　　　2.2.1　区域对流：促进人、物、资金、信息的双向活跃 ····················· 61
　　　2.2.2　人的对流：形成高品质、高韧性的活力大都市圈 ····················· 63
　　　2.2.3　对流的外生性动力：多主体参与地方规划 ··························· 65
　2.3　欧洲城市群（波罗的海湾区的厄勒海峡跨境地区） ························ 66
　　　2.3.1　厄勒区的城市协同规划与治理 ······································ 66
　　　2.3.2　大型基建促进跨境通勤与职住协调 ································· 68
　　　2.3.3　城市群内部产业协同与创新 ·· 69
　2.4　京津冀协同发展 ··· 71
　　　2.4.1　中央"一盘棋"统筹配置与地方协调规划相统一 ······················ 73
　　　2.4.2　聚焦区域错位发展，妥善疏解非首都功能 ··························· 74
　　　2.4.3　政府主导和市场调节"双轮驱动"，调动各类主体积极性 ·············· 75
　　　2.4.4　推动体制改革和机制转换，促进要素自由流动与优化配置 ············ 75
　2.5　长三角区域一体化 ··· 76
　　　2.5.1　高度重视协同发展的合作制度和机制构建 ··························· 77
　　　2.5.2　坚持合作共赢的原则，从易到难、由点及面地逐步推进 ·············· 78
　　　2.5.3　多元主体形成多层次、良性互动的网络型合作治理模式 ·············· 78
　2.6　智慧城市群 ·· 82
　　　2.6.1　新加坡智慧国家 ··· 83
　　　2.6.2　芬兰六城智慧区域战略 ··· 88
　　　2.6.3　江苏智慧城市群 ··· 90
　参考文献 ·· 93

3　粤港澳大湾区城市群协同发展的特征及挑战 ······························ 95
　3.1　粤港澳区域协同发展阶段 ·· 95
　　　3.1.1　协同发展1.0阶段（1978—1996年）："前店后厂"下的区域产业协同
　　　　　　发展 ·· 95
　　　3.1.2　协同发展2.0阶段（1997—2014年）：制度性合作强化支撑区域协同发展 ··· 96
　　　3.1.3　协同发展3.0阶段（2015—2020年）：国家战略引领下的区域全方位融合
　　　　　　协同发展 ·· 98
　　　3.1.4　协同发展4.0阶段（2021年至今）：制度和科技创新赋能区域协同发展新
　　　　　　突破 ·· 99
　3.2　粤港澳大湾区协同发展的特性 ·· 100
　　　3.2.1　全球化特性 ··· 100
　　　3.2.2　制度边界特性 ··· 101

- 3.3 数字化时代城市群协同发展面临的问题和挑战 ……………………… 106
  - 3.3.1 数据跨境流动 ……………………………………………………… 106
  - 3.3.2 制度和法律难题 …………………………………………………… 107
  - 3.3.3 技术标准难题 ……………………………………………………… 108
- 参考文献 …………………………………………………………………… 113

4 粤港澳大湾区城市群协同发展的五个维度 …………………………… 115
- 4.1 产业协同创新 …………………………………………………………… 115
  - 4.1.1 产业协同创新的内涵 ……………………………………………… 115
  - 4.1.2 粤港澳大湾区产业协同创新的现状特征 ………………………… 116
  - 4.1.3 粤港澳大湾区产业协同创新存在的问题 ………………………… 124
  - 4.1.4 粤港澳大湾区产业协同创新的政策建议 ………………………… 125
- 4.2 服务协同共享 …………………………………………………………… 126
  - 4.2.1 服务协同共享的内涵 ……………………………………………… 126
  - 4.2.2 粤港澳大湾区服务协同共享的现状及问题 ……………………… 127
  - 4.2.3 粤港澳大湾区服务协同共享的对策及建议 ……………………… 130
- 4.3 资源协同配置 …………………………………………………………… 132
  - 4.3.1 资源协同配置的内涵 ……………………………………………… 132
  - 4.3.2 粤港澳大湾区国土空间资源特征及现状问题 …………………… 133
  - 4.3.3 粤港澳大湾区国土空间资源优化配置协同路径 ………………… 137
  - 4.3.4 粤港澳大湾区空间发展统筹机制建议 …………………………… 140
- 4.4 环境协同治理 …………………………………………………………… 142
  - 4.4.1 环境协同治理的内涵 ……………………………………………… 142
  - 4.4.2 粤港澳大湾区环境协同治理的边界效应 ………………………… 144
  - 4.4.3 粤港澳大湾区环境协同治理的路径与机制 ……………………… 152
- 4.5 制度协同安排 …………………………………………………………… 155
  - 4.5.1 制度协同安排的内涵 ……………………………………………… 155
  - 4.5.2 粤港澳大湾区制度协同安排的进展与挑战 ……………………… 159
  - 4.5.3 粤港澳大湾区制度协同安排的机制 ……………………………… 162
- 参考文献 …………………………………………………………………… 163

5 粤港澳大湾区城市群协同发展的综合测度 …………………………… 168
- 5.1 城市群协同发展的评价方法 …………………………………………… 168
  - 5.1.1 城市群协同发展评价研究进展 …………………………………… 168
  - 5.1.2 城市群协同发展的五维模型 ……………………………………… 170
  - 5.1.3 城市群协同发展的指标体系 ……………………………………… 171
  - 5.1.4 城市群协同发展的测度模型 ……………………………………… 173

5.2 粤港澳大湾区协同发展的指标测度 ·················· 175
5.2.1 粤港澳大湾区产业协同创新的协同发展水平 ·················· 175
5.2.2 粤港澳大湾区服务协同共享的协同发展水平 ·················· 178
5.2.3 粤港澳大湾区资源协同配置的协同发展水平 ·················· 180
5.2.4 粤港澳大湾区环境协同治理的协同发展水平 ·················· 182
5.2.5 粤港澳大湾区制度协同安排的协同发展水平 ·················· 184
5.3 粤港澳大湾区协同发展的综合评估 ·················· 186
5.3.1 五维集成关系网络 ·················· 186
5.3.2 网络中心性 ·················· 186
5.3.3 网络结构 ·················· 188
参考文献 ·················· 189

6 粤港澳大湾区城市群协同发展的战略选择 ·················· 192
6.1 协同创新的全球化路径 ·················· 192
6.1.1 全球化变局给粤港澳协同发展带来挑战 ·················· 192
6.1.2 全球化变局下粤港澳协同发展的未来路径 ·················· 194
6.1.3 优化城市群内部功能分工，建设世界领先的全球城市区域 ·················· 198
6.2 跨境一体化制度创新 ·················· 201
6.2.1 跨境一体化的制度演变 ·················· 201
6.2.2 制度创新未来的重点 ·················· 203
6.2.3 跨境一体化的重点区域与制度创新 ·················· 208
6.3 都市圈战略 ·················· 213
6.3.1 都市圈政策指引与建设行动 ·················· 213
6.3.2 都市圈发展重点领域 ·················· 215
6.3.3 都市圈协同发展的新思路与新路径 ·················· 218
6.4 粤港澳大湾区经济腹地拓展战略 ·················· 221
6.4.1 经济腹地演变阶段、特征及存在问题 ·················· 222
6.4.2 拓展经济腹地空间战略举措和重点行动 ·················· 228
6.4.3 拓展经济腹地政策创新 ·················· 232
6.5 从智慧城市到智慧城市群 ·················· 235
6.5.1 统一标准形成智慧城市群一体化建设规范 ·················· 236
6.5.2 开放端口构建智慧城市群数据信息共享平台 ·················· 238
6.5.3 建立新型基础设施一体化运行机制 ·················· 239
参考文献 ·················· 242

7 粤港澳大湾区城市群协同发展的政策机制 ·················· 245
7.1 协同发展的政策演变 ·················· 245

7.1.1 政策主题特点 ·· 245
7.1.2 政策新动态 ·· 248
7.2 协同发展政策作用机制 ··· 251
7.2.1 政策主体类型 ·· 252
7.2.2 政策主体关系 ·· 252
7.2.3 政策机制特征 ·· 257
7.3 协同发展政策创新的主要方向 ·· 258
7.3.1 增强政策互动水平，匹配双向发展诉求 ······························· 258
7.3.2 推动区县及以下层级的政策与业务合作 ······························· 258
7.3.3 适度统筹整合各级各类对港、对澳政策 ······························· 259
7.3.4 加速跨都市圈的政策渗透和融合 ·· 259
7.4 结合新技术优化城市群协同发展机制 ··· 259
7.4.1 城市群协同发展机制的现状及局限性 ··································· 260
7.4.2 ICT模块介入下的协同发展机制优化方式 ··························· 262
7.4.3 ICT模块介入下单一领域和跨领域场景应用 ······················· 263
7.5 加强粤港澳大湾区政策协调，优化城市群统筹机制 ··················· 266
参考文献 ·· 267

1 超大城市群协同发展的科学内涵

1.1 超大城市群协同的概念与内涵

1.1.1 超大城市群的概念及内涵特征

20世纪50年代，法国地理学家戈特曼（Gottmann，1957）在考察完美国东北部城市化现象后提出了大都市带（megalopolis）的概念：人口规模达2500万以上，由许多都市区首尾相连，经济、社会、文化等方面存在密切交互作用的巨大城市地域。20世纪末以来，国际学者在世界城市、全球城市研究的基础上对巨型城市空间形态提出了新的概念。如美国学者斯科特（Scott，1996）提出的全球城市区域（global city-region）、英国学者霍尔和佩因（Hall and Pain，2006）提出的特大城市区域（mega-city region）。此后，城市群的相关概念不断发展演变（表1-1）。

表1-1 国际上城市群相关概念演变：从大都市到大区域

概念	概念	最小人口	最大人口	地理位置	全球数量/个	参考文献
大都市带（megalopolis）	非常大的多核城市化系统，具有足够的连续性和内部互联性，可以被认为是一个系统。（Gottmann，1976，p.162）	2500万	未指定	美国东北部	1	Gottmann，1957；1961；1976
全球城市区域（global city-region）	资本、劳动力和社会生活出现两极分化，并以错综复杂的方式相互紧密联接，它们强化了国家间广泛存在的关系。因此，它们代表了大都市地区——或毗邻的大都市地区——及其周围不同程度延伸的腹地（这些腹地本身可以是分散的城市居住区）。（Scott，2001a，p.814）	100万	2790万	全球	>300	Scott，2001a；2001b
特大城市区域（mega-city region）	由10到50个城镇组成的系列，它们在实体空间可能相互分离，但在功能上相互联接形成网络，聚集在一个或多个较大的中心城市周围，并从新的职能分工中汲取巨大的经济力量。（Hall and Pain，2006，p.3）	160万	1900万	西欧	8	Hall and Pain，2006

续表

概念	定义	最小人口	最大人口	地理位置	全球数量/个	参考文献
大都市区（metropolitan region）	由人口和经济活动高度集中的经济功能区构成，通常覆盖许多地方行政辖区。其中经济功能区是指一个集中包含许多经济联系的地理空间。（OECD，2006，p.31）	150万	3400万	经济合作与发展组织成员国	78	OECD，2006
巨型区域（megaregion）（如：中国粤港澳大湾区*）	城市及其周边郊区腹地的集合，劳动力和资本在其中以很低的成本重新分配……与过往大城市的职能相似……只是具有更大的空间范围。（Florida et al.，2008，p.459-460）	370万	1.216亿	全球	40	Florida et al.，2008
		2000万	1.2亿	全球	未指定	UN-Habitat，2010a；2010b
行星城市化（planetary urbanization）	大都市中心及其周边地区的网络……通过环境、经济和基础设施的相互作用，在空间和功能上相互联系。（Ross，2009，p.1）	500万	5400万	美国	11	Ross，2009
	远离传统城市中心和郊区的交通空间——通过跨洋航线联通……至于过去的"自然"空间，如海洋、沙漠、丛林、山脉、苔原和大气层——都将会成为世界城市的构成部分。（Brenner and Schmid，2011，p.13）	不适用	70亿+	全球	1	Brenner，2013；Brenner and Schmid，2011

*粤港澳大湾区被国际学者认为是最大（人口最多）的城市群，对应国际上新近提出的"大区域（megaregion）"的概念。

资料来源：参考 Harrison 和 Hoyler（2015）整理。

自 20 世纪 80 年代始，与城市群相关的各种概念在我国出现，部分学者开始关注到"大都市带"这一城市空间组织形态。周一星在都市区界定的基础上提出了都市连绵区（metropolitan interlocking region）的概念，并指出中国东南沿海已经形成了长江三角洲和珠江三角洲（含港澳）地区两个都市连绵区（孟延春，1998）。姚士谋（1992）最早明确提出"城市群"（urban agglomeration）这一概念，认为城市群是在特定的地区范围内具有相当数量的不同等级规模的城市，依托一定的地理环境的条件，借助于综合运输网的通达性以及现代化的通信设施，城市个体之间内在联系不断发展，产生群体亲和力所共同构成的一个相对完整的城市群体。姚士谋等（1992）撰著的《中国的城市群》一书出版以来，"城市群"这一概念开始被政府部门和学术界广泛应用。方创琳等（2005）认为城市群是指在特定地域范围内，以 1 个特大城市为核心，至少 3 个都市圈

（区）或大城市为基本构成单元，依托发达的交通通信等基础设施网络，所形成的空间组织紧凑、经济联系紧密、最终实现同城化和高度一体化的城市群体。胡序威（2014）认为要厘清城市群的概念，区分城市群与城市密集区的概念与联系，城市群是指由多中心的不同规模和类型的城市组成的内在联系紧密的众多城市在空间集聚的地域。陆大道（2015）认为城市群是以一两个特大城市为核心，包括相邻若干个城市组成的内部具有错综复杂的联系和管理高度一体化的区域。

自2000年以来我国融入全球性的都市化进程之后，在中央关于"十一五"规划的建议中首次提出了"城市群"的概念，要求"珠江三角洲、长江三角洲、环渤海地区，要继续发挥对内地经济发展的带动和辐射作用，加强区内城市的分工协作和优势互补，增强城市群的整体竞争力"。在2014年发布实施的《国家新型城镇化规划（2014—2020年）》中50次提及城市群，初步将城市群作为推进国家新型城镇化的空间主体。国家"十四五"规划继续把城市群作为推进新型城镇化的主体，提出"发展壮大城市群和都市圈"，"以促进城市群发展为抓手，全面形成'两横三纵'城镇化战略格局"，并在全国布局了京津冀、长三角、珠三角、成渝、长江中游等19个国家级城市群。根据2014年国务院下发的《关于调整城市规模划分标准的通知》，将城区常住人口1000万以上的城市定义为超大城市。结合西方特大城市区域（mega-city region）和大都市带（megalopolis）的概念，以及中国学者对于城市群的理解和当前中国城市区域发展的实际，将本书所探讨的"超大城市群"定义为以一个或多个超大城市为核心，由空间邻近的至少三个大城市所组成的具有连续性且内部联系复杂紧密的城市系统。超大城市群在国家和全球城市体系中具有顶级战略地位，具有人口规模巨大、经济总量巨大、核心城市巨大、较高的经济外向度与综合发育程度等特征（唐立娜等，2023）。

目前世界上发育程度最高的大城市群有美国东北部的大西洋沿岸城市群、北美五大湖城市群、英格兰东南部城市群、欧洲西北部城市群和日本太平洋沿岸城市群等。我国则形成了长三角、珠三角、京津冀、长江中游城市群、成渝城市群五大国家级特大城市群地区，以占全国的9.06%的面积，集中了全国45%的城镇人口、50%的经济总量和60%的外资。据联合国预测，到2050年全球最大的40个超大城市群地区以占地球极少的面积，集中18%的人口，将参与全球66%的经济活动和大约85%的技术革新。大城市群作为中国与世界链接的枢纽和门户，正深刻地影响着我国的国际竞争力。党的二十大报告提出以城市群、都市圈为依托构建大中小城市协调发展格局。由此可见，城市群是中国新型城镇化的主体区和未来国家经济发展的核心区，主导着国家经济发展的命脉，决定着国家新型城镇化的未来。

粤港澳大湾区作为全球四大湾区之一，同时是我国开放程度最高、经济活力最强的区域之一，在国家发展大局中具有重要战略地位。2023 年其经济总量突破 14 万亿元，而总面积仅为 5.6 万千米^2，以不到全国 0.6%的国土面积，创造了全国 1/9 的经济总量。2023 年总人口达到 8600 万，深圳、广州、东莞三大城市常住人口均超过 1000 万。大湾区正形成以香港、澳门、广州、深圳四大中心城市为核心引擎，辐射带动周边珠海、中山、惠州等区域发展的空间格局。综上，粤港澳大湾区呈现人口规模、经济总量和核心城市巨大等特征，无疑是全球典型的超大城市群。与国内外其他超大城市群一样，尽管在长期的协同发展探索中取得了一些令人瞩目的重要进展，但制约区域协同发展的体制机制等深层次问题仍然存在。加之粤港澳大湾区"一国两制"、三个关税区、三种法律体系的特殊背景差异，使得区域协同发展面临更加复杂的衔接难题，为内部城市之间实现市场互联互通、生产要素高效流动、产业合理分工和资源高效配置等带来了更加复杂、严峻的挑战。但同时正是由于这种政治尺度上的特殊性以及制度上的独特性，赋予了其独特的区域研究价值，也为构建具有中国特色的区域协同（一体化）理论奠定了深厚基础。因此，本书重点以粤港澳大湾区为实证对象，系统研究超大城市群协同发展的理论基础与政策机制。

1.1.2 超大城市群的协同发展内涵

1.1.2.1 协同发展内涵是不断发展演变的

"协同"最早是作为系统论中的概念，强调子系统间的合作、协调，以达到系统功能大于各子系统功能之和的结构优化状态（袁莉，2014）。理论物理学家赫尔曼·哈肯于 1971 年创立了协同学（synergetics），是一门研究各种由大量子系统组成的系统在一定条件下通过子系统间的协同作用，在宏观上呈有序状态，形成具有一定功能的自组织结构机理的学科。协同学为城市群协同发展提供了理论基础，地理学及相关学科汲取了"协同学"的思想精华，在城市群研究中加以运用，提出了城市群协同发展的概念，即城市群内各地域单元（子区域）和经济主体之间协同和共生，自成一体形成高效和高度有序化的整体，实现各地域单元和经济主体一体化运作的城市群发展方式。

根据戈特曼对城市群发展阶段的内涵阐释，城市群空间关系演进有着明显的阶段性需求与外在特征，而其协同内涵在各个时期也随之呈现一定的差异，具体表现为以下三个阶段：城市群发育早期在空间上缺乏联系，空间关系较为松散，随着城市群内中心城市的集聚与扩散，城市群内相关城市产生空间对接、设施对接的诉求，在城市群空间关系上处于"对接阶段"。这一阶段城市间协同更多是交通基础设施协同建设的"硬联通"。道路交通网络是实现城市间运输联系的基础，完善的交通运输体系是促进生产要素流动、实现区域联系与合作的必要条件（郝凤霞和张诗葭，2021）。新经济地理学也认为，区域经济的集聚和扩散在不完全竞争的条件下取决于市场的范围、区域间劳动力的可移动程度和运输成本，改善交通基础设施可以降低交通运输成本，促进劳动力等要素在区域之间的自由流动，进而促进区域经济增长（张克中和陶东杰，2016）。因此，以铁路、公路、航道、机场等交通运输设施及电力、通信、水利等传统基础设施建设，促进人、物、资金等要素流动成为这一时期城市群"协同"的主要内容。

随着基础设施的逐渐完善，城市群协同发展内涵不断得到深化和拓展。城市群内在联系趋于紧密，经济联系、交通联系、产业合作、环境保护等方面的需求较为强烈，在空间关系上需要整合、优化、协调的需求与矛盾也逐渐凸显，因而在城市群空间关系上处于"协调阶段"。首先，这是由于随着区域一体化的推进，重复建设、产业雷同、要素流动受限等现象逐渐凸显，城市群内各城市之间实现产业分工协作成为这一时期协同发展的主要方向，要求不同城市之间的产业在生产、营销、管理、技术等方面相互配合、相互协作，形成产业链与价值链，充分利用城市群内部资源优势，形成产业联系，优化城市间的产业升级，实现良性合作与竞争（杨道玲等，2022）。在城市群内部，不同地域间、不同产业间、同一产业的不同子系统间相互配合和协作，实现协同效益。其次，在区域经济发展过程中，地域相近的两个或多个城市为打破传统的城市之间行政边界和保护主义限制，化解各类矛盾冲突，同城化作为一体化发展的更高阶段，呼之欲出。同城化是指同一区域内两个或者多个相邻的城市为协调相互冲突的利益关系而形成的一系列制度安排和运行机制（赵英魁等，2010），旨在促进区域市场一体化、产业一体化、基础设施一体化以达到高度协调和统一、提高区域经济整体竞争力的一种城市发展战略。同城化是伴随着城市建设和区域经济一体化出现的一个崭新的概念，是区域一体化在空间上的突出表现形式，区域一体化是区域同城化的必要前提（高秀艳和王海波，2007）。最后，随着新型城镇化的提出，城市群协同发展开始强调产城融合与城乡融合发展。我国新型城镇化发展的战略方针为突出引导发展城市群，严格控制超大城市和特大城市发展，合理发展大城市，鼓励发展中等城市，积极发展小城市和小城镇，形成城市群与大、中、小城市及小城镇协同发展的高质量发展新格局（方创琳，2019）。

最后，城市群进入到成熟发展阶段，共同的发展诉求、目标、价值导向开始逐步形成，行政边界限制下城市个体的利益价值导向被城市群区域价值所取代，并以此引导城市群进入到一体化、全方位合作共赢发展的新阶段，在空间关系上更多表现为在同一诉求或目标下展开关联性非常强的协同行动，处于"协同阶段"，这也是城市群空间关系演化的高级阶段（Gottmann, 1961；邹军等，2015）。这一时期伴随着数字技术革命的兴起，城市群综合决策和协同服务的"软联通"以及新型基础设施建设成为城市群协同发展的重要发展导向。随着5G、大数据、物联网和人工智能为代表的新一代信息技术加速革新应用，城市群协同决策的组织体系，需要有软硬件一体化协同发展机制的配合。因此，新时期城市群协同发展同时强调跨境区域新型基础设施的共建共享，通过技术赋能区域经济一体化纵深，推动区域协同发展向信息技术支撑之下的产业协同创新、产业链关联以及区域协同服务共享转变。在新一代信息技术支撑下，推动人才、信息、资本、技术等要素突破地理边界的限制，跨区域和长距离的互动关系更加稳定、频繁和互补，增强地区之间的连接性，拓展区域协同发展的广度和深度。

1.1.2.2 协同发展内涵需要多维度理解

城市群是一个高度开放且有组织的复杂巨系统，内部各城市之间存在经济、社会、文化等多方面的紧密联系，可以逐层次分解为目标完全不一样的系统集合。城市群内在的复杂性特征决定了其协同发展并不是单一层面的协同，而是同时涉及多个不同的维度。国内外学者对城市群的协同发展提出了诸多框架解释，代表性的学者如方创琳（2017）在针对京津冀城市群的协同发展研究中提出，城市群的协同发展需要实现规划、交通、产业、城乡、市场、科技、金融、信息、生态、环境共10个方面的协同，城市群内部各城市之间通过竞合过程形成经济共同体、利益共同体、环保共同体和责任共同体。陆军（2020）认为城市群协同发展的重点支撑领域包括交通设施协同、统一市场建设、产业分工协作、协同创新合作、公共服务协同、城乡融合协同、生态环境协同和统筹协调发展。吕典玮和张琦（2010）认为区域协同发展具有较强的复杂性及综合性，包含了市场、产业分工、空间发展、基础设施建设、环境投资开发与保护5个维度。唐亚林和于迎（2018）认为协同意味着区域经济、社会和文化生态等全面一体化的推进，包括基础设施一体化、政务服务一体化、市场体系开发开放、政策体系对接对联、公共服务深度融合、生态治理和文化发展一体化等多方面的内容。王郁和赵一航（2020）认为政府间的协同主要以资源协同、服务协同和管理协同为主要形式。资源协同包括人、财、物等有形资源的协同，服务协同是以公共服务水平共同提升为目的和内容的协同，管理协同是指各类公共事务管理中主体、职能、流程等方面的协同。地方政府间的资源协同、服务协同和管理协同等协同行为，往往是以政府间合作制定相关政策、并推动其实施为基础和前提而得以开展。

尽管不同学者关于城市群协同发展涉及维度的具体内容有所差异，但多维度的协同已成为当前学界的共识，其大致包含产业、服务、资源、制度、环境等多个方面。其中，产业协同是城市群协同发展的基础，城市群内部各城市必须根据各自的区域比较优势和制约因素，将自身置于更大范围的劳动地域分工中找准产业定位、功能定位和发展阶段定位，进而明确产业发展目标和发展方向，根据发展目标与方向大力发展特色经济和特色产业，在城市群内部形成系统化、链条化的产业体系，将城市群打造为产业同链的"经济共同体"。公共服务协同是指推进城市群内部各城市交通、信息、金融、教育、卫生、文化、福利保障等公共服务的一体化进程，缩小不同群体间以及同一群体在城市群内享受公共服务的差异，提高流动人口跨地区获得公共服务的便捷性与便利性，实现流动人口在城市群内部各城市基本公共服务的普惠共享，进一步激发释放城市群的集聚效应和提升城市群的空间效率。资源协同配置既包括土地、水等主要自然资源的协同配置，也包括空港、海港、铁路等交通资源的协同配置，要求发挥各区域、各行业或各主体的比较优势，将资源统筹配置到最急需、最高效的地方，以实现区域资源利用和产出效率的最大化。生态环境保护协同重点是推进区域绿色发展布局、结构调整、生活方式转变，以及在大气、水环境等污染方面实现环境协同治理。制度协同是指建立健全更加有效的有利于推动城市群协同发展的体制机制和政策体系，在区域之间和各城市之间搭建充分的衔接、协调机制。

1.1.2.3 制度创新是区域协同发展的重要保障

制度对区域经济发展具有重要的作用，制度决定了社会的演进方式，良好的制度环境能保障要素自由流动，促进统一市场的形成和区域一体化发展（高波，2023）。在交通、信息技术日益发达的今天，空间距离已经不断被折叠压缩，而制度障碍愈来愈成为制约区域经济一体化更为深刻的力量（丁明磊和刘秉镰，2010；刘毅等，2019）。制度差异不仅存在于国与国之间，一国之内也存在制度环境差异，尤其是对于我国这样一个自然疆域、经济与社会发展差异巨大的大国而言，不同地区之间要素流动存在着显著的制度制约，地方政府之间长期以来存在严重的制度壁垒，大都市区、都市圈、城市群等不同尺度的区域空间同样如此（代佳欣，2016；林建浩和赵子乐，2017）。王雨和张京祥（2022）认为由行政区划范围内的政策法规构成的边界性制度差异造成了严重的行政分割现象，一方面，边界会对人流、物流、资金流等生产要素的流动形成进入门槛，如户籍门槛、产业门槛、行政管理门槛等；另一方面也制约了本地的扩散效应，如限定经济腹地的辐射范围、公共资源的服务范围等。为破解制度壁垒，解决传统单一碎片化的政府治理难以应对日益复杂的跨界问题，催生了加强合纵连横以便修正传统行政体制缺陷的改革潮流（王太高，2022）。学界开始呼吁联合政府、整体政府、协作治理、网络治理、跨部门协作等，强调以多元治理主体组成并区别于传统巨人政府的复合治理范式（屈晓东和范巧，2021；Bianchi et al.，2021），期望横纵协同消除区域间不同政策相互破坏的情况而更好地创造协同效应（Pollitt，2003）。

制度协同是区域协同发展的重要维度与机制保障（Zhang and Wu，2019）。推进城市群协同发展的关键在于制度创新，建立不同的制度子系统之间的衔接关系，使各项制度衔接有序、配合有度，成为有机整体，实现"整体大于部分之和"。李雪松等（2017）认为城市群区域一体化政策设计能够消除地区发展制约，要素流动和商品优化配置带来的空间外部性、产业关联效应显著提升了经济增长效率。城市群涉及多个行政区内的各级政府主体，治理主体和行动决策主体多元，具有显著的跨区域治理特征，这一特征导致城市群协同治理难度较大，难以形成有效的空间管理机制、利益协调机制和治理机制（Spolaore and Wacziarg，2012；Capello et al.，2018）。针对这一问题，部分学者提出建立跨界合作的利益分配和责任的合理性制度安排，通过协作网络治理、议事协商制度、组织制度等协作方式（顾朝林和王颖，2013），以及重构上下级政府和同级政府间的府际关系，协调各层级和各地方政府职能，以实现区域协同发展（陈修颖和汤放华，2014）。高波（2023）提出通过政府规划或政策协同发布、重构府际关系和创新政府间的协调合作方式等路径，创造良好的制度环境，以推动区域一体化发展。

相较于我国长三角和京津冀城市群，粤港澳大湾区具有"一个国家、两种制度、三个独立关税区"的独特属性，其区域一体化进程受到边界属性和制度环境变化的显著影响，面临不同体制、不同政治制度、不同关税区、不同法律制度之间转化对接带来的挑战，区域一体化运行机制相比其他区域更加复杂。此外，粤港澳三地在行业准入、税制、人才政策等制度方面也存在较大差异，缩小边界制度距离成为粤港澳地区释放湾区经济活力的关键。毛艳华和杨思维（2019）对粤港澳大湾区一体化的研究提出，政府应通过合作制度的创新，克服政治、经济和文化等方面的合作障碍，营造良好的制度环境，推动粤港澳大湾区更深层次的整合。因此，制度协同安排对于粤港澳大湾区实现协同发展尤为重要。

1.1.3 为什么城市群需要协同发展

1.1.3.1 突破同质化竞争的瓶颈制约，形成功能明确、分工协调的区域发展格局

在城市群高速发展的过程中，城市群内部各城市之间由于利益因素互相博弈，趋向于地方保护和进行市场分割，使城市间支柱产业重合度较高，产业布局趋同，存在产业"拼抢"、直接竞争现象。随经济发展形势变化，这种低层次的重复建设和同质竞争愈加严重，导致城市间缺少纵向联系和合理有效的分工合作，难以形成合理的产业梯度和紧密联系的产业链，造成资源浪费、效率不高等问题。粤港澳大湾区内部同样面临产业协同性较弱而竞争性强，产业同质化的现象。从珠三角与港澳之间来看，进入 21 世纪以来，珠三角区域内城市的产业和功能分工逐渐由原来内地与港澳之间明确清晰的垂直分工格局（"前店后厂"）走向不明朗的关系（马向明和陈洋，2017）。粤港澳区域经济关系从过去的互补性开始转向一定程度的同质化竞争，粤港澳的深度合作和区域经济一体化发展受到挑战，港澳投资也逐渐失去了海外接单、内地生产的搭配优势，港澳与珠三角的发展差距在缩小。实际上，内地与港澳之间依然存在很强的相互需求和互补性，也有很大的合作空间。从珠三角内部各城市之间来看，2015—2020 年珠三角内部工业同构相似系数平均数基本呈上升态势，如深圳、东莞和珠海系数均达 0.9 以上，中山、佛山和珠海之间的系数也在 0.8 左右。此外，珠三角外围部分地市产业趋同程度也比较高，如肇庆、江门、阳江、清远和云浮等地区的系数在 0.7 以上，产业链内重复建设和同质竞争等问题凸显。

事实上，港澳和珠三角之间仍然具备明显的互补优势，迫切需要加强产业协同发展。产业协同是粤港澳大湾区协同发展的有机组成部分，也是促进经济高质量发展的重要切入点，有助于优化区域产业空间布局，理顺产业发展链条，形成区域内优势互补、协同紧密的产业发展新格局。在新的时代背景下，粤港澳大湾

区应以"利益共享、体制先行、市场主导、政府引导"为城市群空间协同发展的基本共识原则，消除行政壁垒和地方保护主义狭隘思想，从粤港澳大湾区整体发展出发，明确内部各城市产业定位和角色分工，形成横向错位发展、纵向分工协作的发展格局，使得城市群内资源差异性、功能互补性、规划统一性、市场竞争性得以在空间协同的统领下得到充分发挥，让城市群得以不断释放发展活力（邹军等，2015；方创琳等，2015）。

1.1.3.2 打破公共服务共享障碍，促进人才、资本等要素的顺畅流动

在我国长期的属地管理模式下，公共服务供给以户籍为底本，导致各地地方政府不愿为外来人口提供均等化公共服务，区域公共服务难以实现真正的对接共享，尤其体现在医疗和养老保险上。基于辖区利益出发的公共服务政策在一定程度上限制和割裂了经济的内在联系，影响和制约了生产要素合理流动和有效配置。城市群要想充分整合区域内外资源，必须打破内部城乡或不同城市或地区之间的户籍壁垒，实现公共服务合作供给。粤港澳大湾区公共服务合作具备得天独厚的地缘优势、深厚的合作基础、叠加的政策支持、共同的利益目标等优势，但由于认识、制度、技术标准等方面的差异，导致大湾区在生产要素跨境流动、跨境公共服务等方面面临诸多掣肘，制约了粤港澳大湾区一体化发展（伍文中和李静，2023）。其中，人才流动存在社会保障、医疗、税收、专业资格互认等一系列身份差异带来的成本负担。如在医疗合作中，港澳沿用欧洲医疗执业资质标准，与广东省医护人员的医疗资质认定存在差异。在养老服务方面，大湾区三地养老服务中养老医师执业、护理人员认定等从业人员评价标准和培训体系也尚未统一。针对高科技企业和高层次人才，广东省以政府行政审核审批为主，而港澳则以行业自评为主，统一认证难度较大，增加了科技型企业和高层次专业人才跨境难度。因此，在湾区公共服务供给中，尚未形成系统性的发展框架体系，针对就业、养老、救济、社会保障和社区安全等全领域服务，"一刀切"、笼统治理、无差别化对待现象突出，导致公共服务供给效度不足（陈缘，2023）。

公共服务、基础设施、市场要素等的互联互通共同组成了粤港澳大湾区的一体化、高质量发展的驱动力。打造城市群公共服务体系和社会协同治理机制，统筹安排湾区内劳动力就业与创业、教育合作、办医行医环境、养老服务条件、职业资格互认、金融市场互通、交通体系互联等民生问题，是实现湾区地域叠加优

势,推动湾区公共服务要素共享,强化区域合作,共同扩大对外开放的必然要求。在经济全球化时代,资本、技术、人才、信息等创新要素更容易突破地理边界的限制,跨区域和长距离的互动关系变得更加稳定与频繁,地区之间的连接性逐渐增强,地理空间距离和边界被弱化,为粤港澳大湾区推动要素跨区域、跨境高效自由流动提供了前所未有的机遇。粤港澳大湾区迫切需要创新探索完善配套制度对接、建立公共服务民主决策机制、运用新技术手段、统一湾区公共服务技术标准等,提升在交通、医疗、教育、信息、保险、金融、物流等方面公共服务共建共享的能力,促进资金、资源、人才、技术等要素在城市间和区域内的高效互通互联与优化配置。

1.1.3.3 减少资源错配现象,提升各类资源优化配置的能力

城市群是推动资源优化配置的重要引擎(Camagni et al.,2017),城市群内不同城市又通过便捷而快速的交通网络连接起来,能够快速地聚集和疏解各种资源,因此城市群具有高效配置资源的能力。不少学者认为城市群内分工合理、特色鲜明、功能互补的功能专业化分工协作关系,提升了城市间的连接性,推动了资源要素共享和技术知识传播,促进了人力资本、金融资本、土地供给等资源要素的优化组合与配置,最终达到改善资源空间配置效率的目的(Wheeler,2001;刘胜,2019)。随着资源环境承载力已接近或达到上限,提高资源要素配置效率日益重要。Kahn(2010)认为大型都市区的发展已超过了其"最佳"的规模,"大城市病"所带来的"拥挤成本"诱发了资源错配。张亚明和刘海鸥(2014)以京津冀城市群为例,发现地方政府容易陷入"囚徒困境",未能实现资源要素的空间最优配置。

粤港澳大湾区在部分领域同样存在不同程度的同质化竞争和资源错配现象,城市之间资源整合相对不足。自20世纪90年代起,珠三角地区"村村点火、户户冒烟"的发展路径,自下而上的"非农化"开发与政府"机会主义征地"自上而下的城镇化等,带来了社会经济的快速发展,同时也带来了土地资源错配引发的土地利用破碎、城乡混杂、土地利用效率低下、开发强度过大等问题,城镇空间供给与产业转型升级的空间需求不匹配,老旧工业园跟不上先进制造业发展要求,已开发土地的零碎化、低效化严重制约了区域制造业的转型升级。在水资源配置方面,珠江流域尽管地处丰水地区,但水资源时空分布不均,也会受到干旱的影响,因此需要长期开展水资源配置工程以提高区域供水安全保障能力,但

目前的水资源优化配置能力仍然不高。粤港澳大湾区作为世界级湾区,港口建设是其中的重要环节,但珠三角港口群面临着内部竞合的问题,珠江口内及西岸港口在集装箱货源争夺方面竞争加剧,大湾区港口资源整合仍然有待提升。新时期粤港澳大湾区要提升国际竞争力,推动实现城市群的一体化协调发展,必须创新资源配置的体制机制,从优化配置各类资源的角度寻求提升区域整体效能的体制机制和策略路径,促进资源要素在空间上进行重新配置。

1.1.3.4 缓解生态环境污染溢出效应,提高区域协同治理水平

我国快速的城镇化进程导致了日益严峻的资源环境问题,城市群已面临日益严重的资源与生态环境的胁迫压力(方创琳,2014)。方创琳指出我国城市群在选择与培育过程中存在着"滥圈滥划、扩容贪大、拔苗助长、无中生有、拼凑成群"等一系列亟待解决的"城市群病"(方创琳等,2016;方创琳,2015)。部分城市群过度扩展城市群范围极大地挤占了粮食主产区空间和生态安全空间,城市群成为环境污染、雾霾等生态环境问题集中激化的敏感区和重点治理区。环境污染具有显著的溢出效应,诸如大气污染、水体污染等具有扩散性和不确定性,呈现跨区域、跨行政区划边界的散布特征。已有实证研究表明,环境污染具有强烈的负外部性,使污染企业和污染物排放更多地向城市边界区域集聚,而粤港澳大湾区内部特别是广佛交界、深莞交界等区域的环境问题更为突出(沈静等,2019)。同时,生态、经济、社会三重治理目标增加了治理压力和难度,造成单一政府主体独自治理动力不足。因此,突破行政壁垒束缚、实现环境治理的跨区域协同提升是新时期城市群破解严峻的污染治理挑战的重要手段。

目前,粤港澳大湾区作为世界级城市群,在大气污染治理、流域治理和生态保护等方面开展了一系列联合行动,多元利益主体为特征的环境协同治理模式逐步形成。但粤港澳三地环境治理仍然面临治理效能不高、合作制度供给不足、环境关切点不同、社会公众参与不够等现实问题,制约着大湾区环境协同治理水平的提升(李成和石宝雅,2023)。协同治理是破解环境污染外溢效应的有效方式,也是区域环境治理的发展方向。粤港澳大湾区作为世界级湾区,优质的生态环境是其不可或缺的重要组成部分,需要坚持人与自然和谐共生的现代化,完整、准确、全面贯彻新发展理念,充分发挥粤港澳三地制度优势和先行先试政策优势,加快推动规则衔接、机制对接,不断提升环境治理水平,推进环境治理体系和治理能力现代化(李成和石宝雅,2023)。

1.1.3.5 优化区域跨界协调机制，增强目标、任务的协调一致性

粤港澳大湾区的最大特色是"一国两制"、三个关税区，香港、澳门与广东省在体制机制、行政权力机构、行政权力等级结构、政府规划自主决策权力等方面都存在显著差异（张胜磊，2020）。自恢复对港澳行使主权以来，中央政府以及粤港澳三地政府围绕珠三角城市群合作推行了一系列制度安排，主要包括联席会议制度、经贸协定、联合规划的研究与制定、跨境区域共同开发、设施共建共享等（刘云刚等，2018；Zhong and Su，2019），在推进区域协同发展进程中发挥了重要作用。但粤港澳大湾区仍然存在一系列制度、规则、标准衔接难题。首先，港澳拥有高度自治权，受国家宏观经济干预程度较小，发展策略主要以为经济发展和人口增长提供基本要素为主，由此导致粤港澳三地的规划决策机构和行政程序不同，较难匹配可直接对接合作的机构。广东省的许多决策制定通常在事先已经获得国家的大力支持，同时广东非政府组织的力量较为薄弱，这也限制了跨境合作的效率和灵活性。其次，港澳目前拥有独立的司法体系，法律体系属于"海洋法系"。港澳的法院在处理法律事件时主要依据世界各地和港澳本地性质相似的事件判例做出判决，其多数判决并没有成文法的形式；而内地法院的判决主要由法官依照宪法及立法精神做出判决。再次，从宏观经济治理方式来看，当香港的经济出现市场失灵时，特别行政区政府难以强而有力地对经济活动和市场发展起到规范和引导作用，也即所谓的"有限政府"；相比之下，内地政府则坚持"有效市场"与"有为政府"的并重。最后，从城市群规划建设层面来看。部分学者指出城市群规划建设中组织主体多元化和行政化、规划重点不突出、规划体系内向封闭、运作程序开放性不足、跨界规划协调机制缺乏以及规划执行和实施效果存疑等问题日益突出（陶希东，2008）。方创琳和张舰（2011）指出城市群规划建设存在"五缺失"的问题，即城市群规划与实施中存在着缺失统一的城市群识别标准、缺失规范的统计数据、缺失明确的归口管理机关、缺失公认的规划编制办法与执业制度、缺失权威的城市群规划法律地位等。

粤港澳大湾区长期以来多方面的差异导致在实际的经济发展、科技创新、空间建设等一体化建设中进展缓慢，亟须在"一国两制"框架下持续推进三地政策、法律、规划等方面规则的衔接和机制对接，强化模式创新，实现不同规则机制的软联通，推动生产要素在三地之间高效便捷流动，全面对接国际高标准市场规则体系，建设国际一流湾区。

1.2 超大城市群协同发展的理论基础

1.2.1 系统科学：协同学理论

德国斯图加特大学理论物理学教授赫尔曼·哈肯（Hermann Haken）在 20 世纪 70 年代创建的协同学（synergetics）是研究系统通过内部的子系统间的协同作用从无序到有序结构转变的机理和规律的学科。由于它抓住了系统从无序向有序转化的临界过程的共同特征，同时又结合了具体对象给出的特殊规律，能够把一个学科的进展很快推广到其他学科的同类现象中去，具有广泛的适用性，因而在许多学科以及社会和经济领域中都取得了很大的进展。韦德里希（Weidlich）和哈格（Hagg）于 20 世纪 80 年代应用协同学建立了社会舆论、人口变化、经济发展等的定量模型，奠定了定量社会学的基本框架和数学模型。韦德里希（Weidlich，2003）将大系统理论和协同学的社会热力学方法应用于非均衡经济和城市演化、移民、群体动力等模型。

协同导致有序，这一理论概括了各种有序结构形成的共同特点（苗东升，1990），即一个由大量子系统所构成的系统，在一定的条件下，由于子系统间的相互协作与作用，这种系统便会形成有一定功能的自组织结构，在宏观上便产生了时间结构、空间结构或时间-空间结构，也就是达到了新的有序状态。这是非平衡系统中的自组织现象。协同学强调整体效应，具有非加和性或不可还原性特征（孟昭华，1997）。只有将系统内部所有矛盾加以综合协同与统一，才能获取整体大于各部分之和的效益。

协同学认为，组织分为他组织和自组织两种类型。他组织是指一个系统的有序结构的形成需要依靠外部指令来完成。相对于他组织，哈肯认为如果系统在获得空间的、时间的或功能的结构过程中，没有外界的特定干预，系统就是自组织的。自组织是内部子系统之间按照相互默契的某种规则，协调合作、各尽其责，自发形成新的时间、空间或功能的有序结构，具有开放性、内生性、非平衡性、协同性、普遍性和整体性等特征。需要强调的是，自组织并非无组织，只是它的组织秩序不是预先设计，而是由内部自行控制并组织起来。自组织理论，实际上就是系统内部各要素或各子系统相互作用和有机地整合的现象（黄媛媛，2005）。组织与自组织、他组织的概念之间的关系辨析见表 1-2。

表 1-2　组织、非（无）组织、自组织和他组织的概念关系

总概念	组织（有序化、结构化）		非或无组织（无序化、混乱化）	
含义	事务朝有序、结构化方向演化的过程		事务向无序、结构瓦解方向演化的过程	
二级概念	自组织	他组织	自无序	被无序
含义	组织力量来自事物内部的组织过程	组织力量来自事物外部的组织过程	非组织作用来自事物内部的无序过程	非组织作用来自事物外部的无序过程
典型	生命的成长	晶体、机器	生命的死亡	地震下的房屋倒塌

资料来源：吴彤，2001。

自组织的形成需要以下基本条件（刘颖和陈继祥，2009）：一是开放性。开放性是自组织从无序到有序、从简单到复杂演化的前提条件，是发生非平衡相变的必要条件。二是非稳定态（远离平衡态）。一个系统只有不断与外界交换物质、能量和信息才能维持运转。三是动力学机制。子系统之间的非线性相互作用（竞争与合作）是自组织演化的基本动力，非线性相互作用的结果是形成协同效应。四是诱发性机制。涨落是诱发自组织进化到下一个有序态的直接诱因，是自组织演化的随机性动力。图 1-1 展示了协同学的内在运行机制。

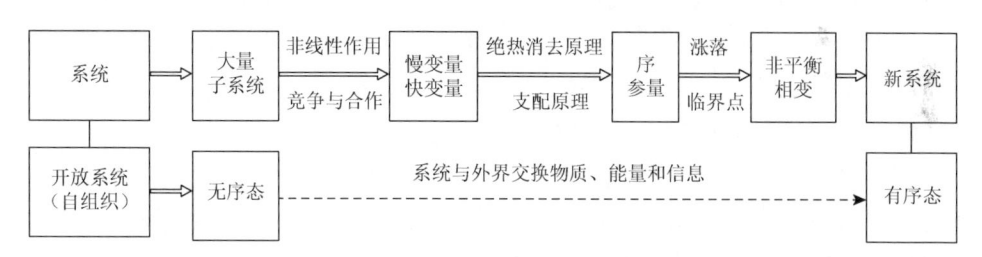

图 1-1　协同学的内在运行机制

资料来源：基于武超群（2016）对协同学理论的整理，有改动

协同学已被广泛用于物理学、社会学、管理学、经济学等学科中发生的有序和无序、有序和有序转变的城市联盟协同效应问题。例如：陈航等研究了渤海湾港口群的协同发展，付金龙等（2005）研究了构建协同的供应链，吴晓波和曹体杰（2005）研究了高技术产业与传统产业协同发展机理及其影响因素分析，穆东和杜志平（2005）研究了资源型区域协同发展评价。

本书所讨论的城市群，从协同学的观点来看，也是一个不断演化发展的自组织系统，是一种耗散结构组织，它不断地从外界输入物质、能量和信息（包括劳动力、原材料、能源、信息等），又不断地输出人力、商品、废料等。通过与系统外部物质和能量交换，不断调整着系统内部各构成要素的组织关系，从而推动系

统的演化（袁晓勐，2006）。城市群作为一个复杂的区域巨系统，其内部由众多子系统构成。这些子系统都是多维的，它们由不同层面的多主体共同构成（阎欣等，2013）。在城市群层面上，一级子系统为组成城市群的若干都市圈，都市圈又由中心城市及其周围联系紧密的卫星城、飞地、小城镇和地区所组成；二级子系统为主导都市圈发展的若干中心城市；三级子系统为围绕中心城市、依托中心城市发展，并为中心城市提供劳动力、空间及自然资源等的周边市镇。无论是哪一个等级的子系统，都由一定的多主体构成，这样的多主体结构在地域空间、社会及经济层面上都具有一定的普适性。作为一个区域网络发展系统，城市群的各级子系统都由系统内的节点（城市、政府、家庭、企业、组织、个人等）、节点之间的链接（基础设施、虚拟网络）、流动（人才、物质、信息、资本）和网点所构成（Meijers，2005）。这些节点、链接、流动和网点构成了基本结构具有一致性但仍存在合理差异的各级子系统，而正是这样的普适结构奠定了子系统通过竞合的相互作用向自组织结构演化的基础。城市群联系和城市群协同发展的本质是"要素流动"，包括了有形要素（如自然资源、劳动力）与无形要素（如知识、技术、信息）的流动，蕴含了经济系统间要素共享的协同内涵（李琳和刘莹，2015）。城市群协同发展要求大区域中的各主体有机联系并实现要素共享，通过经济活动来强化城市间联系，形成高效的运作纽带，是区域协同共生的保障。

协同学理论为城市群协同发展提供了理论基础。运用协同学理论研究城市群协同发展问题有其重要的现实意义（綦良群和孙凯，2007）：①城市不能孤立发展，城市应该对其他城市开放，让人才、资金、技术、信息等要素自由流动和交换；②城市群发展进程中需充分保障各区域高度的自主性，始终维持区域之间良性的竞合关系，才能使得城市群系统长期远离平衡态，增强并稳固城市群持续高效发展的内生动力；③城市群协同发展通过无序向有序的转变来提高大城市群的运行效率。协同学将城市群看作一个高度复杂的开放系统，该系统内由节点（城市群内包含的各城市）、节点间的链接（关系网络、纽带）、流动（人流、物流、资金流、信息流等）所构成（柴攀峰和黄中伟，2014）；④城市群协同发展是一个动态过程，其演化路径遵循由低水平的"初级—中级—高级"走向高水平的"初级—中级—高级"的客观规律（图 1-2）。城市群内各城市协同发展依赖于该复杂系统内各不同城市主体结合相互之间的链接关系，合理整合相关要素流动，进而发挥系统的协同交互作用，使城市群系统形成一定功能的自组织结构，支配着城市群系统由无序到有序、低级有序向高级有序演化，实现城市群协同发展的增值效应。

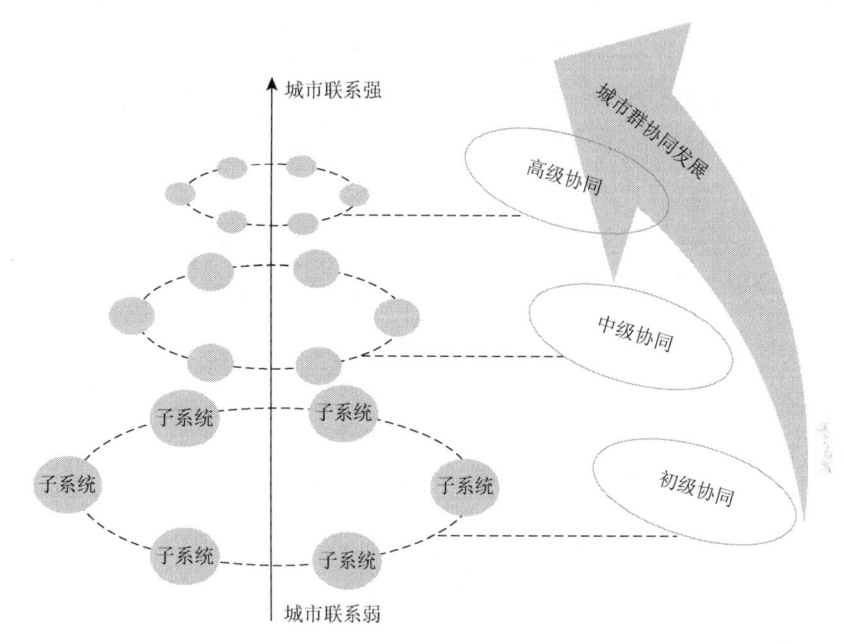

图 1-2　基于协同学理论的城市群协同发展的动态作用机理

虚线表示城市间联系，虚线圈的大小则反映了城市间发生联系时的能量损耗，虚线圈大表明能量损耗大，反之，能量损耗小。

1.2.2　城市地理学：流空间理论

1.2.2.1　流空间与物质空间

流空间是通过流动而运作的共享时间的社会实践的物质组织（Castells，1996）。流空间是围绕人流、物流、资金流、技术流和信息流等要素流动而建立起来的空间，以信息技术为基础的网络流线和快速交通流线为支撑，创造一种有目的的、反复的、可程式化的动态运动（Castells，1996；沈丽珍，2010）。对于城市区域（city-region）而言，流空间包含围绕着城市网络关键功能建立起来的一系列以地域性为基础的活动和组织节点。城市是网络的节点，是具有策略性重要功能的区位，节点的区位将地域性与整个城市网络连接起来。节点根据其在网络中的相对重要性而形成有层级的组织，且特性随着既定的网络功能类型而定。其中支撑要素流动的媒介包括：以电子通信、电脑处理、广播系统、互联网等信息技术为支撑的虚拟空间网络（路紫等，2008）和以高速运输走廊等作为媒介的实体网络（王姣娥等，2014）。如表 1-3 所示，从流空间的物质组织空间形态来看，其内在的流要素本身以及物理运动过程，均需要物化的场所空间支撑（董超，2012）。例如，道路交通设施、网络通信设施和终端设备以及城乡经济社会流空间等物化空间对各种流（主要包括人口流、物质流、能源流、资金流、技术流、信息流和文化流等）运动与传输的支撑（Castells，1996；1989）。显然，流空间本身的物质要素组成及其运动过程表现出的流空间格局已经内嵌或物化在场所空间之上（沈丽珍，2010）。

表 1-3　流空间与物化空间

流空间要素	物化空间	流空间
信息流	通信设备网络	网络流空间
人口流、物质流	交通设施路网	交通流空间
人口流、物质流、信息流、文化流等	城乡地域空间	地域流空间

1.2.2.2　城市群流空间的结构功能组织及影响因素

传统的影响空间结构的因素包括自然环境因素、经济因素与交通因素。其中，自然环境因素包括当地的气候、地形、土壤等条件与自然资源。农业时代气候、地形、土壤条件尤为重要，气候适宜、土壤肥沃且靠近河流的地点成为人类的聚居地。工业时代自然资源对区域空间结构影响较大，那些拥有丰富资源的地区成为区域经济发达的所在。传统的经济要素包括资本、土地、劳动力，但在工业化时期，技术因子被看作外生因素，相对于生产三要素，技术的影响较小，且被认为是外生于区域发展的。交通条件在工业化时代决定了区域内部各组成要素之间的联系（刘昌明和王红瑞，2003）。高速公路、铁路、航空状况往往决定了该区域的性质、功能以及区域空间组织格局，同时，也影响外部区域间的联系。在韦伯的工业区位论等经典区域论研究中，交通状况所带来的运输成本都是重点考虑的，现代化的交通设施、交通网络以及区域内外联系的可达性反映了某个区域的交通区位状况，由此奠定空间结构的物质技术基础（林晓言，2017）。

在信息时代，技术、信息、知识因素成为影响空间结构的重要因素，它们与传统的因素共同作用决定空间的发展。技术创新的应用与扩散正持续地影响着区域生产结构与模式，从而影响整个区域空间结构（甄峰等，2004）。信息技术形成生产组织的弹性布局与管理；改变公司内部的组织联系与空间布局，从而有利于实现区域空间（城市）结构的协调发展。信息已成为新的生产因子和区位因子，并可能使社会经济客体的空间位置和组合关系发生各种倾向的运动，并且与其他因子发生错综复杂的关系（王兴平，2005）。

当前，知识等创新因素的流动对城市空间的影响作用日益提升。创新活动不仅使单个企业的生产效率提升，而且还通过创新对当地和周边地区产生重要影响（王俊松等，2017）。首先，技术创新活动使企业产出增长率、投资项目回报率高于落后区域同类企业，从而引起周围其他企业的学习和效仿。其次，创新在区域的出现可以使该区域的价值观、行为方式和组织结构更容易朝变革方向转变，使之适应创新结果，并成为下一次创新的基础（陈春花和赵曙明，2004）。最后，创新强化了社会群体的进取意识，推动了周边区域的劳动力为进入增长中心就业而努力提高自身素质。

1.2.2.3 城市群要素流动与区域空间演化

第一，流动性可以重塑区域网络结构。信息通信技术与高速交通系统的快速发展大幅压缩了要素流动的空间阻抗和时间成本，解放了传统区域关系中对物理邻近性的依赖（王兴平，2017）。尽管区域空间结构仍然是区域内城市各项功能活动的区位选择的结果，如原料、燃料、运费等区位因子通过市场竞租曲线影响城市空间配置。然而，空间流动性正改变着区位要素的空间组织与运行方式（郭杰等，2022）。知识、信息、技术等非物质资源在空间网络联系中的位置与关系变得更加重要，区域内部和城市与城市之间日益形成了基于"关系连接"的空间网络结构（Nijman，1996）。在流空间作用下，城市职能结构与城际交互联系日益复杂。传统中心-外围区域城镇体系与城市空间格局正逐步打破，同级尺度城市的横向交流日益加深，区域内部联系出现多方向、跨等级的流动，呈横向与纵向相结合的网络化关联，许多中小城市因某些城市职能或生产功能突出而占据重要位置（艾少伟和苗长虹，2010），如美国的迈阿密，城市等级远低于纽约、芝加哥、洛杉矶，但借助旅游业高度发达的优势，迈阿密在全球网络中的联系更为广泛，其在城市空间网络中的地位日益凸显（Burger，2011；马海涛，2020）。随着城市间持续进行的物质、能量、信息交换，劳动力等流动要素向城市汇聚，并通过不同的通道发生交叠，城市彼此之间构成各种类型的功能联系（马海涛，2020；Meijers et al.，2018）。

第二，连通性重构城镇等级体系。空间流动性的提升推动了区域空间结构向网络化转变，并产生非均质的地理景观，体现在城市节点和连通线的差异化和非均衡化发展。以城市为载体的流空间节点的职能不再单纯地遵循相互替代的"零和竞争"机制，而受一种弹性机制的制约（艾少伟和苗长虹，2010）。更具体地，在全球生产协作体系中，城市彼此更加注重功能分工与互补，城市在产业、人口、资金、技术等要素方面的依存关系日益增强。因此，单个城市在区域网络体系中的等级地位不再由传统中心论中的城市规模和城市首位度决定，而更多地取决于城市与其他城市和地区的竞合关系，以及其他城市与地区对其功能的依赖程度（马海涛，2020；Meijers，2005）。

第三，节点的集聚能力与网络地位。流动节点的集聚能力，即是否可以成为区域乃至全球的经济集聚和功能扩散中心，决定了城市在区域网络体系中所处的地位与等级。相应地，城市之间的权力分配也不再是等级化的，而更加地分散并以网络化方式呈现。城市吸引并集聚资源要素的能力与其在流空间中的可达性（accessibility）和连通性（connectivity），即连接其他城市和地区的范围和深度息息相关（方创琳，2009；王少剑，2019；Meijers，2005）。城市之间的等级从属关系由此被打破，城市在通信与交通物流网络中的相对邻近度，以及向其他城市和地方提供人力、资源、资本、服务等要素的能力决定了城市在区域城市体系中的位置（马海涛，2020）。不同城市节点在区域空间中的影响程度与范围的差异，推动形成一种多核心的城市等级体系（Castells，1996；艾少伟和苗长虹，2010）。不同于以往的单中心的层级体系，该结构是由不同功能网络在空间上发生嵌套而形成的多中心城市网络体系。不同城市基于相似功能及功能互补性，而非空间距离，以及支撑要素流的虚拟和实体"通道"，如交通流线、创新走廊、经济带等实现要素与功能交互。随着"通道"数量与口径，以及要素流速和通量的改变，城市之间的相对区位相继发生变化，进而影响城市在区域等级体系中的位置（王兴平，2017；Cowell，2010）。

第四，"黏合度"强化区域功能联动。随着区域空间结构的网络化发展，城市之间在产业、人口、资金等要素方面形成相互依存的关系。受集聚-扩散双重效应影响，区域空间结构的黏合作用逐渐增强。一方面，节点城市通过"集聚效应"把网络中的流动资源汇聚在一起，产生规模效应（Van Nuffel and Saey，2005）。随着流动要素向节点的运动与集聚，节点城市的功能得到进一步强化与提升，区域逐渐呈现出非均衡化发展过程。另一方面，区域的非均衡性带来城市节点之间的高低势差，导致要素不断从高等级节点向低等级节点流动。例如，新技术和知识依托流空间的网络通道，不断地从创新高地向其他地方传播扩散。流动要素从高向低扩散所产生的"涓滴效应"又反向抑制区域内的极化和非均衡化发展（Cowell，2010；De Goei et al.，2010）。

第五，要素的流动与配置改变城市间的作用方式。一方面，要素借助网络化的通信与交通系统低廉、高效地流动，在输出城市和接受城市形成双向、即时的交流，提升了城市在资源利用、功能互补上的可能性（艾少伟和苗长虹，2010；Burger et al.，2014）。另一方面，流空间的物质载体在区域内的不断延展，网络通信的架设、航运通道的开通、高等级公路的修建、电子信息网络等弱化了物理邻近性，减少了距离摩擦对空间的制约，提升了要素在空间上的流动性。此外，要素集聚与扩散的方式不再遵循邻近原则和等级式规律，而变为跳跃式扩散，并受流动通道连通程度和功能相近与互补程度的制约（韩忠，2006）。随着贸易交换、资本流动、技术转移、知识扩散以及人员交流，城市在教育、医疗、金融等服务和产品供给等方面日益依赖其他城市——彼此依存。同时，信息技术的快速发展以及要素的高流动性，加剧了城市对劳动力、资本与技术等稀缺资源的竞争——彼此竞争。受"竞争压力"和"依存需求"的双重驱动，基于区位条件、资源禀赋、人力资本等比较优势，城市在市场机制调节和机构组织协调的共同作用下，进行分工协作和功能调整（郭杰等，2022）。在优化自身专业化水平的基础上，参与区域生产制造与服务供给等环节，获得功能互补的错位发展机会（Cowell，2010；Dowall，1984）。

1.2.3 经济地理学：生产网络和知识网络理论

1.2.3.1 全球生产网络与城市区域的战略耦合

在全球化时代，城市群中的城市通过嵌入全球生产网络和创新网络，形成垂直的分工体系。生产网络和知识网络理论为理解全球化时代城市群协同发展提供了重要的理论视角。成型于 2015 年的全球生产网络分析框架 GPN2.0 版本理论，是对较早前 GPN1.0 分析框架的一次修正和完善，其将嵌入城市区域的跨国企业视为核心的解释变量（Yeung，2013；Coe and Yeung，2019）。GPN 理论在因果机制上除了企业行为这一层面之外，另一层面是城市区域产业嵌入 GPN 的发展问题（Yeung，2016），对于后者常常以"战略耦合（strategic coupling）"的范式开展研究。

关注城市区域嵌入 GPN 的实证研究大多探讨了跨国企业-东道国（host

country，也即跨国企业业务扩展的国家）各类制度、东道国生产网络与城市区域发展这一系列的关联议题（Depner and Bathelt，2005；Coe and Hess，2011；Yang，2012）。对于东道国城市区域发展的探讨，是从东道国某城市区域嵌入跨国生产网络视角切入，探讨城市区域的价值获取路径（Yang et al.，2009；Lee，2009）。对于城市区域而言，由于企业可能采取不止一种行为策略，并且对应多样的价值获取，所以区域的发展路径多样。

"战略耦合"是在宏观的城市区域层面上讨论其自身与全球各区域互联协同发展问题常见的分析范式之一（Henderson et al.，2002；贺灿飞和毛熙彦，2015）。"战略耦合"可被理解为城市区域中的企业等经济主体安排其资产（regional asset，例如资源、制度等）对接由跨国企业主导的全球生产网络的过程。在早期，学者们的实证探讨是单一国家的城市区域、某一生产网络建构路径、某一种价值获取结果。例如，在德国企业的主导之下，泰国曼谷地区嵌入宝马汽车集团的全球生产网络实现的区域产业协同（Coe et al.，2004），韩国城市群的各城市间则是通过三星集团嵌入 Tesco 零售网络以便建立合作关系（Coe and Lee，2006）。随后有学者基于对东亚案例的归纳，提出了国际合作、本土创新和生产平台三种区域战略耦合的类型（Yeung，2009），丰富了对国家级城市群尺度的发展路径描述，其中我国长三角和珠三角城市区域同时被归入本土创新和生产平台这两种类型。这也提示了同一城市区域嵌入 GPN 而实现协同发展的路径可以是多样化的（Yang et al.，2009）。

相较于西方学者，我国学者更多将政府角色、市场、企业能力与城市区域关联起来开展研究。例如，刘卫东等（Liu et al.，2016）揭示了国内城市群的巨大市场可以与外国跨国企业开展资源交换，从而实现产业协同升级；又如杨春（Yang，2012）指出国内市场的需求和国家产业转移政策一起使得跨国企业与珠三角城市群发生了"去耦合（decoupling）"，从而跨国企业转向内陆地区发展；艾少伟和苗长虹（2011）则将苏州开发区政府的政策制定视为跨国企业通过市场和技术通道与嵌入本地城市区域的前提。有学者则在更微观的区域尺度，指出了城市群嵌入 GPN 的更多发展路径。例如河南中部城市群的企业嵌入毛发制品 GPN（苗长虹，2006）、台湾北中南三地的城市嵌入半导体 GPN（Yang et al.，2009）、江苏北部和南部城市嵌入韩资汽车生产网络的价值获取路径的差异。此类研究属于静态视角的战略耦合，国家或城市区域尺度的制度被视为区域资产的一部分、企业被视为网络建构的主导性动力因子。

伴随着经济地理学的演化（evolutionary）转向（Boschma and Frenken，2009；

Rodríguez-Pose and Storper，2006），城市区域"去耦合（decoupling）"与"再耦合（recoupling）"的动态观点被提出，并基于演化经济地理学中路径依赖理论，提出了"分层叠加（layering）、关系转变（conversion）和重组（recombination）"的动态描述方法（MacKinnon，2012）。这就在时间维度增加了对城市区域嵌入GPN多种发展路径的描述，学者们开始以动态视角将城市区域的制度、生产网络建构以及价值获取的演变关联起来。例如，对于城市区域中的企业去耦合的空间结果的探讨（朱华友和王缉慈，2014）、对于城市区域所嵌入的GPN结构和价值演变的探究（Brooks，2013；Zhou and Xin，2003）。其他学者则是同时将国家或者区域制度也纳入分析框架，如对印度医药产业集聚的城市区域演化的探究（Horner，2014），Yang和Li（2013）则将不同尺度的制度以及时序演化共同纳入解释框架，指出珠三角城市群鼓励加工出口的旧地方制度已经与省一级的新产业转移政策相冲突，对低附加值产业向内陆的转移构成阻碍。

1.2.3.2 "蜂鸣-管道"与城市群的外部知识连接

本地创新与外部知识联系这一机制被总结于颇具影响力的"本地蜂鸣（buzz）-全球管道（pipeline）"模型中（Bathelt et al.，2004），被正式理论化为"蜂鸣-管道"理论。在研究对象上，更聚焦于地理空间的集群。管道意味着地方上某一集聚区域从外部获取知识的关系或渠道；本地蜂鸣通常意指地方的知识溢出和流动，代表了基于地理邻近的本地知识传播机制。一方面，若越多本地行动者建立了与外地城市区域的外部关系，则知识就会流入本地的城市区域集聚区；另一方面，广泛的外部关系如果无法通过本地蜂鸣吸收，那么通过外部互联关系吸收的知识就会变得有限（曾刚和文嫄，2004；Morrison et al.，2013）。尽管该理论对外部关系网络的结构没有做更多的描述，但它同时考虑了城市区域的空间集聚与城市区域的外部关系，将城市区域创新在地方的集聚与其外部的知识关系统一了起来（Heimeriks and Boschma，2014）。在这一理论基础上，现有的实证研究基本围绕着验证城市区域知识的本地溢出与外部关系哪个更重要展开。例如，有学者发现跨国技术社区对城市区域本地的产业发展具有重要作用（赵建吉和曾刚，2010；Chou et al.，2011）；Lucas等（2009）通过分析加拿大6个城市区域的ICT（信息与通信技术）产业，发现产业的外部联系比内部联系更加重要，区域内公司的竞争力来自于全球通道的构建；Huber（2012）认为英国剑桥区域的信息技术集群的竞争优势并不是来自于本地的知识溢出，而与国际人才汇集和剑桥品牌的全球影响力有关系；美国通信产业城市区域集聚区内的发明者更能从本地知识溢出中获益（Ibrahim et al., 2009）。另一些学者则是更进一步地探讨了何种结构或特征的对外联系对于城市区域的协同知识创新更为重要。例如，去中心化结构的全球联系使得印度班加罗尔地区软件产业最能在本地实现知识溢出，从而实现对发达国家的技术追赶（Lorenzen and Mudambi, 2013）；对于奥地利维也纳软件业的集聚区域而言，相较于正式的研发合作关系与市场联系，知识溢出和非正式关系更为重要（Trippl et al., 2009）。

"蜂鸣-管道"理论为探索城市之间以及城市群与外部的其他城市群之间的"地方-外部"知识关联提供了理论基础，为探索城市之间的协同创新提供了一定的理论基础。但伴随着"蜂鸣-管道"理论被应用于实证，学者们也指出了其本身的模糊之处：一是"蜂鸣"的含义仍然较为模糊，在理论和实际应用中常常把某一城市区域的本地知识溢出与关系网络混合在一起讨论，这不利于更为细致地揭示城市群内部各城市在本地区域的协同创新机制；二是未具体定义某一城市区域的外部知识关联究竟包含哪些关系，因此在探索城市的外部关联时，有必要基于最新的理论推进（Trippl et al., 2009），进行具体问题具体分析；三是对于城市集聚区域在不同空间尺度之间的关系连接只做了粗略区分，这对于从网络视角探索城市或城市群之间的创新协同关系较为不利（Wickham and Vecchi, 2008; Moodysson, 2008; Asheim et al., 2007）。未来的研究中，如果要基于"蜂鸣-管道"理论开展城市群协同创新方面的实证工作，可以考虑在上述三方面模糊之处做更为细致的推进，增加探究深度。

1.2.4 新制度经济学：制度距离理论

传统的区域空间相互作用研究主要关注地理距离对要素流动规模的影响，认为空间相互作用力随地理距离增加而衰减。20世纪90年代中期以来，在新自由主义、经济全球化、信息化等复杂交汇影响下，欧美经济地理学与新区域主义、新经济地理理论和新制度经济学等学科相融，发生了所谓"制度转向"，使得经济地理学的研究焦点从"物和结构"向"制度"转变（傅沂和赵子奇，2019；王雨和张京祥，2022）。Kostova（1996）以制度理论为基础研究了国家间的差距问题，并明确地提出了"制度距离"（institutional distance）这一概念，指国家之间在管制、规范和认知制度环境上的差异或相似程度。Estrin 等（2009）将制度距离分为正式制度距离和非正式制度距离：正式制度距离是指国家之间在法律、规则、制裁等强制约束人们行为等方面的差异，包括政治距离、经济距离和法律距离；非正式制度距离则是指国家之间在道德观念、文化认同感、社会普遍认同感等方面的差异，包括文化距离和心理距离。如今，制度距离的概念在国际金融贸易领域已被广泛应用，通过制度环境差异来研究跨国企业经济行为面临的挑战并进行战略决策（王雨和张京祥，2022）。

我国不少学者从"制度"视角关注到城市群的跨区域协同发展问题，郑元凯（2008）认为城市群是区域经济制度变迁的产物，是更加集聚、城市间联系更加紧密的网络型城市化制度对分散的、单一的、联系松散的单核心城市化制度的替代。王雨和张京祥（2022）认为"制度"在不同尺度的行政区划中，表现为国家间或者各级地方间的无形边界，对区域经济一体化产生了明显的空间分割效应。例如，在行政区划制度作用下产生的中国特色的"行政区经济"等现象，强调了"行政区经济"对区域经济一体化的约束作用（刘君德，1996）。张欣和夏宇（2024）发现城市群政策通过在宏观层面减少行政垄断和政府干预，促进微观层面资金要素集聚和人才要素集聚，能够显著提高城市群内企业的创新能力。李雪松等（2017）同样认为城市群区域一体化政策设计能够消除地区发展制约，要素流动和商品优化配置带来的空间外部性、产业关联效应显著提升了经济增长效率。总体而言，学者在区域空间发展研究中都愈发强调制度的重要性。不少学者呼吁建立跨界合作的利益分配和责任的合理性制度安排，通过协作网络治理、议事协商制度、组织制度、规划或政策协同发布等协作方式（顾朝林和王颖，2013；高波，2023），以及重构上下级政府和同级政府间的府际关系，协调各层级和各地方政府职能，创造良好的制度环境，以实现区域协同发展（陈修颖和汤放华，2014）。

1.2.5 政治经济学：空间选择与尺度重构理论

当前，关于城市区域（city-region）协同治理的研究主要是基于两方面的政治经济基础理论：空间选择性（spatial selectivity）与尺度重构（state rescaling）（Jones，1997；Brenner，2004）。

1.2.4.1 空间选择性

"空间选择性"有助于理解为何某些城市或区域被选择为国家级的战略空间

(national strategic space)。建设国家级空间项目的目的往往是强化城市区域的社会经济资产。基于增长优先的逻辑，国家会倾向于选择经济上已经领先的并且具备经济增长新机会的城市区域，会倾向于让战略性的项目优先落地在这一类的城市区域。Moisio 和 Paasi（2013）指出国家空间选择性的作用机理是：通过将不同类型的城市与国家战略相关联，试图让城市区域形成国际竞争力，而国家的空间性在这一过程中也不断地被重塑。"空间选择性"机制有助于理解政府如何用城市区域主义（city-regionalism）作为一种发展政策来重构国家的城市群经济空间。曾经由于过度竞争而被低估的城市区域，在空间选择性的作用下可能成为国家近年城市群经济协同发展的新引擎。

1.2.4.2 尺度重构

在空间选择过程中，一国之内的各级制度之间差异性增加，为发展领先的城市区域，政府的这些规制会发生"尺度重构"。尺度重构通常是指国家级、次国家级、超国家级政府间规制关系的重构，国家的利益并不在单一的国家尺度实现（Lim，2019）。尺度重构的目的在于在城市区域空间上落实国家的经济项目（Peck，2003）。尺度重构与各城市政府所管理的建设项目相关，用以协调在各级政府内部或之间的规章制度、管理实践、财政关系、公共服务供给等。通过设计具体的发展政策与规章制度，跨国资本在一国领土内的城市区位偏好与该国制度更为直接地相关。政府的尺度重构，向下可达区域与城市，向上可至欧盟、世界贸易组织、国际货币基金组织等，同时面向国内与跨国资本（Swyngedouw，2000）。

中国经济的组织是基于多层次、多区域的形式。在这一组织形式中，不同尺度的每一片区域（省、市、县、镇）都可以作为进行诸如提升地方企业、建立地方化市场等区域实践的可操作单元。吴缚龙（Wu，2016）阐述了近几十年来中国城市区域协同治理对应空间尺度发生的转变，也即中国空间规划经历了从国家级空间，到地方上基于城市的空间，再到最近城市区域的过程。这种演变的趋势一方面体现了城市治理尺度在纵向上的不断调整，另一方面也体现了城市间（或者至少在特定的区域内）关系在这种调整下从竞争转向更多的协同。

中国分权化改革以来，区域城市间的竞争关系增强，学者们试图探索中国城市区域治理转型过程中发生的政治经济变化。早在 20 世纪 90 年代已经有学者意识到中国经济发展进程中城市间的恶性竞争不会长久，因此呼吁中央政府能够形成一个严格而有力的政府间协同关系以便维系经济的正常运作（Qian and Xu，1993）。这一类城市区域协同治理相关的研究，针对城市间对外资的竞争，或是上级政府对各城市差别待遇等现象，搭建相应的概念与分析框架（Pan et al.，2017；Wu and Zhang，2010；Xu and Yeh，2009）。例如，我国学者普遍指出城市间的竞争性利益妨碍了中央政府制定的长三角区域规划的实施（Wu and Zhang，2007；Li and Wu，2018；Wang and Shen，2016）；在珠三角、潮汕揭城市化进程中的市民权利与经济合作问题曾一度使城市间的关系变得紧张（Li et al.，2014；Smart and Lin，2007；Li et al.，2015；Sun and Chan，2016；Yang and Li，2013）。吴缚龙（Wu，2016）指出，在竞争体制下，中央政府是一个监管者，而各级地方政府则参与到经济增长的竞赛当中。近年来，中国城市区域协同治理过程中政府策划了一系列的尺度重构，这一过程的驱动因素包括：经济地方分权化的危机、恶性的城市间竞争、未经协调的发展。这种观点概述了中国区域治理近年来向协同转变的驱动机制。

1.3 新时期超大城市群协同发展的机制变化

近年来，英国脱欧、中美贸易摩擦、美国对中国高科技企业的制裁以及新冠疫情的全球大流行等重大事件使得全球化面临百年未有之大变局。世界级城市群与各主要湾区作为全世界主要的经济聚集区，牢牢把控着世界的命脉。面对近年逆全球化抬头及全球产业链调整趋势，各大城市群地区内部都出现了诸多变化。以粤港澳大湾区为例，作为世界四大湾区之一，是全球具有代表性的经济集聚区，同时也是中国参与全球竞争的门户区域，其在新时期的协同发展同样出现了诸多机制性变化。在全球化背景下，贸易保护主义抬头，全球化趋势遭遇逆流和不确定性加深（林初昇，2020）；市场要素上，发达国家市场相对萎缩，重心日益向发展中国家转移（Liu et al.，2016）；政府治理上，中央政府推动下的尺度重构和区域治理日益显著（Wu，2016；Zhong and Su，2019）；技术条件上，5G、人工智能等新一代信息技术加速革新应用，新型基础设施建设（新基建）赋能城市群协同发展的效应不断强化（姜慧梓，2020；Gherhes et al.，2021）。本部分将遵循以上分析框架，分别从全球化、市场要素、政府治理和技术变革等方面阐述新时期粤港澳大湾区协同发展的机制变化（图1-3）。

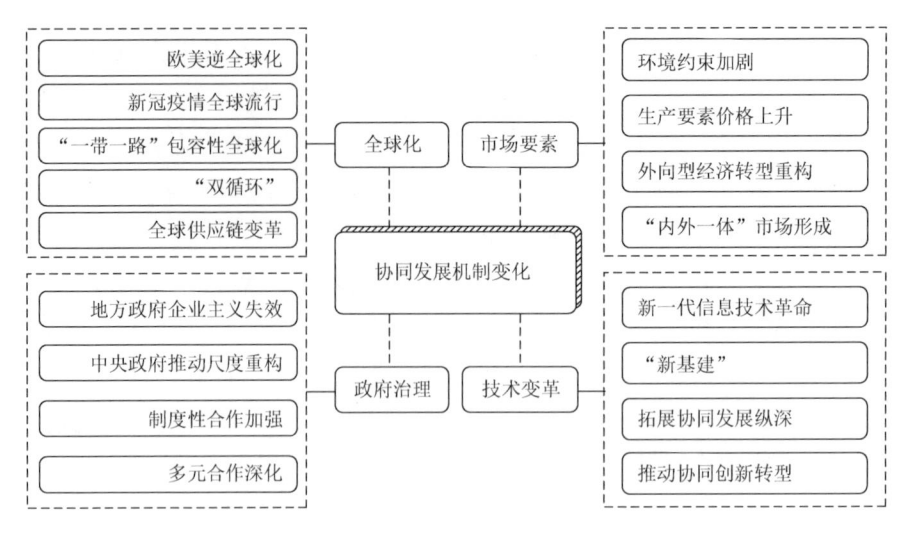

图 1-3　粤港澳大湾区协同发展的机制变化

1.3.1　全球化：全球化转型与全球供应链变革

　　全球化是经济（特别是金融）、技术、社会等行为体或攸关方形成的全球链接。自 18 世纪 60 年代第一次工业革命在欧洲发生以来，人类社会的经济链接经过多次大转型，形成了以供应链等为基础的全球化。供应链是前所未有的经济组织创新，全球供应链格局的形成和发展是全球化背景下国际分工和产业转移不断深化的自然结果。第二次世界大战以来，全球制造业经过多次转移，逐步形成了以美国、德国和中国三大中心为主导，从科技创新、高端制造到中低端制造和原材料输出的四大梯队相互依赖、高度协同的供应链格局。

　　近十年来，受贸易保护主义抬头、中美博弈竞争加剧、新一轮科技革命加速推进、新冠疫情及俄乌冲突等多重因素影响，经济全球化进程步伐放缓，全球供应链格局加速重塑，国际劳动分工格局开始出现新变化。贸易保护主义势头上升，表现形式更加多元化，约束范围更加广泛，通过技术壁垒、反倾销和知识产权保护等非关税措施来限制外国商品进入本国市场，产业领域和科技领域受影响显著。叠加新冠疫情引发的物流不畅、原材料供应中断，导致全球外商直接投资下降了 35%，暴露出全球供应链体系的脆弱性（UNCTAD，2021）。各国开始在战略层面关注全球供应链安全，纷纷推动以自身为中心配置区域性产业链，试图降低供应链风险。美国加快了供应链回流，推动制造业从中国向墨西哥、巴西等国转移，欧盟则向东欧等地理毗邻的周边地区转移（贺俊，2020；盛朝迅，2021）。全球产业链供应链调整呈现出本土化、区域化、多元化、数字化、服务化五个方面的趋向（张二震和戴翔，2022）。以美国为中心的北美地区、以德国为中心的欧洲地区、以中国为中心的亚洲地区的区域内供应链网络将会更加紧密，而三大区域之间的贸易和投资联系可能会有所减弱。

"全球南方"经济正持续崛起，预计2028年新兴市场与发展中经济体的GDP总量将达到发达经济体的1.6倍（徐秀军和沈陈，2023），这些国家在全球供应链中的话语权和影响力将持续提升。据经济合作与发展组织（OECD）的数据显示，亚洲在全球价值链中的参与度极高，尤其是新加坡和越南，其在全球价值链中的参与度分别达到60.1%和58.8%，远超美国（34.5%）和欧洲（24.6%）。随着全球经济重心加速从发达经济体向"全球南方"转移，发达国家与发展中国家在国际贸易的地位也发生了相应变化。亚洲地区经济总量规模大、产业互补性强、经济联系紧密、发展潜力足，已经成为全球供应链投资布局的重心。中国、印度和东南亚国家等新兴市场国家在全球供应链体系中的重要性日益提升。近年来，中国与亚太地区主要国家经贸联系稳步上升，是绝大多数国家和地区最为重要的经贸合作伙伴，在区域供应链的中心地位进一步巩固。

面对全球产业链供应链重构和调整战略，我国提出要优化和稳定产业链供应链、增强产业链供应链自主可控能力。"十四五"规划提出增强我国产业链供应链自主可控。在2020年5月的中共中央政治局常委会会议上首次明确提出了"构建国内国际双循环相互促进的新发展格局"，并从供给、需求两端强调了构建新发展格局的重点。2020年7月，习近平总书记在主持召开中共中央政治局会议时进一步对双循环的新发展格局进行阐释，并强调"要把满足国内需求作为发展的出发点和落脚点，加快构建完整的内需体系"，"逐步形成以国内大循环为主体、国内国际双循环相互促进的新发展格局"，即"双循环"新发展格局。"双循环"新发展格局的提出和实施，与复杂的国内、国际环境密不可分，不仅体现了我国发展战略的转型，同时也是适应国内基础条件变化和国际形势变化的重要战略选择。在当前国际产业链深度调整的背景下，如何有效提升我国产业链自主可控能力，更好保障产业链安全稳定，进而为构建新发展格局夯实基础，是需要深入思考的课题。

全球供应链的分工、布局、形态、要素、模式和竞争态势的深刻调整和改变，各国或各地区与全球供应链的关系将会被重新定义。对于粤港澳大湾区这样一个典型的外向型经济区域而言，全球化格局与全球供应链体系是影响区域分工组织与协同发展的关键因素。当前，全球化进程与全球供应链体系正面临欧美逆全球化与中国"一带一路"包容性全球化以及"双循环"新发展格局的深刻博弈。粤港澳大湾区的协同发展将在更大程度上以促进全球供应链的战略性重构为目标，扩大对"一带一路"共建国家和中国内陆腹地的辐射力度（Liu and Dunford，2016）。

1.3.2 市场要素：由外向型经济向"内外一体"的市场转变

在国外城市群研究中，对于市场作用的关注更多是集中在解决已有的城市群问题、实现可持续发展的方面。正面的观点认为私营要素（例如跨国公司、区域性企业）可以协调土地和资源问题，通过对不可再生能源生产工厂（例如风电场）进行大规模投资，可使得城市群向低碳经济过渡（Harrison and Hoyler，2014）。

国内学者关注城市与区域的协同发展中的市场动力则主要在四个方面：与产业相关的专业化市场、市场化的程度、企业合作以及行业协会。

第一，市场格局决定了专业化产业市场系统必然有利于技术进步，而技术进步就是实现产业市场专业化、信息化的唯一途径，因此市场系统格局间接地正面影响了专业化、信息化进程（徐浩鸣，2002）。最早产生于温州、金华等地区的农村专业市场为第一代专业市场。这类专业市场是原始的、古典式的交易方式，但分布最广，数量也最多。在第一代专业市场发展的基础上又新出现了家电市场、汽配市场、家具市场（杭州）、电器市场（柳州市）等，就单从产品的性质和类型来看已显然上了一个台阶，故称为第二代专业市场。1997 年 6 月温州已形成全国最大的货运专业市场，诞生了全国首家民间大型货运信息中心——温州货运信息交流中心。以此为代表的专业市场，以提供全方位多功能的服务（信息、专业技术、咨询等）为竞争手段，为第三代专业市场。以专业化、信息化为主流特征的专业化产业市场为制造业企业子系统的生存与发展提供了坚实的协同发展平台。

第二，市场化程度意味着专业化分工不断深化并在城市区域的层面展开，产业的技术联系不断加强，与城市体系不断耦合，不仅是城市间贸易增强，更重要的是形成了要素流动的迫切要求（王得新，2016）。城市群是自由市场要素主导组织活动的协同力场，其生产、消费决策、选址、组织方式完全自主决定。各要素形成互动，在利益最大化与居民效用最大化的驱动下，不断达成共识、统一规则、谋求共赢。在这一过程中一些正式、非正式的组织、契约孕育产生，从而使经济、政治和社会高度融合。运用"看不见的手"可防范行政垄断。在产业组织系统协同演进过程中，市场机制充分体现了自组织概念。

第三，基于专业化分工和企业异质性带来的企业间合作是推动城市间协同发展的重要因素之一（张哲，2009）。专业化分工所带来的收益肯定超过了以最有效方式进行协调的成本，关键是如何在两种最基本的协调方式的替代和互补的过程中实现社会经济净收益的最大化。因此，专业化支配着依靠市场生存与发展的制造业企业子系统，是序参量。城市群内企业的合作，总是与竞争相联系。城市群协同之下，企业竞争是一种柔性的、协作式的竞争。创新过程的高投入和市场的不确定性，给企业带来了高风险，同时各企业普遍存在资源不足的问题，难以独立完成有效的创新。而城市群中的企业可以利用地理位置上的接近和产业的关联，通过资源共享、优势互补、共同投入、风险共担的方式进行协同创新，既克服资源不足的困难，又分散了风险，使竞争双方实现双赢（Burlando，1994）。

第四，行业协会和跨区域企业集团可以弥补政府和企业在城市群尺度无法起到的作用或职能（黎鹏，2005）。跨行政区组建行业协会可突破行政地域界限，并赋予有助于城市群协同发展的相应职能，如组织或引导产业协调发展，引导不同地区有关产业经营主体的联合、分工与合作，实现规模经营；推进城际之间的专业化分工协作，形成产业集群经济及其在地区上的合理布局；调节市场经济活动主体的社会关系，为自己的服务对象创造良好的社会发展环境和条件，增强宏观经济运行系统的协调性和有效性，同时也使它们成为行业、社会与政府沟通的桥梁和联结的纽带。企业集团的市场力量有利于打破行政界限和行政干预，合理安排其内部组织的空间结构。跨地区企业集团客观上起到跨地区协调的作用，成为一种客观存在的协调机制。由此可见，通过垂直分工、内部控制和协调的经济性，同时通过建立跨区域大型企业集团，广泛地推进企业内部化或者纵向一体化，能起到推动区际协同发展的良好效果。当区际利益难以通过行政区的行政性方法协调，生产要素的流动难以通过行政区的行政性方法解决时，跨区域大型企业集团的建立及运作将会起到很大作用。

在改革开放的大背景下，由于地理邻近、文化同源、巨大的土地和劳动力等生产要素成本差异，配合有限开放的内地市场状况，香港出口导向型、劳动密集型产业大规模转移到珠三角，成为改革开放初期推动珠三角工业化和城镇化的一股重要力量，创造了由地方政府主导的外向型快速工业化经济发展模式。珠三角在改革开放初期承接了香港制造业的转移之外，后续陆续开始承接中国台湾地区和发达国家的制造业，形成了稳定的"三来一补""前店后厂""两头在外"的加工贸易模式。珠三角从90年代开始至2016年都是全中国经济外向性最强的区域，外贸依存度从1980年的23%增长到2007年的186%（周春山等，2019）。在珠三角迅速的城市化、工业化过程中，市场要素驱动力不断发生变化，初期在吸引外商投资、提供税收优惠外，还提供低价甚至零地价的土地，庞大的人口红利也是珠三角劳动密集型加工制造业得以发展的重要条件。近年来，由于受到环境约束、投入要素价格上升等影响，粤港澳大湾区原有的建立在低附加值加工贸易基础上的外向型经济发展模式正在经历显著重构（叶玉瑶等，2021）。在珠三角早期加工贸易产品的外销中，香港起到关键桥梁的作用，但是随着内销市场份额的不断扩大，香港转口贸易及桥梁的作用正在不断减弱，"内外一体"的目标市场正在成型（Yang，2012）。相关研究表明，2008 年以后外资企业进入珠三角普遍不是以降低成本和进入海外市场为首要因素，而更多是考虑接近区域和国内市场、完善的供应链体系以及从集聚经济中获益（Ye et al.，2019）。并且，具有内外混合市场导向的企业在不确定性的国际政治经济格局中也被证实具有更好的经济表现（Zhou，2015）。面向正在形成的"内外一体"市场，粤港澳大湾区可能形成新的协同发展模式：一是港澳仍然作为珠三角走向全球的平台，尤其是面向"一带一路"共建国家，形成以粤港澳大湾区作为主要投资者和高价值产品输出者角色的新型包容性全球化格局（Liu and Dunford，2016）；二是港澳成为面向内地市场的研发和创新中心，珠三角成为其进入内地市场的桥梁，无论是港澳青年创业、专业资格互认还是港澳高科技企业的新一轮跨境投资，都将形成面向内地市场的粤港澳新型产业组织模式和区域协同模式（叶玉瑶等，2020）。

1.3.3 政府治理：从地方政府企业主义到中央政府推动下的尺度重构

改革开放以来，中国经历了全球化、市场化和分权化驱动下的社会、经济和空间重构，在经济激励下地方政府呈现企业化倾向，成为推动中国经济发展的重要动力（Wei，2000；Wu，2018）。在改革开放中"先行一步"且与海外投资和市场联系紧密的珠三角，地方政府的企业化特征突出（Xue and Wu，2015）。然而，地方政府企业主义在支撑区域经济总量扩大的同时，也产生了一系列负面影响，例如不同行政区域之间的恶性竞争、重复建设、资源低效利用和生态环境问题，限制了生产效率提升、产业转型升级和可持续发展（Xu and Yeh，2009）。可见，超越单个城市行政单元的区域协调治理和城市群建设势在必行（Wu，2016；方创琳，2021）。

政府管理中的跨域事务（across-boundary affair）指同时涉及两个或两个以上管理单元，需要这些管理单元协同治理的事务。政府跨域治理就是跨域事务的利益相关者，为了实现公共目标和公共价值所展开的调控和管理活动（匡贞胜和王妤，2022）。跨区域、跨组织、跨部门等是跨域的表现形式。政府跨域治理涉及城市治理（urban governance）、都市治理（metropolitan governance）、区域治理（regional governance）、空间治理（spatial governance）、地方治理（local governance）、政府间关系（intergovernmental relationship）、部际关系、组织冲突与合作等领域（曹堂哲，2013）。"跨域治理"问题不仅涵盖了多个公共管理的研究领域（诸如地方治理、政府间关系、整体政府、公私伙伴关系、部际关系等），而且涵盖了多个实质性的政策专业领域（比如流域治理、区域发展、垃圾处理、空间开发等）。

国内外跨域治理的途径是不断演化的。20世纪90年代兴起的治理途径，主要从多层次治理（multi-level governance）的角度探讨政府跨域治理问题。加里·马克斯（Marks，1996）首先采用多层次治理的概念来说明欧洲共同体（欧盟前身）的区域整合与决策过程中跨国界、跨层级的治理运作。奥斯特罗姆开发的制度分析与公共政策（IAPP）框架和理性选择制度主义是跨域治理研究中的两个主导途径。奥斯特罗姆的系列研究主张通过多中心治理、复合共和制等途径进行跨界公共事务治理。国内学者毛寿龙、杨立华等则运用奥斯特罗姆的理论框架对公共池塘类资源的跨域治理展开了制度分析。王健等（2004）提出了"复合行政"的制度设计，是解决当代中国城市群一体化与行政区划冲突的新思路。

协同治理是协同学理论与治理理论相结合的产物，是政府治理理论在信息时代发展的新阶段（杨建平，2009）。有许多学者认为，治理的本质就是协同治理。政府协同治理的含义则更为细化（刘光容，2008）：为了实现与增进公共利益，政府部门和非政府部门（私营部门、第三部门）或公民个人等多元合法治理主体在一个既定的范围内，运用公共权威、协同规则、治理机制和治理方式，共同合作，共同管理公共事务的诸多方式的总和。这一概念强调政府不再是治理的唯一主体，还强调各种社会组织（包括私营企业、第三部门）或公民个人之间的自愿平等与协作，通过协同治理可以达到公共事务效率的最大化。

协同治理模式与传统管理模式的差异的分析和总结见表 1-4。

表 1-4 协同治理模式与传统管理模式的差异

类别	传统管理模式	协同治理模式
时代背景	在计划经济体制下，形成高度一体化的社会，政府组织垄断行政裁量权	在市场经济的确立与发展中，公民社会和网络社会在发展中崛起，国家分权化改革在启动与推进
管理目标	维护公共利益，将危机造成的危害和损失降至最低程度	保障公共利益最大化，实现善政和善治的目标

续表

类别	传统管理模式	协同治理模式
管理手段	通过正式规制和行政命令进行统治和控制，表现为强制性的非善政管控	通过正式和非正式规制进行治理，表现为多元主体间的协调与合作，实现协同效应
权力运行	单向度运行、自上而下的垂直结构，体现强势的行政隶属关系	多向度运行、纵横结合的互动结构，体现良性的政府间关系
政府角色	全能政府、企业家政府、官僚政府，是唯一具有权威性的管控者	有限政府、服务政府、法治政府，是多元主体的主导者，发挥积极引导、主动协调和有效治理的主导作用
管理性质	战术管理	战略治理

资料来源：武超群，2016。

城市群包含了多级区域城市政府、企业和社会的多元利益主体（张京祥等，2006）。多元主体的行为方式各不相同，企业是以盈利为目标，而公众更多地体现在对公共事务和利益的关注；城市政府则扮演协调平衡的角色，但也不排除其谋求经济发展的利益趋向。在关系方面，企业与公众的关系体现为市场关系，可以说市场机制是协调他们关系的最大机制，而政府与公众则是民主集中的治理关系，政府与企业则是调控关系，不能掺杂过多的经济利益因素（石楠，2004）。协同治理需要在治理主体间逐步建立灵活调整的权能承接、关系协调和功能转化等关系，构建起以政府为主体，多中心、多层级责任嵌套的治理运行机制（陆军和毛文峰，2020）。地方政府与多元主体的互动构筑了区域公共管理有机体，而各要素间的动态平衡又促成了职能与结构的协同（冯涛，2015）。城市群的地方政府与上层级政府、区域内各级政府组织、市场、社会等主体间存有双向互动关系，政府的职能内容及要求是地方政府与各主体互动的结果；反过来，其他各要素又是重要的协同治理主体，在彼此互动中形成特定的治理结构（冯涛，2015）。

对于城市群而言，跨域政府治理实现的一个核心就是协调政府间关系。政府间关系源自美国20世纪大萧条年代，为对抗经济大恐慌，联邦政府与州政府间扬弃以往分权、独立为政的态度，改采主动积极、密切合作的态度，共同建立一种全新的服务供给与输送系统管道，推动新政措施，是扭转国家命运的一种新型互动关系。政府间协同是各界对政府体系中上下层级或平行层级关系的正面期望，即强调不同政府间应基于协同原则来互动，以产生1+1＞2的功效（刘伟忠，2012）。这一概念包含三个方面的内涵：第一，以"协同"为基础的关系型式。强调"协同"意味着政府间关系应排除各种负面的可能性，并以协同和合作为唯一选择（张晓钦和韩传峰，2015）。第二，强调行动协调与资源分享。既然协同和合作是唯一选项，则府际关系中的各成员自然应采取实际行动，来排除可能产生的负面互动方式。第三，希望促成互利的结果。在应环境挑战以及社会对政府诸多期望的情景下，政府间协同不应为协同而协同，而是希望借此发挥互利功能，进而达成双赢结果。换言之，政府间协同应能使各成员均获得实际效益，这种协同才有意义、关系才能持久（柳红霞和邓佳一，2021）。

中国城市群的区域治理正超越西方分散式分权制下以市场化契约为主的横向协调模式，充分发挥中央领导下纵向协调的体制机制优势，深入探索以地方政府为主导，以维护公共利益为目标，以资源共享为平台的多元主体参与下的合作共治（王玉海和宋逸群，2017）。粤港澳大湾区是政府跨域协同治理的典型区域，自港澳回归以后，粤港澳三地的制度性合作便不断加深（刘云刚等，2018），联席会议制度、跨境经贸协定、区域联合规划、跨境地区共同开发和设施共建共享持续推进，中央政府对于粤港澳协同发展的领导力也持续强化，并且渐进式改革和区域发展需求的响应仍在不断推进（许志桦等，2019）。粤港澳协同发展由地方政府企业主义主导下的双向合作转向了中央政府领导下多层级、多主体之间面向区域协同发展共同目标下的多元合作（张虹鸥等，2018；刘毅等，2019），集中体现为中央政府推动下的尺度重构过程（许志桦等，2019；Zhong and Su，2019）。

1.3.4 技术变革：新基建赋能区域一体化纵深发展

随着技术进步，城市群协同的范围与广度不断扩展。国外的研究对技术对城市区域的影响的关注主要集中于信息技术、交通、物流和先进制造业。在美国，交通技术演变被认为大大推进了城镇化进程（即运输美国资本主义城市化），是美国资本主义城市发展第三个主要阶段的驱动因素。当前在美国第三个大城市区域时期，功能一体化的大都市地区开始让位给更加异质化、混合的城市景观，在这种景观中，城市和城市网络在某种程度上是在空间上共存的。学者们强调了交通技术周期性转型在推动城市政治经济中的重要性（Walker，1981；Harvey，1989）。定期的系统性转换运输和通信技术（交通+通信技术）促使城市进行越来越充分的内部集成和以新的方式被连接到外部经济空间和自然环境（Freeman and Louçã，2001；Pérez，2003）。这里研究的是每个周期的技术发展导致了新的运输和通信技术的扩散，使得城市内或城市间开发出新模式，改变城市或改变城市和其他城市或农村空间之间的关系。

国内则更为关注信息技术变革给城市间协同治理、城市资源管理、产业创新带来的改变。首先，电子政务的出现，冲击了层级体制的集权体系，调整了政府部门边界，增强了政府部门的协作，改变了政府管理主体的构成。电子政务催生了协同管理模式，其主要内容包括政府内部纵向分权协同管理、政府部门横向整合协同管理和政府与其他管理主体协同管理（杜治洲和汪玉凯，2006）。20 世纪 80 年代以来，各国政府在新公共管理主义的影响下开始了大规模的政府治理模式的变革，其中一个共同的策略就是利用现代的信息和通信技术建立"电子政府"（E-government）。其核心内容在于将政府的管理和服务借助信息手段集成，实现更高效、更廉洁务实的政府监管和服务（许春育和许芹，2004）。随着以计算机技术、网络技术和通信技术为特征的现代信息技术的飞速发展及其在工程项目领域的广泛应用，当前国内外产生了大量的基于互联网的项目信息平台。它们是以互联网为通信工具，以现代计算机技术、大型服务器和数据库技术为技术支撑，以信息集成为基础，将多个参与方、项目多个阶段、项目多个管理要素综合集成起来，构建项目多方协同工作的网络环境。基于互联网的信息平台（internet-based information platform）被广泛应用于城市电力、石化、疫情监控、交通、市政建设、房地产开发等的管理。

近年来，在以 5G、大数据、物联网和人工智能为代表的新一代信息技术加速革新应用的背景下，跨境区域新型基础设施的共建共享进一步加速，为区域经济一体化纵深提供了有力的技术支持。新型基础设施是指以技术创新为驱动，以信息网络为基础，以提供数字化转型、智能升级、融合创新服务为目的的基础设施体系，具体包括信息基础设施、融合基础设施和创新基础设施三种类型。与传统基础设施相比，新型基础设施具有重技术、轻物质、边际成本递减、边际收益递增和带动科技创新投资等特性（宋晓宇等，2021）。新基建通过促进产业结构升级和激发创新创业进而推动区域协调发展。与传统基础设施注重硬件联通相比，新基建更注重规则对接、市场对接、数据对接、制度对接等软件层面的互联互通，行为主体更加多元、组织机制更加繁杂，这使得新基建的跨区域一体化运行机制相比传统基础设施更加复杂（叶玉瑶等，2024）。在"双循环"新发展格局下，新基建将赋能粤港澳大湾区一体化纵深与转型发展（叶玉瑶等，2022）。具体来说，一方面，新基建将推动区域协同发展向信息技术支撑之下的产业协同创新、产业链关联以及区域协同服务共享转变；另一方面，在新一代信息技术支撑下，人才、信息、资本、技术等要素更加容易突破地理边界的限制，跨区域和长距离的互动关系更加稳定、频繁和互补，地区之间的连接性逐渐增强，区域协同发展的广度和深度都将得以大大加强。

1.4 数字化时代超大城市群协同发展的内在要求

1.4.1 数据跨区域高效流动

数据是信息化时代催动各行各业变革和发展的核心要素,已深刻融入生产、流通、消费和社会服务等各个环节,推动人类生产方式、生活方式和社会治理方式发生了翻天覆地的变化。不同于资本、土地和技术等传统的生产要素,数据由于其独特的属性被认为是一种新的特殊的生产要素(邓崧等,2022;锁利铭,2021)。数据的独特性在于它是以"人"作为核心的数据源,观察人在广泛的社会链接下的变化和价值体现。不同于物质世界的要素流动,数据的流动依托互联互通的网络基础设施,可实现跨区域高效流动(锁利铭,2021)。数据能够跨越时空进行连接和共享,成为城市数字化建设过程中"看不见的手",以人的行动为载体,推动城市的治理和服务边界溢出地理边界,参与区域一体化进程。但各城市各部门之间在各领域产生的海量数据由于标准和规则等的不一致往往导致开放共享困难,数据共享整体上也缺乏顶层设计和驱动机制,统筹管理相对薄弱,往往容易形成"信息孤岛"和"数据烟囱"。这将不利于数据在城市之间的高效流动以最大程度上释放数字化时代的经济效益,同时也不利于城市之间在决策制定、资源配置和公共服务等方面的协同。

数字化时代的城市群协同发展并不是某一个单独的城市或数字化部门,它是对整个城市群在各领域的数字化优化升级,深入渗透到各个部门、各行各业。因此,数字化时代的数据"无界性"高效流动需求与城市行政管理的"有界性"往往会产生一定矛盾,导致数据要素流动不畅,阻碍了城市群协同发展。推动数据跨界流动的规范化、标准化发展,将促进城市之间以更加高效的方式加速融合(张晓杰,2023)。数据能够重新整合碎片化的政府功能,提高政府运行的效益,降低公共服务供给难度,强化政府、企业和社会之间的互动和交流,推动城市治理由被动响应到主动适应的转变(吴朝晖,2021;锁利铭,2021)。因此,数字化治理需要在数据产生和流通端建立健全规范有序的数据衔接标准,实现城市之间各部门各行业的数据深度对接,在数据应用端通过数字技术使城市之间以更低成本、更高效的方式在政务、产业、交通和服务等方面实现深度融合,推动形成跨区域、跨部门、跨业务、跨领域、跨层级的数字化集群式综合治理格局。

"开放"是城市群协同可持续发展恒久不变的主题,包括政策、制度、技术和数据的公开性、灵活性和共享性。世界上所有超大城市群（如三大湾区）的发展与壮大，都是在开放的环境中发生的。数字化治理和智慧城市群建设的实现更加需要各城市秉承"开放"的理念，加强顶层设计并建立多方合作与协调的管理机制，通过政策引导、市场运作，逐渐突破已有的行政区划、部门壁垒，在保障数据安全性的前提下实现数据和信息的互通与共享，进一步为产业发展和基础设施建设提供有力支撑。尤其在粤港澳大湾区特殊的"一国两制"、三个关税区的制度环境下，更需要通过开放进一步促进城市群形成强大的向心力和凝聚力。在未来智慧城市群的建设中应通过体制机制创新，充分考虑社会资源的优化配置和公共服务的均等化，逐步实现各种资源的共享。

要解决数据跨区域高效流动的"数据孤岛"和"数据烟囱"等问题，首先要在法律层面建立健全保障机制，让数据分享有法可依、有法必依。其次，在技术基础研究领域创新，推动技术与产品结合、与应用产业融合。最后，在数据管理平台上实现互联互通，再结合各个城市的实际问题和痛点，加快"关键应用"的开发，通过标准衔接各个子系统，进而减少重复建设、提高城市管理效率以及市民体验。通过充分利用法律法规、标准规划、技术手段等多维度措施，充分整合政府和社会数据，提升城市间协同运用大数据的水平，推动城市群协同发展。

1.4.2 新基建的一体化运行

当前，全球新一轮科技革命和产业变革加速推进，数字信息基础设施战略地位日益凸显。高速、可靠和强大的数字信息基础设施是数字化的基石，是畅通经济社会发展"大动脉"和推动数字经济高质量发展的底座。相对于传统基础设施建设而言，新基建具有新技术、新高度、新领域、新模式、新业态、新治理等"六新"特征，是以新发展理念为引领，以信息技术创新为驱动，以信息网络为基础，面向高质量发展需要，提供数字转型、智能升级、融合创新等服务的基础设施体系，包括信息基础设施、融合基础设施、创新基础设施三个方面。其中，信息基础设施包括以 5G、物联网、工业互联网、卫星互联网为代表的通信网络基础设施，以及以人工智能、云计算、区块链等为代表的新技术基础设施，以数据中心、智能计算中心为代表的算力基础设施等；融合基础设施包括应用新一代信息技术对传统基础设施进行数字化、智能化改造形成的基础设施，如智能交通基础设施、智慧能源基础设施等；创新基础设施则包括重大科技基础设施、科教基础设施、产业技术创新基础设施等内容。新型基础设施是可以将数据的"采、传、存、算、易、用"等各个环节形成完整产业链的基础设施，新型基础设施的广泛布局使得城市的感知能力和思考水平实现了飞跃（方虹，2022）。

城市群一体化是拓宽城市群空间、提高经济循环质量和发展水平的重要抓手。新型基础设施的公共产品属性，具有跨区域空间溢出效应，不仅包括交通、通信、能源、水利、安全等传统基础设施，也包括新一代通信技术、互联网、大数据、人工智能等新型基础设施，对城市群发展具有重要影响，需要跨行政区、跨部门进行协调（方虹，2022）。新基建能够降低城市群内部与外部的交易成本、提升效率，促进城市之间的交流合作，扩大市场规模和促进专业分工，实现优势互补，进而有利于缩小城市边界，特别是促进城市群、中心城市与周边同城化发展，使生产要素自由流动，提高整个区域的经济一体化水平（方虹，2022）。新基建能够为城市群高效协同和高质量发展贡献更大的力量，城市群也将为新型基础设施的应用提供更为广阔的市场空间。在城市新基建模式下，构建围绕城市的智慧创新生态链，在城市新基建与行业数字化创新之间架设起一座桥梁，通过新基建更好地利用智能技术支撑相应的空间规划目标和空间治理目标实现。通过新基建向高速泛在、天地一体加速演进，加快集成互联、安全高效，增强数据感知、传输、存储和运算能力，助力智慧城市群建设。

通过推进技术、数据和业务各方面的融合，打破"信息孤岛"和"数据烟囱"，加快物联网、工业互联网、卫星互联网、云计算、人工智能、区块链等新一代信息技术与城市管理服务相融合，进而提升城市治理和服务水平。在物联网技术、5G网络通信技术、传感器和自动化控制系统的支持下，智能基础设施通过采集、分析相关的城市数据（涵盖制造、能源、交通、物流、医疗、建筑、生活等领域），可以针对城市中不同的事件提供更为自动、及时和高效的反应。当上述各个基础设施领域的关键要素能够实现高效整合，城市管理者有条件根据外部环境的实时变化做出最优化的响应行动，进一步为政府各部门的重要决策提供依据，使城市的管理机制和执行过程更为智能、互联、高效、透明和灵活。

粤港澳大湾区的新基建是国家"十四五"新基建规划的重要发展方向，发展高端科技和推动经济数字化转型是上述发展范畴的核心，而新基建正是推动新型发展的"催化剂"。新基建实质是搭建一个新平台来完成数据交换工作，实现数据生产要素市场化配置。数字化可为社会发展找到新的经济增长点、释放新的数字消费，从而带动经济向数字化转型。大湾区已在数据采集、传输、存储、计算、交易、应用等方面做了大量尝试和探索，如物联网的构建，实施东数西算战略，建立分布式数据中心、算法库、数据交易试点和行业数据平台等。依托数字新基建，粤港澳三地经济发展新空间不断扩展，也为粤港澳居民搭起连接大湾区优质生活圈的平台桥梁。广东也正着力推进大湾区基础设施"硬联通"和机制"软联通"，加快建设广州南沙、深圳前海、珠海横琴三大重点合作平台，力争在科技创新、产业集聚等方面形成示范。面向未来，新基建需要更多的制度创新。要进一步推进新基建的布局和一体化运行，需加快数据立法，形成数据确权、标准、交易、定价的制度体系，培育壮大数据要素市场，发挥数据要素在新基建中的底座作用。

1.4.3 区域数字化协同治理

随着技术和产业革命的不断升级，数字化转型已经成为抢占未来经济高质量发展制高点的重要手段。数据要素凭借边际成本低、规模效应大、流动性高、可复用性强等区别于传统生产要素的新特点，有利于促进各类生产要素在生产、分配、流通、消费各环节有机衔接。在推动产业链、供应链现代化的过程中，数字化赋能成为畅通国民经济循环、促进经济增长的重要驱动因素，为城市数字化下的区域一体化新格局创造了更多便利和可能（锁利铭，2021）。数字化治理是数字化转型的关键应用，是数字技术、数字经济、数字社会、数字政府发展而产生的新型治理。从某种意义上讲，数字化治理就是在面对公共事务治理时借助大数据、云计算等数字信息技术，调动政府、企业、社会组织等多元主体共同参与政策制定过程的一种新型治理模式。这种模式越来越多地应用于政府治理，各地政府纷纷以数字政府建设助推政府治理现代化，以提高政府公共管理和公共服务水平。

城市群作为高度一体化与同城化的城市集合体（汪文革，2018），其本质是相互联系的城市区域（Wu，2016）。数字化时代城市群需依托数字发展机遇，因势利导、顺势而为，积极拥抱数字技术全方位和全流程地渗入城市群治理，构建高效精准的城市群治理系统，促进区域协调发展，提升城市群治理能力（邓崧等，2022）。城市群数字化协同治理是各城市之间以信息技术为基础、以数据要素为依托、以数字平台为载体的实现多个相互依赖的个体或机构参与公共决策和管理的制度安排，依托平台的标准化、模块化功能实现多终端信息共享，促进多元治理主体间的协同，从而提高治理效能，加快推进城市群一体化建设。通过数字化赋能协同治理，一方面可以实现多元主体参与、多方平台融合、多种制度创新，另一方面可以实现数据决策、数据治理、数据创新。

实现区域数字化协同治理关键在于推进数字政务服务一体化，实现大湾区政务服务一网通办、政务数据共享共治，推动政务服务、公共服务、政府治理"政务通"。持续推进"粤省事"的建设，促进"粤省事"与香港、澳门特别行政区信息平台的互联互通，打通大湾区城市群内部各部门的任务协同，提高人民群众在政府部门办事的满意度，以协同驱动治理制度的创新（丁焕峰等，2022）。全面深化广东"数字政府2.0"，完善各级政府统一协同体系，持续缩小数字鸿沟、促进经济社会均衡发展。深入推进"省统市建共推"工作，建立数据交易所，试点开展数据交易，在广东省推广数字政府基层应用建设试点优秀成果。全面推进数据要素市场化配置改革，加快推进数据要素市场化建设，充分发挥数据要素作用。通过进一步健全公共数据管理和运营体系，培育数据交易平台、构建数据交易规则、完善数据治理体系，探索构建个人和法人数字空间等举措，有力推动数字经济创新发展。搭建数据交易平台，建设粤港澳大湾区大数据中心。强化标准和技术体系研究，加快搭建结构清晰、系统高效的数据要素标准体系，形成一批可复制推广的标准化成果。全面提升大湾区各市政府经济调节、市场监管、社会管理、公共服务、生态环境保护等方面的职能，创新和完善宏观调控，进一步提高宏观经济治理能力。

1.4.4 区域智慧化协同服务

智慧协同是数据驱动的高级形态，许多研究将数据驱动看作智慧协同初级阶段的重要表征，即智慧协同是以大数据为基础的互动过程。在此背景下，智慧城市聚集形成公共服务治理的空间网络，它更倾向于城市群治理的智慧化愿景（李磊等，2020）。智慧化协同服务是采用数字技术让城市群内部各城市之间实现横向融合、互联互通，形成全程全时、全模式全响应、"牵一发而动全身"的"敏态"智慧系统，让城市更聪明一些、更智慧一些，以此来提升跨层级、跨地域、跨系统、跨部门、跨业务的协同管理和服务水平，实现城市公共服务方式的智慧化。

服务一体化是让人民群众共享发展成果的直接手段，公共服务具有的经济增长效应、收入分配效应和美好生活效应，是实现共同富裕的重要机制与内容，能够进一步通过优化财政资源配置和调节收入差距等手段作用于城市群高质量发展。公共服务一体化的完善,对稳定经济增长、促进社会就业、改善收入分配等方面存在重要影响,不仅激发了市场活力,还带动了城市群经济提质增效。通过民生领域的创新合作,可以提升大湾区公共服务水平,改善港澳民生福祉,助力港澳深度融入国家发展大局,增强港澳居民对大湾区和祖国的认同感。

区域智慧化协同服务要重点推动数字民生领域同城化,整合大湾区医疗、文化、旅游等民生领域,实现居民待遇同城一致。广泛复制推广构建跨界协同、运转高效的广佛两地政务"跨城通办"服务模式,推动多地政务部门建立"跨城通办"自助服务终端平台,拓展跨城办理政务渠道和范围,为企业和群众跨区域办理政务事务提供便利。进一步推动医疗、教育、文化旅游等优质公共资源跨城共享,切实让群众享受到大湾区同城服务的优越性。针对三地医疗协同发展面临的体制、机制等方面的差异,持续推动医疗规则衔接、建立粤港澳大湾区医疗健康共同体、在深港医疗协同发展方面先行做好示范等,推动粤港澳医疗协同发展。探索开展跨境医疗合作试点,便利港澳居民在内地就医养老,加快粤港澳医疗产业融合。探索建立大湾区高等教育协同发展体系,强化大湾区高校科研协同创新,加强协同育人。推进粤港澳合作办学促进三地教育资源共享,如联合共建优势学科、实验室和研究中心等。推动校企共建联合实验室,探索产教融合新模式。统筹规划和制定符合粤港澳大湾区文化和旅游发展的具体政策和措施,充分考虑三地旅游资源的合理空间布局和城市功能的互补性,实现区域旅游一体化协同发展,共建具有国际影响力的人文湾区和休闲湾区。譬如,在尊重和保护各方文化差异的基础上,不断便捷游客的流动,降低乃至消除游客在交通、关口、法律等方面的限制,建立起一个真正一体化的旅游市场;再如,联合开展粤港澳旅游宣传推广,共同开发"一程多站"旅游产品等。

参 考 文 献

艾少伟,苗长虹,2010. 从"地方空间"、"流动空间"到"行动者网络空间":ANT 视角[J]. 人文地理,25(2):43-49.

艾少伟,苗长虹,2011. 异质性"通道"与跨国公司地方化结网:以苏州工业园为例[J]. 地理研究,30(8):1483-1498.

岸根卓郎,1990. 迈向21世纪的国土规划:城市融合系统设计[M]. 北京:科学出版社.

曹堂哲,2013. 政府跨域治理的缘起、系统属性和协同评价[J]. 经济社会体制比较(5):117-127.

曾刚,文嫮,2004. 上海浦东信息产业集群的建设[J]. 地理学报(S1):59-66.

柴攀峰,黄中伟,2014. 基于协同发展的长三角城市群空间格局研究[J]. 经济地理,34(6):75-79.

陈春花,赵曙明,2004. 高成长企业的组织与文化创新[M]. 北京:中信出版社.

陈修颖,汤放华,2014. 城乡一体化背景下地方府际关系重构与政府职能转型[J]. 经济地理,34(12):78-84,132.

陈缘, 2023. 以数字技术助推粤港澳大湾区公共服务协同共享[J]. 中国行政管理（1）：153-155.
代佳欣, 2016. 城市公共资源配置失衡的三重归因：制度壁垒、发展主义与自我建构[J]. 现代经济探讨（8）：19-23.
邓崧, 周倩, 吴玉麟, 2022. 我国城市群数字化发展非均衡性评估[J]. 大连理工大学学报（社会科学版）, 43（4）：20-30.
丁焕峰, 谭一帆, 孙小哲, 2022. 粤港澳大湾区世界级城市群治理体系的建构讨论[J]. 城市发展研究, 29（8）：77-83.
丁明磊, 刘秉镰, 2010. 区域一体化创新体系构建模式及实施策略研究[J]. 经济体制改革（2）：5-10.
董超, 2012. "流空间"的地理属性及其区域发展效应分析[J]. 地域研究与开发, 31（2）：5-8, 14.
杜治洲, 汪玉凯, 2006. 电子政务与政府协同管理模式的发展[J]. 中共天津市委党校学报, 8（2）：40-43.
樊杰, 2008. "人地关系地域系统"学术思想与经济地理学[J]. 经济地理（2）：177-183.
樊杰, 2018. "人地关系地域系统"是综合研究地理格局形成与演变规律的理论基石[J]. 地理学报, 73（4）：597-607.
方创琳, 2000. 区域发展规划的人地系统动力学基础[J]. 地学前缘（S2）：5-10.
方创琳, 2009. 城市群空间范围识别标准的研究进展与基本判断[J]. 城市规划学刊（4）：1-6.
方创琳, 2011. 中国城市群形成发育的新格局及新趋向[J]. 地理科学, 31（9）：1025-1034.
方创琳, 2014. 中国城市群研究取得的重要进展与未来发展方向[J]. 地理学报, 69（8）：1130-1144.
方创琳, 2015. 科学选择与分级培育适应新常态发展的中国城市群[J]. 中国科学院院刊, 30（2）：127-136.
方创琳, 2017. 京津冀城市群协同发展的理论基础与规律性分析[J]. 地理科学进展, 36（1）：15-24.
方创琳, 2019. 中国新型城镇化高质量发展的规律性与重点方向[J]. 地理研究, 38（1）：13-22.
方创琳, 2021. 新发展格局下的中国城市群与都市圈建设[J]. 经济地理, 41（4）：1-7.
方创琳, 毛其智, 倪鹏飞, 2015. 中国城市群科学选择与分级发展的争鸣及探索[J]. 地理学报, 70（4）：515-527.
方创琳, 宋吉涛, 张蔷, 等, 2005. 中国城市群结构体系的组成与空间分异格局[J]. 地理学报（5）：827-840.
方创琳, 张舰, 2011. 中国城市群形成发育的政策保障机制与对策建议[J]. 中国人口资源与环境, 21（10）：107-113.
方创琳, 周成虎, 顾朝林, 等, 2016. 特大城市群地区城镇化与生态环境交互耦合效应解析的理论框架及技术路径[J]. 地理学报, 71（4）：531-550.
方创琳, 周成虎, 王振波, 2015. 长江经济带城市群可持续发展战略问题与分级梯度发展重点[J]. 地理科学进展, 34（11）：1398-1408.
方虹, 2022. 新型基础设施助推中国城市群高质量发展[J]. 人民论坛·学术前沿（22）：70-77, 111.
冯涛, 2015. 区域公共管理中的地方政府职能与治理结构协同机制：一个新分析框架[J]. 观察与思考（6）：60-64.
付金龙, 陈梅, 李石山, 2005. 构建协同的供应链[J]. 科技与管理, 7（1）：70-71.
傅沂, 赵子奇, 2019. 经济地理学制度理论的发展与建构的重要方向[J]. 热带地理, 39（5）：711-720.
高波, 2023. 城市创新质量、制度环境与区域一体化[J]. 河北学刊, 43（6）：97-112.
高秀艳, 王海波, 2007. 大都市经济圈与同城化问题浅析[J]. 企业经济（8）：89-91.
顾朝林, 王颖, 2013. 城市群规划中的管治研究—以绍兴城市群规划为例[J]. 人文地理, 28（2）：61-66.
郭杰, 姜璐, 张虹鸥, 等, 2022. 流空间视域下城市群功能协同发展研究：以旧金山湾区为例[J]. 热带地理, 42（2）：195-205.
韩忠, 2006. 第二次世界大战后旧金山中心城市发展道路比较研究[D]. 厦门：厦门大学.
郝凤霞, 张诗葭, 2021. 长三角城市群交通基础设施、经济联系和集聚：基于空间视角的分析[J]. 经济问题探索（3）：80-91.
贺灿飞, 2019. "经济全球化与中国区域发展"专辑序言[J]. 地理科学进展, 38（10）：1447-1448.
贺灿飞, 毛熙彦, 2015. 尺度重构视角下的经济全球化研究[J]. 地理科学进展, 34（9）：1073-1083.
贺俊, 2020. 从效率到安全：疫情冲击下的全球供应链调整及应对[J]. 学习与探索（5）：79-89.
胡序威, 2014. 应厘清与城镇化有关的各种地域空间概念[J]. 城市发展研究, 21（11）：1-4.

黄媛媛，2005. 供应链协同管理的研究[D]. 武汉：武汉大学.
姜慧梓，2020. "新基建"包括哪些领域？国家发改委权威解读[N]. 新京报，2020-04-20.
匡贞胜，王妤，2022. 政治动员，角色冲突与跨域经济协作[J]. 公共管理与政策评论，11（3）：94.
黎鹏，2005. 区域经济协同发展及其理论依据与实施途径[J]. 地理与地理信息科学，21（4）：5.
李成，石宝雅，2023. 粤港澳大湾区环境协同治理：机制、困境与对策[J].特区实践与理论（3）：94-99.
李磊，马韶君，代亚轩，2020. 从数据融合走向智慧协同：城市群公共服务治理困境与回应[J]. 上海行政学院学报，21（4）：47-54.
李琳，刘莹，2015. 中三角城市群与长三角城市群绿色效率的动态评估与比较[J]. 江西财经大学学报（3）：3-12.
李雪松，张雨迪，孙博文，2017. 区域一体化促进了经济增长效率吗？—基于长江经济带的实证分析[J]. 中国人口·资源与环境（1）：10-19.
林初昇，2020. 去中心化和（逆）全球化背景下中国人文地理学的批判性理论探索与方法创新[J]. 热带地理，40（1）：1-9.
林建浩，赵子乐，2017. 均衡发展的隐形壁垒：方言、制度与技术扩散[J]. 经济研究，52（9）：182-197.
林晓言，2017. 高速铁路与经济社会发展新格局[M]. 2版. 北京：社会科学文献出版社.
刘昌明，王红瑞，2003. 浅析水资源与人口、经济和社会环境的关系[J]. 自然资源学报，18（5）：635-644.
刘光容，2008. 政府协同治理：机制、实施与效率分析[D]. 武汉：华中师范大学.
刘君德，1996. 中国行政区划的理论与实践[M]. 上海：华东师范大学出版社.
刘胜，2019. 城市群空间功能分工带来了资源配置效率提升吗？：基于中国城市面板数据经验研究[J]. 云南财经大学学报，35（2）：12-21.
刘伟忠，2012. 我国协同治理理论研究的现状与趋向[J]. 城市问题（5）：81-85.
刘西忠，2022. 从城市群到都市圈：跨区域协同治理格局演化与机制创新研究[J]. 秘书，40（2）：37-50.
刘毅，王云，杨宇，等，2019. 粤港澳大湾区区域一体化及其互动关系[J]. 地理学报，74（12）：2455-2466.
刘云刚，侯璐璐，许志桦，2018. 粤港澳大湾区跨境区域协调：现状、问题与展望[J]. 城市观察（1）：7-25.
柳红霞，邓佳一，2021. 协同治理的理论生成逻辑及动力机制[J]. 秘书，39（2）：13-24.
陆大道，2002. 关于地理学的"人-地系统"理论研究[J]. 地理研究（2）：135-145.
陆大道，2015. 京津冀城市群功能定位及协同发展[J]. 地理科学进展，34（3）：265-270.
陆大道，郭来喜，1998. 地理学的研究核心：人地关系地域系统：论吴传钧院士的地理学思想与学术贡献[J]. 地理学报（2）：3-11.
陆军，2020. 都市圈协同发展的理论逻辑与路径选择[J]. 人民论坛（27）：54-57.
陆军，毛文峰，2020. 城市网络外部性的崛起：区域经济高质量一体化发展的新机制[J]. 经济学家（12）：62-70.
路紫，匙芳，王然，等，2008. 中国现实地理空间与虚拟网络空间的比较[J]. 地理科学（5）：601-606.
吕典玮，张琦，2010. 京津地区区域一体化程度分析[J]. 中国人口·资源与环境，20（3）：162-167.
马海涛，2020. 知识流动空间的城市关系建构与创新网络模拟[J]. 地理学报，75（4）：708-721.
马向明，陈洋，2017. 粤港澳大湾区：新阶段与新挑战[J]. 热带地理，37（6）：762-774.
毛艳华，杨思维，2019. 粤港澳大湾区建设的理论基础与制度创新[J]. 中山大学学报（社会科学版），59（02）：168-177.
孟延春，1998. 当代中国城市地理学的基石：记我的导师周一星教授的重要学术创建[J]. 人文地理，13（2）：1-6.
孟昭华，1997. 关于协同学理论和方法的哲学依据与社会应用的探讨[J]. 系统科学学报（2）：32-35.
苗东升，1990. 协同学的辩证思想[J]. 中国人民大学学报（3）：45-52.
苗长虹，2006. 全球-地方联结与产业集群的技术学习：以河南许昌发制品产业为例[J]. 地理学报（4）：425-434.
穆东，杜志平，2005. 资源型区域协同发展评价研究[J]. 中国软科学（5）：106-113.
宁越敏，2011. 中国都市区和大城市群的界定：兼论大城市群在区域经济发展中的作用[J]. 地理科学，31（3）：

257-263.

欧阳锋,周济,1996. 可持续发展:中国走向未来的必由之路[J]. 科学技术与辩证法,13(4):6-10.

綦良群,孙凯,2007. 高新技术产业与传统产业协同发展机理研究[J]. 科学学与科学技术管理,28(1):118-122.

屈晓东,范巧,2021. 成渝地区双城经济圈双循环框架及其体制机制变革研究[J]. 经济体制改革(5):41-47.

沈静,刘伟,魏也华,2019. 环境管制对佛山市污染密集型企业空间格局变化的影响:基于2004年、2008年、2013年经济普查数据的实证[J]. 地理科学,39(12):1972-1981.

沈丽珍,2010. 流动空间[M]. 南京:东南大学出版社.

沈丽珍,甄峰,席广亮,2012. 解析信息社会流动空间的概念、属性与特征[J]. 人文地理,27(4):14-18.

沈玉芳,刘曙华,张婧,等,2010. 长三角地区产业群、城市群和港口群协同发展研究[J]. 经济地理,30(5):778-783.

盛朝迅,2021. 新发展格局下推动产业链供应链安全稳定发展的思路与策略[J]. 改革(2):1-13.

石楠,2004. 试论城市规划中的公共利益[J]. 城市规划(6):20-31.

宋晓宇,范迪,张丽,2021. "十四五"时期城市新型基础设施建设的内涵特征和发展趋势[J]. 科学发展,152(7):100-107.

锁利铭,2021. 数据何以跨越治理边界 城市数字化下的区域一体化新格局[J]. 人民论坛(1):45-48.

唐立娜,蓝婷,邢晓旭,等,2023. 中国东部超大城市群生态环境建设成效与发展对策[J]. 中国科学院院刊,38(3):394-406.

唐亚林,于迎,2018. 主动对接式区域合作:长三角区域治理新模式的复合动力与机制创新[J]. 理论探讨(1):28-35.

陶希东,2008. 中国跨界都市圈规划的体制重建与政策创新[J]. 城市规划(8):36-43.

汪文革,2018. 中国城市群研究概念辨析[J]. 中国名城(12):16-21.

王春丽,宣凯,2021. 从外向型到开放型的经济体制跃迁与实践进路[J]. 江汉论坛(10):34-40.

王得新,2016. 我国区域协同发展的协同学分析:兼论京津冀协同发展[J]. 河北经贸大学学报,37(3):96-101.

王健,鲍静,刘小康,等,2004. "复合行政"的提出:解决当代中国区域经济一体化与行政区划冲突的新思路[J]. 中国行政管理(3):44-48.

王姣娥,焦敬娟,金凤君,2014. 高速铁路对中国城市空间相互作用强度的影响[J]. 地理学报,69(12):1833-1846.

王俊松,颜燕,胡曙虹,2017. 中国城市技术创新能力的空间特征及影响因素:基于空间面板数据模型的研究[J]. 地理科学,37(1):11-18.

王少剑,2019. 基于流空间视角的城市群空间结构研究:以珠三角城市群为例[J]. 地理研究,38(8):1849-1861.

王太高,2022. 我国整体政府思想的形成及其展开:以《法治政府建设实施纲要(2021—2025年)》切入[J]. 探索与争鸣(1):83-91,178-179.

王兴平,2005. 中国城市新产业空间:发展机制与空间组织[M]. 北京:科学出版社.

王兴平,2017. 高铁驱动的区域同城化与城市空间重组[M]. 南京:东南大学出版社.

王雨,张京祥,2022. 区域经济一体化的机制与效应:基于制度距离的空间发展解释[J]. 经济地理,42(1):28-36.

王玉海,宋逸群,2017. 共享与共治:中国城市群协同治理体系建构[J]. 开发研究(6):1-6.

王郁,赵一航,2020. 区域协同发展政策能否提高公共服务供给效率?以京津冀地区为例的研究[J]. 中国人口·资源与环境(8):100-109.

吴朝晖,2021. 多元经济空间交互运行,数字治理驱动区域一体化高质量发展[J]. 浙江大学学报(人文社会科学版),51(1):5-9.

吴彤,2001. 自组织方法论论纲[J]. 系统辩证学学报,9(2):4-10.

吴晓波,曹体杰,2005. 高技术产业与传统产业协同发展机理及其影响因素分析[J]. 科技进步与对策,22(3):7-9.

伍文中，李静，2023. 技术还是制度：粤港澳大湾区公共服务合作瓶颈约束及路径创新[J]. 贵州财经大学学报（5）：22-30.

武超群，2016. 网络环境下公共危机治理研究[D]. 北京：中央财经大学.

徐浩鸣，2002. 混沌学与协同学在我国制造业产业组织的应用[D]. 哈尔滨：哈尔滨工程大学.

徐秀军，沈陈，2023. "全球南方"崛起与世界格局演变[J]. 国际问题研究（4）：64-78，136-137.

许春育，许芹，2004. 电子政务与政府治理[J]. 科技情报开发与经济，14（8）：264-266.

许志桦，刘云刚，胡国华，2019. 从珠三角到大珠三角再到粤港澳大湾区：改革开放以来中国的国家尺度重组[J]. 热带地理，39（5）：635-646.

阎欣，尹秋怡，王慧，等，2013. 基于协同学理论的厦漳泉都市圈发展策略[J]. 规划师，29（12）：34-40.

杨道玲，任可，秦强，2022. 京津冀产业协同的驱动因素研究[J]. 宏观经济管理（1）：52-59，67.

杨建平，2009. 政府投资项目协同治理机制及其支撑平台研究[D]. 徐州：中国矿业大学.

姚士谋，1992. 我国城市群的特征、类型与空间布局[J]. 城市问题（1）：10-15，66.

姚士谋，等，1992. 中国的城市群[M]. 合肥：中国科学技术大学出版社.

叶岱夫，2001. 人地关系地域系统与可持续发展的相互作用机理初探[J]. 地理研究（3）：307-314.

叶玉瑶，陈奕嘉，刘向杰，等，2024. 超越技术的视角：新型基础设施推动区域经济发展的理论基础与科学议题[J]. 地理科学，44（04）：553-561.

叶玉瑶，王景诗，吴康敏，等，2020. 粤港澳大湾区建设国际科技创新中心的战略思考[J]. 热带地理，40（1）：27-39.

叶玉瑶，王翔宇，许吉黎，等，2022. 新时期粤港澳大湾区协同发展的内涵与机制变化[J]. 热带地理，42（2）：161-170.

叶玉瑶，张虹鸥，王洋，等，2021. 中国外向型经济区制造业空间重构的理论基础与科学议题[J]. 世界地理研究，30（2）：331-343.

俞可平，2001. 治理理论与中国行政改革（笔谈）：作为一种新政治分析框架的治理和善治理论[J]. 新视野（5）：35-39.

袁莉，2014. 城市群协同发展机理、实现途径及对策研究：以长株潭城市群为例[D]. 长沙：中南大学.

袁晓勐，2006. 城市系统的自组织理论研究[D]. 长春：东北师范大学.

张二震，戴翔，2022. 全球产业链供应链调整新趋向及其对策[J]. 经济学动态（10）：31-41.

张虹鸥，王洋，叶玉瑶，等，2018. 粤港澳区域联动发展的关键科学问题与重点议题[J]. 地理科学进展，37（12）：1587-1596.

张京祥，殷洁，罗小龙，2006. 地方政府企业化主导下的城市空间发展与演化研究[J]. 人文地理（4）：1-6.

张克中，陶东杰，2016. 交通基础设施的经济分布效应：来自高铁开通的证据[J]. 经济学动态（6）：62-73.

张胜磊，2020. 粤港澳大湾区城市群建设的问题与对策研究[J]. 广西社会科学（8）：44-50.

张晓杰，2023. 数字化驱动公共服务一体化：内在逻辑与运行机制[J]. 当代经济管理，45（3）：68-75.

张晓钦，韩传峰，2015. 中国区域一体化的整体性治理模式研究：以广西北部湾经济区为例[J]. 同济大学学报（社会科学版），26（5）：116-124.

张欣，夏宇，2024. 城市群能否促进企业绿色创新？：来自城市群政策的准自然实验[J]. 产业经济研究（4）：15-28.

张亚明，刘海鸥，2014. 协同创新博弈观的京津冀科技资源共享模型与策略[J]. 中国科技论坛（1）：34-41.

张哲，2009. 基于产业集群理论的企业协同创新系统研究[D]. 天津：天津大学.

赵建吉，曾刚，2010. 技术社区视角下新竹IC产业的发展及对张江的启示[J]. 经济地理，30（3）：438-442，430.

赵英魁，张建军，王丽丹，等，2010. 沈抚同城区域协作探索：以沈抚同城化规划为例[J]. 城市规划，34（3）：85-88.

赵峥，李粉，2020. 跨区域治理与政府合作：经验、挑战及对策[J]. 重庆理工大学学报（社会科学），34（8）：1-6.

甄峰, 曹小曙, 姚亦锋, 2004. 信息时代区域空间结构构成要素分析[J]. 人文地理 (5): 40-45.

郑元凯, 2008. 城市群的兴起与发展基于制度变迁理论的分析[J]. 经济与管理 (1): 21-24.

周春山, 王宇渠, 徐期莹, 等, 2019. 珠三角城镇化新进程[J]. 地理研究, 38 (1): 45-63.

朱华友, 王缉慈, 2014. 全球生产网络中企业去地方化的形式与机理研究[J]. 地理科学, 34 (1): 19-24.

邹军, 姚秀利, 侯冰婕, 2015. "双新" 背景下我国城市群空间协同发展研究: 以长三角城市群为例[J]. 城市规划, 39 (4): 9-14, 26.

Asheim B, Coenen L, Vang J, 2007. Face-to-face, buzz, and knowledge bases: sociospatial implications for learning, innovation, and innovation policy[J]. Environment and Planning C: Government and Policy, 25 (5): 655-670.

Bathelt H, Malmberg A, Maskell P, 2004. Clusters and knowledge: local buzz, global pipelines and the process of knowledge creation[J]. Progress in Human Geography, 28 (1): 31-56.

Bianchi C, Nasi G, Rivenbark W C, 2021. Implementing collaborative governance: models, experiences, and challenges[J]. Public Management Review, 23 (11): 1581-1589.

Boschma R, Frenken K, 2009. Some notes on institutions in evolutionary economic geography[J]. Economic geography, 85 (2): 151-158.

Bouckaert G, Peters B G, Verhoest K, 2020. The Coordination of Public Sector Organizations: Shifting Patterns of Public Management[M/OL]. Springer. https://link.springer.com/book/10.1057/9780230275256.

Brenner N, 2004. New State Spaces: Urban Governance and the Rescaling of Statehood[M]. Oxford: Oxford University Press.

Brenner N, 2013. Theses on urbanization[J]. Public Culture, 25 (1): 85-114.

Brenner N, Schmid C, 2011. Planetary Urbanization[M]//Gandy M. Urban Constellations. Berlin: Jovis.

Brooks A, 2013. Stretching global production networks: the international second-hand clothing trade[J]. Geoforum, 44: 10-22.

Burger M J, Meijers E J, Van Oort F G, 2014. Multiple perspectives on functional coherence: heterogeneity and multiplexity in the randstad[J]. Tijdschrift voor economische en sociale geografie, 105 (4): 444-464.

Burger M, 2011. Structure and coopetition in urban networks[D]. Rotterdam: Erasmus University Rotterdam.

Burlando T, 1994. Chaos and risk management[J]. Risk management, 41 (4): 54.

Camagni R, Capello R, Caragliu A et al., 2017. Static vs. Dynamic Agglomeration Economies: Spatial Context and Structural Evolution Behind Urban Growth [M]//Seminal Studies in Regional and Urban Economics. Springer, 227-259.

Capello R, Caragliu A, Fratesi U, 2018. Breaking Down the Border: Physical, Institutional and Cultural Obstacles[J]. Economic Geography, 1-29.

Castells M, 1989. The Information City: Information Technology, Economic Restructuring, and the Urban-regional Process[M]. Oxford: Blackwell Publishing.

Castells M, 1996. The Rise of the Network Society[M]. Oxford: Blackwell Publishing.

Ching S, Hsiao C, Wan S K, 2012. Impact of CEPA on the labor market of Hong Kong[J]. China Economic Review, 23 (4): 975-981.

Chou T L, Ching C, Fan S, et al., 2011. Global linkages, the Chinese high-tech community and industrial cluster development: the semiconductor industry in Wuxi, Jingsu[J]. Urban Studies, 48 (14): 3019-3042.

Chung C K L, Xu J, 2016. Scale as both material and discursive: a view through China's rescaling of urban planning system for environmental governance[J]. Environment and Planning C: Government and Policy, 34 (8): 1404-1424.

Coe N M, Hess M, Yeung H W C, et al., 2004. 'Globalizing' regional development: a global production networks perspective[J]. Transactions of the Institute of British Geographers, 29（4）: 468-484.

Coe N M, Hess M. 2011. Local and Regional Development: A Global Production Network Approach[M]// Pike A, Rodríguez-Pose A, Tomaney J. Handbook of Local and Regional Development. London: Routledge.

Coe N M, Lee Y S, 2006. The strategic localization of transnational retailers: the case of Samsung-Tesco in South Korea[J]. Economic Geography, 82（1）: 61-88.

Coe N M, Yeung H W C, 2019. Global production networks: mapping recent conceptual developments[J]. Journal of Economic Geography, 19（4）: 775-801.

Cowell M, 2010. Polycentric regions: comparing complementarity and institutional governance in the San Francisco Bay area, the Randstad and Emilia-Romagna[J]. Urban Studies, 47（5）: 945-965.

De Goei B, Burger M J, Van Oort F G, et al., 2010. Functional polycentrism and urban network development in the Greater South East, United Kingdom: evidence from commuting patterns, 1981-2001[J]. Regional Studies, 44（9）: 1149-1170.

Depner H, Bathelt H. 2005. Exporting the German model: the establishment of a new automobile industry cluster in Shanghai[J]. Economic Geography, 81（1）: 53-81.

Dowall D E, 1984. The Suburban Squeeze: Land Conversion and Regulation in the San Francisco Bay Area[M]. California: University of California Press.

Estrin S, Baghdasaryan D, Meyer K.E, 2009. The impact of institu-tional and human resource distance on international entry strat-egies [J]. Journal of Management Studies, 46（7）: 1171-1196.

Florida R, Gulden T, Mellander C, 2008. The rise of the mega-region[J]. Cambridge Journal of Regions, Economy and Society, 1（3）: 459-476.

Freeman C, Louçã F, 2001. As Time Goes by: The Information Revolution and the Industrial Revolutions in Historical Perspective[M]. Oxford: Oxford University Press.

Gherhes C, Vorley T, Vallance P, et al., 2022. The role of system-building agency in regional path creation: insights from the emergence of artificial intelligence in Montreal[J]. Regional Studies, 56（4）: 563-578.

Gottmann J, 1957. Megalopolis or the urbanization of the northeastern seaboard[J]. Economic Geography, 33（3）: 189-200.

Gottmann J, 1961. Megalopolis: the Urbanized Northeastern Seaboard of the United States[M]. New York: Twentieth Century Fund.

Gottmann J, 1976. Megalopolitan systems around the world[J]. Ekistics: 109-113.

Hall P G, Pain K, 2006. The polycentric metropolis: Learning from mega-city regions in Europe[M]. London: Routledge.

Harrison J, Hoyler M, 2014. Governing the new metropolis[J]. Urban Studies, 51（11）: 2249-2266.

Harrison J, Hoyler M, 2015. Megaregions: Globalization's New Urban Form? [M]. Cheltenham: Edward Elgar Publishing.

Harvey D, 1989. From managerialism to entrepreneurialism: the transformation in urban governance in late capitalism[J]. Geografiska Annaler: series B, human geography, 71（1）: 3-17.

Harvey D, 2005. Spaces of Neoliberalization: Towards a Theory of Uneven Geographical Development[M]. Stuttgart: Franz Steiner Verlag.

Hedin K, Clark E, Lundholm E, et al., 2012. Neoliberalization of housing in Sweden: Gentrification, filtering, and social polarization[J]. Annals of the association of American geographers, 102（2）: 443-463.

Heimeriks G, Boschma R, 2014. The path-and place-dependent nature of scientific knowledge production in biotech 1986-2008[J]. Journal of Economic Geography, 14: 339-364.

Henderson J, Dicken P, Hess M, et al., 2002. Global production networks and the analysis of economic development[J]. Review of International Political Economy, 9 (3): 436-464.

Horner R, 2014. Strategic decoupling, recoupling and global production networks: India's pharmaceutical industry[J]. Journal of Economic Geography, 14 (6): 1117-1140.

Huber F, 2012. Do clusters really matter for innovation practices in Information Technology? Questioning the significance of technological knowledge spillovers[J]. Journal of Economic Geography, 12: 107-126.

Ibrahim S E, Fallah M H, Reilly R R, 2009. Localized sources of knowledge and the effect of knowledge spillovers: an empirical study of inventors in the telecommunications industry[J]. Journal of Economic Geography, 9: 405-431.

Jones M R, 1997. Spatial selectivity of the state? The regulationist enigma and local struggles over economic governance[J]. Environment and Planning A, 29: 831-864.

Kahn M E, 2010. Agglomeration Economics: New Evidence on Trends in the Cost of Urban Agglomeration[M]. Chiccgo: The University of Chicago Press, 339-354.

Kostova T, 1996. Success of the Transnational Transfer of Organizational Practices within Multinational Companies[D]. Minnesota: University of Minnesota.

Lee Y, 2009. Balanced development in globalizing regional development? Unpacking the new regional policy of South Korea[J]. Regional Studies, 43 (3): 353-367.

Li Y, Wu F L, 2018. Understanding city-regionalism in China: Regional cooperation in the Yangtze River Delta[J]. Regional Studies, 52: 313-324.

Li Y, Wu F L, Hay I, 2015. City-region integration policies and their incongruous outcomes: the case of Shantou-Chaozhou-Jieyang city-region in east Guangdong Province, China[J]. Habitat International (46): 214-222.

Lim K F, 2017. State rescaling, policy experimentation and path-dependency in post-Mao China: a dynamic analytical framework[J]. Regional Studies, 51 (10): 1580-1593.

Lim K F, 2019. On shifting foundations: state rescaling, policy experimentation and economic restructuring in post-1949 China[M]. Hoboken: John Wiley & Sons.

Liu W D, Dunford M, 2016. Inclusive globalization: unpacking China's Belt and Road Initiative[J]. Area Development and Policy, 1 (3): 323-340.

Lorenzen M, Mudambi R, 2013. Clusters, connectivity and catch-up: Bollywood and Bangalore in the global economy[J]. Journal of Economic Geography, 13: 501-534.

Lucas M, Sands A, Wolfe D A, 2009. Regional clusters in a global industry: ICT clusters in Canada[J]. European Planning Studies, 17: 189-209.

MacKinnon D, 2012. Beyond strategic coupling: reassessing the firm-region nexus in global production networks[J]. Journal of Economic Geography, 12 (1): 227-245.

Marks G, Hooghe L, Blank K, 1996. European integration from the 1980s: state‐centric v. multi‐level governance[J]. Journal of Common Market Studies, 34 (3): 341-378.

Meijers E, 2005. Polycentric urban regions and the quest for synergy: is a network of cities more than the sum of the parts? [J]. Urban Studies, 42 (4): 765-781.

Meijers E, Hoogerbrugge M, Cardoso R, 2018. Beyond polycentricity: does stronger integration between cities in polycentric urban regions improve performance? [J]. Tijdschrift voor economische en sociale geografifie, 109 (1): 1-21.

Moisio S, Paasi A, 2013. Beyond state-centricity: Geopolitics of changing state spaces[J]. Geopolitics, 18: 255-266.

Moodysson J, 2008. Principles and practices of knowledge creation: on the organization of "buzz" and "pipelines" in life science communities[J]. Economic Geography, 84: 449-469.

Morrison A, Rabellotti R, Zirulia L, 2013. When do global pipelines enhance the diffusion of knowledge in clusters? [J] Economic Geography, 89: 77-96.

Nijman J, 1996. Breaking the rules: Miami in the urban hierarchy [J]. Urban Geography, 17 (1): 5-22.

OECD, 2006. Competitive cities in the global economy, OECD territorial reviews[R]. Paris: Organisation for Economic Co-operation and Development.

Pan F H, Zhang F M, Zhu S J, et al., 2017. Developing by borrowing? Inter-jurisdictional competition, land finance and local debt accumulation in China[J]. Urban Studies, 54 (4): 897-916.

Peck J, 2003. Geography and public policy: mapping the penal state[J]. Progress in Human Geography, 27, 222-232.

Pérez C, 2003. Technological Revolutions and Financial Capital: the Dynamics of Bubbles and Golden Ages [M]. Cheltenham: Edward Elgar Publishing.

Pollitt C, 2003. Joined-up government: a survey[J]. Political Studies Review, 1 (1): 34-49.

Qian Y, Xu C G, 1993. The M-form hierarchy and China's economic reform[J]. European Economic Review, 37 (2/3): 541-548.

Rodríguez-Pose A, Storper M, 2006. Better rules or stronger communities? On the social foundations of institutional change and its economic effects[J]. Economic geography, 82 (1): 1-25.

Ross C L, 2009, Megaregions: Planning for Global Competitiveness[M]. Washington, D. C.: Island Press.

Scott A J, 1996. The craft, fashion, and cultural-products industries of Los Angeles: competitive dynamics and policy dilemmas in a multisectoral image-producing complex[J]. Annals of the Association of American Geographers, 86 (2): 306-323.

Scott A J, 2001a. Global City-regions: Trends, Theory, Policy[M]. Oxford: Oxford University Press.

Scott A J, 2001b. Globalization and the rise of city-regions[J]. European planning studies, 9 (7): 813-826.

Smart A, Lin G C S, 2007. Local capitalisms, local citizenship and translocality: rescaling from below in the Pearl River Delta region, China[J]. International Journal of Urban and Regional Research, 31 (2): 280-302.

Spolaore E, Wacziarg R, 2012. Long-Term Barriers to the International Diffusion of Innovations[J]. NBER International Seminar on Macroeconomics, 8 (1): 11-46.

Swyngedouw E, 2000. Authoritarian governance, power, and the politics of rescaling[J]. Environment and planning D: Society and space, 18: 63-76.

Trippl M, Tödtling F, Lengauer L, 2009. Knowledge sourcing beyond buzz and pipelines: evidence from the Vienna software sector[J]. Economic Geography, 85: 443-462.

UNCTAD, 2012. World Investment Report 2021[R]. UN trade and development.

UN-Habitat, 2010a. Citywide action plan for upgrading unplanned and un-serviced settlements in Dar es Salaam[R]. Nairobi: UN-Habitat.

UN-Habitat, 2010b. The state of the world's cities report 2010/2011: cities for all: bridging the urban divide[R]. Nairobi: UN-Habitat.

Van Nuffel N, Saey P, 2005. Commuting, hierarchy and networking: the case of Flanders[J]. Tijdschrift voor Economische en Sociale Geografie, 96 (3): 313-327.

Wackernagel M, Rees B, 1996. Our Ecological footprint: reducing human impact on the earth[J]. New Society Publishers: 160.

Walker A, 1981. Towards a political economy of old age[J]. Ageing & Society, 1 (1): 73-94.

Wang L, Shen J, 2016. Spatial planning and its implementation in provincial China: a case study of the Jiangsu region along the Yangtze River plan[J]. Journal of Contemporary China, 25: 669-685.

Wei Y D, 2000. Regional Development in China: States, Globalization, and Inequality[M]. London: Routledge.

Weidlich W, 2003. Sociodynamics: a systematic approach to mathematical modelling in the social sciences[J]. Chaos, Solitons & Fractals, 18 (3): 431-437.

Wheeler C H, 2001. Search, sorting, and urban agglomeration [J]. Journal of Labor Economics, 19 (4): 879-899.

Wickham J, Vecchi A, 2008. Local firms and global reach: Business air travel and the Irish software cluster[J]. European Planning Studies, 16: 693-710.

Wu F L, 2017. China's emergent city-region governance: a new form of state spatial selectivity through state-orchestrated rescaling[J]. International Journal of Urban and Regional Research, 40 (6): 1134-1151.

Wu F L, 2018. Planning centrality, market instruments: governing chinese urban transformation under state entrepreneurialism[J]. Urban Studies, 55 (7): 1383-1399.

Wu F L, Zhang F, 2010. China's emerging city region governance: towards a research framework[J]. Progress in Planning, 73 (1): 60-63.

Wu F L, Zhang J X, 2007. Planning the competitive city-region: the emergence of strategic development plan in China[J]. Urban Affairs Review, 42 (5), 714-740.

Xu J, 2016. Contentious space and scale politics: planning for intercity railway in China's mega‐city regions[J]. Asia Pacific Viewpoint, 58 (1): 57-73.

Xu J, Chen Y, 2014. Planning intercity railways in China's mega-city regions: insights from the Pearl River Delta[J]. The China Review, 14 (1): 11-36.

Xu J, Yeh A G O, 2009. Decoding urban land governance: state reconstruction in contemporary Chinese cities[J]. Urban Studies, 46 (3): 559-581.

Xue D S, Wu F L, 2015. Failing entrepreneurial governance: from economic crisis to fiscal crisis in the city of Dongguan, China[J]. Cities, 43: 10-17.

Yang C, 2012. Restructuring the export-oriented industrialization in the Pearl River Delta, China: institutional evolution and emerging tension[J]. Applied Geography, 32 (1): 143-157.

Yang C, Li S M, 2013. Transformation of cross-boundary governance in the Greater Pearl River Delta, China: contested geopolitics and emerging conflicts[J]. Habitat International (40): 25-34.

Yang D Y, Hsu J, Ching C, 2009. Revisiting the Silicon Island? The geographically varied 'strategic coupling'in the development of high-technology parks in Taiwan[J]. Regional Studies, 43 (3): 369-384.

Ye Y Y, Wu K M, Xie Y C, et al. , 2019, How firm heterogeneity affects foreign direct investment location choice: micro-evidence from new foreign manufacturing firms in the Pearl River Delta[J]. Applied Geography, 106: 11-21.

Yeung G, 2016. The operation of Global Production Networks (GPNs) 2.0 and methodological constraints[J]. Geoforum, 75: 265-269.

Yeung H W C, 2009. Regional development and the competitive dynamics of global production networks: an East Asian perspective[J]. Regional studies, 43 (3): 325-351.

Yeung H W C, 2013. Governing the market in a globalizing era: Developmental states, global production networks and inter-firm dynamics in East Asia[J]. Review of International Political Economy, 21 (1): 70-101.

Zhang F Z, Wu F L, 2019. Rethinking the city and innovation: a political economic view from China's biotech[J]. Cities, 85: 150-155.

Zhong Y, Su X B, 2019. Spatial selectivity and intercity cooperation between Guangdong and Hong Kong[J]. Urban Studies, 56 (14): 3011-3029.

Zhou Y, 2015. Mixed-market and crisis mitigation: lessons from the performance of China's ICT industry before and after the 2008 Crisis[J]. Eurasian Geography and Economics, 56 (2): 193-219.

Zhou Y, Xin T, 2003. An innovative region in China: interaction between multinational corporations and local firms in a high-tech cluster in Beijing[J]. Economic geography, 79 (2): 129-152.

2 超大城市群协同发展的国内外先进经验

2.1 美国旧金山湾区

旧金山湾区城市群位于美国西海岸加利福尼亚州（简称加州）北部，陆地面积 18 040 千米^2。截至 2020 年，总人口达到 875 万，生产总值超过 2 万亿美元。旧金山湾区主要城市包括旧金山半岛上的旧金山、东部的奥克兰和南部的圣何塞，高科技研发基地硅谷位于湾区南部。面对快速变化的世界，在过去的半个世纪里，旧金山湾区已经对其经济进行了多次重组，使其成为全球科技创新中心，虹吸着全球顶尖的人才、技术和资本，世界各地的城市群都在试图复制它的成功。

2.1.1 湾区空间演化特征与规律：从"中心-外围"到"泛网络化"功能结构

2.1.1.1 1840—1930 年：中心城市近域扩张

要素集聚推动旧金山单核心发展。自 1848 年加州爆发淘金热，旧金山迅速成为移民和货物的集散中心，吸引海外移民与旧金山周边地区人口的汇聚。由于采矿业对机械设备的需要以及大量移民对生活物资的需求，旧金山的轻重工业快速发展。至 19 世纪末，旧金山成为加州乃至美国西部地区最大的工业城市。

要素流动重构旧金山-奥克兰关系。企业与人口数量的增长使旧金山市区的土地资源日益稀缺，且价格逐年升高。19 世纪末至 20 世纪初期间，旧金山市区的部分制造业企业迫于生产成本压力，向湾区东岸地价与劳动力成本相对较低的奥克兰地区转移。为缓解两市交通压力而修建的海湾大桥和金湾大桥，则加速了制造业向奥克兰的转移进程。企业迁移带动劳动力与资本的外流，旧金山自此进入产业和人口郊区化阶段，市中心转向总部经济、金融与商贸服务等产业。奥克兰承接来自旧金山的工业资本与劳动力，进入了工业化和城市化的初期阶段。由于企业内部生产与研发部门之间，以及企业之间的密切经济往来，两市之间出现了人力、物品、资金等要素的双向流动。要素流动重塑了旧金山与奥克兰的空间关系，推动两市形成互补的产业结构。奥克兰发展成为旧金山的卫星城，一方面作为"工业后厂"，不断接收转移而来的企业或专业化生产部门；另一方面为旧金山供应生产及生活所需的轻工业与农副产品。

功能依存助推"双核心"共生发展。20世纪初期，奥克兰对外交通网络的拓展，加强了外部连通性，提升了区域地位。1910年西太平洋公司的铁路线通至奥克兰，奥克兰成为三条横贯美国大陆的铁路线的终点。由于与湾区腹地和美国中、东部地区的交通、贸易等联系加强，奥克兰工业化进程加快，企业与人口数量迅速攀升，并出现重工制造业等多样化的产业类别。借助铁路运输优势与雄厚工业基础，奥克兰不再是旧金山的郊区"工业飞地"，一跃成为东湾重要的制造业中心与重要交通枢纽，城市等级得到提升。随后，奥克兰对旧金山产生反哺效应，奥克兰的工业繁荣以及对外贸易需求的增加，使其日益依赖于旧金山的金融服务与港口运输产业，并推动该产业的迅速壮大。同时，尽管海湾大桥和金湾大桥的修建加速了旧金山制造业向生产成本较低的奥克兰进行转移，但也推动奥克兰市区及周边居民在旧金山的购物消费（Dowall，1984）。两座城市在工业、商贸、服务等方面的联系进一步强化，城市间的功能黏合度得到增强，以旧金山、奥克兰为中心的湾区双核心结构初具雏形。

2.1.1.2 1940—1980年：从"双核心共生"到多中心发展

制造业外流推动"双核心"边缘扩张。第二次世界大战期间，美国国防部对军工制造业的投资加速了奥克兰的城市化与工业化进程，在奥克兰南部地区出现了小规模的军工制造集聚区。1945年以后，国防经费的缩减让奥克兰制造业迅速滑落。同时，制造业技术变革使企业青睐占地面积大的单层厂房，在地价和劳动力市场的驱动下，奥克兰也出现制造业外迁现象。奥克兰以南地区因低廉的土地价格与劳动力成本，成为制造业企业的主要迁入区，同时大量企业总部也向旧金山回流和集聚。白人精英同时向生态环境优良、交通通达性高的北部地区迁移，而中产阶层和劳动力阶层则向南部工业集聚区汇聚。制造业与劳动力的外流和分化，带来奥克兰市中心的制造业衰退，周边地区形成了产业和人口集聚区。产业外流加剧人口外迁，人口郊区化与小汽车的普及等带动零售、批发产业沿交通线路向郊区扩散，旧金山作为湾区的零售业中心地位遭到挑战。不过，与奥克兰的产业空心化不同，由于良好的交通区位与已初具规模的生产性服务业基础，旧金山市中心的金融服务和旅游业快速发展，并为周边地区提供就业机会。另外，有别于上一阶段生产要素主要向奥克兰集聚，这一时期的要素流动是多方向的，制造业部门与中产、劳动阶层多沿 1 号公路、185 公路和海湾大桥向东、南两个方向迁移，而白人精英、企业总部等则沿金门大桥和 101 公路向湾区北部集聚。

要素流动重塑湾区北部中心-外围关系。旧金山与奥克兰的人口与制造业企业外流，促使两地交通沿线工业和居住集聚区的出现。其中，在环湾区交通环线附近，出现了戴利城（Daly City）、福斯特城（Foster City）、海沃德（Hayward）等集聚人口与生产功能的小城镇。而在旧金山和奥克兰以北，沿交通环线则出现伯克利（Berkeley）、里士满（Richmond）、圣拉斐尔（San Rafael）等以科教、居住为主的小城镇。尽管旧金山与奥克兰的中心地位有所下降，但由于拥有不可替代的金融、商贸、港口运输服务等产业，外围城镇对其功能服务依赖反而增强，并依托中心城市所提供的资源、货物与资本要素形成具有生产、零售和居住功能的多中心集聚区。伴随着中心-外围之间的人员、货物、资源、资本等要素的双向流动，北部湾区形成了以旧金山、奥克兰为中心，功能互补的中心-外围结构。

科技要素汇聚推动南湾多中心化发展。第二次世界大战期间诸多军工企业聚集，圣何塞迅速成长为一个以高科技产业为主的城市，亦是南部湾区的中心城市。与旧金山和奥克兰的制造业衰退引发的人口与资本外流相反，硅谷的崛起极大地吸引了湾区劳动力和资本要素向圣何塞汇聚。不过，区别于传统制造业企业追求规模效应，科技企业基于地价和劳动力成本考虑多向圣何塞周边的小城镇集聚，带动生活服务业的发展。此外，圣何塞市政府的税收减免政策、园区规划以及当地交通基础设施的升级对吸引高技术企业和人才向小城镇集聚发挥了关键作用。在市场机制和政府引导的共同作用下，圣何塞市及周边城镇出现了相似的产业结构，技术、人才、资本、商品等要素在城市间的对流，推动南湾形成相对扁平化、均质化的多中心城镇网络结构。

2.1.1.3 1980 年后至今："泛网络化"发展阶段

服务创新经济崛起加速要素向南湾汇聚。1980 年后，美国经济由工业经济向知识经济和信息经济转型，湾区也逐步从工业经济与港口经济过渡到服务与创新经济。1981—1990 年，与信息产业相关的制造业成为整个湾区的支柱产业。硅谷的快速崛起对圣何塞周边，乃至整个湾区产生巨大的虹吸效应，大量资本与劳动力开始向以圣何塞为中心的南湾地区汇聚，并带动大量小城镇的成长。例如，旧金山的后台办公业务向远郊区分散，跳过奥克兰，沿着680号高速公路向南扩散，形成专业化技术服务走廊。与此同时，硅谷边界范围不断扩大，延伸至圣克拉拉县等4个县的30个城市。服务经济的崛起加速了资本与人才要素向南湾汇聚，旧金山与奥克兰逐渐失去湾区中心地位，圣何塞取而代之，并于2000年成为人口最集中的城市，而其所在的圣克拉拉县则是湾区制造业最集中的地区。

交通网络延伸推动"泛网络化"发展。新技术驱动下的服务创新经济加速了南湾地区的崛起，产业集聚汇聚大规模劳动力，使南部核心城市的土地与住房资源日益紧缺，并带来严峻的交通问题。在此背景下，南部首府圣克拉拉县及圣何塞市政府提出了"均衡式"的区域发展策略，旨在引导产业与人口要素向中小城镇"分流"，推动南湾地区的可持续发展。如果说，早期湾区发展得益于市场机制对资源要素的空间调配，进入20世纪80年代，湾区发展则更多地依赖政府与社会联盟等区域协调组织的规划调控。南湾均衡式发展策略涉及两个方面，一是对核心城市实施"管理增长"策略，通过划定限制开发区域，并对新入驻企业和新建房屋征收"建设增长税"，限制城市增长边界与开发强度，保证核心城市内部人口与自然资源之间的平衡。二是通过在县域内规划设计一体化的交通网络，"外向"疏导产业、人口与技术等要素。外流的高技术企业与就业人口推动周边小城市出现相似或互补的产业结构，并与核心城市形成紧密的要素流动（Dowall，1984；Wu，1994）。在湾区地方政府协会（ABAG）和区域交通规划委员会（MTC）的推动下，均衡式发展战略于2000年以后被应用到整个湾区，如东湾形成金融商务服务功能区，西湾则形成制造业和物流运输功能区，区域内部城市之间联系增强，要素流动加快，湾区迈入"泛网络化"发展阶段。

功能联动推动一体化错位发展。2000年以来，湾区交通一体化发展带动了区域内部产业、人口与技术等要素流动，促使新汇入湾区的要素从三大核心城市向中、小城市分流。在市场机制与规划引导的双重作用下，旧金山湾区走向"大分散、小集聚"。中、小型城市的崛起推动湾区要素流动更加频繁，且呈多向化特征，加速了城市间流动要素的竞争。在此背景下，旧金山、奥克兰和圣何塞三大核心城市相继实施了错位发展战略，基于城市产业、资源或区位优势，借助要素流助推城市专业化发展，巩固其在湾区中的地位。例如，面对奥克兰港口的竞争压力，旧金山仅保留了散装货物的运输业务，并重点推动服务于整个湾区制造业、高技术产业的金融商贸服务与总部经济。面对制造业的衰退、相关企业与就业人口向周边外流，奥克兰强调其在美国西海岸的港口物流中心地位，着重发展港口贸易、维修和物流等产业。圣何塞则致力打造一个湾区科技研发与科教中心，以及服务硅谷地区的商贸服务中心。湾区核心城市的错位发展推动了金融、科技、工业、运输贸易要素的区域"环流"的形成。与此同时，ABAG 和 MTC 自 2006 年起联合提出了"湾区精明增长战略"（FOCUS），通过推动湾区交通沿线的土地集中开发与多样化住房供给，推动围绕"就业-居住"的人口流动，保障湾区职住平衡；通过规划形成若干满足居民日常流动需求的交通友好区域，带动沿线地区的"就业-居住-公共服务"的小尺度流动，以"职住交流"供给区域"环流"，从而带动湾区错位一体化发展。

2.1.2 内生性动力：市场机制推动湾区要素流动与功能"黏合"

内生性动力是湾区经济形态在发展过程中形成的一种内在力量，表现为市场分工、知识共享、规模经济、网络创新、降低交易费用等。从区域经济学的角度来看，湾区是具有较强自组织能力的区域，较为完善的市场制度、各种专业市场、金融市场以及服务业构成了湾区经济发展的自组织能力。市场机制具有基础性资源配置功能，是驱动要素流动与空间配置的内生性动力。

在价格、供求与竞争机制的作用下，市场主体的逐利行为往往带动要素向湾区低成本和高收益地区集聚，表现为劳动力、技术、资本等要素在旧金山湾区内的不断流动与转移。例如，生产要素总是从利润低的行业和地区流向利润高的行业和地区，而劳动力则倾向于向高收入部门和地区汇聚。某一地区由于初始成本、区位、资源禀赋等优势而成为要素的流入地，在经济社会演化的过程中伴随集聚力的不断增强而逐渐成长为核心流入地。与此同时，旧金山湾区流入地的生活成本（如住房）、企业生存成本等（如土地）则因不可流动要素的日益稀缺不断升高，对不可流动要素敏感的行业或部门则在成本、供求与竞争压力下带动人力、资金、技术等要素向其他地方转移和扩散。经济生产要素的集聚与扩散同时带动相关公共服务要素在空间上的重新配置与组合。在市场机制引发的结构效应（即空间集聚与空间扩散的交替）的驱动下，要素具备了流动潜力，并遵循各自的市场规律，在价格与供求机制的作用下在空间上流转，并持续进行优化配置。

2.1.3 外生性动力：规划引导与区域组织协作推动服务一体化

外生性动力指代外部环境的调控和引导作用，具体体现在区域政府（或社会）

组织对要素市场的监管，以及对区域空间发展的规划引导。一方面，政府作为重要的市场秩序维护者，具有约束和规划市场的能力和义务。其可以通过优化各类法规文件，消除阻碍要素流动的制度瓶颈，并通过制定具有约束力的市场制度规范，推动区域一体化市场的发育与完善，为资本、人力、技术、商品等要素的流入和流出创造外部环境。另一方面，政府或区域社会组织作为公共服务的重要提供者，往往具有规划（或建设）一体化交通设施体系与公共信息网络的内在动力。区域内部各政府（或社会组织）之间通过协作，规划、投资或建设的一体化交通运输体系与现代化通信网络可以保障要素的快捷流动，为及时、高效的人员流动、信息传递、技术扩散与合作、商品贸易等社会经济活动提供技术支撑，因此是市场机制得以发挥作用（建设一体化要素市场）的必要条件。区域政府或社会组织协作以及相关政策和规划引导，与市场机制共同决定了区域流空间的发育状况，并为城市群的快速形成和崛起，与各经济地域单元的功能协同与演化提供基础支撑。

2.1.3.1 半官方性质的区域规划机构

为了跨行政区域解决湾区的经济、社会和环境等区域协调发展问题，旧金山湾区设立半官方性质的地方政府联合机构。这种机构由政府自发自愿设立，是获得联邦和州政府支持的半官方性质的行政机构，负责协调湾区的跨区域相关事务，主要包括 ABAG、MTC 与联合政策委员会。

ABAG 成员由旧金山湾区的 9 个县和 101 个城市的政府、社会和市民代表三类人士组成。其中，政府部门包含了规划委员会、保护和开发委员会、空气和水体质量管理部门等。此外，还包括商业、住房、环境等行业的社会人士，以及工人群体和少数族裔群体。由于不具有行政权力，该协会是通过影响参会代表的决策投票来影响地区的发展。当前，该政府协会编制和签署的区域规划报告和指南有《土地利用政策框架》《增长管理平台》《通过联结土地利用和开发活动创建更好的社区》。ABAG 机构设置如图 2-1 所示。

MTC 由加州立法机关于 1970 年设立，旨在为政府提供区域性规划的相关服务，特别是负责制定湾区的交通投资计划并代表湾区向国家和州政府争取交通项目的拨款。该委员会包含了湾区高速公路服务局、快速专用道路服务局以及湾区（大桥）收费局三个政府机构，并主要承担三项职能。第一，MTC 负责制定区域交通规划，具有审核申请加州和联邦政府项目拨款的权力。第二，MTC

代表联邦政府和加州政府选择湾区交通项目、确定资金的使用和拨款的分配。第三，MTC 需要对各种交通方式的发展进行协调，监督各个公交系统的效率和有效性。

图 2-1 ABAG 机构设置

联合政策委员会则由 ABAG 和 MTC 于 2003 年共同设立，以加强土地利用管理和统筹协调区域规划。该委员会的职责在于对以上两个机构所制定的发展战略和区域规划进行评估并反馈意见。

2.1.3.2 引导性的区域规划管理体系

旧金山湾区的空间规划管理体系分为州级、区域、地方三个层级，区域层面没有对应的政府主体。州级层面，加州规划和研究办公室依法编制总体规划导则，具备技术指导与评估和监管作用。区域层面编制的区域规划内容相对简单，体现在建议性、指导性和灵活性，主要针对在独立的地方规划中不容易解决的住房、交通、气候等区域问题，涉及领域有限。地方层面的总体规划具有政策性和自主权，规划的编制和审批权都在地方政府，其土地分区条例和规划实施项目具有法律效力。

各区域政府协会编制的区域规划无法强制干预宪法保护下的地方政府规划决策,仅通过基础设施和住房的专项资金和制度设计影响地方政府对区域规划的积极性,保障区域规划对地方政府的引导作用。因此,旧金山湾区区域规划主要通过资金划拨、投资与税收等经济手段,教育指导、提供技术支持与信息交流平台等辅助手段影响地方政府的规划决策。

2.1.3.3 精明增长导向下的专项规划

20 世纪 90 年代后期,湾区开始强调以精明增长为导向的区域愿景和区域合作。2002 年 ABAG 编制了精明增长战略/区域宜居足迹项目(VISION),旨在更好地平衡区域工作和住房。该专项规划包括五个目标,即促进住房(尤其是永久性保障性住房)建设、改善城市基础设施、保护开放空间和农业用地、鼓励新发展以减少人对汽车的依赖。为落实精明增长战略,ABAG 和 MTC 于 2006 年共同编制 FOCUS 计划,核心战略为沿着现有交通网络和现有社区的"集中增长"。FOCUS 计划依据现有社区特征和基础设施布局,全域划定优先发展区域(PDAs)和优先保护区域(PCDs),构建湾区空间规划的实施架构。PDAs 是满足居民和就业人口日常需求的交通友好区域,分为区域中心、城市中心、城郊中心和交通中心等。PCDs 指区域内重要的开放空间,定位为长期保护但短期遇到发展压力的区域。PDAs 和 PCDs 均由地方政府评估划定,交由区域机构审核拼合。其中,ABAG 和 MTC 在未来人口与就业增长预测的基础上,提出一系列土地利用和交通方案,同时由地方政府在各自辖区内划定 PDAs 和 PCDs。

2.2 日本东京湾区

东京湾位于日本本州岛中部太平洋海岸,为东西两侧的房总半岛(千叶县)和三浦半岛(神奈川县)所环抱。依托东京湾发展起来的东京大都市圈,包括东京都、琦玉县、千叶县、神奈川县等一都三县,面积约 1.36 万千米^2[1],占日本总面积的 3.5%。截至 2020 年,生产总值总量约 1.3 万亿美元,约占日本经济总量的三分之一,总人口超过 3600 万,是日本国内最大的核心都市区。第二次世界大战后东京湾区大致经历了复兴时期(1945—1955 年)、高速增长时期

---

[1] 按行政管辖区域的范围由大到小来排,东京湾区(又称日本首都圈)覆盖最广,其次是东京大都市圈(又称东京圈和东京都市圈),而东京都区则是范围最小的。

(1956—1970年)、稳定增长时期(1971—1990年)和后泡沫经济时期(1990年以后)四个阶段。东京湾区是日本政府为了引导和控制首都及周边地区发展,在规划中明确划定的区域。

2.2.1 区域对流:促进人、物、资金、信息的双向活跃

第六次首都圈整备计划(2016—2025年)于2016年制定,其目标是形成"对流型首都圈"。"对流"是指具有多样性的各地域间相互合作,继而产生的地域之间的人、物、资金以及信息的双向活跃过程。通过"对流"将实现东京都区与东京都周边的业务核都市的双向流动。通过在全国各地积极有力地引导对流,促进创新发展以形成"对流促进型国土","对流"包括经验知识的融合、面对面交流以及理性对流据点。图2-2为"对流"示意图。

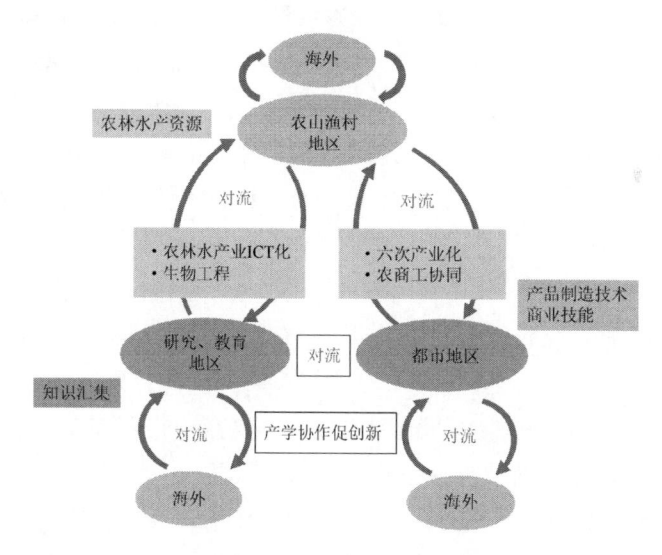

图 2-2 "对流"示意图

2.2.1.1 对流促进东京湾区内部联系的紧密性

国家甚至更大区域的中心并不由单个城市承担,而是由中心城市和联系紧密的周边区域共同实现,其内部各种功能联系在空间上以"流"的形式不断传递和扩展。中心与外围通过发达的基础设施实现空间上的连通,通过高效的空间组织和明确的产业地域分工实现人口和产业的合理配置,同时通过完善的区

域管理措施保障各项有形及无形通道的顺畅。只有在中心城市和外围地区的协作配合下,以全球城市为中心的区域才能够既有稳定发展的制造业和足够的消费市场作为维系区域自身运作的基础,又有中心城市强大的国际经济实力作为区域核心竞争力,从而成为一个成熟、稳定的经济区域。日本东京圈通过建立各有特色的卫星城和新城促进都市圈的形成和周边地区的发展,此外,十分重视联合发挥市场力量和政府干预对区域内部的协调作用,尽管东京圈一直在政府的强势干预下发展建设,但是政府在自上而下的规划推动中也充分考虑了城市特色和市场力量。

2.2.1.2 对流形成区域内部高效的空间组织形式

东京湾区的形成是中心城市产业和人口向外辐射扩散的结果,是都市区由单中心空间形态向多中心空间形态转变的结果。然而转变过程中都市区的本质特征并没有变,即统一的劳动市场和土地市场仍然存在。这种空间流动通过发达的轨道交通网络实现城市区域内部人口和物质的流动,形成了具有特色的发展模式。

以轨道交通网络建设提高要素流动效率。东京都与周边城市主要依靠轨道交通网络的不断延伸来形成地区经济一体化目标。在日本城镇化高速发展期,日本政府通过交通规划与城市规划一体化,在不断扩张轨道交通体系的同时,在东京都周边30千米半径和50—80千米半径内规划建设新城。新城建设和交通网络的发展促进了东京都人口向周边城市分散,同时也围绕东京都为核心形成更为合理高效的人流、物流、信息流通道。

以立体式空间开发提高土地利用效率。东京都市圈在交通规划方面重视通过城市干线、轨道交通、高速公路等多种途径提升城市之间要素流动的效率。同时,为避免城市人口集聚对交通产生巨大压力,在新城建设时,重点发展以公共交通为导向的出行模式,并注重将交通网络建设与城市土地空间开发相协调,在轨道交通站点周边开发立体式多面向,以工业、商业、居住、文化为一体的综合型步行化城区。交通与居住、工作空间紧密连接,大大增加了居民公共交通出行频次,降低了人口大规模集聚的副作用。东京都市圈的高端服务业集中于中心区,成为主要就业中心;周边地区根据区位条件和经济基础,形成不同规模的次级就业中心以服务或支撑中心城区的经济发展;而居民普遍分散在就业中心周围居住,人们每天在中心区和居住地之间通勤,快速轨道交通使中心区和周边的流动变得十分紧密。

2.2.1.3 对流形成区域内部明确的产业分工体系

东京湾区三大高效的空间组织是按照明确的产业职能分工体系划分的，一个城市中心发展高端服务业，周边较近区域发展配套服务业和高新技术产业或企业总部，而外围地区则作为工业扩散区或人口居住区。中心城市和周边地区建立统一的土地和劳动力市场，通过就业与居住、生产与服务以及资本流入与流出等模式建立良好合作关系，共同提升区域整体竞争力。日本首都圈虽曾呈现一极集中态势，但自"展都论"提出后东京的部分职能分散到周围地区，形成了明显的区域职能分工体系，促进了资源的高效配置。如东京都定位知识密集和高附加值产业形态，着重发展创新经济和服务经济；横滨市承担湾区贸易中心功能，横滨港成为湾区最重要的对外贸易港；千叶县重点发展空港经济、国际物流和临空产业；埼玉县承接行政、居住、商务职能；茨城县则重点发展信息产业，集聚大学和科研机构。

2.2.1.4 对流形成了区域内部良好的协调机制

单个城市在制定发展战略和从事市场经济活动时，往往没有兼顾城市-区域整体发展利益的动力和能力。因此，在一些涉及区域公共利益和整体发展的领域，往往需要通过更高层面的协调来促成区域整体利益最大化。东京湾区具有市场之外的区域协调机构（如区域治理主体或行业协会等），负责处理城市-区域内单凭市场行为难以实现的区域发展目标，它们以法律形式明确规定其地位和职责权限，建立区域统计信息平台、制定区域发展规划、保护区域整体生态环境、建设区域大型基础设施项目等。

2.2.2 人的对流：形成高品质、高韧性的活力大都市圈

2.2.2.1 促进全球人员流动

促进外国人的交流，克服语言障碍，营造东京都市圈独有的活跃氛围。日本传统文化与多种国际文化共存，不断吸引着外国公司和人员，实现高度专业化的人力资源发展。此外，对签证申请等入境措施的简化，也使世界各地的人们在东京都市圈的流动更加活跃。

2.2.2.2 提高社会参与度

随着老年人健康预期寿命的不断增长以及科学技术的进步，老年人能够持续凭借生活经验参加志愿者活动以支持社会。此外，根据分娩、育儿和老年护理等生活阶段提供多样化和灵活的工作方式，建立地区支持育儿和老年护理的系统，使人们可以在社会中发挥自己的能力和积极作用。

2.2.2.3 建立活力大都市圈

增强创新创造环境的活力，设置知识对流据点实现创新。在各个领域建立创新风险投资公司，许多拥有尖端技术的公司活跃在东京等城市各地。孵化创造新价值的项目，通过联结公司、大学和研究机构，形成支持研发和商业化的平台。

发展自动驾驶技术。全自动驾驶系统将极大地提高车辆交通的安全性和效率，例如减少交通事故和减轻交通拥堵，整合人员、车辆和交通环境的信息；提高运输和物流领域的效率，包括促进老年人和抚育子女的自由流动，有效利用旅行时间，减少旅行途中、运输时间。此外，自动驾驶车辆在公共交通工具上的广泛使用将使汽车的所有权和使用方式多样化。

能源与环境技术方面，有效利用能源和选择环保产品等意识已经得到提升，太阳能、可再生能源和氢能正在被用作支持城市活动的能源。零温室气体排放的电动汽车和燃料电池汽车得到推广，燃料电池在家庭中广泛使用，能源业务实现自由化并建立了各类发电设施。为实现循环社会而引入的环境技术，如废弃物处理与回收、污水处理、节能和应对热岛等领域的技术已经取得了巨大进步。人工智能技术方面，技术发展迅速，并在缓解交通拥堵、公共交通自动驾驶和医疗保健等领域广泛应用。广泛应用人工智能技术，使用具有认知和判断功能的机器人，提高工业领域的生产力和提升老年人和残疾人的生活。信息通信技术方面，信息和通信领域的许多新技术已融入工业和生活，提高了安全性、便利性和效率。其中，IoT（物联网）技术可实时了解商品位置、移动和状态，使产品成为定制产品，从而提高质量和生产率。此外，公共和私营部门持有的各种数据已转换为开放数据，任何人都可以自由获取、处理、分析和利用这些数据，城市群还提供新服务以满足个人需求。位置信息、客户数据、社交媒体数据和其他大数据也正在被广泛应用。

2.2.2.4 形成应对灾害都市圈

对于由气候变化引起的异常天气所造成的自然灾害，采取硬性和软性方面的措施；提升应对恐怖主义的能力，不断研发应对网络攻击和新的传染病的技术，建立危机响应机制，创建安全可靠的城市。

2.2.3 对流的外生性动力：多主体参与地方规划

通过多样的主体协作以及活用"人的对流"来构建共助社会。每个人，包括年轻人、妇女、老人、残疾人和外国人，都可以自由互动，每个人都可以充分发挥自己的潜力。同时，创造了让外国人可以安心地在日本居住的环境，提供住房、医院、学校和育儿等支持设施，促使来自世界各地的人在城市规划中发挥积极的作用。依据国家规划，每八个广域街区制定规划，各广域街区独立发展与相互交流协作，激发各广域地区制定有特色的地区战略。

2.2.3.1 新地区分类

中央基地区。利用高密度的交通网络，构建具有国际商务交流功能的复杂功能的核心基地，形成具有艺术、文化和体育等特色的基地，并保存和利用了具有品位的历史资源和城市景观。通过共同努力，协同提高东京的吸引力。在该区域内，更新旧建筑，淘汰人口稠密地区的木制建筑，保护绿地和海滨空间。打造国际商务交流区，形成高度集成的核心基地，确立了其作为亚洲业务和交流基地的地位。此外，利用高密度的道路和交通网络，加强了国际业务和交换功能。开发具有高国际水准的绿色城市环境，建设面向外国人的服务式公寓。

多摩广域。在道路运输网络的节点处形成商业枢纽，并使用线性中央新干线和高速公路等基础设施，与其他广域基地和市区相连。建设吸引世界年轻一代开展尖端研究的研发基地，除了产品销售和饮食等日常生活服务外，以车站等为中心的基地优化医疗、福利、护理以及社区等各种功能，支持多摩创新交流区的活动。此外，还创建与公共交通融为一体的宜人步行广场空间，在基地周围城市的老年人、残疾人等都可以舒适地生活。多摩创新交流区、多摩广域基地区是大学、公司以及研究机构等集中的区域。随着大学、公司、研究机构互动不断增加,应对挑战的环境持续建设,各种参与者深度互动,涌现新的想法和创造力。

2.2.3.2 自然环境共生区

充分利用自然资源,如溪流、森林和大海,以及温泉和清酒等当地资源。多摩地区丰富的自然风光和当地资源吸引了全世界的目光,并成为观光景点。这些岛屿上保留了丰富的自然资源,培育了工业旅游资源。此外,充分利用了医疗保健的最新技术来确保安全可靠的生活环境。

2.2.3.3 新城市生活创造区

形成以车站为中心的功能中心,形成被绿树和水环绕的宽敞城市区域,建立儿童舒适成长的生活区。此外,基于高质量和功能性生活环境,结合文化、教育、工业和商业等功能,创造了多样化的生活方式和具有新价值的场所。改善了圆形和径向公共交通,确保老年人、育儿一代和残疾人的社会参与。

2.3 欧洲城市群(波罗的海湾区的厄勒海峡跨境地区)

2.3.1 厄勒区的城市协同规划与治理

2.3.1.1 区域概况

北欧波罗的海湾区的厄勒海峡跨境地区(Oresund cross-border region,简称厄勒区)由丹麦一侧的包括首都哥本哈根(Copenhagen)在内的西兰-洛兰-法尔斯特岛区(Zealand-Lolland-Falster)与瑞典一侧的包括第三大城市马尔默(Malmö)在内的斯科讷省(Skåne)组成。划分国境的厄勒海峡宽约 20 千米。目前该跨境城市区域由衔接丹麦哥本哈根与瑞典马尔默的厄勒大桥联通。丹麦一侧片区包含 2 个国家级专区(national region),下辖共 46 个市镇(丹麦语 kommuner)。

2.3.1.2 破除政治壁垒的协同规划与城市治理体系

城市群治理通过厄勒区委员会(Oresund Committee)制度化,并得到一些公共、私营和非营利组织的支持。委员会包含有该地区的几个区域和地方当局。该委员会由一个十人秘书处支持。此外,还由一些专门组织,如厄勒区的迪雷克特,目的在于支持跨境劳动力市场一体化。委员会在私有企业的孵化方面,与厄勒商会也加强了合作。厄勒商业理事会、前厄勒(海峡)大学和厄勒委员会代表两地的行动者,它们所提出的跨界倡议在厄勒区一体化的兴起和发展中发挥了关键作用。厄勒区一体化是一个由欧盟领衔的合作方案资助的项目,对城市群战略制定十分有用。表 2-1 对比了哥本哈根和斯科讷省的情况,对厄勒区协同治理特点进行了简述。

表 2-1 厄勒区跨境协同治理特点的简述(对比哥本哈根和斯科讷省)

对比项目	简要情况	详情
国家政治首都	两个都是	丹麦首都哥本哈根是厄勒区的一部分,斯科讷省距斯德哥尔摩(瑞典首都)600 多千米。
长期公共合作 (社会接近度)	>20 年	厄勒区的跨境一体化已经有了长足的进展,早在 2000 年大桥开通之前,在北欧层面就已经得到了进一步推进。
创新政策能力 (机构接近度)	不平衡	即使丹麦和瑞典都是经合组织国家的中央集权国家,斯科讷省支持创新驱动型合作的自主水平也高于丹麦地区,但这两个地区都有创新和研发投资的资源。
政治承诺 (机构接近度)	平衡,强	尽管斯科讷省比丹麦首都地区更有兴趣,对各地区,尤其是相对于其他跨境地区,厄勒区一体化目标的总体承诺也很高。在国家层面上,双方的政治承诺并不强。
制度化和合法性 (机构和社会距离)	目前,强	厄勒区委员会及其支持机构为该地区提供了强大的制度化和合法性。
政府行为者	公共部门	公共承诺推动治理,这与企业的强烈自下而上的参与不匹配。大学和研究人员在跨境联系中起着关键作用,尽管厄勒(海峡)大学和相关网络的终止降低了直接联合大学的参与程度。
资金来源	主要是公共部门	北欧和欧盟的公共资金来源以及地方当局的共同帮助是培育厄勒区倡议的主要资金来源。这些活动的私人共同筹资依然很少。

资料来源:张子菡,2019。

从根本上来说,厄勒区的区域化是一个政策驱动的进程。它取决于发达的北欧合作:政要定期会面,并在各自国家及其他北欧国家建立了在制度发展方面互相借鉴的机制。这也为区域一体化塑造了一种氛围和环境,使得厄勒大桥的修建得以实现。此外,基于桥梁使用者会支付过桥费以维持后期资金支出的想法,瑞典、丹麦两国对厄勒大桥进行了先期投资。事实证明,厄勒区的区域一体化非常成功(里克和王艺璇,2014)。

2.3.2 大型基建促进跨境通勤与职住协调

1978年丹麦议会通过法案，赞成修建跨海大桥。一个国营建桥公司随后组建，负责桥梁的设计和建筑工作。桥梁建成后，计划30年内通过收过桥费的方式回收投资。厄勒大桥的造价是40.6亿欧元。据厄勒委员会计算，大桥带来的社会盈余已达570亿丹麦克朗，约合76.3亿欧元（2013年3月）。厄勒大桥全长16千米，其中西侧海底隧道长4050米、宽38.8米、高8.6米，位于海底10米以下，由5条管道组成，分别是两条火车道、两条双车道公路和一条疏散通道，是目前世界上最宽敞的海底隧道；中间的人工岛长4055米将两侧工程连在一起；东侧跨海大桥全长7845米，上为4车道高速公路，下为对开火车道，共有51座桥墩，中间是斜拉索桥，跨度490米、高度55米（章念生，2000）。大桥的建成是丹麦建筑史上的奇迹。不仅给丹麦居民的交通带来便利，也给丹麦商业带来了活力，这表现在市场结构和物流的变化上。以前通过渡轮每天通过大贝尔特海峡的车辆只有8500辆，而桥通后的最初半年，日车流量达1.7万辆（陈虹，2005）。

厄勒海峡通道的建成，连接了欧洲大陆和斯堪的纳维亚（Scandinavian）地区，在欧洲大陆中心之外形成了向北欧和东欧发展的不可忽视的一条经济轴。厄勒大桥的建成是为了改善斯堪的纳维亚半岛与欧洲大陆之间的交流，促进丹麦和瑞典之间的经济和文化合作。瑞典和丹麦政府同意建立一个贸易增加的地区，建立共同的劳工和住房市场。该地区是丹麦和瑞典发展的重要力量。住在这里的四百万人创造的价值占两国国内生产总值的四分之一。厄勒大桥是联通双边城市的最佳路线。大桥为通勤者、货运运营商、企业和休闲客户提供一种轻松而廉价的过桥方式。通勤者通常没必要提前计划出行时间，因为桥始终开放。许多年轻人青睐乘坐火车，也很容易过桥。

丹麦小城海辛格（Helsinger）和瑞典中南部城市海辛伯格（Helsingborg）成为两国距离最近的点。从旅游业发展的角度来看，单线的旅途只能选择一次跨海大桥或一次摆渡以穿越两国，但在陆地上却可任意停留、折返。这样的旅游产品得益者不仅有交通部门，还包括沿途的大小城市的旅游业。被哥本哈根等大城市吸引的游客顺道都会看看其他城市（钟晓华，2009）。现代艺术、购物中心、自然风光、人文历史，一些不知名的城市不断给游客以惊喜和个性化体验。

该区城市群的380万居民超过三分之二分布在丹麦一方。劳动力市场一体化水平在2002—2008年有所提高，但此后未再显著增长，这主要是由于其劳动力市场一体化没有抓住知识和创新流动。基建促进了劳动力市场一体化，在大桥开通后，从瑞典（主要是瑞典和丹麦国民）到丹麦的通勤流猛增。在2008年之前，工资（丹麦更高）、房价（丹麦更高）和失业率（瑞典更高）的差异推动了这一流动模式。随后，丹麦哥本哈根与瑞典一侧城市的住房价格差距缩小，加上丹麦一侧失业率开始上升。这些现象实际反映了两地劳动力与住房市场的一体化。阻碍跨境流动的监管、税收和其他政策障碍依然存在。从瑞典到丹麦的学生也大量涌入，但这种流动受到大学规章制度和学费结构差异的阻碍。此外，非欧盟公民的签证规定也是高技能非欧盟工人跨境流动的障碍。由区域和地方当局组成的厄勒委员会游说国家当局解决跨境一体化的障碍，特别是税收和社会保障制度的差异。在知识创新方面，合作主要发生于生命科学的产学研方面。随着时间推移，厄勒区内部的科研合作逐渐增多。

2012年，厄勒区的经济协同发展总指数达169。2005—2017年，其最高值是2008年的180。2008年到2012年间指数有所降低是由于瑞典和丹麦之间基于固定资产价值的价格驱动与汇率差双双减小。2012年的劳动力市场指数高达252，说明劳动力市场进一步整合。厄勒海峡的通勤人数及车辆数均有所增长，其中人数从3280万人增至3710万人，并在2008年金融危机前达到峰值。对于很多瑞典人而言，在丹麦工作很有吸引力，因为丹麦工资高于瑞典。2012年的商业指数为161，表明市场一体化有所增加，但不是太多。唯一下降的指数是文化指数，2012年仅为71。文化指数包括跨国婚姻以及语言的相互理解，这两项的值都相对较低。瑞典人和丹麦人主要观看本国频道和国际频道。事实上，与丹麦人去瑞典南部相比，更多瑞典南部的人前来游览丹麦。主要原因是哥本哈根为丹麦首都并且生活在哥本哈根的人对这座城市非常满意。大桥及人员成为厄勒区城市群协同发展的驱动力和关键行动者。通过创建一个更大的大都市区，一个综合的劳动力市场，能够获得集聚经济的好处，有助于克服该地区在全球相对外围的劣势。扩大劳动力市场的规模增加了工人技能匹配的可能性，因此，克服边界障碍，建立一体化的劳动力市场是建设厄勒区的主要动力。大都市区的常见缺点是拥堵成本以及土地和房价上涨。然而厄勒区成功结合了大都市（哥本哈根）和中型城市群（马尔默-隆德）这两种区域的优势，帮助两地实现协同发展。

2.3.3 城市群内部产业协同与创新

跨海通道对于降低交通成本以及提升运输能力的作用非常显著。特别是依赖陆运或海运输出的产业，交通成本降低带来的优势可扩大其市场范围。

邮轮运输和汽车滚装业务是瑞典马尔默港的两大支撑业务。港口年吞吐总量中的五分之四在丹麦哥本哈根港，五分之一在瑞典马尔默港。作为组合港，两港相对错位发展，邮轮码头主要在哥本哈根港，滚装码头主要在马尔默港。港口由一个港口公司来经营，生产调度系统统一，成为两港消除竞争、互利共赢的有效运营模式。哥本哈根·马尔默港（CMP）为地主港模式，港口规划、建设由丹麦政府或哥本哈根、马尔默市政府投资，建成后租赁给码头公司经营。2012年，CMP完成货运量40万吨，接卸汽车45.7万辆，接待邮轮游客84万人。CMP已开发建设马尔默北港经济园区，2011年已开放占地25万米^{2}的三个新码头，是该市所完成的最大的基础设施建设项目，使CMP货运能力增长五倍。下一阶段，马尔默市和CMP将进一步联合建设该园区，旨在吸引更多制造业、加工业和物流服务业公司。这些企业可使用港口场地，享受顶尖码头设备和联合运输等服务（李敏，2015）。

在厄勒海峡通道建成后，奔驰公司在瑞典的总部，从瑞典首都斯德哥尔摩迁移到了厄勒区的马尔默市，其在丹麦的总部接近哥本哈根地区，奔驰公司通过总部的区位邻近能够使两个总部保持更多的研究和市场合作，并通过跨海通道掌控整个北欧地区并向欧洲大陆延伸其市场范围（Matthiessen，2000）。据统计厄勒区的350家丹麦企业和300家瑞典企业中，56%的企业具有跨国贸易。同时，两地相近产业产生聚集经济优势，在哥本哈根和马尔默两地将原本拥有的优势产业——生物医药、IT和通信产业以及食品工业联合发展，到2005年成为欧洲最具吸引力的生物科技区（孙东琪等，2013）。同时，在医药专业领域，通过科研合作联合形成了世界著名的医药谷（Medicon Valley）。表2-2为厄勒区的主要产业协同创新主体。

表2-2 厄勒区的主要产业协同创新主体

	西兰-洛兰-法尔斯特岛区	斯科讷省
产业类别	生物技术：ALK Abello，Chr.Hansen，LEO Pharma，Lundbeck，Novo Nordisk，Novozymes，Coloplast，Ferring Pharmaceuticals 医药：Ambu Int，Coloplast，Gambro，McNeil，Otiocon，Widex ICT：阿拉伯Actebis，阿尔特亚Axis，IBM，丹麦KMD，微软，Simcorp，TDC，Telenor，Telia，Sonera AF/Epsilon TDC 手机：黑莓，华为，英特尔，Jayway，诺基亚，高通，Softhouse，索尼移动，ST爱立信，Svep 清洁技术：DONG，Novozymes，Danisco，Haldor Topsoe，Rockwool，COWI，Grontmij Calr Bro，Vattenfall	

续表

	西兰-洛兰-法尔斯特岛区	斯科讷省
空间载体与相关机构	接穗科学园（哥本哈根） 哥本哈根生物科技园区 诺基亚桥（哥本哈根） 共生生物孵化器（哥本哈根） 哥本哈根 ICT 集群 哥本哈根清洁技术集群	麦德龙科技园和孵化器（生命科学，马尔默） Ideon 科学园（隆德） MINC-IT（马尔默） 医药谷（隆德） 食品创新，可持续的商业中心 南瑞典商会
公共研究和高等教育机构	哥本哈根大学 丹麦技术大学 哥本哈根商学院 罗斯基勒大学 丹麦研究和技术组织 （GTS 研究所）	隆德大学 马尔默大学 马尔默媒体学院 克里斯蒂安斯塔德大学 瑞典农业科学大学

资料来源：张子菡，2019。

厄勒区是一个技术中心，具有极好的创新潜力，以及世界一流的科学基础设施和良好的创业环境。厄勒区在瑞典和丹麦的研发总额中所占份额很大：其研发支出（占生产总值的 4.9%），高于全国平均水平。厄勒区在劳动力素质较高的高科技行业中拥有一定数量的高科技工人。两个国家都具有研究密集型跨国公司、创新型中小企业以及专门从事生命科学和信息通信技术的先进高等教育机构和研究机构较多。制药和电子医疗设备是其最重要的高科技专业。大型基础设施增加了该地区的科学潜力和高科技形象：正在建设两个用于材料科学研究的大型科学设施，MAX Ⅳ和欧洲散裂源（ESS）。这些新科学基础设施不仅对本地的其他公司产生溢出效应，它们还将触角延伸到了更广阔的地区。为了支持以知识为基础的活动，支持初创企业的双方都有一些孵化器和其他倡议（Nauwelaers et al., 2013）。

厄勒区城市群有欧洲顶尖的生物医药产业集群"医药谷"，其中的跨境合作频繁。"医药谷"创新网络形成是"政府—大学和科研院所—竞争性企业"的三方互动。利用知识资产的互补性是厄勒区城市群蓬勃发展的另一个驱动力，这对双边都有利。该产业集群对外与全球的生命科学知识中心保持着联系，这也使得跨境合作项目的潜力得到充分发挥。

2.4 京津冀协同发展

京津冀是我国经济最具活力、开放程度最高、创新能力最强、人口最多的区域之一。截至2020年，京津冀常住人口达1.07亿，实现地区生产总值8.6万亿元。当然，京津冀也面临诸多困难和问题，尤其是北京"大城市病"突出，人口规模大，京津两极过于"肥胖"，周边中小城市过于"瘦弱"，区域发展差距大，发展不平衡问题严重（孙久文和原倩，2014；薄文广和陈飞，2015）。推动京津冀协同发展，有利于破解首都发展长期积累的深层次矛盾和问题，优化提升首都功能，探索人口经济密集地区优化开发模式；有利于破除隐形壁垒、打破行政分割，实现优势互补、一体化发展，为全国区域协调发展体制机制创新提供经验；有利于优化生产力布局和空间结构，打造具有较强竞争力的世界级城市群；有利于引领经济发展新常态，增强对环渤海地区和北方腹地的辐射带动能力，为全国转型发展和全方位对外开放作出更大贡献。简而言之，深入实施京津冀协同发展战略，对于统筹推进"五位一体"总体布局、协调推进"四个全面"战略布局，实现新时代"两步走"的战略安排，实现中华民族伟大复兴的中国梦，具有重大现实意义和深远历史意义（程恩富和王新建，2015；方创琳，2017）。

京津冀协同发展战略实施以来，三省市打破"一亩三分地"思维定式，着力在重点领域和关键环节率先突破，朝着协同发展、互利共赢的目标奋力迈进，尤其在交通、生态、产业方面实现率先突破。

（1）在规划协同编制方面。京津冀协同发展的规划体系已编制完成，基本搭建起京津冀协同发展的四梁八柱。党中央、国务院印发实施《京津冀协同发展规划纲要》，全国首个跨省级行政区的京津冀"十三五"规划印发，土地、产业、水利等12个专项规划全部出台，三省市制定实施落实各自功能定位的规划方案，基本建立起目标一致、层次明确、互相衔接的协同发展规划体系。京津冀协同发展的空间格局初见成效，确立了"一核两翼"的合理布局。

（2）在疏解非首都核心功能方面。由于人口、环境、城市规模等压力，北京开始从多功能首都城市向单功能首都城市转变，这一转变使京津冀由城市个体无序发展向城市组团协调发展过渡。通过加快疏解非首都核心功能，推进通州城市副中心建设，设立雄安新区，使北京与周边城市的功能定位更加明确，为京津冀的错位发展、相互协作奠定了良好基础。

（3）在交通一体化方面。京津冀交通一体化实现新突破，京张高速铁路、京霸铁路等重大轨道交通项目加快建设，共同打通或拓宽京昆、京港澳等"断头路""瓶颈路"29条段、1774千米，北京大兴国际机场、京张高速铁路、太行山高速公路等项目投入运营，环北京"半小时通勤圈"覆盖范围逐步扩大，京津冀机场群和港口群协同服务水平不断提升，"轨道上的京津冀"正在加速形成。

（4）在环境协同治理方面。京津冀生态环境联建联防联治跨上新台阶，建立大气污染联防联控机制、密云水库上游潮白河流域和引滦入津上下游横向生态保护补偿机制，实现重污染天气协同应对、环境执法联动。2018年京津冀区域内13个主要城市$PM_{2.5}$平均浓度相比2014年有了显著的下降，环境质量有所提升，京津冀三省市累计完成植树造林3200万亩以上（诸云强，2020）。

（5）在产业协作方面。京津冀产业对接协作开创新局面，产业升级转移和融合明显加快，一般性制造业等已经大部分从北京疏解出去，一些研发机构、双创平台也都到河北、天津布局，三地的产业结构更加趋于合理，北京首都的功能定位也更加清晰，河北省积极承接北京非首都功能疏解，打造了临空经济区、曹妃甸区、渤海新区等承接平台，促进了北京现代汽车沧州工厂、首钢京唐二期等跨区域重大产业转移项目建成投产，累计压减钢铁过剩产能约1.6亿吨，水泥7500万吨。

（6）在公共服务一体化方面。京津冀公共服务共建共享取得显著进展。推动京津冀地区优质公共服务资源优化布局，在教育方面，京津两市高水平中小学校与河北省开展跨区域合作办学，成立12个高校创新发展联盟和7个高校协同创新中心，促进了教育资源的合作共享。在医疗方面，北京市10多家三甲医院分别与河北省部分地市医院建立对口合作关系，推动医疗资源的共建共享。在扶贫方面，京津18个区与河北省贫困县开展对口帮扶，河北贫困地区脱贫步伐加快。

（7）其他方面。京津冀其他方面的协同也进展迅猛，例如加快构建协同发展体制机制，加快建设北京全国科技创新中心、京津冀全面创新改革试验区，京津冀手机漫游费和长途费取消；市场活力和经济增长动力得到激发，在全国经济下行压力较大情况下，京津冀经济平稳运行，连续多年对全国经济增长的贡献率超过10%。

2.4.1 中央"一盘棋"统筹配置与地方协调规划相统一

国家层面的战略指导与合理规划成功打破了京津冀各自分割、恶性竞争的恶性循环与"一亩三分地"思维，为京津冀协作提供了基本的合作氛围与良好的协作条件（陆大道，2015）。以生态环境协同治理为典例，《京津冀协同发生态环境保护规划》(以下简称《规划》)坚持"一盘棋"的思想,破解制约生态环境质量提高的深层次矛盾和问题。《规划》实施的相关经验包括:提出打破行政区划限制,谋划生态环保总体思路,以环境空间优化区域发展格局,以生态红线调控区域发展规模,以环境质量提升区域发展品质,以机制政策创新协调区域生产矛盾关系;调整产业结构从源头强化管理,提高环保、能耗、安全、质量等标准,倒逼区域产业转型升级;落实环境功能分区,划定生态保护红线、环境质量底线和资源消耗上限,严格重要区域保护,逐步增加生态空间和提高环境质量作为经济与社会发展的刚性约束条件,不断释放"绿色红利";构建水环境分区体系,推行水环境红线管理,全面实施节水治污战略,统筹地表地下、陆域海洋,建立水污染齐防共治体系;优化能源环境系统,清洁化利用煤炭资源,联防联控大气污染严格区域环境准入,从经济结构的源头减轻京津冀地区大气污染问题,建立统一严格的污染物排放标准,全面提升末端治理技术和管理水平,协同治理京津冀地区大气污染,推进区域优"路"、洁"油"、控"车"同步发展,协同防治机动车污染;强化区域协同联动,提升环境监管一体化水平,一是突破地域行政边界,对流域、区域内生态环境监测与监管设施、污染治理设施、环境修复设施等统一规划、统一布局,全面推进环境基础设施共建共享,逐步缩小区域不均衡状态;二是整合区域生态环境监测力量,保证监测的权威性与独立性;三是建立跨区域、跨部门的联合监察执法机制(张伟等,2017);推进重大体制政策创新,突破区域分割瓶颈,健全环境与发展综合决策机制,建立京津冀区域环境管理协调机构,设立京津冀生态环境保护专项基金,完善生态补偿机制;推进实施国土生态整治、清洁水、大气污染防治等一批重点工程,将治理需求切实转换为工程措施,在提高生态环境质量同时培育新的经济增长点(梁龙武等,2019)。

2.4.2 聚焦区域错位发展,妥善疏解非首都功能

通过设立雄安新区,集中承接北京转移出的非首都核心功能,无论是对于解决北京的过度承载问题还是对于带动河北经济发展均具有重大的历史与现实意义(薄文广和周立群,2014)。京津冀各地抓住雄安新区规划建设机遇,充分发挥两地的比较优势,进一步调整优化区域生产力布局,加快推动错位发展与融合发展,创新合作模式与利益分享机制,在有序疏解北京非首都功能的进程中实现区域良性互动。着力打造以首都为核心的世界级城市群,促进京津冀成为具有国际竞争

力和影响力的重要区域,在引领和支撑全国经济社会发展中发挥更大作用。牢牢牵住疏解北京非首都功能的"牛鼻子"。继续按老路走下去,不仅会使北京发展"山穷水尽",而且有损首都形象。有序疏解北京非首都功能是京津冀协同发展战略的首要任务(毛汉英,2017)。自 2015 年以来,北京加快疏解四类非首都功能,分别为:①一般性产业尤其是高耗能产业;②区域性物流基地、区域性专业市场等部分第三产业;③部分教育、医疗、培训机构等社会公共服务功能;④部分行政性、事业性服务机构和企业总部。疏解非首都功能,绝不是简单的企业搬迁和生产力平移,而是立足各自资源优势,实现优势互补,取得 1+1+1>3 的协同效应(方创琳,2017)。

2.4.3 政府主导和市场调节"双轮驱动",调动各类主体积极性

推动京津冀协同发展,政府作用不可或缺,主要体现在制定区域发展规划,通过财政、金融、产业等政策手段引导企业和人口进行区位调整,缓解大城市交通、人口、环境等压力。国家层面的战略指导与合理规划成功打破了京津冀各自分割、恶性竞争的恶性循环与"一亩三分地"思维,为京津冀协作提供了基本的合作氛围与良好的协作条件。在社会主义市场经济条件下,单纯通过行政手段搬迁企业来疏解北京非首都功能并不可行,即使强行采用也很难达到预期效果。只有遵循市场经济规律,充分考虑市场主体意愿,才能在推动事业发展中做到事半功倍。当前推动京津冀协同发展,一方面需要加大简政放权力度,转变政府职能,更好地发挥统筹协调、规划引导和政策保障作用;另一方面加快完善市场机制,充分发挥市场在资源配置中的决定性作用,根据市场主体的选择来进行资源共享和功能对接,促进生产要素在更大范围内有序流动和优化配置。只有同时发挥好有形之手和无形之手的作用,才能调动起京津冀各类主体的积极性和创造性,走出一条内涵集约发展的新路子(马海涛,2019)。

2.4.4 推动体制改革和机制转换,促进要素自由流动与优化配置

实施京津冀协同发展战略的深远立意,是通过京津冀这片改革试验田,闯出一条与现代市场经济相适应的区域协调发展新路,为全国统一市场建设积累经验。推动京津冀协同发展,必须把国家层面的重大举措与京津冀地区实际情况相结合,提出创造性的改革措施,推动区域协同发展,下大力气消除各种隐形壁垒,下决

心破除限制生产要素自由流动和优化配置的各种体制机制障碍,尽快建立优势互补、互利共赢的区域一体化发展制度体系,切实把京津冀打造成区域体制机制创新高地。在解决区域发展不协调、不平衡这个"硬骨头"上,京津冀各级党委政府以推动要素市场一体化和加快公共服务一体化为重点,勇于探索区域经济发展新模式,着力开拓协同发展新境界。特别是深入推进京津冀全面创新改革试验,进一步发挥中关村科技园、中国(天津)自由贸易试验区等先行先试平台的辐射带动作用,探索区域统一的金融投资、产权交易、创业就业等政策,带动协同发展不断深化拓展。例如,推进环保制度的创新,建立跨区域的排污权交易市场,深化资源型产品价格和税费改革;结合当前改革形势,建立健全多元化投资机制,积极推行环境污染第三方治理等;建立跨区域的生态补偿机制,通过搭建区域生态协商平台建立市场化补偿模式;通过监测系统建设完善考核评价制度,让生态环境任务一步步落到实处(马海涛等,2020)。

2.5 长三角区域一体化

长三角地区包括上海市、江苏省、浙江省和安徽省三省一市,是我国经济发展最活跃、开放程度最高、创新能力最强的区域之一,是"一带一路"建设、长江经济带、长三角区域一体化发展等国家战略实施的交会点,在我国现代化建设和对外开放格局中占据重要地位。1982年,国务院提出成立"上海经济区",形成长三角的最早雏形,之后长三角地区经历了快速的一体化发展过程,形成了代表中国参与国际竞争的经济聚集体,也促进了区域统一市场的形成。长三角区域一体化发展机制建设总体上经历了4个阶段,分别为1992—2000年的启动阶段、2001—2007年的拓展阶段、2008—2017年的强化提升阶段以及2018年以来的更高质量一体化发展阶段。当前,在跨行政区域协调机制建设方面取得了较为显著的成绩,形成了包括政府"三级运作"协商机制、经贸合作机制、区域协同治理机制以及资源共享机制等多种区域合作机制,但也面临着保障机制不完善以及利益协调机制不健全等现实挑战。习近平总书记在2018年11月5日首届中国国际进口博览会开幕式上指出,支持长三角区域一体化发展并上升为国家战略。2018年11月,党中央、国务院发布《关于建立更加有效的区域协调发展新机制的意见》,提出"建立与全面建成小康社会相适应的区域协调发展新机制"。在实现更高质量的一体化发展、建立更加有效的区域协调发展机制的过程中,长三角区域一体化发展机制需要进一步激发区域一体化发展的内在驱动力,打造区域发展"强核",促进区域整体竞争力的提升(张学良等,2019)。

社会发展呈现联动特征,基础设施联通发展,生态环境联动发展,公共服务共享发展。长三角区域高速公路、跨江跨海大桥、高铁等交通重大基础设施已形成较高密度的网络布局,并在重大项目推动下形成了较好的一体化基础。长三角区域的交通基础设施发展已经取得了明显的成就。其中,高速公路、跨江跨海大桥以及高铁等各类重大基础设施已经形成了较为完善的网络布局,特别是高铁网建设进一步提升区域同城化程度。截至2019年底,铁路营业里程达11 632千米,其中,高铁里程4997千米,位居全路第一。与2015年相比,2019年长三角区域$PM_{2.5}$平均浓度下降16.4%,重污染天数下降58.0%。2019年10月,长三角生态绿色一体化发展示范区协同治水正式启动,拉开了进一步推动区域协同治水、深化落实河长制湖长制的序幕,三地已探索建立起联合巡河、联合监测、联合执法、联合保洁和联合治理等多项协调机制。截至2019年,长三角区域41个城市全部实现医保"一卡通",覆盖三省一市医疗机构已达3500余家。不断提升结算便利,结合"一网通办",持续改善人民群众异地结算体验,让长三角群众异地刷卡结算更方便快捷。

2.5.1 高度重视协同发展的合作制度和机制构建

在区域一体化的推进过程中,各方之间的协调和合作至关重要。而要实现这种协调和合作,就需要建立完善的制度和机制。长三角区域合作之初,相关省市政府就高度重视区域合作制度和机制的构建工作。目前,长三角地区已经基本形成了一套层次分明、分工合理的四级区域合作与协调机制。

第一层次是由各省市政府领导组成的高层次协调机构,负责决策、统筹规划等工作,建立和实施每两年举办一次省市主要领导出席的定期会商机制,决定长三角区域合作方向、原则、目标与重点等重大问题;第二层次是由各级政府相关部门、行业协会以及企业代表组成的专业委员会,负责协调推进具体合作项目,由常务副省(市)长主持的每年一次的"沪苏浙经济合作与发展座谈会"机制,落实主要领导座谈会的部署,协调推进区域重大合作事项;第三层是每年举办一次的长三角16城(现已扩大至22城)市长参加的"长江三角洲城市经济协调会"机制,主要任务是将宏观的合作目标变成合作专题,在城市之间以专题形式进行不同领域内的合作,主要开展交通、港口、规划、旅游、科技、信息及产权等专题项目的合作;第四层是基层政府和社会团体组成的交流合作平台，为区域内各类主体提供信息共享、沟通交流、经验分享等服务，长三角城市政府相关职能部门间也建立了联席会议、论坛、合作专题等合作机制。这种从宏观到微观的会商—决策—协调—执行的四级联动、有机协调的合作运作机制成为长三角区域一体化逐渐深入的最重要的基础和制度保障（张亚明等，2012），也使区域内各方在合作中发挥更大的作用，促进了长三角地区的经济融合、互动发展、共同繁荣。

2.5.2 坚持合作共赢的原则，从易到难、由点及面地逐步推进

随着区域一体化的深入发展，各参与地区之间在利益方面并不总是完全一致。因此，一个地区是否积极地推动区域合作，往往取决于它在区域一体化进程中所能获得的利益。为了实现区域一体化的目标，长三角地区需要审慎选择合作专题和具体的合作项目，从易到难、由点及面地逐步推进合作，而不能盲目地行动。这种渐进式的合作方式可以有效地减少合作风险，确保合作的可持续性和稳定性，同时也有助于加强长三角地区之间的互信和合作意愿。

长三角区域一体化的具体实践中，为了有效增进所有参与地区的利益，涉及到多个方面的合作行为。从交通基础设施（公交一体化）、旅游合作、品牌推广、消费者维权等可以有效增进所有参与地区利益的合作行为入手，逐渐向生产要素一体化（科技资源、人力资源、金融及职业资格互认）、产业一体化（规划一体化、市场准入及规范执法）、民生一体化（社保、医保联网结算及环境管理）、社会管理等方面推进。以交通基础设施建设为例，交通基础设施合作是长三角区域一体化的重要起点，从最容易进行一体化的高速公路互联互通做起，在此基础上，从市场联系相对紧密且有稳定市场需求的沪宁、沪杭高铁修建开始，再逐渐过渡到宁杭高铁。目前，通过不断扩大高速公路和高铁的覆盖范围，长三角已经形成了沪宁杭之间的 3 小时高速公路圈和 1 小时高铁圈，长三角 3 个核心城市的同城化效应日益显现，大大促进了整个长三角的区域一体化进程的快速推进。值得注意的是，长三角港口一体化由于利益问题难以协商，截至 2020 年还未进入到深度合作阶段（唐承辉和豆建民，2020）。

2.5.3 多元主体形成多层次、良性互动的网络型合作治理模式

长三角区域一体化在启动阶段采用了政府主导型模式，这有利于在短时间内

凝聚共识、制定政策并通过强有力的行政权力加以推行,然而,这种"自上而下"的模式存在着非市场性、非制度性、难监督性等问题,迫切需要适时向政府、企业及社会组织之间的多层次、良性互动方向转变。由于长三角地区是包括苏浙沪两省一市（现在也包括安徽省的一些城市）的广大区域,省际之间存在较高的协调成本,和长三角区域一体化这种大都市圈相比,次级都市圈构建中的一体化是在一个相对较小和较低的区域层次上进行的区域融合,实施阻力较小,并且其实施的经验及教训也可以为整个长三角区域一体化提供借鉴和参考。因此,南京、杭州、宁波等次核心城市纷纷组建了自己的经济圈,并取得了显著成效,形成了目前圈中有圈、圈中套圈、圈圈互动的格局,有利于整个长三角区域一体化的顺利推进。长三角区域一体化坚持"政府为引导,市场为基础,企业为主体,多方共参与"的原则,各地区充分发挥自身比较优势,通力合作,实现了合作共赢。40家园区和大型企业集团,如上海漕河泾新兴技术开发区、合肥高新区以及宝钢集团、华谊集团等,联合成立了"长三角园区共建联盟",探索不同园区之间的股份合作、企业投资建设生产基地、园区管理与品牌输出等多重合作模式,积极促进产业在长三角地区的合理有序转移,进一步加强了各地区之间的产业联系,为区域一体化增强了支撑力。长三角各级地区政府积极鼓励行业协会、中介组织、社会团体和研究机构等社会组织参与到区域一体化的建设中来,举办各种论坛、研讨会,并提供智力支持,共同推动区域合作,这种决策模式由原来的政府单中心模式逐渐转变为以政府、企业及社会组织等共同参与的网络型互动合作模式。

经贸合作是推动长三角区域一体化发展的重要内在驱动力,主要目标是构建统一的产品和要素市场,建立完善的市场经济体制。目前长三角经贸合作机制建设涉及多个方面,包括旅游合作开发机制、平台合作机制、专利交易以及知识产权保护机制等。旅游合作开发机制建设方面,通过签署相关合作文件,规范旅游市场秩序,推出区域性精品旅游线路,整合区域旅游资源,进行旅游项目联合开发,并加强旅游品牌共建和监管工作,统一旅游标识牌标准等措施,提升长三角旅游一体化水平。平台合作是当前长三角产业合作中的重要途径,包括园区共建、产销协作机制建设等,通过相关平台合作,促进长三角地区相关产业实现产销结合、产学研结合。例如通过园区托管、双方共建、产业招商等形式进行园区共建,为长三角产业转移和承接提供良好的平台。合作园区在管理机制和园区政策上进行对接,聚焦产业转移承接以及产业链条分布,明确税收分成比例,以此促进长三角产业合作；农业产销协作方面,上海与江苏盐城、南通等签署"蔬菜产销合作协议",建立产销对路的农产品供给体系。专利交易以及知识产权保护机制在长三角科技创新资源利用和开发方面有着重要作用,主要包括专利技术交易平台建设以及签署知识产权保护协议等,不仅有利于整合区域技术资源,还有利于维护市场秩序。例如设立专利技术交易平台,能够促进科技研发成果的有效转化和利用,充分发挥出长三角科技创新优势;知识产权保护机制主要包括执法协同、信息共享以及知识产权纠纷解决等,有助于强化知识产权在区域高质量发展中的作用,维护市场秩序(季菲菲和陈雯,2013)。

当前,长三角区域在区域环境治理方面做了大量积极探索,主要涉及大气污染、水污染、跨界污染、区域危废环境管理等方面的协同治理,逐渐摸索建立了一套良好的生态环境保护协商机制,为区域环境共治共建共享打下了坚实基础。以治理水及空气为重点,把共保一江清水、共建江南水乡,作为长三角区域生态环保一体化的重要举措。贯彻系统治理理念,建立跨行政区划上下游协同治理和水生态补偿机制,推动重点跨界河流上下游联动治理落到位。坚持"共抓大保护",协同推进长江生态环境保护与修复,扎实推进太湖、其他江河湖泊及海洋的水环境协同治理。深入推进大气污染协同防治,加强车辆、船舶等流动源污染防治的顶层设计,推进大气环境监测数据共享与应用(刘志彪和孔令池,2019)。协调区域环境利益,落实地方责任。促进长三角区域环境利益共享,在利益冲突失衡领域进行合理再分配,实现城市群整体良性有序竞争。构建大、中、小城市共生互补、协同发展的城市群发展体系,减少大城市的虹吸效应,加大其辐射效应,落实细化区域双向多元化的生态补偿方案,实现优势互补、利益共享、良性共赢的局面。继续发挥好上海、南京、杭州、合肥、苏州、宁波等中心城市在经济发展、就业等方面的辐射带动作用,同时保护利用好舟山、湖州、台州、宣城、池州等城市的生态资源。推进重点环境问题的分类处理,建立水、气、土等方面的区域协调制度机制,形成专业化、一体化的区域环境协同共治网络架构,从机构设立到制度建设,再到职能落实的全方位推进,从而实现冲突解决、资源共享、工作衔接,有效遏制地方保护主义干预等,保障城市群环境利益整体实现。打破行政分割的束缚。把长三角区域一体化发展上升为国家战略是党中央作出的重大决策部署,树立"一体化"意识和"一盘棋"思想,在生态环境保护方面更是如此。在区域层面加强污染源管理制度的合作对接,统一规划、统一标准、统一执行,实现生态环境保护政策的一体化、一致化,实现行政执法与环境司法的统一,建立社会共治的区域生态环境治理体系，避免简单的污染转移，逐步推动从行政主导向市场化、社会化多元共治的区域减排模式的转型。建立生态环境信息资源共享交换平台，积极推进区域间环境信息共享，包括空气质量监测数据和水环境监测数据的共享。强化制度政策规范，实施多元治理。制度供给和政策设计是实现长效维持的坚实保障，统筹环保与发展双向促进，探索由环保倒逼发展向激励发展转变的路径措施，激发企业参与污染治理的积极性，通过良好的制度设计，深入激发环保的正向推动作用。坚持依法治理各类环境问题，完善生态环境资源产权制度和执法监督机制，健全长三角环境公益诉讼等司法手段，提高环境司法一体化服务保障，健全行政执法和环境司法的衔接机制等。建立全民参与、多方自发的合作机制，实施政府间、部门间的横向合作，推进多主体联合共治。尝试权利与义务相结合、监管和激励相促进的环境保护新模式，建设与企业信用挂钩的绿色积分制度，实现长三角信用奖惩互联，充分发挥国企在环境治理中的示范带头作用等。充分发挥区域特色优势。长三角地区作为世界六大城市群之一，其经济发达、科研资源丰富。在此背景下，长三角地区充分发挥区域优势，加大投入，开展生态环境保护跨区域、跨流域、跨学科重点问题研究、生态环境共性关键技术攻关。发挥长三角区域生态环境联合研究中心作用，加强联合环境科研，提高生态环境保护能力。在针对区域共性环境问题方面，长三角地区完善了区域环保联合执法互督互学长效机制。加强交流合作，同步推进依法严管，重点对夏秋季挥发性有机物管控、秋冬季治污攻坚开展专项执法检查。同时，长三角地区也充分开展环保信用评价合作，统一构建环保信用评价系统、统一企业环保信用评价标准、统一在"信用长三角"平台发布评价结果，为推动四省市行政、社会、行业、市场等部门单位对环保失信企业开展联合惩戒提供信息化支撑，进一步促进了长三角地区生态环境保护的发展。

长三角资源共享主要集中于科技创新资源的共享、公共服务资源的共享以及信息资源的共享等方面。科技创新资源共享机制是长三角构建区域科技创新平台的重要手段。长三角地区拥有丰富的科技创新资源和设备，通过构建科技资源和大型仪器设施利用平台，以"创新券"的形式来建立科学仪器有偿使用机制，避免了部分科技资源的重复建设，提高了科学仪器的利用效率。当前，长三角地区也积极探索科技创新资源的跨机构、跨区域共享模式，例如，在上海市建立了长三角大科学装置共享平台，促进长三角地区的资源协同共享与科技创新。当前公共服务资源共享机制主要关注长三角医保异地结算以及交通服务的互联互通，在长三角城市经济协调会的框架下，通过专题研究等方式对医保互通以及交通一体化进行了研究,在推动医保异地报销和交通卡互通方面取得显著成效,例如在长三角选择试点城市,开展异地医保直接结算业务。随着长三角的一体化发展和交通网络的不断完善,公共服务资源共享机制将会在更多领域得到深入发展。信息资源共享机制贯穿于长三角合作机制各个方面,是促进长三角地区资源共享的重要手段。在形式上主要包括政府部门间定期交流和互访、建立统一合作平台、成立专题合作组等方式。这些机制可以实现信息的共享和互通,加深各个地区之间的了解和信任,为长三角区域一体化发展提供强大的支撑。

长三角民间合作起步较早,主要是企业为寻求技术和市场合作的自发行为。主要包括社会团队、行业协会、公益组织、产业联盟等民间组织,这些组织在区域产业布局、企业商贸合作和技术交流以及一体化政策的实施等方面起到了重要作用。目前,长三角区域一体化发展中的民间组织合作机制也在不断完善,包括成立产业发展联盟、以论坛形式开展各项学术交流和人文交流活动、协会合作等。其中,学术团体可通过开展交流和研讨活动、各类院校之间的交流和师资培训等方式,就长三角区域一体化发展的相关问题进行多方面探讨,同时增进了长三角各学术团队、各类专家之间的信息交流,推动长三角整体学术品牌的形成;行业协会合作机制能够协调企业和政府间的联系与沟通,推动构建良好的营商环境,是政府政策实施的有力补充,主要包括开展政策咨询、信息共享以及其他服务工作;公益组织合作机制也在稳步推进,例如,2018年长三角三省一市合作建设长三角慈善一体化合作机制,通过慈善互助平台建设,努力实现长三角区域慈善事业协同发展。这些民间组织合作机制有助于促进长三角区域一体化发展,形成良性互动的局面。

2.6 智慧城市群

信息通信技术(information and communication technology,ICT)的进步与发展,极大地推动了人类社会由二元空间向三元空间转变的过程。"二元"指的是物理空间(人类生存的自然环境及其物质系统)与社会空间(人类行为与人类社会活动的载体)。在二元空间的基础上构建"信息空间"则能形成三元空间,信息空间的内容主要包括计算机、互联网及相关数据信息。物理空间、社会空间、信息空间三者相互联系,深刻影响了城市形态的发展,促进了城市的智慧化转型,形成了"智慧城市"这一新型城市形态。智慧城市建设的工程逻辑是建立城市物理空间和社会空间到信息空间的映射,再通过信息空间回馈物理空间和社会空间，进而优化城市系统（郭仁忠等，2020）。在建设智慧城市的基础上，计算机与互联网、大数据与云计算、人工智能等新一代信息通信技术被运用于城市的功能形态、治理模式之中，为智慧城市群建设与发展提供了坚实的技术基础。

智慧城市群与智慧城市不是简单的群体与个体的关系，智慧城市群是在特定区域范围内多个智慧城市跨域协同的高层次建设联合体，它是一个内部要素相互影响与关联的巨复杂系统。总的来说，智慧城市群是在新一代信息通信技术运用于城市建设与发展的背景下城市群发展的更高层级形式。智慧城市群的建设从宏观与系统的层面上推动了建设与发展智慧城市战略的实施，同时也为区域智慧一体化提供了广阔的发展前景和创新空间，通过城市和区域之间的动态协同，智慧城市群正逐渐成为全球经济的新动能和增长极（胡广伟等，2021）。从全球的角度来看，最早开展智慧城市群并处于领先地位的主要是欧洲、北美的发达国家及日本、韩国、新加坡等，但近年来亚洲、南美洲、非洲的许多发展中国家也迅速开展了关于智慧城市群的建设。目前全球形成了北美五大湖城市群、日本太平洋沿岸城市群、英伦城市群、新加坡智慧国家等多个世界级智慧城市群，而我国初步形成长三角、珠三角、环渤海、中西部四大智慧城市群雏形（杨尧等，2022）。在国内，中国智慧城市的建设由智慧城市个体向智慧城市群体转变，但仍在探索成熟的智慧区域建设模式。在国际上，部分发达国家率先开展智慧区域的研究并选取城市进行相关的建设规划试点，经过多年智慧区域的建设实践各国建立了一批成果性的智慧城市群，由此可见智慧区域的建设是必然趋势，也是未来城市群建设发展的大方向。中国智慧区域的建设正处于起步阶段，各方面均需要从国内外已有的研究与建设成果中吸取经验，这将有利于突破城市群等区域的发展困境、解决区域协调发展的机制问题，也将有力推进对于国际智慧城市建设的理论与实践探索。

2.6.1 新加坡智慧国家

新加坡政府致力于全球第一个智慧国家的建设，率先提出"政府信息化"。为此新加坡政府分别于2009年、2014年提出"智能国家2015"计划与"智慧国家2025"计划，"智慧国家"战略将推动新加坡进入新一代技术的发展阶段。新一代信息技术的应用与发展为新加坡提供了强化传统竞争优势的机会，同时帮助克服国家面临的物理空间局限、资源限制和应对老龄化社会的挑战，并形成相对优势。

2.6.1.1 工作组织框架

新加坡国家级发展计划"智慧国家 2025"由总理办公室（PMO）直接领导的智慧国家和数字政府办公室（SNDGO）组织实施，其负责统筹安排各类智慧国家项目，驱动数字化转型，培养公共部门的长期能力，推动相关政策机制改革，以实现建设智慧国家的战略目标。SNDGO 于下层设置政府技术局（GovTech）作为执行机构落实具体的工作，SNDGO 与 GovTech 两个部门共同构成智慧国家和数字政府工作组（SNDGG），新加坡智慧国家工作组织结构如图 2-3 所示。

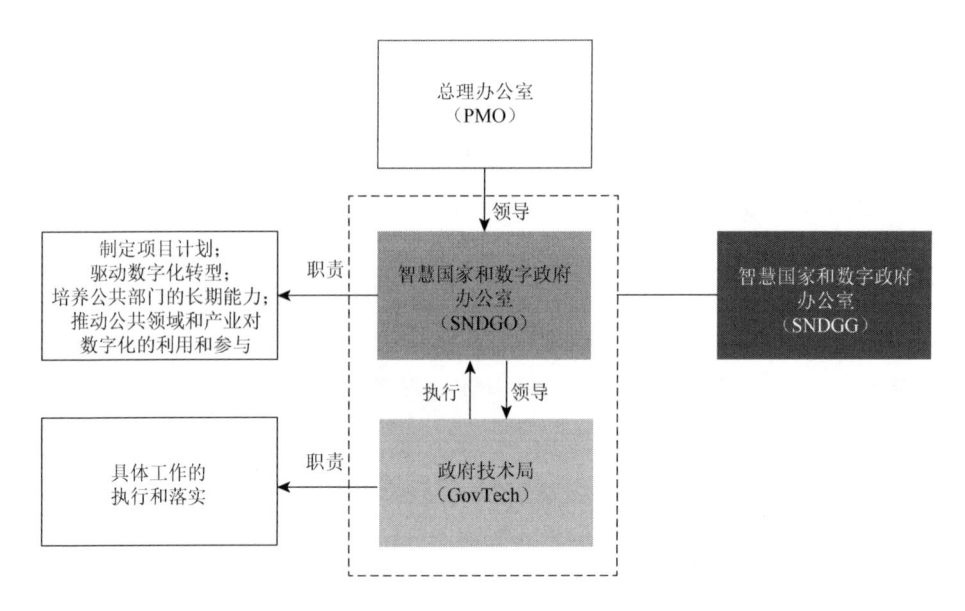

图 2-3 新加坡智慧国家工作组织结构

2.6.1.2 智慧国家总体框架

智慧国家计划致力于新一代信息技术的应用与发展。智慧国家计划包括健康、交通、金融、教育、城市问题。针对计划 SNDGG 通过提出六类智慧国家新方案——国家战略项目、交通、电子政务、城市生活、健康、创业与商业，明确了智慧国家的建设目标。新加坡智慧化的基础工作是通过强化智慧国家基础（数字系统基础、国民文化基础）以统筹经济、政府和社会的数字化进程，支撑智慧化方案的具体落实最终实现智慧国家的计划目标。信息安全法律法规是智慧国家设想落实的重要保障，SNDGG 同时在后续工作中制定了国家人工智能计划作为进一步落实新加坡智慧国家建设的具体方案。总的来看 SNDGG 提出的智慧国家总体框架为两个基础、三大支柱、六个方案（图 2-4）。

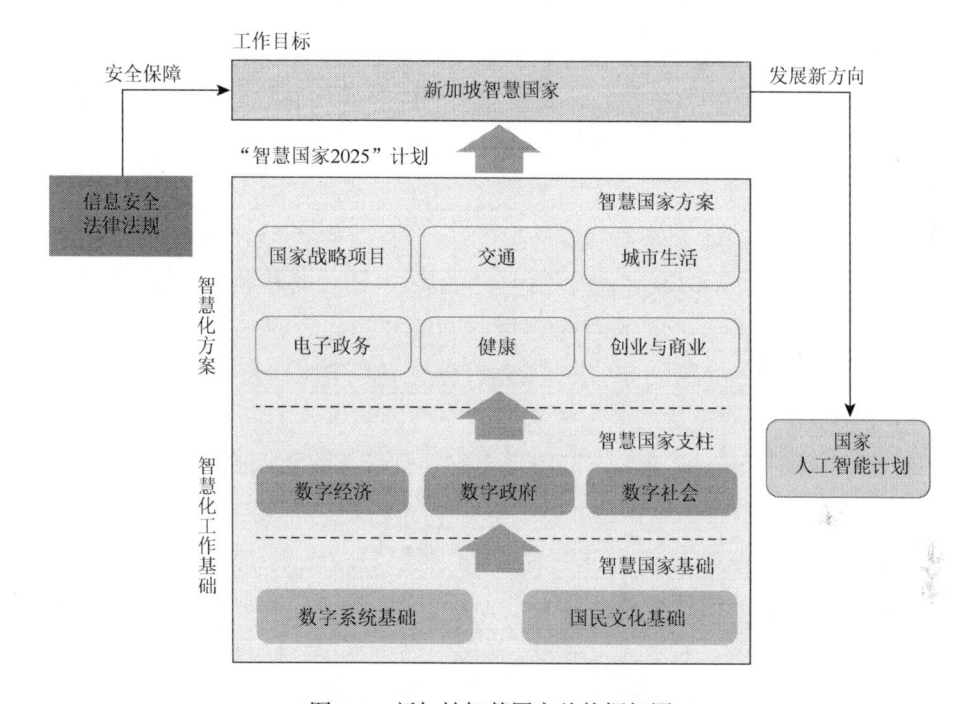

图 2-4　新加坡智慧国家总体框架图

2.6.1.3　智慧国家的三大支柱

新加坡政府规划了一系列促进发展数字经济、数字政府、数字社会的计划，计划包含公共领域、企业和公民。这表明新加坡的产业部门、公司企业、政府机构、个人都在加速推动数字化进程以及加强国家实力的建设。政府已经为经济、政府和社会的数字化转型分别制定了相应的计划：数字经济行动框架（digital economy framework for action）、数字政府蓝图（digital government blueprint）和数字化储备蓝图（digital readiness blueprint）。数字政府将会为形成数字经济和数字社会储备适宜的环境和驱动力；数字经济将会与数字政府紧密合作以支撑政府服务的数字化并建设未来转型所需的产业能力。

（1）数字经济

数字化能够为经济发展增加机遇、提供就业、实现增长，它是国家层面最重要的任务。抓住数字化的机遇，吸引国际投资和人才能够使新加坡发展新的竞争优势。以往有关数字信息的运动目的是刺激数字化成果转化，政府、企业、组织、个人都得益于数字化成果，而在智慧国家的战略中 SNDGG 的远景目标是在新一代信息技术背景下实现自我引领，从而重新创造新的数字经济。促进数字经济目标的实现的具体措施有：加强经济部门的数字化改革，培育新数字技术赋能经济生态系统，在相关领域发展新一代数字产业等。

（2）数字政府

新加坡政府积极建设以数字信息为核心，服务效率和改革创新水平高的公共部门。SNDGG 在规划的数字政府蓝图中展示了工作策略和预期目标。数字政府蓝图主要关注政府电子化、服务于市民与产业、公共服务三个方面。工作组将围绕六个方面着力建设数字政府：加强整合政策、措施和技术；运营可靠、稳定、安全的系统；建设普适的数字和数据平台；集合数字能力以追求创新；围绕市民和产业的需求整合服务；与市民和产业共同创新，同时加速技术的应用。

（3）数字社会

新加坡政府计划通过提升公共服务的获取便捷性、提高公民数字信息化能力、鼓励民众参与数字社区等举措来确保民众个体能从数字国家中获益，并利用数字社会以实现个人价值。通信部门编制了数字化储备蓝图，以数字信息化技术为支撑提高民众生活便捷性，同时加强不同社区之间的联系。数字化储备蓝图以个人和企业作为切入点为新加坡的数字化储备提出四点重要决策：通过设计推动数字化的包容性；以包容性为目的扩大数字获取途径；将数字化素养融入国家观念；使个人、社区、企业能够驱动广泛的技术应用。

2.6.1.4 智慧国家的两个基础

数字系统基础和国民文化基础是新加坡经济、政府和社会的数字化改革的重要基础。

（1）数字系统基础

强力安全的网络安全基础及数据和数字基础设施是推动国家经济、政府和社会转型的关键。要确保安全的网络基础，在可信环境中最大化数据价值，发展下一代数字基础设施以催化广泛的数字信息化。

（2）国民文化基础

为了更高效地驾驭数字基础设施和数据的力量并确保网络安全，SNDGG 需要支持新加坡的民众做好观念上的改变，并进行技能的提升。推动创新与技术文化，保证每个人都受益于智慧国家，建设具有数字技能的劳动力以抓住机遇。

2.6.1.5 智慧国家的六个方案

（1）国家战略项目

新加坡政府策划了一系列相关的国家数字战略项目以推动智慧国家计划的落实。国家战略项目体现了对新一代信息技术的重视与应用，并加强与企业、群众的合作，以此能够建立相应的竞争优势。战略项目包括：全国数字身份系统；电子支付；CODEX（基本运作、发展环境和数字信息交换）；跨机构政府服务平台 Moments of Life；智慧国家感知网络；智慧城市出行。在下一阶段，SNDGG 将会探索支撑其他重点领域，如医疗、商业生产力等的国家战略项目。

（2）城市生活

新加坡政府致力于通过技术革新与应用提高居住环境质量，以保证新加坡的安全性、宜居性与可持续发展。相关智慧创新应用包括：环境信息发布应用程序、集中的市政服务应用程序、老年人智慧报警系统、服务于公民和商业的规划决策、智慧城镇、数字平行新加坡等。

（3）交通

新加坡国土面积较小，在人口及机动车数量不断增长的背景下，新加坡政府如何最大化地利用有限的土地建设道路与交通基础设施，同时提供更高效、安全、可靠的交通服务是一项巨大的挑战。为此新加坡政府提出相关的智慧创新应用：自动驾驶汽车、需求响应式接驳车、城市交通开放数据和分析等。

（4）健康

新加坡面临人口老龄化的问题，因此需要加强更为完善的公共卫生、医疗、健康管理服务以加强对于公众生命健康的预防性的措施保障或健康管理。相关创新应用如下：医疗辅助机器人与技术、个人健康管理平台、远程医疗技术等。

（5）电子政务

新加坡政府希望通过新一代信息技术建设数字政府为公民提供更加便捷、高效、全面的服务。SNDGG 持续关注能够满足每个公民生活、工作、政府业务需求的科技支持的创新应用。相关创新应用包括：便捷的营商许可统一申请入口、技术支持团队、房地产销售平台、数字政府服务平台、支持多语言的政府服务平台、电子证书系统等。

（6）创新与创业

人才与商业对于维持新加坡数字经济活力与竞争力至关重要。新加坡具有良好的商业发展环境与基础设施、与亚洲的经济合作关系以及易于获得投资和高度发展的经济体制，广泛持续地吸引商机和各类人才。相关智慧创新平台和组织包括：政企合作线上交易平台、数字创新项目办公室、金融科创沙盒、物联网贸易平台、新加坡数字特区等。

2.6.2 芬兰六城智慧区域战略

2014年芬兰就业与经济部门通过了可持续增长和就业结构基金计划（Sustainable growth and jobs 2014-2020 - Structural Funds Programme of Finland），其中包含六城智慧区域战略，该战略以开放和智慧服务为中心内容，对芬兰在新信息技术背景下实现可持续发展至关重要。六城智慧区域战略包含的城市分别为赫尔辛基、埃斯波、万塔、坦佩雷、图尔库、奥卢，其中除奥卢位于芬兰中部外，其余的五个城市以组团形式位于芬兰南部。

2.6.2.1 组织结构

六城智慧区域战略的组织框架包含联合管理集团、管理组、指导组和六个城市的城市策略办公室，由这四个团体构成的组织框架负责整个战略的运行管理、统筹协调、决策执行及监督评估（图2-5）。负责六城创新与发展的业务的董事构成联合管理集团，其作为战略最高的决策机构负责确立战略目标、编制战略大纲、预估战略预算，制定战略项目的选拔标准和安排项目实施优先级，统领下属的管理组与指导组，同时委任督察人员监管考察计划整体的可行性及落实情况等。参与六城战略的各个城市的市长任命管理组成员，管理组成员与项目投资方共同统筹、协调、监管战略计划的开展，主要的工作是在项目申请周期内及时开展相关会议并向参与城市的市长汇报管理组事务进展。指导组则负责战略的执行与实施，主要的工作是负责项目的申请和评估、国内外相关项目合作、项目实施进展监管、即时向联合管理集团反馈战略实施进展情况、协调各个城市策略办公室的内部组织。

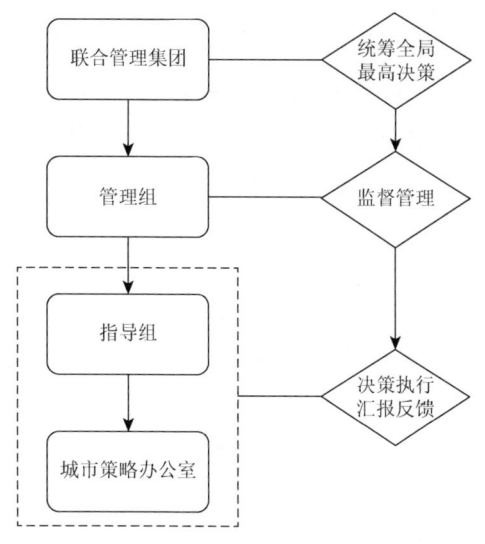

图 2-5　芬兰六城智慧区域战略组织框架图

2.6.2.2　战略目标

芬兰六城智慧区域战略作为一个区域创新战略，旨在利用具有良好创新发展环境与经济基础的多个城市个体，以强大的社区意识、更高的开放度、更广的可及性创建由民众、企业、科技人员、研究部门共同组成的功能性城市社区，以此提升科技水平、增加就业机会、创造更多商机，增强芬兰的国家竞争力。该战略建立了一个高度开放的生态系统，主要包含以下三个重点方面：开放式创新平台、开放式数据与交互式界面、开放式参与和建立用户联系。①开放式创新平台。例如根据项目方案的具体目标以及节能减排解决方案的发展环境而设立研发与发展中心，研发与发展中心作为开放式创新平台其服务涵盖创意、测试、产品整个生命周期。②开放式数据与交互式界面。不同城市开放它们的数据端口并建设互通的应用平台使其与其他共享发布的城市相兼容，这不但能够为企业提供良好的测试环境和市场，亦能推动中小企业开展创新活动并提高企业创新能力。③开放式参与和建立用户联系。建立易操作、开放式的多通道和多操作员服务系统，并建立系统与用户（企业、群众）之间的联系，使企业能够推动新的服务创新发展，改善公共服务结构，支持青年群体与弱势群体就业，发展关于公众的策略和服务以提高工作人员的工作能力。

2.6.2.3　方法策略

在城市发展速度快、相关措施可操作性复杂、创新环境难以预测的背景下，六城智慧区域战略需要开展大量的先锋项目与试点项目共同为后续战略布局与改进奠定基础。六个城市不同领域的每个试点都需要行政部门、城市团队等至少两个成员共同参与执行才能推进城市的项目建设，项目成功实施后可向其他城市推广具有参考性质的项目方案。战略实施的起步阶段六个城市均在重点领域开展了多年的先锋项目，一方面是为了构建重点领域的基本功能，另一方面是为企业与运营商合作开展相关活动构建良好的基础环境。试点项目与先锋项目采取共同开展的模式建设，因为二者时限长短有所差异，试点项目与先锋项目共同建设能够在不同的重点领域建立更全面的服务功能。六城智慧区域战略最值得借鉴的方法是各个项目中的解决方案、实施方法、功能服务被融入城市、公司、部门的运营与管理之中，各城市部门通过合作网络与合作平台实现跨域共享数据、信息、专业知识与经验。同时这些数据信息、经验知识会统一收录于开放的知识数据库中，数据库能够分析新项目存在的问题缺陷并根据已有的项目建设经验提出实用性的建议。

2.6.3 江苏智慧城市群

江苏是全国智慧城市建设发展比较早且发展较快的地区，无锡、常州、镇江、南通等地区智慧城市建设处于我国领先地位，因此江苏具有开展智慧城市群建设的资源优势。针对江苏智慧城市群建设中所面临的数字化发展、一体化服务、新型信息基础建设、汇集人才等关键问题，政府制定了《长江三角洲城市群发展规划》《关于加快建设扬子江城市群的意见》等基础框架政策，并按照江苏智慧城市群建设规划整体布局，制定了推动江苏智慧城市群建设的"四步走"发展路径：一是着力加强智慧城市群建设新型基础设施；二是实现智慧城市群的协同发展；三是充分发挥智慧城市群的辐射引领作用；四是推动智慧城市群的迭代更新发展。

2.6.3.1 优先建设新型基础设施，共享数据联通平台

运用物联网技术、互联网、云计算技术、大数据技术、区块链、人工智能等新兴信息技术，打造以新一代信息技术为支撑的智慧城市群。首先是加速推进数据中心、互联网中心、云计算中心等新一代信息基础设施建设。搭建智慧物联网云平台，有序推进工程设备、公共服务设施、道路网络等其他市政基础

设施数字化改造，加速建设以"数字孪生"为理论依据的智慧城市物联网感知系统软件，推动各市区设备数据共享。其次是数字驱动，确保城市群内部数据与资料运转、传播、流动的安全性并提高对数据的深度应用。依托大数据、互联网等新一代信息与通信技术，实现多平台数据协同，推动城市群内部数据一体化，打破城市群不同部门与不同领域的数据壁垒。运用系统全面、广泛联系的智能感知互联网，结合智慧城市时空信息云服务平台、大数据与云计算中心、人工智能技术，通过"数字孪生，虚实协同"的方式构建智能化系统一体化的城市综合性管理服务平台。

2.6.3.2 优化产业布局，多方融合建设

以智能化应用为指引，依据虚拟联动推动实体协同，加强聚集高端要素与资源，鼓励区域开展模式、制度、产业创新。优化产业布局，根据城市群内各城市本土优势产业的特点，建立特色产业培养基地推动特色产业发展，形成一批在国内外有影响力和竞争力的特色产业群。经济发展以数字经济为主导，提升产业整体发展能级，制造业着重布局智能制造业与先进制造业，服务业着重布局软件信息、数据技术等专业服务业。推动线上线下一体化建设，加强双端协同治理。在线上加快智能化 APP、云服务平台部署，在线下积极开展智慧交通、智慧市政、智慧社区等工程的建设。推进数据在各领域的深度应用，打破跨部门跨领域间的数据壁垒，打造跨域融合建设、智能一体化管理、动态协同治理协作的全新区域管理建设模式。增强南京、苏州等建设成果性强的智慧城市的引领作用，辐射带动江苏智慧城市群内其他城市。充分发挥南京、苏州等核心源、创新源城市的基础设施、经济、科技等资源与建设经验优势，加强辐射带动作用，辅助建设具备物流、信息流、资金流等数据流分析功能的枢纽城市与具备创新驱动作用的"孵化器"功能城市。

2.6.3.3 加强跨域协作，引领区域协同发展

扩展江苏与周边区域城市的对接领域，加强与中西部地区联动发展。以发展战略为引领，建立浙沪城市群协同化发展战略共识，促进城市群内部各城市差别发展、特色发展、融合发展，从而形成更强大的竞争力。加强与沪、浙、皖等地区的经贸合作，在这些区域产生更为紧密的经济交流活动，建设协同一体化城市

连绵区域。借鉴学习上海在一体化体制背景下的出口外贸、金融投资、政务服务中心、行政工作等方面的建设工作经验，带动周边省份地区发展，提升长三角城市群总体发展活力。"中西联动"，加强中部与西部地区协作，充分运用江苏在地理区位、经济发展、历史人文等方面的优势和特点，构建先进产业上下游集群与产业链，吸引更多技术创新服务业等扩宽发展空间，为江苏智慧城市群产业链发展创建更开放、标准化的创新发展环境。

2.6.3.4 动态评测与规划智慧城市群

智慧城市群是一个错综复杂、领域多元的综合性巨系统，关于智慧城市群的建设是一个持续发现问题、解决问题的动态过程。所以建设方式必须不断推陈出新、更新换代，建设目标要向着更为智能化、协同化的城市群前进。要迭代更新城市群规划建设方案，建立长远性的发展体制并探寻长效性的运营模式。以整体规划、建设方案、运维管理的全局性与协同发展作为考虑角度，构建适宜国情省情、科学合理、系统全面的智慧城市群统筹规划理论和方法体系，创建"中国智慧城市群"示范城市群。以国家层面智慧城市群发展整体规划战略为总领，依照科学性、系统性、可行性和导向性原则，结合主观性与客观性指标值、成效性与指导性指标值，构建系统全面、高效可行、科学规范的智慧城市群动态评价管理体系，便于动态且持续性地监测管理智慧城市群在不同时限阶段内整体建设状况，如阶段性的目标是否完成、相关的措施是否落实等，对于智慧城市群的建设成果进行科学系统的评估以及时发现问题并改正。

2.6.3.5 强化产学研联动的建设模式

推动江苏智慧城市群建设，必须健全城市群建设指导和规划体系，推进智慧治理研究。首先要创立领导智库，统筹规划、审批、评估智慧城市群建设新项目，避免重复建设和孤岛化建设，逐步完善符合江苏城市形态与功能的城市群建设体制。加强与高等院校、科研单位、公司研发部门等具有大量专业知识资源的科研机构合作，建立智慧城市群研究和促进联盟，对于优化职能、业务流程一体化、绩效考核、核心技术开发、数据应用管理等方面的问题进行系统化科学研究，为管理决策领导组提供技术和智力支持。人才是建设的主力军，要加强数据与信息等方面的复合型专业人才的培养与引进。

参 考 文 献

薄文广，陈飞，2015. 京津冀协同发展：挑战与困境[J]. 南开学报（哲学社会科学版）（1）：110-118.
薄文广，周立群，2014. 长三角区域一体化的经验借鉴及对京津冀协同发展的启示[J]. 城市（5）：8-11.
陈虹，2005. 丹麦跨海大桥[J]. 中国工程咨询（4）：60-61.
程恩富，王新建，2015. 京津冀协同发展：演进、现状与对策[J]. 管理学刊，28（1）：1-9.
方创琳，2017. 京津冀城市群协同发展的理论基础与规律性分析[J]. 地理科学进展，36（1）：15-24.
方创琳，杨俊宴，匡文慧，2017. 京津冀协同发展中推进雄安新区"多规合一"的基本策略与建议[J]. 中国科学院院刊，32（11）：1192-1198.
郭仁忠，林浩嘉，贺彪，等，2020. 面向智慧城市的 GIS 框架[J]. 武汉大学学报（信息科学版），45（12）：1829-1835.
胡广伟，赵思雨，姚敏，等，2021. 论我国智慧城市群建设：形态、架构与路径：以江苏智慧城市群为例[J]. 电子政务，（4）：2-15.
季菲菲，陈雯，2013. 金融中心空间体系研究进展及其对长三角一体化的启示[J]. 经济地理，33（2）：82-89.
李敏，2015. 哥本哈根·马尔默港的启示与河北港口发展[J]. 中国水运（2）：19-21.
丽兹·里克，王艺璇，2014. 厄勒区域构建的经验[J]. 中国经济报告（11）：101-103.
梁龙武，王振波，方创琳，等，2019. 京津冀城市群城市化与生态环境时空分异及协同发展格局[J]. 生态学报，39（4）：1212-1225.
刘志彪，孔令池，2019. 长三角区域一体化发展特征、问题及基本策略[J]. 安徽大学学报（哲学社会科学版），43（3）：137-147.
马海涛，2019. 基于空间管治理念的京津冀城市群产业协同发展策略[J]. 发展研究（7）：4-11.
马海涛，卢硕，张文忠，2020. 京津冀城市群城镇化与创新的耦合过程与机理[J]. 地理研究，39（2）：303-318.
毛汉英，2017. 京津冀协同发展的机制创新与区域政策研究[J]. 地理科学进展，36（1）：2-14.
孙东琪，陆大道，孙峰华，等，2013. 国外跨海通道建设的空间社会经济效应[J]. 地理研究，32（12）：2270-2280.
孙久文，原倩，2014. 京津冀协同发展战略的比较和演进重点[J]. 经济社会体制比较（5）：1-11.
唐承辉，豆建民，2020. 长三角城市群功能性网络结构及其一体化程度研究[J]. 经济问题探索（12）：79-88.
杨尧，赵耀龙，王彬，2022. "一联三生"体系下粤港澳大湾区智慧城市群的构建[J]. 地球信息科学学报，24（6）：1073-1086.
张伟，张杰，汪峰，等，2017. 京津冀工业源大气污染排放空间集聚特征分析[J]. 城市发展研究，24（9）：81-87.
张学良，林永然，孟美侠，2019. 长三角区域一体化发展机制演进：经验总结与发展趋向[J]. 安徽大学学报（哲学社会科学版），43（1）：138-147.
张亚明，张心怡，唐朝生，2012. 京津冀区域经济一体化的困境与选择：与"长三角"对比研究[J]. 北京行政学院学报（6）：70-76.
张子菡，2019.《区域创新——以厄勒海峡区域跨国合作案例为例》英译汉实践报告[D]. 上海：上海师范大学.
章念生，2000. 大桥联结丹麦与瑞典[N]. 人民日报，2000-07-04（007）.
钟晓华，2009. 北欧厄勒海峡圈[J]. 中国名城（3）：61-64.
诸云强，2020. 生态环境协同保护助力京津冀生态文明协同建设：评《京津冀生态环境协同保护研究》[J]. 生态经济，36（4）：230-231.
Dowall D E，1984. The Suburban Squeeze: Land Conversion and Regulation in the San Francisco Bay Area[M]. Los Angeles: University of California Press.
Matthiessen C W，2000. Bridging the Öresund: potential regional dynamics: integration of Copenhagen (Denmark) and

Malmö-Lund (Sweden) a cross-border project on the European metropolitan level[J]. Journal of Transport Geography, 8 (3): 171-180.

Nauwelaers C, Maguire K, Marsan G A, 2013. The case of Oresund (Denmark-Sweden) -Regions and innovation: collaborating across borders[J]. OECD Regional Development Working Papers: 21.

Steinfield C, Scupola A, 2008. Understanding the role of ICT networks in a biotechnology cluster: an exploratory study of Medicon Valley[J]. The Information Society, 24 (5): 319-333.

Wu K L, 1994. A study of the spatial relationship between jobs and housing in the San Francisco Bay area in 1990: improving the jobs-housing balance to improve regional mobility[D]. Berkeley: University of California.

3 粤港澳大湾区城市群协同发展的特征及挑战

3.1 粤港澳区域协同发展阶段

粤港澳区域协同发展一直受到世界经济格局、地缘经济关系、国家战略布局、跨境制度边界、区域产业分工和社会流动融合的显著影响,表现为随多尺度政治、经济、制度环境和粤港澳边界属性变化的阶段性特征。

总体而言,粤港澳区域协同发展模式的历史演进可划分为4个发展阶段:第一,改革开放以后至港澳回归以前(1978—1996年),香港受生产成本抬升和空间资源限制,在珠三角相比中国其他地区"先行一步"对外开放的基础上,将劳动密集型、出口导向型轻工业大规模转移到珠三角地区,形成了"前店后厂"区域产业分工,粤港澳区域协同发展快速推进;第二,香港、澳门于20世纪90年代末期回归祖国以后至粤港澳大湾区国家战略以前(1997—2014年),随着粤港、粤澳联席会议制度和《内地与港澳关于建立更紧密经贸关系的安排》(CEPA)等贸易协定文件的出台,粤港澳区域制度性合作不断强化,为经济社会协同发展提供了制度层面的支持。但是,产业合作的"前店后厂"模式反而因外部经济环境变化和区域经济发展演进而变得弱化和脱钩,粤港澳区域协同发展进入动力和模式重塑的过渡期;第三,随着粤港澳大湾区进入国家顶层设计文件并成为国家战略以来(2015—2020年),中央政府在粤港澳大湾区协同发展中开始起到更加引领性的作用,一系列尺度重构和权力重构致力于推动区域全方位融合一体化;第四,近年来由于中美贸易摩擦和新冠疫情等,逆全球化趋势影响加深(2021年至今),在新时期新的外部发展环境下,以及在中央政府积极推动粤港澳合作制度创新与新一轮科技革命赋能新型基础设施推动区域一体化纵深的趋势下,粤港澳大湾区协同发展正迈向新的动力和模式。

3.1.1 协同发展1.0阶段(1978—1996年):"前店后厂"下的区域产业协同发展

中国计划经济时期,香港作为联结内地和国外的转口贸易港和出口导向型生产基地得到空前发展，围绕电子、玩具、纺织、制衣等产业成长为"亚洲四小龙"之一，"香港制造"闻名全球（Jessop and Sum，2000）。然而，经过几十年快速工业化和城镇化进程，香港在 20 世纪 70 年代以后开始出现经济增速放缓、生产成本抬升、环境质量恶化和土地资源紧缺等一系列制约经济可持续发展的负面因素，同时全球石油危机也促使西方发达国家将制造业活动转移到发展中国家和地区以降低生产成本（Yeh，1997；Dicken，2011）。恰逢此时，中央政府实施改革开放政策，并且赋予了广东省"先行一步"的权限，既为珠三角吸收港资以推动工业化和城镇化进程提供了宝贵机会，也为港资企业面向珠三角更广阔地理空间的产业转移以克服经济发展困境和实现自身经济转型打开了机会窗口（Vogel，1989；许学强和李郇，2009）。

由于地理邻近、文化同源和巨大的生产要素成本差异，配合有限开放的内地市场状况，香港出口导向型、劳动密集型产业大规模转移到珠三角，成为改革开放初期推动珠三角工业化和城镇化的一股重要力量（Leung，1993；Lin，1997）。价格低廉且富集的农村转移劳动力、充裕的土地资源供给、邻近交通廊道等成为港资制造业北移珠三角重要的区位选择因素，进而通过"三来一补"等进入模式推动了改革开放初期珠三角出口导向型乡村工业化进程（Sit and Yang，1997；Enright et al.，2005）。受益于劳动密集型产业的北上转移，香港既腾出了宝贵的土地等生产要素资源，也由于港资制造业广泛的出口需求刺激了本地金融、物流、法律和贸易代理等生产性服务业的发展，以此推动了香港在 20 世纪 80 年代以后的产业转型过程。香港第二产业规模快速萎缩，第三产业尤其是生产性服务业快速发展，成为面向北迁珠三角港资制造业企业的决策、管理、融资和服务中心，在 20 世纪 90 年代一跃成为国际金融、航运和贸易中心以及闻名全球的"世界城市"（world city）（Friedmann，1986；Sassen，1991）。依托珠三角劳动密集型、出口导向型制造业和香港面向珠三角港资企业需求的生产性服务业之间的产业合作，推动了主要指向西方发达国家市场的"前店后厂"模式的形成，粤港澳区域在改革开放之后形成了生产要素一体化驱动的区域产业协同发展局面（Sit and Yang，1997；闫小培等，2007）。

3.1.2　协同发展 2.0 阶段（1997—2014 年）：制度性合作强化支撑区域协同发展

1997 年香港回归、1999 年澳门回归以后，粤港、粤澳之间区域协同发展转向了中国"一国两制"框架下的跨境区域协同发展治理。制度环境和边界属性的转换推动了区域协同发展模式的显著重构，集中体现在区域间制度性合作的强化（Yang，2004；钟韵和胡晓华，2017）。港澳回归以前的区域协同发展主要依赖于自下而上市场力量推动的"非制度性合作"，港澳回归以后制度性力量在推动区域经济、社会、政治协同发展中发挥更加显著的作用。一方面，2000年前后粤港和粤澳联席会议制度分别建立并不断发展完善，推动区域协同发展由纯粹市场和民间力量推动下的经济协作向基础设施、教育、环境保护和科技创新等领域拓展（刘云刚等，2018）。更为重要的是，2003年签署了CEPA，旨在进一步推动粤港、粤澳乃至内地和港澳之间的货物贸易与服务贸易自由化，一系列补充协定旨在逐步消除内地与港澳之间的关税和非关税壁垒，推动投资和通关便利化（闫小培等，2007）。

尽管这一时期制度性合作在粤港澳区域协同发展中的作用日益强化，纵深协同发展深度的同时拓宽协同发展的领域。但是，粤港澳区域在经济合作上并未形成继"前店后厂"模式之后同样高效、互补的区域协同发展模式（许学强和李郇，2009）。究其原因，第一，香港面向珠三角的制造业产业转移在20世纪90年代中期几乎完成，但是香港本地完全转向了第三产业发展，并未实现制造业的转型升级，难以和珠三角制造业在产业和产品内实现更进一步的分工（Tuan and Ng，1995；Chiu and Wong，2004）；第二，珠三角经过30多年持续高速的工业化、城镇化进程，与香港比较优势的差异逐渐缩小，具体表现在，生产成本不断抬升、廉价土地和劳动力资源伴随"人口红利"削弱而出现短缺、生态环境质量日益恶化，其作为"后厂"承载劳动密集型、出口导向型生产活动的功能逐渐弱化（Yang，2012；许学强和李郇，2009）；第三，2000年"十五"规划以来，国家发展改革委大力推进第三产业尤其生产性服务业的发展，《珠江三角洲地区改革发展规划纲要（2008—2020年）》也强调珠三角大力发展第三产业的战略目标，由此，珠三角和香港生产性服务业的产业同质化程度提高，制造业开始选择本地生产性服务业取代香港生产性服务业，两地服务业竞争关系加剧，香港"前店"的功能弱化（Yang and Yeh，2013；Sun and Chan，2017）；第四，2008年全球金融危机冲击了西方发达国家的消费市场，随之重创了粤港澳区域出口导向型经济发展模式，从而动摇了区域经济协同发展的目标导向和组织基础（张虹鸥等，2018）。

3.1.3 协同发展 3.0 阶段（2015—2020 年）：国家战略引领下的区域全方位融合协同发展

尽管粤港澳区域制度性合作强化，但是经济协同发展仍然面临新挑战。"深化与港澳台合作，打造粤港澳大湾区"于 2015 年首次写入中央政策文件《推动共建丝绸之路经济带和 21 世纪海上丝绸之路的愿景与行动》（钟韵和胡晓华，2017）。2017 年 3 月 5 日，国务院总理李克强在十二届全国人大五次会议上作的政府工作报告首次提及"要推动内地与港澳深化合作，研究制定粤港澳大湾区城市群发展规划，发挥港澳独特优势，提升在国家经济发展和对外开放中的地位与功能"。以此为标志，粤港澳大湾区建设正式上升为国家战略，中央政府在粤港澳大湾区协同发展中发挥更加引领性的作用，国家空间的尺度重构带来了一系列权力关系的重构和新的制度创新空间，为纵深和拓展粤港澳大湾区协同发展领域赋予了崭新机遇（张虹鸥等，2018；许志桦等，2019）。

产业协同发展方面，粤港澳大湾区国家级城市群强调面向国际科技创新中心和国家级综合性科学中心建设，推动粤港澳在战略性新兴产业、先进制造业和生产性服务业等高附加值产业内和产业间合作（叶玉瑶等，2020）。港澳作为战略性新兴产业的科技创新源头，广东则作为重要的孵化和产业化基地，广东受益于港澳的技术创新和扩散，国家和省市政府则为港澳向广东的技术扩散提供制度支持。先进制造业上，广东作为产业集聚和创新中心，港澳发挥面向国际的"超级联系人"角色，既引入国际新主体新动能，也助推广东先进制造业"走出去"，包括对外投资和市场拓展。生产性服务业上，港澳要紧抓内地市场扩张的机遇，布局面向内地市场需求和规则的生产性服务，同时和广东本地生产性服务业形成优势互补的差异化发展格局，强化在专业领域和服务产品上的合作（Yeh et al., 2015）。

在产业协同发展之外，国家战略下粤港澳大湾区进入了全方位融合协同发展的新阶段，基础设施建设、标准规则衔接、社会民生互惠和环境协同治理等均纳入了粤港澳大湾区发展的重点领域（王长建等，2022）。基础设施方面，广深港高速铁路和港珠澳大桥相继建成通车、莲塘/香园围口岸启动等强化了粤港澳之间的跨境联系。"一国两制"框架下粤港澳在外资准入、货物流动、人才签证、金融监管等方面加速标准和规则的衔接，在"硬联通"的背景下强化"软联通"，支撑区域协同发展的纵深。社会民生互惠方面，体现在港澳大学加速在广东省异地办学布局，推动优质教育资源的共享，也包括广东省各地级市建设了一系列面向港澳青年人才的创业就业基地，为其提供了诸多的优惠扶持政策，广东省也开始面向港澳青年招录公务员，推动港澳居民的北上就业和跨境区域社会融合进程。环境协同治理上，优质生活圈规划以及跨境环境保护倡议等制度安排正在减少跨境制度和边界效应对于环境问题的负面影响（许堞和马丽，2020）。

3.1.4 协同发展 4.0 阶段（2021 年至今）：制度和科技创新赋能区域协同发展新突破

近年来，尽管粤港澳大湾区建设显著推进，产业协同的载体升级和合作领域精细化，制度安排也逐步出台，但是由于中美贸易摩擦、科技战等逆全球化趋势风起云涌，粤港澳大湾区协同发展面临新的瓶颈，有待新一轮的制度和科技创新予以赋能突破。

制度创新上，保持"一国两制"框架不变的一系列新的制度安排逐渐出台。依托深圳前海、广州南沙和珠海横琴三大特别合作区，推动深化粤港澳合作的制度创新。2021 年 9 月 5 日、6 日，国务院先后印发了《横琴粤澳深度合作区建设总体方案》和《全面深化前海深港现代服务业合作区改革开放方案》，聚焦制度创新和"一国两制"框架下特定规则和制度试验的先行先试，将珠海横琴和深圳前海打造为粤港澳大湾区全面深化改革创新试验平台，具体政策措施表现在深化与港澳货物与服务贸易自由化、人员通关便利化、扩大金融业对外开放、建立便捷的市场准入制度、提升法律事务对外开放水平和促进跨境数据有序流动等。位于深圳-香港边界地区的河套深港科技创新合作区是深化深港科技创新共同体建设的制度创新试验田，深圳和香港将联合探索并推行具有引领示范作用的政策创新，支持香港科学园落户深圳园区等领域的深化合作。当前，建设合作区跨境专用口岸已写入《国家"十四五"口岸发展规划》、深港"一区两园"合作安排的落地以及深港"联合政策包"对于深港创新全链条协同发展的支持等将赋能其成为创新粤港澳大湾区科技创新体制机制的引擎。

科技创新上，尤其是新一轮科技革命催生的大数据、5G、人工智能等信息通信技术及其衍生的新型基础设施能够赋能粤港澳大湾区协同发展（叶玉瑶等，2022）。依托新型基础设施的跨境布局及区域一体化运行，有潜力依托技术创新纵深区域协同发展。具体而言，信息基础设施例如 5G 基站、数据中心的建设有助于推动跨境数据流动，并且依托海量数据的流动和对接渗透区域经济社会协同发展，包括信息基础设施对于跨境产业链上下游的对接以及紧密化日常跨境社会互动等；融合基础设施例如智慧交通、医疗和能源等有助于提高居民跨境流动的意愿和效率，从而提升资源配置的有效性和合理性；创新基础设施例如大学、研究机构和实验室体系的建设，有助于推动创新资源的跨境布局和流动，完善跨境区域创新系统，支撑粤港澳大湾区国际科技创新中心建设。

3.2 粤港澳大湾区协同发展的特性

3.2.1 全球化特性

粤港澳大湾区作为一个典型的外向型经济区域，全球化局势与全球供应链体系是影响粤港澳大湾区协同发展的关键因素。当前，全球化进程与全球供应链、产业链、价值链正面临欧美逆全球化与中国"一带一路"全球化以及"双循环"新发展格局的深刻博弈。

过去10余年，"逆全球化"思潮愈演愈烈，"贸易保护主义"再次抬头，西方发达国家主导的经济全球化进入降温、转型期。一方面，受全球金融危机打击，西方发达国家经济复苏缓慢、贫富差距拉大、失业率增加，再工业化战略和贸易保护主义政策相继出台；另一方面，中国等发展中国家在后危机时代经济增长势头良好，世界经济重心东移的趋势凸显。以中美为代表的大国间博弈不断加剧，世界政治经济局势的不确定性加深。2018年爆发的中美贸易摩擦和2020年以来新冠疫情的全球大流行，进一步扰乱了经济全球化进程，不仅全球经济发展遭受严重衰退，而且边境管制和停工停产也阻碍了全球价值链的有效运转。相对于新自由主义经济全球化的逆流，中国倡导的"包容性全球化"以构建人类命运共同体为目标，旨在构建更具包容性、普惠性的经济全球化格局。粤港澳大湾区是中国经济发展规模和质量领先的国家级城市群，粤港澳大湾区建设是习近平总书记亲自谋划、亲自部署、亲自推动的重大国家战略，拥有突出的自主创新能力、完备的产业链条配置、良好的生态环境本底、紧密的对外开放联系和多中心网络化空间结构，在新形势下应对逆全球化挑战和构建包容性全球化格局责无旁贷。而从更高的格局促进自主创新能力提升、产业链条可控、生态环境保护、对外开放引领和区域协调均衡，则依赖于粤港澳大湾区作为城市群的全面协同发展水平。例如，自主创新需要完善的区域创新系统，产业链可控需要合理的区域产业分工，生态环境保护需要互补的区域联防联治，包容性对外开放需要有机的区域内外联系，区域协调发展需要稳固的体制机制保障。简而言之，在逆全球化和包容性全球化交织叠加的新形势下,粤港澳大湾区被赋予了探索区域全面协同发展新模式的历史重任。

尽管西方发达国家主导下的新自由主义经济全球化遭遇逆流,但并不意味着经济全球化进程的衰退乃至中止,相反,经济全球化的长期发展趋势不会被扭转。随着中国"一带一路"和"双循环"的提出,以及世界经济重心逐渐向亚洲乃至发展中国家转移,粤港澳大湾区的协同发展会在更大程度上促进全球供应链、产业链、价值链的战略性重构,增强对共建"一带一路"国家和中国内陆区域的辐射能力。以"一带一路"和"双循环"构建新发展格局,粤港澳大湾区肩负重大使命。首先,粤港澳大湾区自改革开放以来深度融入国际大循环,并且作为国内经济发展的龙头城市群,有潜力成长为带动国内大循环的增长极和衔接"双循环"的战略支点;其次,粤港澳大湾区与"一带一路"共建国家具有紧密的商贸和社会文化联系,拥有得天独厚的区位优势,有潜力成为新发展格局下中国包容性全球化的战略枢纽,尤其是面向"一带一路"共建国家,形成以粤港澳大湾区作为主要投资者和高价值产品输出者角色的包容性全球化格局;再次,港澳成为面向内地市场的研发和创新中心,珠三角成为其进入内地市场的桥梁,无论是港澳青年创新创业、职业资格互认还是港澳高科技企业面向珠三角的新一轮跨境投资,都将形成面向内地市场的粤港澳新型产业组织模式和区域协同模式;最后,粤港澳大湾区与长三角、京津冀和成渝地区搭建了国内大循环的菱形空间结构,同时也是带动粤东西北和泛珠三角地区社会经济发展的辐射源。粤港澳大湾区在新发展格局中的引领和枢纽地位有赖于迈向全面协同发展予以支撑。无论是以战略枢纽姿态开拓外循环、作为增长极辐射带动内循环抑或衔接内外循环,均难以脱离粤港澳大湾区作为城市群有机整体而发挥效能。任何枢纽型网络区域外部具有的发达的联结能力,均难以与其内部稳固的协同能力相割裂。新发展格局下,粤港澳大湾区的全面协同发展是发挥其"一带一路"倡议支点和"双循环"增长极的关键支撑。

3.2.2 制度边界特性

粤港澳大湾区的代表性和典型性不仅体现在其经济规模效应上,更体现在其复杂的制度边界上(刘毅等,2019)。粤港澳大湾区是一个存在两种制度、三个关税区、三种法律体系、三种行业标准的次国家尺度、跨制度、跨行政边界的城市群区域(张虹鸥等,2021)。复杂的跨社会制度和跨法律制度的关系的存在,为粤港澳大湾区的区域协同发展带来一系列机制衔接难题（毛艳华，2018）。近年来，为了破解粤港澳三地制度差异带来的区域协同发展机制衔接难题，大湾区推动一系列制度融合创新区，主要包括中国（广东）自由贸易试验区（简称广东自贸试验区）广州南沙新区片区、深圳前海蛇口片区和珠海横琴新区片区三个片区，以及河套深港科技创新合作区。

(1) 粤港澳大湾区"一国两制"、三个关税区特殊制度边界

粤港澳大湾区制度环境的特殊性在于"一国两制"、三个关税区和三种法律体系，这是其与国际三大湾区和国内其他城市群的本质差异。一方面，美国纽约湾区、美国旧金山湾区、日本东京湾区都是"一国一制"，即在同一国家政体和同一国家制度下运行，各种金融、科创、制造、原料要素自由流动，形成相对特色化的产业结构，其中纽约湾区定位金融产业、旧金山湾区定位科技产业（毛艳华，2018）。另一方面，粤港澳大湾区依托珠江联结珠三角与港澳地区，与京津冀和长三角城市群的最大差异是其拥有"一国两制"、三个关税区的特殊制度环境（赵晓斌等，2018）。具体而言，大湾区"一国两制"、三个关税区的特殊制度边界特殊性主要体现在以下几方面。

粤港澳三地的经济体制差异。香港与澳门作为资本主义市场经济下的自由港，强调市场动力，限制政府干预。相比港澳地区，处于社会主义市场经济下的珠三角更强调政府在宏观调控、产业发展以及市场监管中的重要作用。粤港澳三地在市场经济理念和体制等方面的明显差异对大湾区要素便捷流通和区域经济协调发展造成显著影响。

粤港澳三地的关税制度差异。珠三角九市、香港、澳门分属三个关税区，其中，港澳可自主制定关税政策，而珠三角城市则属于内地关税区。关税制度差异则导致物流、人流、资金流和信息流在湾区的跨境流动需要通过关境的检查和监控，从而降低了流通速度。简而言之，同一个湾区内部存在三个关税区，降低了大湾区协同发展效率。

粤港澳三地的行业标准差异。珠三角九市、香港、澳门三地因各自历史发展特征，导致三地之间存在较大的行业准入标准。例如，港澳的优才计划对内地入境人才有名额限制，内地人赴港澳商务旅游需要提前申请签注，内地对双向跨境资本流动有审查机制，港澳与内地在会计、法律等专业服务业的准入资质存在差异。这些差异化的行业标准也进一步限制了大湾区要素的高效流通。

(2) 重点制度创新区

粤港澳大湾区作为制度异质性下的城市群区域，其区域协同发展亟须解决多

样化制度之间的融合创新。尽管改革开放初期珠三角就建立深圳和珠海经济特区来吸引港澳企业,但经济特区更多的是通过大量税收优惠政策,打造"税收洼地",进而吸引企业入驻(孟广文等,2018)。近年来,粤港澳大湾区通过设立广东自贸试验区与河套深港科技创新合作区两大制度创新区,推进粤港澳大湾区建设。

广东自贸试验区于 2014 年 12 月 31 日经国务院正式批准设立,旨在以特别合作区的形式进行制度创新,探索粤港澳三地的制度边界融合发展,构建开放型经济新体制,营造符合国际高标准的法治环境规范、便利化投资贸易和实现安全高效监管的自由贸易区,助推粤港澳经济深度合作,形成国际经济合作竞争新优势。广东自贸试验区涵盖三个片区:广州南沙新区片区 60 千米^2(含广州南沙保税港区 7.06 千米^2),深圳前海蛇口片区 28.2 千米^2(含深圳前海湾保税港区 3.71 千米^2),珠海横琴新区片区 28 千米^2。

深圳前海蛇口片区以建设金融业对外开放试验示范窗口和打造深港合作新平台为切入点来促进粤港澳协同发展。金融方面旨在整合前海、蛇口等地的金融资源,推动聚焦跨境人民币业务的金融领域创新发展,稳步推进深圳和香港资本共同市场建设,促进自贸试验区和粤港澳大湾区产融协同发展。深港合作新平台则意在推动粤港澳服务贸易自由化,主动学习香港经验,建立符合国际标准的商务规则。

广州南沙新区片区以发展航运物流和特色金融为切入点来促进粤港澳协同发展。其中,航运物流旨在发展船舶交易、航运保险、航运经济、船舶评估、海事法律,打造航运服务集聚区,形成与国际航运中心和物流中心相适应的制度体系。特色金融旨在推进南沙与港澳实施同城结算,推动跨境人民币贷款和企业发债、航运保险、航运金融,引进更多符合条件的港澳银行在南沙设立营业机构和开办人民币业务。

珠海横琴新区片区以打造现代服务业综合改革试点区域为切入点来促进粤港澳协同发展。具体包括,横琴首创的"分线管理"通关制度,全岛按照"一线放宽、二线管住、人货分离、分类管理"的原则实施分线管理,颁布实施全国第一个趋同港澳的商事登记管理办法,成立了全国首个整合惩防腐败相关职能的新机构——珠海市横琴新区廉政办公室,建立横琴与澳门政策对接、项目合作的直通车机制;设立港澳法律问题专家小组。

河套深港科技创新合作区是粤港澳大湾区唯一以科技创新为主题的特色平台,是深圳建设中国特色社会主义先行示范区的重大平台,其旨在探索粤港澳三地科创制度的融合发展。河套深港科技创新合作区由深港两地于 2017 年 1 月 3 日签署《关于港深推进落马洲河套地区共同发展的合作备忘录》后开始启动,该文件明确打造深港科技创新合作区的目标,通过多年协同发展,成为粤港澳大湾区唯一以科技创新为主题的特色平台,并上升为国家战略平台。河套深港科技创新合作区占地 3.89 千米^2,其中深圳河南侧的香港园区面积约 0.87 千米^2,深圳河北侧的深圳园区(包括皇岗口岸片区和福田保税区)面积 3.02 千米^2。合作区聚焦医疗科技、新材料、金融科技、机器人、微电子和大数据人工智能六大科技领域,旨在探索港深协同开发模式,创新科技管理机制,促进人员、资金、技术和信息等要素高效便捷流动,打造深港科技创新开发合作先导区、国家先进创新规则试验区、粤港澳大湾区中试转换集聚区。简而言之,河套深港科技创新合作区的特殊性体现在以下三个唯一性,即唯一在同一园区拥有两大口岸、三大通道和深圳直连直通的平台,唯一以科技创新为主题的重大平台,唯一的一河两岸、"一国两制"、一园两区的深港协同创新平台。

(3)制度创新区的建设效果

广东自贸试验区和河套深港科技创新合作区两大制度创新区,通过先行先试和差别化制度创新探索,已取得显著成效。其中,广东自贸试验区的成绩集中在降低了粤港澳服务业一体化的制度边界效应,而河套深港科技创新合作区的成绩集中在促进科创制度的一体化融合。

广东自贸试验区三个片区自 2015 年挂牌至 2022 年,累计产出 584 项制度创新成果,在全省范围复制推广 146 项改革创新经验,共计发布 245 个制度创新案例,其中 41 项为全国首创,7 个列入全国最佳实践案例,推动粤港澳大湾区服务业制度协同发展。

广东自贸试验区积极对接港澳制度规则,逐步形成粤港澳一体化的服务贸易发展制度体系。例如,在金融制度对接方面,广东自贸试验区实现了多项创新,其设立了全国首家由港澳资本控股或独资的银行、证券、基金机构,以及首家港资大宗商品交易平台和港资独资船舶管理公司。此外,广东自贸试验区还率先开展粤港澳跨境支付结算、跨境车险和医疗保险、跨境住房按揭、跨境医保试点等创新试点。又如,在专业人才职称评价标准体系对接方面,广东自贸试验区推出港澳专业人才职称评价标准体系,突破内地现有标准难以对港澳人才水平能力进行评价的技术壁垒,实现内地与港澳专业人才职称评价标准体系的对接。

广东自贸试验区加快金融机制创新,初步形成粤港澳跨境金融制度创新框架。广东自贸试验区已率先试点了全国重要的跨境投融资政策。首先,在跨境贷款、跨境资金池、跨境资产转让、跨境股权投资等可兑换试点方面做出了探索。其次,跨境人民币结算领域也从贸易拓展至投资和金融交易,实现了碳排放权跨境人民币结算、"熊猫债"募集资金在境内使用、"点心债"募集资金回流等创新成果。并且，广州期货交易所也在 2021 年正式挂牌成立，自由贸易账户（FT 账户）获批扩容。截至 2020 年底，广东自贸试验区累计办理全口径跨境融资超过 236 亿元，跨境双向人民币资金池结算额超过 4000 亿元，跨境资产转让额度达到 1242 亿元，FT 账户业务金额达到 2130 亿元。

广东自贸试验区下放省级管理权限，基本形成与港澳接轨的国际化营商环境。2020 年，广东自贸试验区率先实施全国最短外商投资负面清单，探索商事登记确认制改革，并对 528 项涉企经营许可事项实施"证照分离"改革，努力打造"无证明自贸区"。截至 2020 年，广东自贸试验区的营商环境已得到显著提升。据 2020 年第三方机构评估显示，广东自贸试验区营商环境便利度模拟国际排名第 11 名，其中开办企业、办理建筑许可、获得电力、跨境贸易等 6 项指标达到国际先进水平。

相比广东自贸试验区侧重服务业制度融合，河套深港科技创新合作区则聚焦科技制度融合，是粤港澳大湾区唯一以科技创新为主题的平台。该平台起源于 2017 年深港两地签署《关于港深推进落马洲河套地区共同发展的合作备忘录》，经过多年协同发展，河套深港科技创新合作区已形成若干科技制度创新，有力促进粤港澳科创制度协同发展。

河套深港科技创新合作区首次联合制定科技创新发展政策，探索粤港澳协同发展的科创制度体系。2021 年，深港双方首次共同开展河套联合政策研究，并于 2022 年出台《河套深港科技创新合作区联合政策包》，提出"深圳提供空间、服务，香港引入人才、项目"的合作新模式，具体包括 28 条具体举措。例如，在项目方面，研发项目可以申请深圳和香港的双重资助。在配套措施方面，将引进香港高端医疗服务机构进入深圳园区。在人才方面，深圳和香港将互相提供人才住房，使人才能够享受便利的通关和住房保障。在要素流动方面，将进一步简化科研样品和实验试剂的出入境手续，同时开通更多渠道支持企业赴港融资。

河套深港科技创新合作区构建"基础研究+技术攻关+成果产业化"的产学研融合生态圈，推动粤港澳科创资源协同发展。合作区出台《河套深港科技创新合作区深圳园区技术攻关及产业化创新若干支持措施》，具体包括 8 类支持措施，分别是突破关键核心技术、打造产业支撑平台、实施重大产业化项目、营造园区产业创新生态、重点科创企业落地支持、产业用房租赁、支持人才团队落户、产业类项目配套。同时，该文件针对前沿关键核心技术研发和产业化项目建设给予最高支持 5000 万元；而对市级及以上重大功能型平台建设给予最高不超过 1 亿元支持。

河套深港科技创新合作区协助港澳青年来深创业，推动粤港澳科技人才制度融合。《河套深港科技创新合作区深圳园区支持港澳青年实习就业与创新创业资助计划》的出台全力支持港澳青年来深创新创业。在创新创业方面，为香港和澳门的年轻创业团队提供启动资金、成长奖励和租金减免，并提供从项目孵化到融资的全链条一条龙服务。对高端紧缺人才，福田区将根据内地与香港个人所得税的差额进行补贴。对于实习就业的港澳青年毕业生则一次性获得 2 万到 5 万元的生活资助。

3.3　数字化时代城市群协同发展面临的问题和挑战

当前，以城市群为典型特征的区域协同发展进入新的历史阶段，智慧城市建设也由原来的单点、分散发力向智慧城市群建设模式演进，区域整体智慧化水平逐步提升。其中，粤港澳大湾区是中国乃至世界智慧城市建设最活跃的地区，并将成为全球智慧城市群建设的标杆和样板，其中在政务服务方面最具建设成效，也非常重视数字基础设施的建设与数字鸿沟弥合，并打造包容性数字经济模式和提供具有包容性的数字化服务（马晔风和蔡跃洲，2022）。但数字化时代推动城市群协同发展还存在诸多困境，这是未来智慧城市建设和数字化治理应当改进和努力的方向。粤港澳大湾区城市群因为"一个国家、两种制度、三个关税区、三种法律体系"的特殊区情让其拥有不同于国内其他城市群的协同发展难题，这迫切需要创新区域数字治理体制机制（丁焕峰等，2022）。

3.3.1　数据跨境流动

数据跨境流动中涉及信息保护、数据安全等方面的法律规制问题是全球共识。我国作为跨境数据流动大国，高度重视跨境数据流动的安全问题，逐渐完善了跨境数据流动方面的法律法规，初步构建了便捷、高效、安全的跨境数据流动监管体系。粤港澳大湾区面临着与世界其他湾区截然不同的制度环境，具有"一国两制"、三种法律体系的特殊性，其数据跨境流动性受多重因素影响，对内要实现区内要素流动，对外要实现与全球要素市场和规则体系对接，亟须探索一条推动区内数据跨境流通的有效路径（吴燕妮，2023）。

以市场主体间的信息联通为例，湾区内不同地域业务不同，对市场主体的管理和登记制度也不相同（吴燕妮，2023）。香港的《公司条例》对不同类型公司的权利义务、公司治理、股东权益等方面作出了规定，澳门也有借鉴葡萄牙民法体系的《商业登记法典》。除此之外，粤港澳大湾区在数据流动领域形成三套不同的数据法律体系。香港和澳门对数据流通的规则主要体现在对个人信息的保护上，其中，香港出台了《个人资料（私隐）条例》《跨境资料转移条例》等法规，为信息数据的流动和保护提供了较为全面的制度支撑；而澳门出台了《个人资料保护法》，对个人信息跨境转移的一般原则和例外情况均作了相应的规定。广东则从省级层面以及深圳、广州从市级层面分别探索出台了《广东省数字经济促进条例》《深圳经济特区数据条例》和《广州市数字经济促进条例》，而其他珠三角城市则通过出台规范性文件等形式为跨境数据流通规制问题提供指引。

3.3.2 制度和法律难题

粤港澳大湾区由于历史上的因素形成了不同的社会制度，香港和澳门在中央政府的领导下根据不同的制度建构形成了不同的组织和社会，在数据跨境流通中难免会出现制度方面的差异。粤港澳大湾区在数据资源流动方面存在的制度和法律的差异及难题主要体现在以下三个层面。

第一，在立法层面上，香港和澳门均出台了相应的法规条例，如香港的《个人资料（私隐）条例》《跨境资料转移中的个人资料保护指南》，澳门的《个人资料保护法》，对个人资料跨境传输规则进行了明确，但与内地出台的《网络安全法》《个人信息保护法》《个人信息出境安全评估办法》相比，彼此在信息监督管理机构、对数据和隐私的范围界定、法律法规的适用范围都存在不同程度的差异（余宗良和张璐，2023），因此在数据资源的传输以及后续维护上引发了难题。

第二，在执法层面上，粤港澳三地分别形成了严格管控式、自由流动式和限制流出式三种不同的数据监管模式（张洪荣，2023）。其中，内地对数据跨境流通管理较为严格，设立了网信部门负责数据流动监管工作，数据储存方式以"本地化"为主，禁止重要数据离岸存储，建立了数据安全检测评估认证、交易管理、分类分级保护等制度组成的数据流动监管机制。而香港作为国际金融、贸易及物流枢纽，正致力于打造国际数据流通中心，因而数据跨境流通交易环境相对宽松自由。澳门则是对个人数据的出境审核较为严格，而对境外数据流入则未明确限制。粤港澳三种不同监管模式一定程度上引发了大湾区跨境数据流通交易的难题。

第三，在司法层面上，粤港澳大湾区"一国两制"、三种法律体系的独特性，造成三方司法体系都相对独立，在取证、送达、审判、辩护等司法程序上存在较大差异，导致跨境数据交易纠纷普遍无法得以妥善解决的问题，引发了大湾区数据协同治理的难题（张洪荣，2023）。

粤港澳大湾区内部经济社会发展的制度多样性和互补性，为数据跨境自由流动所释放的"数据红利"提供了巨大的发展潜力，但同时也造成了数据资源流动层面的体制机制对接难题，仍然需要不断强化顶层设计和整体统筹，大胆探索制度体制机制创新，形成针对自由港政策、特别行政区、经济特区、自由贸易试验区等大湾区多种合作平台的数据信息资源共享共建机制。

3.3.3 技术标准难题

粤港澳大湾区在涉及数据跨境流通的技术层面目前也存在差异化，例如云计算、大数据、人工智能、物联网、工业互联网、区块链等，以及与金融科技相关的应用如开放银行与数字银行、数字牌照等。具体表现为三个方面：一是技术标准的冲突，例如底层算法代码的差异、API 数据接口、数据跨境合规审查的严格或宽松程度有区别、核心数据和重要数据的判定标准等方面的差异；二是技术布局和战略的冲突，不同机构在数据传输流通的过程中，能从中挖掘分析到的结果和准确性有差异；三是技术人才的冲突。在相关技术人才供不应求的环境下，对于大数据、人工智能和算法相关人员的竞争一定程度上加剧粤港澳大湾区的资源稀缺度。

本书系统梳理了城市群数字化治理、网络化服务、智能化协同的现有相关标准体系（表 3-1）。

以"城市""城市群""智慧城市""数字化""治理""网络化""服务""协同"等为关键词进行检索,将检索结果筛选归类，与"数字化治理"相关标准共计 25 条，与"网络化服务"相关标准共计 14 条，与"智能化协同"相关标准共计 34 条，其中，以"城市群"为关键词进行检索时所得结果为 0 条。由此可见，针对城市群数字化治理、网络化服务、智能化协同的标准规范仍存在空缺，推动大湾区智慧城市群协同建设任重道远。

表 3-1　城市群数字化治理、网络化服务、智能化协同的现有相关标准体系表

类别	序号	标准类型	标准号/计划号	标准名称	状态（截至2024年11月）	归口单位/所属地
数字化治理	1	国家标准	GB/T 30428.1—2013	数字化城市管理信息系统 第1部分：单元网格	现行	全国智能建筑及居住区数字化标准化技术委员会
	2	国家标准	GB/T 30428.2—2013	数字化城市管理信息系统 第2部分：管理部件和事件	现行	全国智能建筑及居住区数字化标准化技术委员会
	3	国家标准	GB/T 30428.3—2016	数字化城市管理信息系统 第3部分：地理编码	现行	全国智能建筑及居住区数字化标准化技术委员会
	4	国家标准	GB/T 30428.4—2016	数字化城市管理信息系统 第4部分：绩效评价	现行	全国智能建筑及居住区数字化标准化技术委员会
	5	国家标准	GB/T 30428.5—2017	数字化城市管理信息系统 第5部分：监管信息采集设备	现行	全国智能建筑及居住区数字化标准化技术委员会
	6	国家标准	GB/T 30428.6—2017	数字化城市管理信息系统 第6部分：验收	现行	全国智能建筑及居住区数字化标准化技术委员会
	7	国家标准	GB/T 30428.7—2017	数字化城市管理信息系统 第7部分：监管信息采集	现行	全国智能建筑及居住区数字化标准化技术委员会
	8	国家标准	GB/T 30428.8—2020	数字化城市管理信息系统 第8部分：立案、处置和结案	现行	全国智能建筑及居住区数字化标准化技术委员会
	9	国家标准	GB/T 31000—2015	社会治安综合治理基础数据规范	现行	全国公共安全基础标准化技术委员会
	10	国标计划	20221432-T-469	政务信息化架构框架 第3部分：架构治理	正在起草	全国信息技术标准化技术委员会
	11	国标计划	20213297-T-469	城市数据治理能力成熟度模型	现行	全国信息技术标准化技术委员会
	12	地方标准	DB32/T 3201—2017	社会治安综合治理信息系统运行管理规范	现行	江苏
	13	地方标准	DB3301/T 0233—2018	数字化城市管理无人机信息采集管理规范	现行	杭州
	14	地方标准	DB3301/T 0357.1—2021	社会治理要素数据管理规范 第1部分：自然人	现行	杭州
	15	地方标准	DB3301/T 0357.2—2021	社会治理要素数据管理规范 第2部分：房屋	现行	杭州
	16	地方标准	DB3301/T 0357.3—2022	社会治理要素数据管理规范 第3部分：市场主体和社会组织	现行	杭州

续表

类别	序号	标准类型	标准号/计划号	标准名称	状态（截至2024年11月）	归口单位/所属地
数字化治理	17	地方标准	DB3301/T 0357.4—2022	社会治理要素数据管理规范 第4部分：事件	现行	杭州
	18	地方标准	DB15/T 2240.1—2021	政务与社会数据融合治理 第1部分：总体要求	现行	内蒙古
	19	地方标准	DB15/T 2240.2—2021	政务与社会数据融合治理 第2部分：服务接口技术要求	现行	内蒙古
	20	地方标准	DB11/T 310—2021	数字化城市管理信息系统技术要求	现行	北京
	21	地方标准	DB11/T 932—2021	数字化城市管理信息系统部件和事件处置	现行	北京
	22	地方标准	DB2201/T 16—2022	城市智能体数据治理技术规范	现行	长春
	23	地方标准	DB3201/T 1083—2022	基于数据驱动的城市区域基层社会治理 基本要求	现行	南京
	24	地方标准	DB3205/T 1042—2022	数字政府 城市网络安全评价指标体系	现行	苏州
	25	地方标准	DB3205/T 1043—2022	数字政府 城市网络安全威胁流量监测数据管理规范	现行	苏州
网络化服务	1	国家标准	GB/T 36622.1—2018	智慧城市 公共信息与服务支撑平台 第1部分：总体要求	现行	全国信息技术标准化技术委员会
	2	国家标准	GB/T 36622.2—2018	智慧城市 公共信息与服务支撑平台 第2部分：目录管理与服务要求	现行	全国信息技术标准化技术委员会
	3	国家标准	GB/T 36622.3—2018	智慧城市 公共信息与服务支撑平台 第3部分：测试要求	现行	全国信息技术标准化技术委员会
	4	国家标准	GB/T 38237—2019	智慧城市 建筑及居住区综合服务平台通用技术要求	现行	全国智能建筑及居住区数字化标准化技术委员会
	5	国家标准	GB/T 39031—2020	城市公共设施服务 智能路灯基础信息	现行	全国城市公共设施服务标准化技术委员会、全国智能建筑及居住区数字化标准化技术委员会
	6	国家标准	GB/T 40689—2021	智慧城市 设备联接管理与服务平台技术要求	现行	全国信息技术标准化技术委员会
	7	国家标准	GB/T 40994—2021	智慧城市 智慧多功能杆 服务功能与运行管理规范	现行	全国城市公共设施服务标准化技术委员会

续表

类别	序号	标准类型	标准号/计划号	标准名称	状态（截至2024年11月）	归口单位/所属地
网络化服务	8	国家标准	GB/T 43442—2023	智慧城市 城市智能服务体系构建指南	现行	全国信息技术标准化技术委员会
	9	国标计划	20221467-T-333	城市轨道交通网络信息系统安全基本要求	正在批准	全国城市轨道交通标准化技术委员会
	10	国标计划	20173941-T-322	城市配送网络体系建设指南	正在批准	商务部
	11	行业标准	GA/T 1578—2019	城市轨道交通公安通信网络建设规范	现行	公安部通信标准化技术委员会
	12	地方标准	DB42/T 437—2007	城市网格化管理与服务信息系统管理部件、事件和专业部门分类与编码	现行	湖北
	13	地方标准	DB15/T 2200—2021	智慧城市 数据及服务管理安全要求	现行	内蒙古
	14	地方标准	DB37/T 4550—2022	智慧城市网络安全建设和评估指南	现行	山东
智能化协同	1	国家标准	GB/T 34678—2017	智慧城市 技术参考模型	现行	全国信息技术标准化技术委员会
	2	国家标准	GB/T 34680.1—2017	智慧城市评价模型及基础评价指标体系 第1部分：总体框架及分项评价指标制定的要求	现行	全国信息技术标准化技术委员会
	3	国家标准	GB/T 34680.2—2021	智慧城市评价模型及基础评价指标体系 第2部分：信息基础设施	现行	全国通信标准化技术委员会
	4	国家标准	GB/T 34680.3—2017	智慧城市评价模型及基础评价指标体系 第3部分：信息资源	现行	全国信息技术标准化技术委员会
	5	国家标准	GB/T 34680.4—2018	智慧城市评价模型及基础评价指标体系 第4部分：建设管理	现行	全国智能建筑及居住区数字化标准化技术委员会
	6	国家标准	GB/T 34680.5—2022	智慧城市评价模型及基础评价指标体系 第5部分：交通	现行	全国信息技术标准化技术委员会
	7	国家标准	GB/T 35775—2017	智慧城市时空基础设施评价指标体系	现行	自然资源部（测绘地理）
	8	国家标准	GB/T 35776—2017	智慧城市时空基础设施基本规定	现行	自然资源部（测绘地理）
	9	国家标准	GB/T 36620—2018	面向智慧城市的物联网技术应用指南	现行	全国信息技术标准化技术委员会
	10	国家标准	GB/T 36625.1—2018	智慧城市 数据融合 第1部分：概念模型	现行	全国信息技术标准化技术委员会

续表

类别	序号	标准类型	标准号/计划号	标准名称	状态（截至2024年11月）	归口单位/所属地
智能化协同	11	国家标准	GB/T 36625.2—2018	智慧城市 数据融合 第2部分：数据编码规范	现行	全国信息技术标准化技术委员会
	12	国家标准	GB/T 36625.3—2021	智慧城市 数据融合 第3部分：数据采集规范	现行	全国通信标准化技术委员会
	13	国家标准	GB/T 36625.4—2021	智慧城市 数据融合 第4部分：开放共享要求	现行	全国通信标准化技术委员会
	14	国家标准	GB/T 36625.5—2019	智慧城市 数据融合 第5部分：市政基础设施数据元素	现行	全国信息技术标准化技术委员会
	15	国家标准	GB/T 36333—2018	智慧城市 顶层设计指南	现行	全国信息技术标准化技术委员会
	16	国家标准	GB/T 36334—2018	智慧城市 软件服务预算管理规范	现行	全国信息技术标准化技术委员会
	17	国家标准	GB/T 37043—2018	智慧城市 术语	现行	全国信息技术标准化技术委员会
	18	国家标准	GB/T 37971—2019	信息安全技术 智慧城市安全体系框架	现行	全国信息安全标准化技术委员会
	19	国家标准	GB/Z 38649—2020	信息安全技术 智慧城市建设信息安全保障指南	现行	全国信息安全标准化技术委员会
	20	国家标准	GB/T 40028.2—2021	智慧城市 智慧医疗 第2部分：移动健康	现行	全国通信标准化技术委员会
	21	国家标准	GB/T 41150—2021	城市和社区可持续发展 可持续城市建立智慧城市运行模型指南	现行	全国城市可持续发展标准化技术委员会
	22	国家标准	GB/T 33356—2022	新型智慧城市评价指标	现行	全国信息技术标准化技术委员会
	23	国家标准	GB/Z 42192—2022	智慧城市基础设施 绩效评价的原则和要求	现行	全国城市可持续发展标准化技术委员会
	24	国标计划	20221808-T-469	智慧城市 城市数字孪生 第1部分：技术参考架构	正在批准	全国信息技术标准化技术委员会
	25	国标计划	20220896-T-469	智慧城市 城市交通基础设施智能监测技术要求	正在批准	全国信息技术标准化技术委员会
	26	地方标准	DB34/T 3557—2019	"互联网+政务服务"协同工作规范	现行	安徽
	27	地方标准	DB3502/T 056.1—2020	政务信息共享协同平台 第1部分：总体设计	现行	厦门
	28	地方标准	DB3502/T 056.2—2020	政务信息共享协同平台 第2部分：资源管理	现行	厦门

续表

类别	序号	标准类型	标准号/计划号	标准名称	状态（截至2024年11月）	归口单位/所属地
智能化协同	29	地方标准	DB3502/T 056.3—2020	政务信息共享协同平台 第3部分：接入要求	现行	厦门
	30	地方标准	DB3502/T 056.4—2020	政务信息共享协同平台 第4部分：二次开发	现行	厦门
	31	地方标准	DB3205/T 1027—2021	镇域城市管理智能化管理规范	现行	苏州
	32	地方标准	DB34/T 4177—2022	智慧健康养老协同服务平台 运营指南	现行	安徽
	33	地方标准	DB14/T 2528—2022	云平台 移动数字协同平台功能建设指南	现行	山西
	34	地方标准	DB3415/T 40—2022	六安市新型智慧城市（城市大脑）数据共享规范	现行	六安

参 考 文 献

丁焕峰，谭一帆，孙小哲，2022. 粤港澳大湾区世界级城市群治理体系的建构讨论[J]. 城市发展研究，29（8）：77-83.

刘毅，王云，杨宇，等，2019. 粤港澳大湾区区域一体化及其互动关系[J]. 地理学报，74（12）：2455-2466.

刘云刚，侯璐璐，许志桦，2018. 粤港澳大湾区跨境区域协调：现状、问题与展望[J]. 城市观察（1）：7-25.

马晔风，蔡跃洲，2022. 国内外城市数字化治理比较及其启示[J]. 科学发展，169：14-22, 104.

毛艳华，2018. 粤港澳大湾区协调发展的体制机制创新研究[J]. 南方经济（12）：129-139.

孟广文，杨开忠，朱福林，等，2018. 中国海南：从经济特区到综合复合型自由贸易港的嬗变[J]. 地理研究，37（12）：2363-2382.

王长建，叶玉瑶，汪菲，等，2022. 粤港澳大湾区协同发展水平的测度及评估[J]. 热带地理，42（2）：206-219.

吴燕妮，2023. 粤港澳大湾区跨境数据流动治理范式的挑战与进路[J]. 深圳社会科学，6（2）：14-25.

许堞，马丽，2020. 粤港澳大湾区环境协同治理制约因素与推进路径[J]. 地理研究，39（9）：2165-2175.

许学强，李郇，2009. 改革开放30年珠江三角洲城镇化的回顾与展望[J]. 经济地理，29（1）：13-18.

许志桦，刘云刚，胡国华，2019. 从珠三角到大珠三角再到粤港澳大湾区：改革开放以来中国的国家尺度重组[J]. 热带地理，39（5）：635-646.

闫小培，林耿，普军，等，2007. 大珠江三角洲的产业升级与国际竞争力[J]. 经济地理，27（6）：972-976.

叶玉瑶，王景诗，吴康敏，等，2020. 粤港澳大湾区建设国际科技创新中心的战略思考[J]. 热带地理，40（1）：27-39.

叶玉瑶，王翔宇，许吉黎，等，2022. 新时期粤港澳大湾区协同发展的内涵与机制变化[J]. 热带地理，42（2）：161-170.

余宗良，张璐，2023. 我国数据跨境流动规则探析：基于粤港澳大湾区先行先试[J]. 开放导报（2）：86-93.

张虹鸥，王洋，叶玉瑶，等，2018. 粤港澳区域联动发展的关键科学问题与重点议题[J]. 地理科学进展，37（12）：1587-1596.

张虹鸥, 吴康敏, 王洋, 等, 2021. 粤港澳大湾区创新驱动发展的科学问题与重点研究方向[J]. 经济地理, 41 (10): 135-142.

张洪荣, 2023. 粤港澳大湾区跨境数据流通交易: 法律冲突与制度进路[J]. 广东开放大学学报, 32 (6): 30-37.

赵晓斌, 强卫, 黄伟豪, 等, 2018. 粤港澳大湾区发展的理论框架与发展战略探究[J]. 地理科学进展, 37 (12): 1597-1608.

钟韵, 胡晓华, 2017. 粤港澳大湾区的构建与制度创新: 理论基础与实施机制[J]. 经济学家 (12): 50-57.

Chiu W K S, Wong K C, 2004. The hollowing-out of Hong Kong electronics: organizational inertia and industrial restructuring in the 1990s[J]. Comparative Sociology, 3 (2): 199-234.

Dicken P, 2011. Global Shift: Mapping the Changing Contours of the World Economy[M]. 6th ed. New York: Guilford Press.

Enright M J, Scot, E E, Chang K M, 2005. Regional Powerhouse: The Greater Pearl River Delta and the Rise of China[M]. Hoboken: John Wiley & Sons.

Friedmann J, 1986. The world city hypothesis[J]. Development and Change, 17 (1): 69-83.

Jessop B, Sum N L, 2000. An entrepreneurial city in action: Hong Kong's emerging strategies in and for (Inter) urban competition[J]. Urban Studies, 37 (12): 2287-2313.

Leung C K, 1993. Personal contacts, subcontracting linkages, and development in the Hong Kong-Zhujiang Delta region[J]. Annals of the Association of American Geographers, 83 (2): 272-302.

Lin G C S, 1997. Red Capitalism in South China: Growth and Development of the Pearl River Delta[M]. Vancouver: University of British Columbia Press.

Sassen S, 1991. The Global City: New York, London, Tokyo[M]. Princeton: Princeton University Press.

Sit V F S, Yang C, 1997. Foreign-investment-induced exo-urbanisation in the Pearl River Delta, China[J]. Urban Studies, 34 (4): 647-677.

Sun Y, Chan R C K, 2017. Planning discourses, local state commitment, and the making of a new state space (NSS) for China: Evidence from regional strategic development plans in the Pearl River Delta[J]. Urban Studies, 54 (14): 3281-3298.

Tuan C, Ng L F Y, 1995. Hong Kong's outward investment and regional economic integration with Guandong: process and implications[J]. Journal of Asian Economics, 6 (3): 385-405.

Vogel E, 1989. One Step Ahead in China: Guangdong under Reform[M]. Cambridge: Harvard University Press.

Yang C, 2004. From market-led to institution-based economic integration: the case of the Pearl River Delta and Hong Kong[J]. Issues & Studies, 40 (2): 79-118.

Yang C, 2012. Restructuring the export-oriented industrialization in the Pearl River Delta, China: institutional evolution and emerging tension[J]. Applied Geography, 32 (1): 143-157.

Yang F F, Yeh A G O, 2013. Spatial development of producer services in the Chinese urban system[J]. Environment and Planning A, 45 (1): 159-179.

Yeh A G O, 1997. Economic restructuring and land use planning in Hong Kong[J]. Land Use Policy, 14 (1): 25-39.

Yeh A G O, Yang F F, Wang J J, 2015. Producer service linkages and city connectivity in the mega-city region of China: a case study of the Pearl River Delta[J]. Urban Studies, 52 (13): 2458-2482.

4 粤港澳大湾区城市群协同发展的五个维度

本章结合新时期粤港澳大湾区协同发展的阶段特征，提出从产业协同创新、服务协同共享、资源协同配置、环境协同治理、制度协同安排等五个维度理解新时期粤港澳大湾区协同发展的内涵。五个维度涵盖了影响新时期粤港澳大湾区协同发展的关键领域，以期为进一步开展粤港澳大湾区协同发展的实证研究提供系统性的分析框架。

4.1 产业协同创新

4.1.1 产业协同创新的内涵

"协同"意指"相互配合、相互协助地完成某项工作"，协同发展的多方主体在考虑自身利益的同时也兼顾对方利益，更强调风险共担与利益共享。产业协同创新是指通过相关主体间的分工与协同，推动人员交流、技术协作、信息咨询以及成果转化等，最终发挥出"1+1＞2"的效果，实现整体的协同发展效应，推动产业链与创新链更高效地整合与产出（薛莉等，2022）。

从概念上看，产业协同创新包含了两个维度的内涵。首先是创新主体维度上的产业协同创新，这个维度更侧重于产学研多方主体上的协同。从创新网络的视角来看，产学研协同强调的是产业创新多方参与主体形成的网络化、动态化的互动关系（叶伟巍等，2014），从而产生整体协同效应的过程（张艺等，2018）。

产业协同创新的另一个概念维度来自地理学视角下的研究，地理学视角为产业协同创新引入了空间维度，强调在一定的地理边界内，不同行政主体、产业主体、创新主体间的耦合过程，并且，这种耦合过程深刻嵌入在地方特定的制度、社会经济结构、人才构成等地方环境系统中（吴康敏等，2022）。在地理学视角下的产业协同创新研究中，"空间"成为核心的概念，伴随着"空间"，特定地方的制度环境、经济、人才系统运行特征也被考虑为嵌入特征的一部分。

4.1.2 粤港澳大湾区产业协同创新的现状特征

4.1.2.1 创新能力的提升与创新要素的高度集聚

从发展阶段与战略定位上讲,粤港澳大湾区在当前国家的创新发展格局中占据了重要地位,已经初步具备了建设世界级湾区的基础条件(蒋兴华,2022)。粤港澳大湾区的发展阶段、发展定位与当前世界主要的湾区均存在差异(表4-1),粤港澳大湾区是结合了全球制造业中心(珠三角)与全球开放城市(香港、澳门)的特殊城市群,具备了坚实的经济基础与科技创新先发优势,同时也是一个典型的制度多样性区域,具有国际上独具特色的"一国两制"、三个关税区的制度优势,这种特殊性的优势使得粤港澳大湾区成为了中国改革开放的最前沿,是各类政策与制度创新的首要试验地之一,这种开放与创新的精神也激发了粤港澳大湾区在创新与产业发展方面的活力。另一方面,粤港澳大湾区面积广阔,其面积居全球四大湾区之首(表4-2),其充足的劳动力储备与庞大的腹地市场均是大湾区实现下一阶段飞跃发展的优势。

表4-1 世界四大湾区的发展阶段与定位

湾区	进入不同发展阶段的时间				发展定位
	港口经济阶段	工业经济阶段	服务经济阶段	创新经济阶段	
纽约湾区	19世纪50年代	20世纪50年代至70年代	20世纪70年代		世界金融核心中枢
旧金山湾区		20世纪50年代至60年代		20世纪90年代	全球科技研发中心
东京湾区	17世纪初	20世纪50年代	20世纪80年代		日本核心临港工业带
粤港澳大湾区	17世纪末	20世纪80年代			全球创新发展高地

资料来源:蒋兴华等,2022.

表4-2 世界四大湾区主要发展指标情况

对比指标	粤港澳大湾区	东京湾区	纽约湾区	旧金山湾区
面积/万千米^2	5.61	3.69	3.45	3.51
常住人口/万人	8614	4400	2368.9	775

续表

对比指标	粤港澳大湾区	东京湾区	纽约湾区	旧金山湾区
高素质人才占比/%	17.47	36.7	42	46
湾区生产总值/万亿	1.68	1.99	1.72	0.76
第三产业占比/%	66.20	75.90	82.40	75.00
世界100强大学数量/个	4	2	2	3
世界500强企业数量/个	20	38	23	11

资料来源：蒋兴华等，2022.

科技创新人才高度集聚于粤港澳大湾区。以 R&D 人员数据作为科技创新人才的关键指标，截至 2020 年，粤港澳大湾区的科技创新人才总量超过了 114 万人（孙殿超，2022），近几年粤港澳大湾区的科技创新人才维持了一个绝对的高增速。在空间分布上，科技创新人才也高度集聚于大湾区内的核心创新城市。根据某人才招聘网站发布的《2021 年深圳城市中高端人才发展报告》，深圳与广州的中高端人才需求旺盛，紧随北京与上海位居全国第三、第四。一方面粤港澳大湾区深入实施新时代人才强国战略，另一方面粤港澳大湾区依托建设高水平人才高地的重大机遇，积极布局各类产业，使得大湾区对中国高端人才需求旺盛（图 4-1）。在全国各城市的中高端人才年龄分布中，25 至 30 岁的中高端人才，深圳的占比为全国最高，达到了 32.85%，远高于全国 29.39% 的平均水平（图 4-2）。这些数据都体现了粤港澳大湾区是一个年轻而充满活力的城市群。

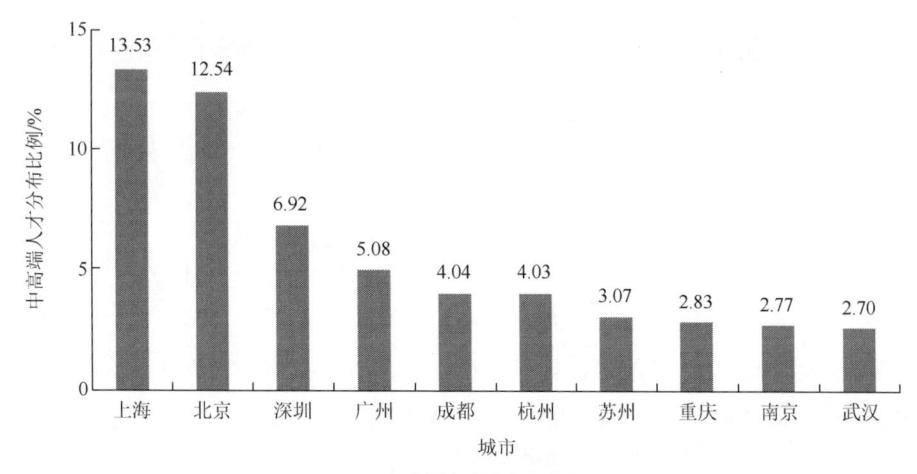

(a) 2021年全国中高端人才分布TOP10城市

(b) 2021年全国中高端新发职位分布TOP10城市

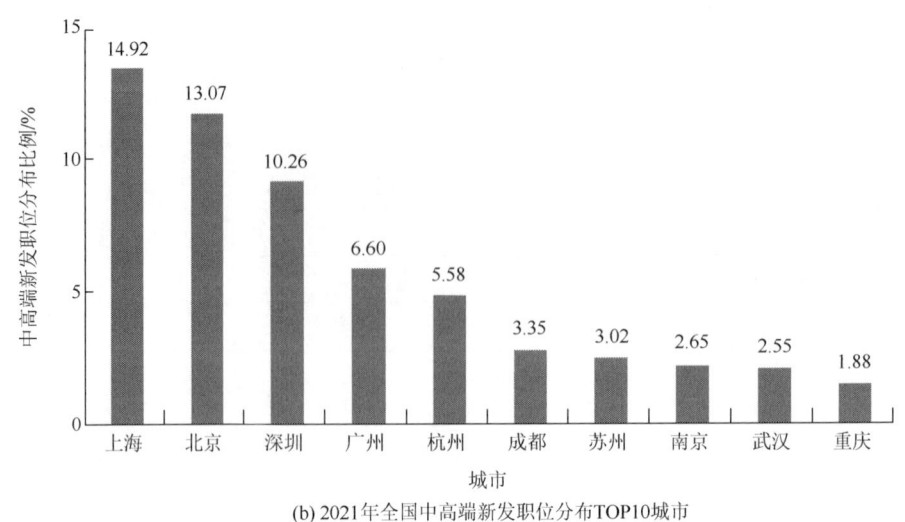

图 4-1　全国中高端人才的分布与需求

资料来源：猎聘网《2021年深圳城市中高端人才发展报告》

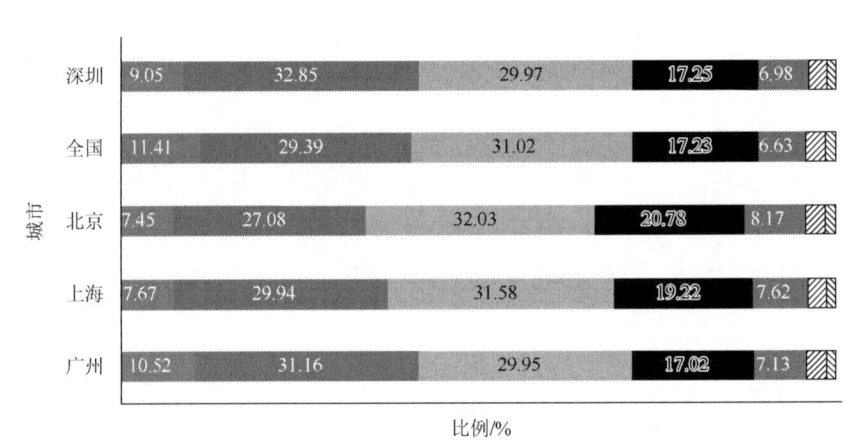

图 4-2　2021年我国部分城市及全国中高端人才平均年龄分布

资料来源：猎聘网《2021年深圳城市中高端人才发展报告》

粤港澳大湾区集聚了众多世界一流高校与一流学科，基础科学研究能力近年来稳步提升。全球四大湾区高校群科研产出数量对比及科研产出前 6 高校情况对比见图 4-3、图 4-4。以学术论文发表为关键指标，在 2003—2021 年，粤港澳大湾区、旧金山湾区、东京湾区与纽约湾区的年发文增长率分别为 14.42%、4.71%、2.55%、4.49%，从数据上体现了粤港澳大湾区在基础研究方面的高速增长（张艺，

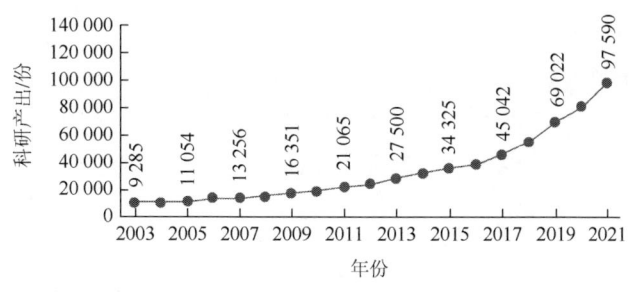

4 粤港澳大湾区城市群协同发展的五个维度

(a) 粤港澳大湾区高校群

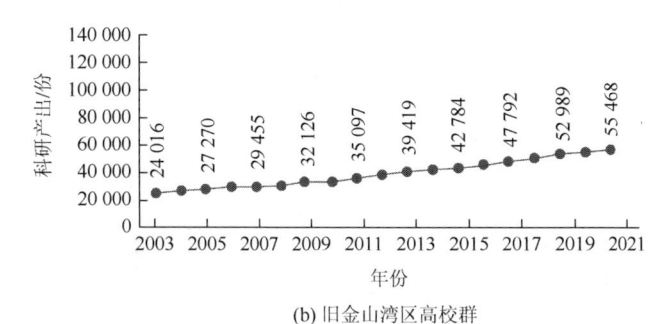

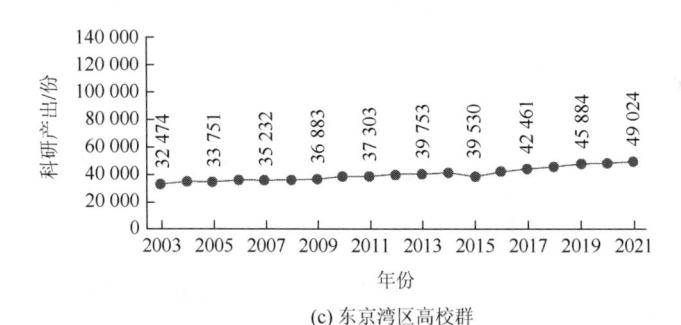

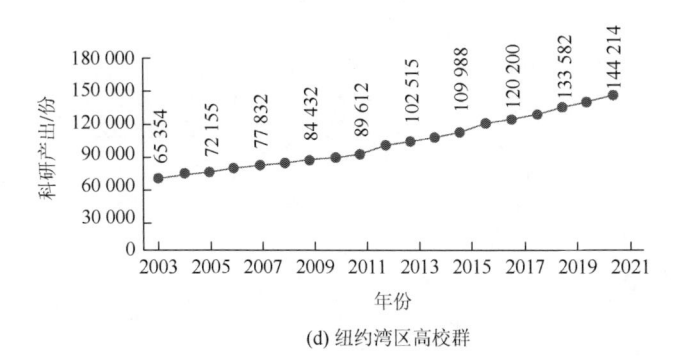

年份	科研产出/份
2003	9 285
2005	11 054
2007	13 256
2009	16 351
2011	21 065
2013	27 500
2015	34 325
2017	45 042
2019	69 022
2021	97 590

(b) 旧金山湾区高校群

年份	科研产出/份
2003	24 016
2005	27 270
2007	29 455
2009	32 126
2011	35 097
2013	39 419
2015	42 784
2017	47 792
2019	52 989
2021	55 468

(c) 东京湾区高校群

年份	科研产出/份
2003	32 474
2005	33 751
2007	35 232
2009	36 883
2011	37 303
2013	39 753
2015	39 530
2017	42 461
2019	45 884
2021	49 024

(d) 纽约湾区高校群

年份	科研产出/份
2003	65 354
2005	72 155
2007	77 832
2009	84 432
2011	89 612
2013	102 515
2015	109 988
2017	120 200
2019	133 582
2021	144 214

图 4-3　全球四大湾区高校群的科研产出数量

资料来源：张艺，2022.

2022）。四大湾区产学合作论文的主要学科分布见表4-3。这种强劲的增长势头反映出了大湾区内高等教育资源配置的不断优化。各城市的年度统计公报数据显示，2018—2020年，广东省教育支出的年均增长率超过10%，同期香港的教育支出总额年均增长率达到了19%，这些数据无疑体现了大湾区内各级政府对高等教育的重视程度（张艺，2022）。

(a) 粤港澳大湾区高校群

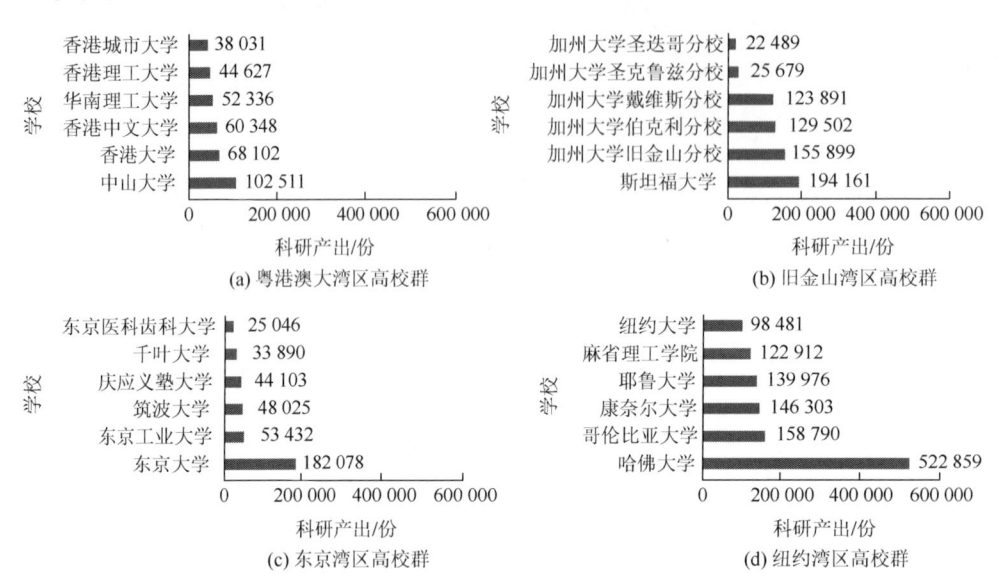

学校	科研产出/份
香港城市大学	38 031
香港理工大学	44 627
华南理工大学	52 336
香港中文大学	60 348
香港大学	68 102
中山大学	102 511

(b) 旧金山湾区高校群

学校	科研产出/份
加州大学圣迭哥分校	22 489
加州大学圣克鲁兹分校	25 679
加州大学戴维斯分校	123 891
加州大学伯克利分校	129 502
加州大学旧金山分校	155 899
斯坦福大学	194 161

(c) 东京湾区高校群

学校	科研产出/份
东京医科齿科大学	25 046
千叶大学	33 890
庆应义塾大学	44 103
筑波大学	48 025
东京工业大学	53 432
东京大学	182 078

(d) 纽约湾区高校群

学校	科研产出/份
纽约大学	98 481
麻省理工学院	122 912
耶鲁大学	139 976
康奈尔大学	146 303
哥伦比亚大学	158 790
哈佛大学	522 859

图4-4　全球四大湾区科研产出前6高校

资料来源：张艺，2022.

表4-3　四大湾区产学合作论文的主要学科分布（前十）　　（单位：%）

学科类别	粤港澳大湾区	纽约湾区	旧金山湾区	东京湾区
肿瘤学	8.40	16.14	26.60	13.89
生物化学与分子生物学	18.81	8.71	14.18	30.40
化学	9.62	6.51	8.98	23.67
材料科学	8.96	9.38	12.36	28.58
神经科学	5.91	8.69	13.00	16.79
应用物理学	8.11	11.95	17.85	32.02
多学科科学	15.64	10.87	16.23	31.09
细胞生物学	10.09	7.64	13.56	24.51
临床神经内科	5.15	11.78	16.36	9.25
电子电气工程学	10.03	17.76	34.55	33.11

资料来源：张艺，2022.

以企业为主体的创新文化也推动着大湾区内创新创业的蓬勃发展。独角兽企业的出现与增长体现了一个城市的创新创业文化，胡润研究院发布的《2022年中全球独角兽榜》显示，2022年全球独角兽企业数量达到1312家，分布在48个国家，259个城市。其中，美国拥有625家，接近全球独角兽总数的一半，中国以312家位居第二，而在其中，有62家独角兽来自粤港澳大湾区，总价值达17 745亿元，上榜的深圳独角兽企业达到33家，占据粤港澳大湾区"半壁江山"。广州共入选19家企业，是全球新增独角兽数量最多的三个城市之一。从独角兽企业的数量看，粤港澳大湾区毫无疑问是全球创新创业活力最强的城市群之一。

在这些创新型企业的增长中，粤港澳大湾区也涌现了许多在全国乃至全球层面极具影响力的企业，这些独角兽企业作为湾区的技术领先者，带领着粤港澳大湾区深度融入全球创新网络中。其中，最为有代表性的独角兽企业有希音（Shein）、微众银行、大疆等。

4.1.2.2 不同行政主体之间初步实现了产业发展与创新发展的协同

粤港澳大湾区内包含了闻名全球的制造业基地——珠三角城市群，与香港、澳门两个特别行政区，作为一个世界级的城市群，粤港澳大湾区内有完整的产业链条与对外服务的窗口型城市，从"前店后厂"的发展模式到现在的全面融合，初步实现了不同行政主体之间在产业发展与创新方面的协同。

香港在第二次世界大战后迅速崛起，跻身"亚洲四小龙"行列，成为全球最富裕、经济最发达和生活水准最高的地区之一。是一座高度繁荣的自由港和国际大都市，与纽约、伦敦并称为"纽伦港"，是全球第三大金融中心，重要的国际贸易、航运中心和国际创新科技中心，也是全球最自由经济体和最具竞争力城市之一，在世界享有极高声誉，被全球化与世界级城市研究小组与网络（GaWC）评为世界一线城市。作为全球最重要的金融中心，香港是粤港澳大湾区面向世界的窗口，香港拥有高度国际化的营商优势，在国际贸易中占重要地位。

澳门是国际自由港、世界旅游休闲中心，其轻工业、旅游业、酒店业的蓬勃发展推动澳门成为全球发达、富裕的地区之一。作为全球重要的生产性服务中心城市，澳门同样担当了粤港澳大湾区连接世界的窗口职能。近年来，澳门也通过横琴粤澳深度合作区等载体，不断加深与珠三角发展的深度合作。

广州是广东省省会、副省级市、国家中心城市、广州都市圈核心城市，国务院批复确定的中国重要的中心城市、国际商贸中心和综合交通枢纽，以其商贸、教育、医疗服务等职能闻名全球。在广州市"十四五"规划中，大力实施创新驱动发展战略，加快建设科技创新强市仍然是新时期广州发展的重要战略之一，提出要优化提升科技创新布局，举全市之力规划建设以中新广州知识城、南沙科学城为极点，链接广州人工智能与数字经济试验区、广州科学城、广州国际生物岛、天河智慧城、广州大学城、白云湖数字科技城等关键节点的科技创新轴，串联广州三大国家级经济技术开发区，完善沿线产业规划、基础设施和生活配套，集聚国际一流的人才资源、科技基础设施、高等院校、科研机构和科技型企业。

深圳是广东省副省级市、计划单列市，也是国务院批复确定的中国经济特区，是全国性经济中心城市、国际化城市、科技创新中心、区域金融中心、商贸物流中心。深圳与广州是珠三角的两大核心，以金融服务、科技创新为其主要发展优势。深圳是改革开放后中国一手缔造的崭新城市，是中国特色社会主义在一张白纸上的精彩演绎。40年来，深圳实现了由一座落后的边陲小镇到具有全球影响力的国际化大都市的历史性跨越，实现了由经济体制改革到全面深化改革的历史性跨越，实现了由进出口贸易为主到全方位高水平对外开放的历史性跨越。

佛山、东莞则是珠三角最核心的制造业中心城市。其中，佛山是国务院确定的中国重要的制造业基地、珠三角地区西翼经贸中心和综合交通枢纽。东莞则是国务院批复确定的珠江三角洲东岸中心城市。作为粤港澳大湾区的制造业支撑，在过去的几十年，佛山与东莞各自在产业发展与技术创新方面取得了长足发展。在新的"十四五"发展阶段，佛山与东莞也将持续发挥各自的支撑作用，其中，佛山以打造先进制造业创新高地为工作抓手，进一步深化科技体制机制改革，围绕打造具有国际影响力的先进制造业创新高地，增强佛山市创新驱动发展新动能，激发全社会创造活力。东莞也将举全市之力推动共建大湾区综合性国家科学中心，加快推进共建大湾区综合性国家科学中心，实施基础研究应用生态构建工程，推动重大科技基础设施从以建为主向建用并举转变，联动发展高水平大学与科研院所，构建世界一流生态科学城。

珠海、中山、惠州、江门、肇庆等城市则是在传统特色制造业、电子信息和石化新能源产业等方面持续为粤港澳大湾区的发展提供产业支撑。在新的"十四五"发展阶段，各城市也明确了各自在粤港澳大湾区发展中的定位。在未来下一轮的发展中，珠海也将进一步推动横琴粤澳深度合作区的建设，推动珠澳两地空间规划、基础设施、公共服务全面对接，支持澳门经济适度多元发展取得重要突破，形成珠澳全方位合作新局面。中山则提出建设国际化现代化创新型城市，打造"湾区枢纽、精品中山"。惠州更侧重于探索共建深莞惠区域协同发展试验区，将积极参与深圳都市圈建设，推进深莞惠联动发展，共同打造具有全球竞争力的电子信息、人工智能等世界级先进制造产业集群，加快形成优势互补高质量发展区域经济布局。江门的发展重点仍然放在构建现代产业体系。针对工业化阶段发展不充分，自主创新能力不强，支撑高质量发展的动能不足的问题，坚持走工业立市、制造强市之路，在产业方面强调打造高水平产业平台，"十四五"期间要推动粤港澳大湾区（珠西）高端产业集聚发展区规划建设并加快谋划发展新平台。肇庆在"十四五"期间将围绕保障重点产业链供应链稳定畅通，深度嵌入大湾区产业链创新链，积极参与打造珠三角世界级先进制造业集群，坚持补缺发展、配套发展、错位发展、特色发展，加强与广州、深圳、珠海等大湾区核心城市产业合作共建，积极对接广深港、广珠澳科技创新走廊，加快打造粤港澳大湾区创新产业重要承载地、科技成果转化集聚地。

4.1.2.3 初步形成了产业与创新的全球影响能力

近年来，粤港澳大湾区涌现了华为、美的、大疆等一批具有全球影响力的领先企业，这些企业在全球范围内进行资源配置与创新网络的组织，推动粤港澳大湾区初步形成了全球研发、全球生产、全球应用、全球服务的集创新、研发、生产与商业化于一体的战略布局。

华为创立于1987年，是全球领先的ICT基础设施和智能终端提供商。截至2023年，华为有超20万员工，业务遍及170多个国家和地区，服务全球30多亿人口。在2021年，华为集团收入达到了6368亿元，净利润达到了1137亿元。在疫情与全球形势变革的压力之下，华为仍然强力投入研发，持续创新，2021年研发费用额和研发费用率均处于近十年的最高位，近十年累计投入的研发费用超过人民币8450亿元[①]。2021年，从事研究与开发的人员约10.7万名，约占公司总人数的54.8%，研发费用支出为人民币1427亿元，约占全年收入的22.4%。截至2021年12月31日，华为在全球共持有有效授权专利4.5万余族（超11万件），是全球不容忽视的一支创新力量。

在创新网络的全球布局上，华为也始终坚持全球化与本地化战略，在运营所在国家和地区雇佣本地员工、投资采购、设立研究机构等，促进当地就业与经济发展。2021年12月，欧盟委员会发布了全球研发投入最多的2500家公司，华为

---

① 本节华为公司相关数据来源于华为官网与华为年报。

排名第二。自 2000 年在瑞典成立第一个研发中心以来,华为的研发中心已经实现了全球化布局,在福布斯发布的 2021 年最佳雇主榜单中,华为排名第八。

4.1.3 粤港澳大湾区产业协同创新存在的问题

关键核心技术仍然有待进一步突破。关键核心技术"卡脖子"问题亟待解决。虽然广东省 R&D 支出总量居全国首位,但基础研究投入一直偏少。与此同时,在核心技术、关键零部件、重大装备等方面受制于人的问题尚未根本解决,85%以上的芯片和 80%以上的关键零部件都依赖进口。基础研究短板仍然较为明显,原始创新能力不足,研究经费的投入结构不合理。主要为企业型的研发,政府投入的研究少。

创新要素自由流动仍然有待进一步提升。首先是高层次人才的数量仍然远不足以支撑大湾区创新的可持续发展,这一点一直以来都是大湾区创新发展的痛点。以学术上比较有代表性的两大指标,国家杰青与国家优青作为指标,数据上同样反映出大湾区与其他主要创新区的巨大差距。考虑到打造粤港澳大湾区的战略更是将大湾区的战略定位之一定为打造国际科技创新中心,而领军人才与顶级人才的缺失,无疑反映的是更深层次的一些问题,包括其崛起方式的弊端以及其基础教育、基础科研方面跟全国其他主要创新发展地区存在的巨大不足。另外,科研资金跨境流动仍未形成制度规范,粤港澳职业资格互认仍然存在体制机制衔接难题,跨境知识产权互融互通、成果转换方面仍然有较大的提升空间,这些毫无疑问都阻碍着湾区更深层次的协同。

产学研合作机制仍然有待健全。虽然粤港澳大湾区已经形成了规模庞大、结构较为完备的产业体系,但是,对标世界一流湾区,粤港澳大湾区的产学研融合深度仍然有待进一步突破。在广东省的上一轮全面创新改革中,从省部院产学研合作、改革高校与科研院所管理体制、大力推动新型研发机构建设等方面推动了产学研的深度融合。新型研发机构是新一轮科技革命和产业变革的新兴产物,广东省也推出了新型研发机构作为产学研深度结合的重要载体。然而,无论是管理模式还是制度突破,都还有赖于进一步的制度健全。

以知识产权保护为核心的创新环境仍然有待进一步优化。尽管在知识产权保护体系上,粤港澳大湾区已经取得了显著的进步。然而,在未来进一步推进知识产权保护的过程中,仍然面临着不少问题,一方面问题来源于知识产权保护本身还存在着许多的政策性设计、操作性的问题需要解决。知识产权保护的另一方面问题来源于知识产权意识尚未同步跟上市场需求，知识产权体系的全面建设与推进进度滞后于西方发达国家，当前还存在着市场主体知识产权运营交易意识薄弱、知识产权运营模式创新性不足、知识产权运营高端专业人才缺乏、还未有大量专门从事此领域人才流向市场等问题，最后，知识产权运营外部环境也还不完善。

4.1.4 粤港澳大湾区产业协同创新的政策建议

将核心技术突破作为创新的第一要务。一是加大财政投入力度，接续实施重点领域研发计划，聚焦重点产业领域"卡脖子"技术、关键核心技术和关键零部件等发展短板，持续推进产业关键核心技术攻关；二是坚持靶向治疗，实现精准发力。重点围绕支柱产业、骨干企业急需的核心技术和关键零部件，加强对受制于人的重大装备、战略产品相关的技术、专利和标准的研究，积极开展逆向分解和反向求解；三是强化系统设计，滚动支持技术攻关。按照创新链条进行通盘考虑和整体设计，推动"技术攻关"与"平台基地""人才团队""成果产业化"等一体化部署。

推动要素自由流动，始终坚持"人才是第一资源"的理念。一方面要坚持开放创新，积极引进国内外优秀人才，加大高层次人才引进和培养力度，激发人才创新活力，打造人才高地，让优质人才进得来、留得住。优化高层次人才的成长与发展环境。完善条件平台、薪酬待遇、住房保障或补贴、成果奖励等配套政策，从各方面为人才提供保障。另一方面要完善体制机制，激发创新人才活力。不断优化人才发展机制，完善制度，营造规范公平公正的环境。同时也要创新人才本土化培养，实现创新人才与地方发展协同。在促进科技资金要素流动上，建议国家支持财政资金跨境免税拨付的制度化操作流程，探索设立粤港澳大湾区科技协同专项经费专门拨付平台，通过该平台探索将财政资金转付港澳，探索使用方所在地会计标准记账等新型财政制度，降低财政科研资金过境时间成本。在粤港澳职业资格互认上，建议国家支持相应知识产权、科技咨询等领域职业资格认定权限下放给广东，进一步拓展"一试三证"的范围。

推动产学研一体化的深度融合发展，在政策设计上，首先最重要的还是加强顶层设计，继续加大对新型研发机构的建设力度。探索制定新型研发机构中长期发展规划，边试边行，在实践中省和市层面共同完善各项管理和扶持政策，并做好与国家政策的对接和沟通；加快人才聚集，加快科技成果转移转化，推动新型研发机构有序健康发展；加强政策引导与发挥市场化机制配置创新资源相结合。

完善以知识产权保护为核心的创新环境。继续完善现有的知识产权快速维权中心的功能，不断提升对区域产业的知识产权保护和运用能力，并进一步拓展维权中心的覆盖区域。进一步积极争取国家知识产权局下放更多资源，支持广东加强知识产权保护中心、知识产权快速维权中心布局建设工作。新商业模式等新形态创新成果等基本属于尚未纳入现有法律保护的新客体，建议在国家层面通过立法进行规范，地方积极组织相关研究，并配合相关立法工作。加快推进知识产权重点项目建设。推动中新广州知识城知识产权服务园区加快建设，打造知识产权地标建筑，为知识产权服务业发展提供最佳物理空间载体。

4.2 服务协同共享

4.2.1 服务协同共享的内涵

公共服务最早是在早期的发达资本主义国家中提出，由于这些国家经济发展水平较高，公众对于政府的公共服务需求也随之提高。以瑞典为代表的北欧国家，实行"全面公平型"的公共服务模式，对全社会成员进行全面、高水准的公共服务保障。公共服务主要包括公共教育、就业创业、社会保险、医疗卫生、社会服务、住房保障、公共文化体育、优抚安置、残疾人服务等公共事业。城市群的协同发展，不仅需要实现产业的协同发展，更要实现社会民生领域的协同发展。随着城市群的经济发展水平不断提高，民众对公共服务的需求程度也将不断提升，进而需要强化城市群内部公共服务的协同发展。区域公共服务跨越了单个行政辖区管理实体的管辖范围，着重解决各种跨行政区域或经济区域等区域公共服务问题。其实质就是对区域公共服务问题谋求共同解决之道，通过协商合作提供区域公共服务获取区域公共服务的最佳效益（钱海梅，2008）。

城市群的服务协同共享，不是强调各城市之间通过财政手段实现公共服务均等化，而是通过不断完善区域经济一体的制度设计来促进公共服务的有序协同发展，各项公共服务打破行政边界和制度边界，实现互联互通，实现资源要素的无限制流通（李静，2020），而是指在城市群经济发展的基础上，城市群内部各城市通过有序合作，共同推动区域公共服务整体达到协同，最终在城市群内部形成配置合理、结构优化、人人共享的公共服务体系，实现基本公共服务制度统一，质量水平有效衔接。城市群内部各城市公共服务发展水平和发展步骤在自身的发展条件下，与城市群其他城市实现相对的同步,实现基本公共服务设施布局共建共享,促进区域内部基础设施互联互通、社会民生服务共建共享、社会保障领域沟通合作。

4.2.2 粤港澳大湾区服务协同共享的现状及问题

公共服务作为保障经济社会发展的后备力量,应与经济社会发展水平相匹配,保障湾区内部的经济生产与人民生活。当前,粤港澳大湾区的社会经济发展水平已处于领先地位,而公共服务的发展水平存在不足。同时,粤港澳大湾区内有着三种不同的经济和社会形态,湾区内各个城市之间的合作有其特殊性,实现大湾区的服务协同共享有较大难度。

4.2.2.1 交通服务协同

粤港澳大湾区拥有香港国际航运中心和广州、深圳等吞吐量巨大的重要港口,以及香港、广州、深圳等具有国际影响力的航空枢纽,交通条件便利。根据《粤港澳大湾区发展规划纲要》,粤港澳大湾区将依托以高速铁路、城际铁路和高等级公路为主体的快速交通网络与港口群和机场群,构建区域经济发展轴带,形成主要城市间高效连接的网络化空间格局。

交通一体化是粤港澳大湾区协同发展的重要保障,随着广深港高铁、港珠澳大桥建成通车,港澳进一步融入粤港澳大湾区现代综合交通运输体系。南沙大桥开通运行、深中通道加快建设,截至2022年,珠江口已建成的跨江通道共4条,自北向南依次为:黄埔大桥、南沙大桥、虎门大桥、港珠澳大桥。其余在建和规划的通道还有7条。粤港澳大湾区高速公路通车总里程达4500千米,初步形成以广州枢纽为中心,连通珠三角和粤东西北、辐射华东中南西南地区的放射性路网格局;珠三角港口群完成货物吞吐量约15.2亿吨,世界级机场群港口群正在加快形成。粤港澳大湾区主要城市已经形成1小时生活圈。

然而,当前粤港澳大湾区的交通协同发展仍存在交通规划零散、过度依赖公路、轨道交通发展相对滞后、缺乏交通共建共享机制等问题。

4.2.2.2 信息服务协同

当前,移动互联网和信息技术高度发达,信息流一定程度上影响着人流、物流和资金流。粤港澳大湾区在信息基础设施方面具有较好的基础和较快的建设步伐，港澳也具有相当好的硬件基础，珠三角在不断加大信息基础设施建设力度，在光纤骨干网、5G 网络建设方面取得了较大进展。

珠三角城市基本实现城区核心区域 5G 网络覆盖。其中，广州、深圳力争创建 5G 示范城市，分别建成 15 969、14 810 个 5G 基站，中心城区已基本实现 5G 网络的连续覆盖。大湾区基本形成了 5G 器件、5G 核心网络与基站设备、5G 智能终端等 5G 产业生态链，成为世界级 5G 产业集聚区。2019 年广东省 5G 产值约 2374 亿元，华为、中兴占全国通信设备 75%的市场份额。

然而，当前粤港澳三地之间网络、电信、业务系统等网络信息系统还未建立，无法实现网络和系统的融合统一。主要表现在：港澳与内地之间的网络差异给区域的协同交流带来不便，同时影响了通信顺畅度；粤港澳三地实行的不同价格机制也导致了区域内信息流通不顺畅（刘程，2018）。

4.2.2.3 医疗服务协同

医疗服务协同发展是粤港澳大湾区服务协同共享的重要内容，当前，CEPA、《粤港合作框架协议》《粤港澳大湾区卫生与健康合作框架协议》等合作框架协议的签署，促进了珠三角九市与港澳的合作，为大湾区的医疗协同发展提供了政策支持。同时，港澳具有较好的医疗基础，处于世界领先水平。在政策的支持下，港澳医疗服务提供者积极进入珠三角城市发展，为提升大湾区医疗服务水平发挥重要作用。

但粤港澳大湾区医疗协同发展仍然存在一系列问题，港澳与内地医师职级评定体系存在差异，不利于三地的对接，优质医疗卫生资源合作亟须强化；湾区内地城市人口规模大，医疗资源紧缺；港澳与内地医疗规则、法律衔接有待加强，粤港医疗机构跨境转诊合作试点，由于医疗服务标准及药品使用范围存在差异，在短期内难以实现有效衔接（杨秋荣，2020）。

4.2.2.4 教育服务协同

粤港澳大湾区要素跨境流动限制较多，港澳基础研究优势与珠三角城市产业链配套优势未能形成合力，湾区整体原始创新实力偏弱。仍需要加强高层次研发人才流动、科研资金跨境使用、科研仪器设备通关便利化、科学数据信息开放共享、知识产权保护。粤港澳大湾区教育资源分布不均，高水平大学主要集中于香港、澳门、广州、深圳四个核心城市,其他 7 个城市高水平大学相对较少。且高水平大学之间的交流合作相对缺乏。当前,粤港澳三地大学之间的联系与合作主要体现在招生上,没有进行人才培养与创新网络体系等实质性的交流合作。同时,粤港澳三地未形成一体化的教育政策法律体系,制约了粤港澳三地的深度合作(欧小军,2018)。

4.2.2.5 保险服务协同

在保险行业,当前粤港澳大湾区还未形成跨境保险市场平台,资源要素跨境整合不足,缺乏在跨境理赔服务上的合作,内地和港澳的保险业亟须进一步加强理赔服务的跨境合作。在监管层面,内地和港澳保险监管部门还没有出台顶层设计,在三地保险监管和融合方面提出明确监管意见,给内地与港澳保险合作带来不利影响。缺少统一的对外信息发布宣传和交流平台,急需搭建政府机关、监管部门和金融机构共同参与的政策协调和信息交流平台,通过双向互动的形式,及时向市场传递政策动态、建设项目和保险服务信息,并建立企业和民间组织不定期的交流机制(郭迪春,2019)。

4.2.2.6 金融服务协同

近年来,粤港澳三地政府通过签订合作框架协议,不断深化金融合作,为大湾区金融机构的协同发展奠定了良好的基础。CEPA 的签署,加速了粤港澳银行业、证券业的往来,港澳银行机构在粤发展逐渐多元化。在银行业方面,港资银行入股内地银行的门槛降低,促进港资银行在内地开设分支机构;在证券业方面,降低香港证券类金融机构进入内地市场的门槛,放宽业务范围,极大地促进了湾区内金融机构的融合发展(巴曙松等,2019)。

当前粤港澳大湾区的金融机构缺乏多样性,国有银行仍然是粤港澳大湾区的主体,业务范围具有局限性,并存在业务同质化问题。由于存在交易规则的差异难以发挥规模效应;移动支付未完成对接,港澳与珠三角区域移动支付方面还存在一定的限制;外汇管制在一定程度上限制了资金的自由流动(刘程,2018)。

4.2.2.7 物流服务协同

广东省、香港和澳门在物流业方面有着各自不同的优势和短板。香港和澳门有着丰富的国际资源与经济实力,广东省连接内地有着丰富的物资和优越的港口条件。因此,亟须建立创新有效的发展模式,搭建物流信息共享平台以及设立粤港澳大湾区的服务部门使三地物流更好地协同。当前,珠三角地区已是我国甚至是世界最大的物流门户和物流枢纽,粤港澳大湾区的海陆空交通已基本形成网络化。然而,粤港澳大湾区当前的物流服务协同仍然存在较大问题。主要表现在:缺乏及时、高效的物流平台,会使得物流信息缺失以及低效率导致成本提高;物流企业之间缺乏合作,物流企业之间的存在各种竞争关系以及物流资源配置不均限制了湾区的协调发展(刘程,2018)。粤港澳三地都有各自的港口,但是缺乏港口之间的合作,香港物流对接国际市场,而广东省拥有丰富的资源,如果两者无法良好地协作,将妨碍双方的协同发展。

4.2.3 粤港澳大湾区服务协同共享的对策及建议

服务协同共享是粤港澳大湾区协同发展的重要保障,是补齐粤港澳城市之间公共服务落差的关键举措。有利于区域内各城市通过有序合作共同推动区域公共服务整体达到协同目标。《粤港澳大湾区发展规划纲要》指出要积极拓展粤港澳大湾区在教育、文化、旅游、社会保障等领域的合作,共同打造公共服务优质、宜居宜业宜游的优质生活圈。在"一国两制"的背景下,广东与港澳在区域管理体制、关税制度以及技术标准等方面存在差异。《广东省公共服务"十四五"规划》指出,当前亟须推动粤港澳三地社会民生的规划衔接、机制对接、标准对接,提升市场一体化水平,推动由商品、要素流动型开放向规则等制度型开放转变,促进港澳居民在大湾区内地九市享受同等待遇。粤港澳大湾区的服务协同共享需要打破行政边界和区域边界,围绕公共教育、就业创业、社会保险、医疗卫生、社会服务、住房保障、公共文化体育、优抚安置、残疾人服务等领域,实现基础设施互联互通、社会民生服务共建共享、社会保障领域沟通合作,共同建设粤港澳大湾区优质生活圈(叶玉瑶等,2022)。

4.2.3.1 完善基础设施、联通公共服务体系

推动粤港澳三地的基础设施实现互联互通,重点强化广东与港澳的公共交通、能源、通信等公共基础设施的联通,着力打造连接大湾区各节点城市的包括机场、

港口、高速公路、城际轨道在内的综合性现代交通运输体系。促进公共服务体系的联通，推进粤港澳教育、卫生、文化、养老、医疗等社会服务的协同发展和无缝对接，扩大湾区内专业资格互认范围，构建三地通用的社会就业、收入分配、福利保障等公共服务制度以及社会信用体系，区域内企业要联动实施信用激励和失信惩戒措施（蔡春林和陈雨，2022）。

4.2.3.2 构建粤港澳服务协同合作平台

粤港澳大湾区城市之间通过构建区域服务协同合作平台，可以进一步增强政府公共服务建设的合作和协调，进一步释放公共服务协同发展的潜力。在不同领域构建跨层级、跨地区政务办理合作平台，统一协调各城市公共服务资源，对粤港澳大湾区的公共服务进行统筹部署与协调执行（李静，2020）。引导三地共同打造港口综合物流园区、区域性港口联盟以及境外产业园区等，充分发挥粤港澳大湾区新时期高水平对外开放试验田的作用。注重发挥粤港澳大湾区对"一带一路"倡议的支撑作用，搭建"一带一路"共用项目库，建立粤港澳共同参与"一带一路"基础设施互联互通、经贸合作及人文交流的长效协调制度和激励机制。

4.2.3.3 多方参与，提升公共服务供给能力

应加强粤港澳大湾区公共服务的配套建设，提升公共服务的供给能力。政府应鼓励多方参与公共服务建设，推动公共服务实现多元化发展，减轻政府公共服务的压力。政府承担兜底保障供给数量和质量的主要责任，各城市政府下放部分公共服务职能，鼓励市场参与公共服务的供给，进一步充实公共服务供给。政府通过鼓励社会各项资本对公共服务进行投资建设，缓解公共服务供需之间的矛盾。引导投资普惠养老、普惠幼儿等基本公共服务，投资土地供应、住房租金等基本公共服务。在减免税、优惠水电价等方面给予支持公共服务，鼓励社会力量通过公共建设以多种方式参与，鼓励市场主体提供优质市场服务。

4.2.3.4 建设高效服务型政府

政府应在经济建设的同时重视公共服务的配套发展，对于公共服务能力较弱的重要节点城市，要以加强公共服务建设为目标，以政府为主导，扩大各方面公

共服务的财政支出。各城市应以建设高效的服务型政府为目标,实现经济与社会的协调发展,为大湾区服务协同提供保障(李静,2020)。

4.3 资源协同配置

4.3.1 资源协同配置的内涵

资源协同配置是实现粤港澳大湾区协同发展的基础,其涵盖的领域较广,既包括土地、水、天然能源等主要自然资源的协同配置,也包括空港、海港、铁路等交通资源的协同配置。尽管资源类型不同,协同模式和路径大相径庭,但其内涵却是一致的,即发挥各区域、各行业或各主体的比较优势,将资源统筹配置到最急需、最高效的地方,以实现区域资源利用和产出效率的最大化。国土空间资源是支撑区域可持续发展最重要、最基础的资源之一,粤港澳大湾区用不足全国0.6%的国土面积支撑着全国超过4.8%人口的生产与生活,土地资源十分稀缺,其人均土地利用面积仅高于东京湾区,为纽约湾区、旧金山湾区人均面积的20%—30%,全国人口最稠密的十大城市中有7个城市在粤港澳大湾区,分别是澳门、香港、深圳、东莞、佛山、广州和中山。因此,土地资源可以说是粤港澳大湾区最为稀缺且迫切需要实现高效协同配置的资源之一。综上,本节重点从用地结构、用地格局入手,摸清粤港澳大湾区国土空间资源分布情况、结构演变趋势、用地开发强度及用地功能区划分,并通过分析土地资源、都市圈现状及"三生空间"资源等情况,揭示现阶段湾区空间资源存在的问题,针对性提出空间资源优化配置协同路径与发展统筹机制,推动实现粤港澳大湾区国土空间资源优化配置。

"三生空间"包括生产空间、生活空间和生态空间。其中,生产空间指的是适用于可持续生产的区域,生活空间指的是能满足人们的精神和物质需求的区域,生态空间指的是人与自然和谐发展的区域。粤港澳大湾区目前存在城市群资源错配、利用粗放、竞争内耗等问题,导致"三生空间"资源分配不均衡、生态环境问题愈发严峻,国土空间开发保护与经济社会发展矛盾日渐凸显。根据《中共中央 国务院关于建立国土空间规划体系并监督实施的若干意见》要求,为实现"三生空间"资源协同发展与优化布局,推动国土空间高质量保护与开发,要加强生产空间、生活空间和生态空间的布局研究,以提高国土空间开发质量与土地利用效率为重点工作。

4.3.2 粤港澳大湾区国土空间资源特征及现状问题

4.3.2.1 粤港澳大湾区国土空间资源特征

（1）国土空间资源用地结构

从粤港澳大湾区土地利用类型占比、分布、演变、土地开发强度等方面，揭示近年来湾区国土空间资源用地结构情况。结果显示，湾区内建设用地面积不断增长，城镇化发展迅速，其中，深圳市、佛山市、东莞市、中山市、澳门土地利用开发强度均已超过30%。

①土地利用总体结构

近年来，大湾区内地九市城镇化发展迅速，建设用地占比逐年增大，而香港、澳门地区建设用地变化不大，已逐步进入成熟期，生活空间资源往东南（广州-深圳一带）迁移。建设用地快速增长改变了粤港澳大湾区城镇空间分布格局，由最初的广州、香港两个主要建设用地空间扩展区域，发展到由广佛及沿海湾东岸所组成的建设用地空间密集区域。2009—2020年，珠三角九市建设用地总面积占比从16%到19%，其中城镇建设用地面积占比增长幅度尤为突出，而香港地区建设用地占比变化不大（表4-4），究其原因，是珠三角与香港的土地城镇化进程存在阶段性差异。20世纪90年代至21世纪初是港澳建设用地迅速扩张时期，城市建成区范围不断扩大，为经济社会高速发展提供了重要支撑。2009年以后，港澳受自身国土面积限制，建设用地面积趋于稳定，以填海造陆为主要方式，而珠三角则进入土地城镇化快速发展阶段。

表4-4 粤港澳大湾区2009年和2020年土地利用结构　　（单位：%）

区域	2009年 建设用地 占比	其中:城镇建设用地占比	非建设用地 占比	2020年 建设用地 占比	其中:城镇建设用地占比	非建设用地 占比
广州市	22	12	78	26	17	74
深圳市	45	37	55	52	46	48
珠海市	25	18	75	26	20	74
佛山市	34	13	66	40	28	60
江门市	11	4	89	11	5	89

续表

区域	2009年 建设用地 占比	其中：城镇建设用地占比	2009年 非建设用地 占比	2020年 建设用地 占比	其中：城镇建设用地占比	2020年 非建设用地 占比
肇庆市	5	2	95	7	2	93
惠州市	7	3	93	11	5	89
东莞市	43	8	57	54	28	46
中山市	35	22	65	39	31	61
珠三角	16	7	84	19	11	81
香港	24	—	76	25	—	75
澳门	—	—	—	47	—	53

②国土开发强度情况

2020年珠三角地区国土开发强度约18.67%，其中深圳、东莞、佛山和中山的开发强度在30%以上，深圳、东莞甚至突破50%。澳门建成区面积占市域范围面积的47.17%，国土开发强度与深莞两市接近。香港国土开发强度相对较低，约24.75%，与广州市处于同一水平。澳门国土开发强度高于香港和珠三角，其中莞深澳居于第一梯队（45%以上），佛中居于第二梯队（30%—45%），其他城市（地区）居于第三梯队（低于30%）（表4-5）。

表4-5 2020年粤港澳大湾区国土开发强度

区域		开发强度/%
珠三角	广州市	26.49
	深圳市	51.71
	珠海市	25.53
	佛山市	40.25
	江门市	11.28
	肇庆市	6.61
	惠州市	10.93
	东莞市	53.88
	中山市	38.59
	总计	18.67
香港		24.75
澳门		47.17

（2）国土空间资源用地格局

从宏观角度，根据内地及港澳地区的土地利用分类情况进行分类，把土地利用数据分为生产空间资源类、生活空间资源类和生态空间资源类，利用标准显示性比较优势指数（NRCA）模型，通过分析"三生空间"资源分布及优势度，揭示粤港澳大湾区国土空间资源用地格局情况。

NRCA 模型计算公式如下，NRCA 的值越大，该空间资源所在区域的优势度越强；NRCA 的值越小，该空间资源所在区域优势度越弱。其中，S_{ij} 为 i 区域 j 类空间资源的量；S_t 为所有区域的全要素空间资源的总量；S_j 为所有区域 j 类空间资源的量；S_{it} 为 i 区域的全要素空间资源的总量。

$$\mathrm{NRCA}_{ij} = \frac{S_{ij}}{S_t} - \frac{S_j \times S_{it}}{S_t \times S_t} \tag{4-1}$$

基于 NRCA 模型的分析结果可视化，粤港澳大湾区生态空间、生活空间、生产空间已形成一定的分布格局。肇庆、江门、香港、澳门建成湾区最重要的生态屏障，大部分区县具备生态优势区的特性，并呈聚集分布。珠江口周边城市成为湾区最主要的生活空间，呈聚集分布，开发强度较大。生产空间主要分布在湾区两翼，承载着各种生产活动。

4.3.2.2　国土空间资源现状问题

（1）土地利用效率有待提升

人地资源匹配关系差异显著，港澳人口密集但后备用地资源紧张，湾区用地资源丰富但集约用地水平不高，区域优势度较单一。港澳地区人口密度大，平均每平方千米建设用地分别承载着 2.69 万人、4.43 万人（表 4-6），是珠三角（0.77 万人）的 3 倍以上，后备土地资源紧张，用地紧张的城市需与周边的城市加强空间合作，推动周边城市发展多种优势功能区，促进城市间的协同，加强同城化概念，从而缓解用地紧张问题。港澳两地人均建设用地面积均不足 40 米²/人，而珠三角人均建设用地面积达 130.71 米²/人，需加快提升土地集约节约利用水平。

土地利用经济效率差异显著，港澳建设用地效率远高于珠三角。采用建设用地效率，对湾区土地利用经济效率进行评价，结果显示（表 4-6），香港、澳门地区建设用地效率都排在湾区城市群前列，并遥遥领先珠三角九市。粤港澳大湾区城市群土地利用结构差异性明显，港澳地区面积较小，且建设用地面积占比小，但土地利用经济效率高,建设用地产出效率高;珠三角地区拥有显著的空间资源优势,但建设用地效率均远低于港澳地区。

表 4-6 粤港澳大湾区人口和建设用地的关系

地区		每平方千米建设用地承载人口/万人	人均建设用地面积/米^2	建设用地效率/(亿元/千米^2)
珠三角	东莞市	0.79	126.46	7.28
	佛山市	0.62	160.59	7.08
	广州市	0.98	102.30	13.05
	惠州市	0.49	204.83	3.40
	江门市	0.45	223.85	2.98
	深圳市	1.72	58.25	26.94
	肇庆市	0.42	239.00	2.35
	中山市	0.64	155.09	4.59
	珠海市	0.56	179.78	7.91
	总计	0.77	130.71	8.75
香港		2.69	37.22	95.82
澳门		4.43	22.57	125.72

注:内地人口数据为 2020 年统计年鉴中的"常住人口",生产总值数据为"一二三产业"统计结果;港澳地区人口数据为统计年鉴中的"年中人口",澳门地区生产总值数据为"本地生产总值(当年价格)(澳门元)",香港地区生产总值数据为"按 2019 年环比物量计算的生产法本地生产总值(港币)"。

(2)资源分配尚不均衡

港澳公共服务配置水平高于珠三角地区水平。港澳地区的城市公共设施总体上比珠三角地区更为完善,具有布局合理、质量可靠、方便易用、维护有力的特征。港澳地区是具备高度竞争力及享誉国际的创意和设计专才的资源中心,其现有的公共设施本身已较完善和系统,在城市建设、旧城改造、历史建筑活化等与公共设施相关的项目中也表现出前瞻的、成熟的设计理念。珠三角公共服务设施用地总量为 339.97 千米^2,人均公共服务用地面积为 4.36 米^2/人,略低于相关标准要求,其中人均教育用地面积 3.37 米^2/人,存在较为明显的短板。

(3)生态环境亟待保护

生态系统服务下降,生态风险增加。近几年来,粤港澳大湾区的城镇建设用地面积迅速增长,而森林、湿地的面积明显下降,农业和生态空间持续转换为城镇用地。快速城市化导致自然生态系统的面积骤减,相应的生态系统服务下降，绿地的破碎化、孤岛化问题严重，生态廊道断裂度较高，生态风险增高。城市群人地大密度交互导致高度复杂的跨界性和复合型污染问题突出。一方面，根据 2010—2018 年广东省环境状况公报，广佛跨界河、莞深跨界的石马河等河流水质常年不达标；另一方面，存在水质性缺水问题。大湾区有珠江水系作为支撑，水量充足，但是仍然存在水质性缺水问题。南山河、龙岗河、坪山河、深圳河、东莞运河 5 个河段水质均属重度污染，主要污染指标为氨氮、总磷和耗氧有机物。

（4）大湾区都市圈问题日渐凸显

粤港澳大湾区已形成广佛、深港两大都市圈，成为要素流动的组织核心，综合实力强、经济体量大、公共服务和人居环境等方面发展质量高，但与此同时，广佛、深港成熟型都市圈走过先发展后治理的道路，城市粗放式建设、空间利用不集约、侵蚀生态空间严重、环境质量趋于恶化等问题依旧存在，尤其是城市边界地区低效用地利用、环境污染治理问题尤其突出，严重制约了城市竞争力的提升，削弱了其参与全球国际化城市竞争的优势。此外，中心城市的辐射带动能力弱，城市间联系动力不足。长期以来珠三角东强西弱的发展格局基本没有改变，且肇庆、惠州、江门等珠三角外围地区，土地空间资源相对充足，但城市发展尚不充分，城市发展动力不足，导致大湾区核心区一地难求，而在大湾区外围地区则存在大量的闲置土地。

（5）大湾区"三生空间"协同发展效应较弱

粤港澳大湾区"三生空间"资源已形成明显的格局分布，呈现"核心-边缘"式分布，主要是受湾区"自然-经济-交通"地理格局的影响，生活空间主要集中在粤港澳大湾区中部，珠江口两岸邻近城市，生态空间与生产空间主要分布在大湾区两翼的周边城市，大湾区中部地区成为发展核心地区，可发展可利用的资源分布不均衡，导致湾区内区域性发展水平、土地资源集约性、环境污染情况等差异大。另一方面，具备多功能复合空间资源优势的区域城市不多，大部分为单功能空间资源区域，"三生空间"协同发展效应较弱。

4.3.3 粤港澳大湾区国土空间资源优化配置协同路径

4.3.3.1 提升土地利用效率与协同，解决发展需求与后备资源缺乏的矛盾

统筹联动优化区域国土空间布局。在粤港澳大湾区范围内统筹联动优化永

久基本农田、生态保护红线、城镇开发边界等三条控制线，重点做好临界地区的"三线"布局协调，避免相邻空间管制要求存在矛盾冲突。鼓励提升生态系统连通性、促进耕地集中连片保护、优化城镇空间形态和功能等国土空间正向动态优化，在确保生态保护红线区域的生态功能不降低、面积不减少、性质不改变及耕地总量平衡、质量提升、结构优化的前提下，对国土空间规划中确定的城镇开发边界、生态保护红线内的零星永久基本农田实行布局调整，合理优化耕地、林地、建设用地等各类用地资源规模、布局和时序，为超大特大城市向邻近地区拓展外溢提供联动空间。

推进差异化的土地利用模式。粤港澳大湾区不同城市自然资源条件、发展阶段、水平发展模式存在较大差异，因此土地的开发利用方式应有所不同，应因地制宜采取差异化的用地模式。香港、澳门、广州、深圳、东莞、佛山、中山、珠海应以存量开发为主导，加快低效用地置换，大力挖掘建设用地潜力，有条件的城市适当补充增量，优先保障重大项目及区域基础设施建设；惠州、肇庆、江门应以优化增量布局和盘活存量并举，提高土地利用效益。

4.3.3.2　提升湾区城市群公共服务设施品质，构筑湾区优质生活圈

保障宜居湾区的公共服务用地供给。预留区域高快速轨道站点周边的公共服务设施用地，谋划在环境品质较高地区共建各类特色服务设施平台，配置较高水准的教育、文化、体育、医疗和养老设施。积极应对老龄化，在城市中心区及各类人口密集地区增加预留承载医疗养老功能的用地。提高设施用地兼容性，鼓励利用商业、住宅等用地设置老人日间照料中心、婴幼儿照料中心。提高城市公园绿地面积，打造公共服务优质的大湾区生活圈。以轨道网络串联珠海横琴新区、中山翠亨新区、广州南沙新区、东莞滨海湾新区、深圳前海等重点平台，配置高品质的教育、医疗、文体设施，形成环湾公共服务带。

依托粤港澳协作项目建设优质服务平台。围绕粤港澳共建高校、港澳青年创新创业基地等跨界协作项目，建设"港澳城"等综合公共服务空间，满足港澳居民的生活需求。依托区域高快速轨道站点，在高品质环境地区共建特定类型设施平台，配置较高水准的教育、文化、体育、医疗和养老设施。围绕广州南沙新区、落马洲河套地区、佛山三龙湾、东莞松山湖、东莞滨海湾新区、中山翠亨新区、珠海横琴新区、肇庆新区、惠州仲恺高新区、江门"侨梦苑"核心区等平台建设粤港澳协作区公共服务平台。

4.3.3.3 坚持以绿色发展为要求,加强生态空间的保护与城市群协同治理

推进跨界地区生态要素的共同维育。构建以"碧道"为主体的河流生态廊道,推进广佛跨界河流等水污染治理,实施珠江西航道、珠江后航道、增江、流溪河等滨水游径的贯通工程,打通城区与外围生态地区的游径,构建通山达海的游径网络。构建以"绿道"为主体的生态休闲廊道,推动多条跨区域绿道的贯通,实现对大湾区各市优质生态与人文资源的有机串联。对于以珠江三角洲西部、北部、东部的山地、丘陵及森林生态系统为主体组成的环状生态屏障,应协同做好各类生态控制区的划定与管控,阻止城市群往外蔓延,并起到涵养水源、保持水土和维护生物多样性的重要作用。

加强跨界流域水污染防控协作,保障区域水生态安全。推进跨界流域水污染联防联治,加强跨行政区河流交接断面水质和主要污染物通量监测并定期向社会公布,确保西江、北江、东江等干流水质达到国家标准。建立健全大湾区环保协调工作机制和流域突发环境事件应急协调处理机制,制定实施流域联防联控管理办法,完善区域突发环境事件应急预案,共同推进跨区域重大生态环保工程建设,维护区域生态安全。狠抓重污染流域综合整治,推进河涌生态修复,严格控制纳污总量。

4.3.3.4 立足都市圈,进一步加强粤港澳大湾区协同治理

因地制宜开展粤港澳大湾区都市圈规划编制。规划编制应坚持"坚持党委领导、政府组织、部门协同、专家咨询、公众参与"的原则,建立政府主导、多方协同的工作机制与工作程序。结合当前粤港澳大湾区都市圈内、都市圈间面临的协同治理问题,有序开展规划编制工作。湾区内广佛、深港两大都市圈规划要关注创新要素的集聚、高品质创新空间的营造、同城化的职住平衡、存量用地更新改造和区域生态环境的共保共治。

明确粤港澳大湾区都市圈规划管控内容,发挥管控效力。通过空间底线管控和重点协调区域两个方面落实要求,空间底线管控由底线型指标实施管控,包括底线管控、规模等级、协作联系、生态绿色、人文品质共5大类型14项指标组成,以此约束都市圈城市间的协调发展。重点协调区域主要针对区域生态环境、区域综合交通网络、区域市政基础设施、区域公共服务以及区域重大安全体系等方面

进行协调，以此加强空间结构性要素管控，明确跨行政区的区域性生态廊道、重大交通廊道、市政基础设施廊道、重要水源地与水源涵养区等管控要求。

加强都市圈内部、都市圈间的国土空间规划与专项规划的衔接与传导。构建统一的数字底板，提供科学决策的信息基础。国土空间规划是国家空间发展的指南、可持续发展的空间蓝图，是各类开发保护建设活动的基础依据，应落实"多规合一"要求，将空间利用类专项规划纳入国土空间规划"一张图"，形成统一的数字底板，实现"多规合一"，加强都市圈内部、都市圈间的国土空间规划与专项规划的衔接与传导，打破行政管理边界的壁垒，推动跨区域、跨部门的综合决策与业务协同。

4.3.3.5 推动粤港澳大湾区"三生空间"协同发展

加强"三生空间"协同。加强粤港澳大湾区"三生空间"协同发展，推进城市一体化协调发展，坚守三条控制线，处理好生活、生产、生态的空间格局关系。做到生态空间保障生产活动高效、生活空间高质，生产空间带动人居环境改善、生态空间修复；生活空间促进生产功能提升、生态空间和谐，实现向生态优先、生活空间主导、生产-生活-生态空间统筹协调的空间优化模式转变，构建一个高效、宜居、美丽的城镇空间结构。

打造城市空间资源多功能性与有序性。推动区域实现多功能性、有序性的空间资源化，以适应新时代的要求。为了打造区域资源多功能性与有序性，在国土资源方面，需提供充足的空间资源，并通过科学手段，集约化利用土地资源；通过统一规划，集聚并协调各个功能复杂的多变区域，实现多元经济模式取代规模经济模式。

加强城市间空间资源的可融合性、共享性。通过打造多模式、多层级交通体系，满足多样性出行需求，解决通勤时间长、通勤方式繁琐、功能区间连接不紧密等问题。此外，通过出入境政策的调整、投资政策的优化等，进一步加强港澳地区与湾区内地 9 市的联系，推动两地资源的共享。

4.3.4 粤港澳大湾区空间发展统筹机制建议

4.3.4.1 依托省数字政府政务信息基础设施及电子政务云平台的能力，保障湾区空间发展

为保障粤港澳大湾区空间发展，必须依托广东省数字政府政务信息基础设施

及电子政务云平台的能力。广东省政务外网已形成省、市、县三级网络体系，并开展"一网统管"体系建设，建立了省政务大数据中心等系统，初步汇聚了全省各地市、各厅局的数据，具备了丰富的数据资源，为全省电子政务建设提供有力的网络支撑、系统支撑及数据基础支撑。在"一网统管"的框架下，依托平台的能力，把湾区数据共享到省政务大数据中心，并以业务需求为驱动、数据为基础，建立适用于粤港澳大湾区城市群综合决策与协同发展的机制、规范、平台、系统，实现湾区数据共享、共治、共用，推动跨区域、跨部门的综合决策与协同服务，支撑粤港澳大湾区国土空间资源优化配置协同路径的可行性。

4.3.4.2　建立湾区数据共享机制及数据共享规范

强化"数据先行"理念，建立粤港澳大湾区数据共享机制，为跨区域、跨部门的业务智慧协同提供数据基础底板，特别是港澳地区与内地珠三角九市的共享机制。支持深圳建设粤港澳大湾区大数据中心，促进大湾区信息要素高效便捷流动。数据共享机制是湾区内协同发展的关键点，必须在政府部门（如广东省政府、香港特别行政区政府、澳门特别行政区政府、湾区办等）的通力合作下才能实现。

针对湾区规划数据分类标准不统一、粤港澳用地分类标准不统一及规划数据共享接口与共享方式缺乏技术标准等问题，需形成大湾区国土空间规划数据共享网络化服务相关技术规范，用于支撑跨区域、跨部门国土、交通、环境、基础设施、公共服务、人口、产业等领域的数据交换，推动开展业务系统建设。

4.3.4.3　建立湾区跨界自然资源要素平台及动态监测机制

在省数字政府电子政务云平台、数据共享机制及共享规范的支撑下，利用现代先进的遥感影像、空间分析等手段，建设湾区跨界自然资源三维可视化平台，加强资源要素的共享、共治、共用，及推动跨区域、跨部门的业务智慧协同，并建立能体现大湾区一体化发展规律的权威性、连续性统计和监测评估机制。

4.3.4.4　构建湾区业务协同系统及应用场景功能模块

以业务需求为导向，建立粤港澳大湾区城市群综合决策与协同发展系统，构建应用场景功能模块，支撑湾区内各类业务协同工作。一是建立一套湾区空间资源监测指标，摸清粤港澳大湾区人口结构变动及人地关系，弹性控制用地，支撑提出创新供地方式，如鼓励土地混合使用，满足不同时期的设施需求预留发展用地。二是为加强跨区域的交通、环境、重大基础设施等项目的协同建设及环境保护，构建国土空间资源优化利用、重大项目辅助选址、环境协同治理等功能模块，利用空间分析法，摸清国土空间资源的现状、社会关联因素（价格、人口等）、地块的潜在价值等，支撑统筹联动跨行政区域的地铁、市域快线、高铁站点等交通设施、临界地区跨界生活圈布局建设（如垃圾填埋场建设），以及临界地区跨界污染点（如工厂）治理、海洋空间功能管控与环境保护等，推动湾区空间资源利用最优化。

4.4　环境协同治理

4.4.1　环境协同治理的内涵

4.4.1.1　跨界区域

边界地区所处的特殊区位决定其带有明显的边缘性特征，作为跨越两市或多市的边界地带，更多体现出跨市的交通运输通道、生态通道（或生态屏障）等作用。同时，边界分割导致两侧事物产生约束与阻挡作用。在行政区域经济利益最大化的驱动下，不断从"地区本位"角度提升边界功能，使其对相邻城市之间尤其是边界区域内的空间联系与经济要素流动发生"切变"。

跨界区域是重要而特殊的过渡型区域。既是社会、经济联系的前沿和通道，又是矛盾交织、协调困难的区域。区域主体、边界效应作为边缘交界区重要的作用因子，对区域协同发展存在显性的和隐性的影响，是推动或阻滞跨界地区高质量发展的关键变量。

跨界区域是长期而顽固的问题型区域。由于跨界区域地界模糊，地块相互楔入，由此形成"插花地"，在经历多年的基础性整治之后，河流治污如何朝向纵深发展、如何实现深层次的跨界合作、国土空间规划以及产业升级如何与治水相融互补等成为高质量发展的关键问题，集中凸显跨界区域环境协同治理的艰巨性和反复性。

4.4.1.2　跨界环境问题

"跨界"的属性使得一个地区的行为在影响自身福利的同时也会影响其他地

区的福利。流域内的各地方政府"必然寻求地方区域边界内的利益最大化,或地方行政区域边界内的治理成本最小化,一方面要防止区域内利益'外溢',另一方面企图由其他主体承担本区域发展成本"。在无法完全消除邻避设施负面环境影响的条件下,各地出于自身利益考虑,通常将邻避设施选址建设在行政辖区边缘,从而引发跨界地区的邻避冲突。矛盾突出表现在垃圾填埋场、垃圾焚烧厂等邻避设施的建设导致邻近地区的空气、水质污染。这种相互依赖性促使各地区在排污决策时不得不有所前瞻,提前考虑其他地区可能会施加的影响。由于边界行政区在资源禀赋、经济社会发展、利益诉求、决策意识行为等方面存在显著的异质性,行政区边界对流域统一管理的影响相当明显。

受制于自然生态空间和行政区之间的内在非耦合性,跨界生态资源分割现象较为突出,亟须一个统一的区域性标准。加之各地标准规范、管理机制、政策法规等存在差异,往往造成跨界地区生态污染,而各自为政的治理措施进一步加剧了生态环境共保的难度。例如,跨界水功能区水质目标不统一、上下游水体治理的不联动导致整个区域水环境质量的下降,或跨界山体保护利用方向不一致,导致山体共保或协同利用目标难以统一。

4.4.1.3 环境协同治理

对于城市治理在地域上的延伸,需要在区域层面探讨国家、区域、城市等不同层级、不同单元的政府和发展主体之间的权力互动和利益协调(张京祥和庄林德,2000;Wu, et al., 2021)。由于行政边界两侧地区不同的管理架构、市场结构等因素以及跨界区域对各自国家或地区原有政治制度的挑战,这些跨界空间具有"高度的不稳定性和脆弱性",并阻碍了区域一体化的发展。跨界管治研究也相应地成为了西方学术界的最新研究热点。概括起来,"跨界管治"就是在跨界的地域上建立一个空间管理框架。根据 Wenban-Smith(2002)的观点,如果知识资源(knowledge resource)、信任和社会认知(trust and social understanding)、集体行动的能力(capacity to act collectively)三个要素能通过相互作用的公众参与被社会分享,那么跨界管治则能大大促进跨界地区的发展。Perkmann(2007)在分析跨界地区的地域重构过程中则指出,"跨界地区管治功能的重构包括三个方面的内容:政治动员(political mobilization),用以支撑一个尺度的创建或转变的社会基础的形成;管治建构(governance building),即网络组织的重构;战略统一(strategic unification),能够形成战略干预与在影响地域尺度的经济和社会过程中所取得的效果的联系"。

4.4.2 粤港澳大湾区环境协同治理的边界效应

4.4.2.1 基于边界效应关系的跨界环境协同发展水平测度方法

（1）污染密度指数

产业集聚度表征各类行业在空间分布的集聚程度。污染密度指数是环境公正理论研究中常用的概念，以代表污染设施对周边地块的影响程度。此概念由博林（Bolin）等人于 2002 年提出，即通过缓冲区分析对分析单元的污染影响等级进行评估记分，并以此探究污染点的空间分布情况。若 X 镇（街道）包含 S 企业 1000 米半径圆内缓冲区的所有面积，则记为 1，若仅包含 50%，则记为 0.5，相加求和得到各镇（街道）污染密度指数。

（2）核密度分析

空间分析方法中估计序列密度函数的非参数估计方法——核密度分析在大气污染物、水污染空间分布特征模拟中广泛应用，采用核密度分析可将点的集聚特征表现在空间上。核密度分析主要是根据核函数，将每个点或线要素拟合成平滑锥状面，中心位置的核密度为整个窗口范围内的密度之和，在大气污染物、水污染空间分布特征模拟中广泛应用。计算公式为：

$$f_n(x) = \frac{1}{nh}\sum_{i=1}^{n}k(x-x_i)/h \tag{4-2}$$

式中：h 是窗口带宽；n 是窗口中的点数；$(x-x_i)$ 是从估计点 x 到采样点 x_i 的距离；$k(x-x_i)$ 为核函数方程。$f_n(x)$ 值越大，核密度越高。

（3）基于城际的生态环境协同发展相互关系矩阵

系统评价城际边界地区生态环境协同治理现状，以流域水质量、污染密集型企业、环境基础设施等为突破，在数据可得的情况下还包括环境污染联防联控执行率、散乱污企业关停并转迁比例、边界地区生态修复投入占比等。

4.4.2.2 流域水环境质量边界特征

（1）数据来源

珠三角九市的数据来源主要是国家地表水水质自动监测实时数据发布系统、"开放广东"全省政府数据统一开放平台及相关统计年鉴等，包括国家主要河流流域重点断面水质自动监测周报数据（2008—2021 年）、广东省重污染河流断面水质状况（2014—2021年）、主要跨市河流交接断面水质状况（2014—2021年），包含交接关系、断面经纬度、水质类别、达标状况、主要超标项目/超标倍数、综合污染指数，以及地级以上城市/县级行政单位所在城镇集中式饮用水水源水质月报（2008—2021年）、近岸海域海水水质（2015—2020年）、入海河口水质（2014—2020年）、入海河流水质（2015—2020年）、饮用水水源地环境问题清单、直排海污染源水质监测信息等。此外，港澳的相关数据也主要来源于政府环保机构，包括香港环境保护署水质监测数据（月度，含河溪水质、海水水质、食水水质、泳滩水质）、澳门环境保护局水质监测数据（月度，含电导率、盐度、酸碱度、浑浊度、溶氧度）。

（2）计算方法

①超标项目/超标倍数计算，溶解氧为目标浓度与监测浓度的差值，其他指标以阶段目标计算，无阶段目标的以水质目标计算；②综合污染指数计算指标为《地表水环境质量标准》（GB 3838—2002）24项"地表水环境质量标准基本项目"中除水温、总氮、粪大肠菌群、pH、溶解氧外的19项指标；③根据月度达标率数据汇总计算城市间河流交接断面水质年平均达标率。

（3）分析结果

2014—2020年跨界地区水质总达标率情况见表4-7。深圳惠州之间的淡水河和深圳东莞之间的石马河、广州佛山跨界河流、跨深圳东莞的茅洲河是历年污染较严重而且水质反复的跨界区域。为避免跨界流域河道等成为转移负外部性的通道，深惠统筹，治理淡水河跨界污染；深莞联动，治理观澜河跨界污染；广佛同城，共治内河涌污染。边界而不边缘。以临近深莞惠行政边界地区的乡镇边界为单元划定研究范围，跨深圳与东莞、惠州边界地区面积2421.98千米^2，仅占深莞惠区域总面积15.38%，但区域企业数量占到了深莞惠区域内总企业数的27.96%；居住人口数量（1848.85万人）、工作人口数量（654.13万人）更占到深莞惠总居住人口数的37.74%和总工作人口数的34.82%。企业与人口数较面积占据更高的份额，表明处于深莞惠行政区格局中的边界地区并非经济意义的边缘板块。

表4-7 跨界地区水质总达标率（2014—2020年） （单位：%）

	广州	深圳	珠海	佛山	惠州	东莞	中山	江门	肇庆
广州				77.30[①]	97.30				
深圳					12.00	29.30			

① 此数据含义为广州、佛山跨界地区河流水质平均达标率为77.30%，余类同。

续表

	广州	深圳	珠海	佛山	惠州	东莞	中山	江门	肇庆
珠海							92.00	100.00	
佛山							94.70	92.00	97.30
惠州						37.30			
东莞									
中山								96.00	
江门									
肇庆									

4.4.2.3 区域大气环境质量边界特征

（1）数据来源

区域空气质量，56个点位，逐日数据，2013年10月—2020年5月，主要统计 $PM_{2.5}$、O_3、SO_2 等的相关指标，包括 AQI 指数、空气质量状况、$PM_{2.5}$ 指数、$PM_{2.5}$ 24 小时滑动平均浓度、PM_{10} 指数、PM_{10} 24 小时滑动平均浓度、SO_2 1 小时平均浓度、SO_2 24 小时滑动平均浓度、NO_2 1 小时平均浓度、NO_2 24 小时滑动平均浓度、CO 1 小时平均浓度、CO 24 小时滑动平均浓度、O_3 1 小时平均浓度、O_3 8 小时滑动平均浓度、O_3 日最大 8 小时滑动平均浓度、O_3 日最大 1 小时平均浓度、首要污染物等。

（2）计算方法

以城市边界的 1 千米、2 千米、5 千米、10 千米等为半径设置缓冲区，根据不同的指标进行插值分析，计算城市间缓冲区内 $PM_{2.5}$、O_3、SO_2 的月平均浓度、年平均浓度等。

（3）分析结果

城市之间污染物传输现象显著，大气污染形成区域性格局。"两高一严重"（细粒子浓度高、O_3 浓度高、灰霾严重），城市间污染物相互传输，O_3、$PM_{2.5}$、SO_2 等大气污染物形成区域性的时空重叠，广州、东莞、佛山的污染传输对周边城市影响较大。区域火电厂多、耗能大，污染排放多属高架源，能够通过大气进行远距离传输，造成区域性污染。

4.4.2.4 污染密集型企业分布边界特征

（1）数据来源

1995—2013年的数据主要来源于工业企业数据库。根据国民经济行业分类标准，按照污染排放强度划分到行业小类，最终确定11个行业大类中的140个行业小类为污染密集型产业。采用1995—2013年的经济普查数据，包括所有登记注册企业名称、地址、4位数行业分类代码等信息。根据行业代码筛选出污染密集型企业；利用Geocoding软件解译企业的地理坐标，并剔除未解译和解译错误的企业（剔除率低于5%），建立了污染密集型企业空间数据库。2013—2019年的数据主要来源于广东省企业环境信用评价结果、广东省涉重金属重点行业企业清单（2018年）、使用消耗臭氧层物质企业清单（2020年）。根据国民经济行业分类标准[①]，按照污染排放强度划分到行业小类，最终确定共11个行业大类中的140个行业小类为污染密集型产业。具体包括：农副食品加工业（14）、食品和饮料制造业（10）、纺织业（10）、造纸及纸制品业（5）、石油加工、炼焦及核燃料加工业，化学原料及化学制品制造业和化学纤维制造业，医药制造业，非金属矿物制品业（22），黑色金属冶炼及压延加工业，有色金属冶炼及压延加工业，电力、热力的生产和供应业和水的生产和供应（4），括号内数字为其包含的行业小类数量，未标示的行业包含所有行业小类。

（2）计算方法

以城市边界的1千米、2千米、5千米、10千米等为半径设置缓冲区，统计城市间缓冲区内污染密集型企业密度（个数/缓冲区面积）。

（3）分析结果

①从工业企业数据库分析：2009年，10千米边界缓冲区占大湾区全域面积的30.57%，边界缓冲区内污染密集型企业占大湾区污染密集型企业的44.89%（大湾区内污染密集型企业共3622个，缓冲区内污染密集型企业总数是1626个）（表4-8）。2013年，10千米边界缓冲区占大湾区全域面积的30.57%。边界缓冲

[①] 国民经济行业分类是中华人民共和国国家标准，规定了全社会经济活动的分类与代码。1984年，由国家统计局、原国家标准局、原国家计委、财政部联合制定的《国民经济行业分类与代码》（GB 4754—84）是国民经济行业分类国家标准的最初版本。1994年、2002年、2011年和2017年，国民经济行业分类国家标准历经四次修订，并更名为《国民经济行业分类》。分类共分为门类、大类、中类和小类四个层次，共包含门类20个，大类97个，中类473个和小类1382个。由于本书研究涉及年份跨越了2011—2017年，因此根据研究需要对相关行业类别进行了调整，例如，将"食品制造业"和"酒、饮料和精制茶制造业"合并为"食品和饮料制造业"等。

区内污染密集型企业占大湾区污染密集型企业的 65.83%（大湾区内污染密集型企业共 7794 个，缓冲区内污染密集型企业的总数是 5131 个）。2009 年和 2013 年跨界地区半径 10 千米边界缓冲区内污染密集型企业污染密度指数分别见表 4-9、表 4-10。水是地球环境系统的基本构成要素之一，是决定陆生生态系统的基本类型的关键因子。大湾区地处珠江下游，境内水系发达、江河密布，河流水系与经济、社会、文化等紧密相关。数据显示，2018 年广东河流水系周边 2 千米范围内活动人群约 8035 万、建设用地达 15 023 千米^2、企业约 569 万家，分别占全省总数的 80%、82.2%、71%。水环境的恶化和极端天气频发对全省生产与生活均产生严重影响，水环境治理和水安全提升成为大湾区现阶段面临的挑战。

表 4-8　不同半径缓冲区及污染企业情况（2009 年）

	缓冲区面积/万千米^2	缓冲区面积占比/%	污染企业/个	污染企业占比/%
全域	5.6	100.00	3622	100.00
1 千米	0.241 9	4.32	127	3.51
2 千米	0.461 7	8.24	247	6.82
5 千米	1.049 2	18.74	655	18.08
10 千米	1.711 8	30.57	1626	44.89

表 4-9　跨界地区半径 10 千米边界缓冲区污染密集型企业污染密度指数（2009 年）

	广州	深圳	珠海	佛山	惠州	东莞	中山	江门	肇庆
广州				0.20	0.00	0.10	0.14		
深圳					0.04	0.16			
珠海							0.03	0.01	
佛山							0.25	0.03	0.03
惠州						0.05			
东莞									
中山								0.16	
江门									
肇庆									

表 4-10　跨界地区半径 10 千米边界缓冲区污染密集型企业污染密度指数（2013 年）

	广州	深圳	珠海	佛山	惠州	东莞	中山	江门	肇庆
广州				0.43	0.05	0.77	0.32		
深圳					0.18	0.47			

续表

	广州	深圳	珠海	佛山	惠州	东莞	中山	江门	肇庆
珠海							0.22	0.06	
佛山							0.75	0.21	0.15
惠州						0.28			
东莞									
中山								0.53	
江门									
肇庆									

②从广东省全口径涉重金属重点行业企业（2018年）分析：选取有色金属矿（含伴生矿）采选业（铜、铅锌、镍钴、锡、锑和汞矿采选业等）、重有色金属冶炼业（铜、铅锌、镍钴、锡、锑和汞冶炼等）、铅蓄电池制造业、皮革及其制品业（皮革鞣制加工等）、化学原料及化学制品制造业（电石法聚氯乙烯行业、铬盐行业）、电镀行业等六大重点行业。2018年跨界地区半径10千米边界缓冲区涉重金属重点行业企业污染密度指数见表4-11。各地区产业结构布局缺乏在全局上与水资源、环境生态统一协调，导致跨界水系及行政边界附近的水污染问题突出；污染密集型产业具有明显的负外部性特征，城市政府有动力促进污染溢出，以便在向邻近地区输出环境成本的同时获取自身经济利益；污染密集型产业具有明显的负外部性特征（"沿边分布"），表现出强烈的环境容量制约性和政府规制主导性；污染企业向城市边界和环境准入门槛低的区域迁移，输出环境成本，提升企业生产率和利润率，使得污染企业空间分布及其所形成的城市污染格局更加复杂；以邻为壑的污染转嫁将辖区内的环境负外部性扩展到邻近城市，以避免对本城区的污染；废水排放较多的污染企业也有明显的靠近城市环境功能较低的外流河分布的特征。

表4-11 粤港澳大湾区跨界地区涉重金属重点行业企业污染密度指数（2018年）

	广州	深圳	珠海	佛山	惠州	东莞	中山	江门	肇庆
广州				0.06	0.03	0.10	0.06		
深圳				0.12	0.09				
珠海							0.02	0.04	
佛山							0.15	0.02	0.04
惠州						0.08			

续表

	广州	深圳	珠海	佛山	惠州	东莞	中山	江门	肇庆
东莞									
中山								0.07	
江门									
肇庆									

③从使用消耗臭氧层物质（ODS 物质）企业清单（2020 年）分析：选取生产、销售、使用及回收消耗臭氧层物质企业。2020 年跨界地区半径 10 千米边界缓冲区消耗臭氧层物质企业污染密度指数见表 4-12。总体来看，各地区产业结构布局缺乏在全局上与水资源、环境生态统一协调，导致跨界水系及行政边界附近的水污染问题突出。

表 4-12　跨界地区消耗臭氧层物质企业污染密度指数（2020 年）

	广州	深圳	珠海	佛山	惠州	东莞	中山	江门	肇庆
广州				0.06	0.00	0.03	0.02		
深圳					0.02	0.07			
珠海							0.01	0.01	
佛山							0.07	0.01	0.01
惠州						0.02			
东莞									
中山								0.02	
江门									
肇庆									

④从广东省省级环境信用评价企业（2006—2019 年）分析：企业名单包含"环保不良企业"——红牌企业，"环保警示企业"——黄牌企业，"环保良好企业"——蓝牌企业，"环保诚信企业"——绿牌企业。城镇快速扩展与水环境保护矛盾日益突出。珠三角地区饮用水源保护区内的建设用地高达 1290.74 千米^2。经济发达的珠三角城市群扩张快速，建设用地挤占水生态空间更显著，饮用水源保护区内的建设用地高达 1004.56 千米^2，占珠三角地区的 77.8%。广州和深圳水源保护区内的建设用地面积最大，2 个地市水源区内建设用地面积已超过珠三角地区的 50%。产业集聚与环境污染的格局性矛盾明显。2015 年，珠三角

地区共有92个开发区（26个国家级、66个省级）、50个产业转移园、53个专业化生产基地、326个省级专业镇。近半数（44%）产业集聚区分布在珠江三角洲。区内河网纵横交错，供排水相对分离的格局尚未形成，部分工业集聚区毗邻供水通道，易加剧流域水污染和威胁饮用水安全，格局性污染依然严重。

4.4.2.5 环境基础设施分布边界特征

（1）数据来源

构建粤港澳大湾区邻避型环境基础设施（集中式污水处理厂）信息库，选取广东省集中式污水处理厂信息（2008年—2017年6月，490个；2017年7月—2018年，766个），从中筛选出大湾区的集中式污水处理厂，共811个。

（2）计算方法

以城市边界的1千米、2千米、5千米、10千米等为半径设置缓冲区，统计城市间缓冲区内污染密集型企业密度（个数/缓冲区面积）。

（3）分析结果

边界缓冲区占大湾区全域面积的25.7%；边界缓冲区内的污水处理厂占大湾区污水处理厂的58.4%。供排水格局尚未完全分离，集中式污水处理厂布局有待优化。2015年珠三角地区共有552家城镇污水处理厂，其中城镇生活污水处理厂353家，占珠三角地区总数的63.9%，设计污水处理能力为1927.5万吨/日，占珠三角地区总处理能力的83.2%。2018年，部分污水处理厂经过关停并转，珠三角地区共有881家集中式污水处理厂，但部分污水处理厂仍密集分布在供水通道周边。以肇庆为例，已建的城镇污水处理厂大多沿西江干流建设，对区域饮用水安全构成威胁。跨界地区半径10千米边界缓冲区集中式污水处理厂密度指数见表4-13。

表4-13　粤港澳大湾区跨界地区半径10千米边界缓冲区集中式污水处理厂密度指数（2018年）

	广州	深圳	珠海	佛山	惠州	东莞	中山	江门	肇庆
广州				0.05	0.01	0.05	0.03		
深圳					0.03				
珠海							0.02	0.01	
佛山						0.06	0.06	0.02	0.01
惠州						0.03			
东莞									

续表

	广州	深圳	珠海	佛山	惠州	东莞	中山	江门	肇庆
中山								0.03	
江门									
肇庆									

4.4.3 粤港澳大湾区环境协同治理的路径与机制

4.4.3.1 跨界环境协同治理的协调合作机制

（1）健全中央-地方的跨界环境协同治理协调架构，理顺跨界水环境治理中的各方职责

一是中央层面对跨界协调、政策体系、治理体系等做出顶层设计，设立多部委参与的"粤港澳大湾区发展国家部际联席会议"，指导三地政府开展形式多样的跨区域融合发展的实践和创新，形成统分结合、上下一体的跨界区域治理新模式。二是大湾区层面积极构筑多层次、多类型的跨界治理新机构、新载体，开创点、线、面相结合的跨界协调网络。三是发挥非正式区域管理机构的协调作用。针对跨界问题面临的事务无主和程序繁杂，非正式区域管理机构，包括民间团体、公益组织、学术研究团体、会议论坛等，辅助推动跨界协调进程，更灵活地从不同角度推动区域协调，是公众参与政府行为的重要补充。

（2）完善流域统筹协作共治机制，构建跨界水体综合防治体系

一是树立"一体化"意识和"一盘棋"思想。对流域、区域内环境监测与监管设施、污染治理设施、环境修复设施等统一规划、统一布局、共建共享，实现生态环境保护政策的一体化、一致化和行政执法与环境司法的统一。二是完善跨界河流交接断面水质目标管理和考核制度。合理设置跨界河流交接断面，明确水质控制目标，压实主体责任。将跨界河流交接断面水质保护管理纳入环境保护责任考核范围，健全监测、评估、考核、公示、奖惩制度。三是提升环境监管一体化水平和联合污染预警能力，搭建跨界环境信息资源共享交换平台，实现区域内跨界水污染的实时预警联动，建立跨区域、跨部门的联合监察执法机制，加强城市交界处跨界水污染联合管控。

（3）推广"产城水"联动治理发展机制，成立涵盖跨界河流上下游、左右岸、干支流的综合治理基金

一是设立区域性环保专项/特别行动基金。充分发挥市场资本对区域跨界治理与发展的杠杆作用，构筑政府和市场协同参与的跨界治理新格局。由湾区牵头共同设立引导资金，各地市按上年度生产总值或者财政收入的一定比例提取财政资金，共同建立大湾区环境保护专项基金。二是推广"水环境治理与生态修复、土地整备开发、投融资"全新治理模式。从区域综合开发、资源协调利用、土地增值、项目开发收益平衡，减轻政府负担等方面考虑，通过河道疏浚、岸坡加固、景观绿化等一系列措施，在改善水质的同时，也可以达到增加可利用土地面积、提升周边土地价值的目的。

4.4.3.2 跨界环境协同治理的利益激励机制

（1）创新区域环境经济政策，市场化杠杆引导跨界地区协同共治

一是建立排污权有偿取得与交易制度。全面实施排污许可证制度，建立排污量核定系统，积极开展排污权交易试点工作，设立排污权有偿使用与交易管理中心，试行排污许可证与排污配额权证两证合一，探索"配额有偿分配+排污收费+超配额加倍收费"的新模式。二是理顺资源环境价格体系。努力形成资源使用价格、环境恢复价格、污染物处置价格和环境服务价格"四位一体"的资源环境价格体系。三是加快出台和实施绿色保险、绿色信贷、绿色贸易等环境经济政策。开展污染责任保险试点，建立环境损害赔偿政策机制，建立完善水泥、造纸、漂染等行业落后产能退出机制，开展工商注册登记环保前置审批。

（2）健全跨界水环境补偿机制，系统提升生态环境管控水平

一是建立健全相关法律法规。建立健全大湾区跨界水质补偿法或条例以及相关配套制度法律保障机制，对生态补偿的基本原则、法律地位、补偿主体、补偿标准、补偿方式等方面给出明确规定。二是充分发挥市场机制作用。积极探索推行由市场定价的排放权交易等多样化的跨界水质补偿机制，充分发挥市场的优势，积极促进大湾区生态绿色一体化的发展。三是建立跨界断面水质管理的补偿与赔偿政策。按照"类别差距越大赔偿额度越大，污染越重赔偿额度越大"和"地表水有偿使用功能"原则，污染方向受污染方支付赔偿金。四是实施跨界水环境补偿试点。鼓励受益地区与保护生态地区、流域下游与上游通过资金补偿、对口协作、产业转移、人才培训和共建园区等建立横向补偿关系。

(3) 加快跨区域协同立法进程，构筑跨界司法协助与仲裁体制

在"一国两制"、三种法律体系的格局下，跨区域发展存在诸多跨境法律衔接难题。因此，宜采取政府推进为主、社会演进为辅的紧密型区域立法合作机制，加强对大湾区建设中跨界环境治理领域协同立法问题的研究。同时，深化司法体制和机制改革，加强司法应对和区际司法协助，破解发展中的法律衔接难题。在中央政府和地方政府的共同推动下，针对大湾区跨界环境协同治理领域，先行先试开展三地协同立法的探索和实验，形成一套相对一致，且为大湾区内各地政府的重大合作项目规划提供支持和保障的较为系统完善的法律框架，破解衔接难题。

4.4.3.3 跨界环境协同治理的监管保障机制

(1) 创新环境治理方式，推动技术赋能

一是提升大湾区跨界跨境环境联合监管水平和精准高效治污能力。联合广深港澳等环境治理领域尖端力量推进跨界环境治理技术攻关，引入治水战略合作模式水环境产业联盟，整合环保企业、科研院所、高等院校等资源，形成跨界河流水污染防治一揽子解决方案整体服务平台和水污染防治高端智库。二是打造大湾区跨界跨境环境信息化数据平台。积极应用大数据、区块链等新兴信息技术，建设大湾区"跨界河流水治理管理信息云平台系统"，促进信息资源共享、治理效果反馈、区域交流互动。

(2) 通过独立跨界项目的运作，推动跨界协调整体进程的作用

当具体的跨界难题迫在眉睫时，可考虑以"特事特办"的方式打破既有框架的桎梏，发挥创新示范带头作用。当跨界协调难以全局推进时，也宜从单体项目入手，以点带面实现突破。然而，特殊项目也有可能因过于独特而不具备推广意义。因此需合理判断项目是否具有榜样价值，是否有可能带动全局发展。对于具有示范性的，如能在运作过程中前瞻性地提出具有借鉴推广意义的协调方案，将使特定项目发挥更大的作用。

(3) 构建同步投入、同步问责机制，促进跨界河流落实河长制

由省政府相关部门介入，或由分管的总河长定期召开协调会议，进一步明确跨市河流污染整治的协调机制，构建同步规范、投入、施工、监测、问责的机制，将治水与城市更新和产业转型相结合，实施流域上下游、左右岸协同共治，统筹推进各类工程措施，全面落实河长制，探索按流域设置环境监管和行政执法机构。

在赋予河长相应权力的基础上可考虑创新治理补偿机制，跨界河流的左右岸由于发展水平差异大，可让一方河长统筹、跨界治理整段流域，另一方给予补偿。

4.5　制度协同安排

4.5.1　制度协同安排的内涵

（1）区域治理

"区域治理"概念源于西方国家（李铭等，2007），主要以由各级政府及社会团体、企业、公众、利益组织等多元主体组成的多层次治理（multi-level governance）为核心方法（Marks，1996；顾朝林，2000；张京祥和庄林德，2000；杨春，2008），治理的重点在于协调一定区域内政府主体或其他发展主体之间的权力互动关系（Newman，2000；张京祥和黄春晓，2001）。

以区域治理视角审视我国的区域发展，学术界普遍认为可以将改革开放以来的这一进程划分为以行政区划调整为主导的刚性治理阶段和以区域规划为主的柔性治理阶段（张京祥等，2002；李郇等，2016；胡剑双和孙经纬，2020）。因体制因素，"活乱循环"周期曾经是我国区域治理较难以破解的怪圈（林毅夫等，2016）。大约进入21世纪以后，中央政府通过上收权力、资源控制、编制区域规划等手段加强对区域、地方发展的宏观调控。在这种国家-地方的双层区域治理框架机制下，一些相对活跃的省份成立区域合作组织，主导了区域治理活动。与此同时，地市级政府之间也通过联席会议、经济协调会议等机制进行协商，提供区域治理的对话平台（张京祥，2013）。

作为具有多重边界的跨境区域（刘云刚等，2018），粤港澳大湾区的区域治理具有刚柔并济的特点。刚性治理代表国家意志在大湾区的投射，主要表现为以改革开放为代表的一系列政策哺育，以经济特区、中国特色社会主义先行示范区为代表的"新国家空间"的涌现，以及以自贸试验区、科学城等为代表的空间尺度和治理单元的重塑。在柔性治理层面，区域规划是加强区域协调的重要手段。截至2023年，粤港澳大湾区（包括此前以珠三角为名义）一共编制了四版区域规划，即1994年的《珠江三角洲经济区城镇群规划》、2004年的《珠江三角洲城镇群协调发展规划》、2008年的《珠江三角洲地区改革发展规划纲要》和2019年的《粤港澳大湾区发展规划纲要》。早期的区域规划由广东省政府组织编制。自2004年开始，国家部委开始参与这一地区区域规划的编制，2019年的《粤港澳大湾区发展规划纲要》则直接以中共中央、国务院名义印发。区域规划的编制权限逐渐向上提升，但高层级政府只编制、颁布纲领性的规划，实施性规划的权限仍然留予地方。

综上，粤港澳大湾区本质上是一个具有多重行政架构的跨境区域（杨春，2006），中央和地方同时在大湾区的区域治理中扮演重要作用，使得大湾区的治理层级更加多元，空间组织更加灵活，体现了自上而下和自下而上结合的治理模式。

（2）尺度重构理论

粤港澳大湾区作为行政区关系最为复杂的中国城市群，其演化和发展的过程也是不断进行尺度重构的过程。四十年来，这一地区的权力下放（地域化）与区域重构（去地域化）交织（徐江和叶嘉安，2009），并且通过正式的行政区划调整与非正式的区域协调机制以及具体任务导向的协商，开展了多尺度的跨界治理（Yang，2005；冯邦彦和尹来盛，2011），形成了城市群的"尺度"景观。

改革开放初期的一系列分权化改革进程中，广东省经历了大规模的行政区划调整，以"尺度下移"的形式完成了从空间均一化到空间破碎化的转变过程。这一轮行政区划调整主要是为了配合经济特区建立等工作，去除设市体制障碍，增加地方资源，促进经济社会发展活力。1979年，深圳设市，由惠阳行署析出；1985年，东莞、中山在原有县级行政区基础上设市，1988年升格为不设区县的地级市，奠定了今日珠三角的基本行政格局。而在同一城市辖区内部，行政区格局也呈现不断分化的格局。以深圳为例，1979年宝安县改设为深圳市，1981年宝安县恢复建制，辖深圳经济特区之外的原宝安县地，1993年宝安县又被撤销建制，改设龙岗、宝安两区，此后在两区基础上，深圳一直在以先分成功能区再待时机成熟后设区的形式进行内部分权（王吉勇，2013），通过"新城-新区-行政区"路径，先后析出龙华、光明、坪山、大鹏等区级单元。扁平化的功能区管理体制介于行政区与工业区之间（石超艺，2011）。

分权化与"尺度下移"塑造了经济活跃的珠三角，但不利于区域协调发展（郭磊贤等，2022），尤其是行政区划调整成本越来越高，已经无法及时适应区域发展的切实需要（魏立华和闫小培，2004）。灵活的"尺度上移"成为治理选项。一方面，自改革开放以后，广东省层面与国家部委合作，先后编制了四版珠三角区域规划，尽可能在已有规划体系下进行统筹；另一方面，国家也通过"大珠三角"等新的空间尺度进行区域协调。这一时期，学术界也提出建立珠三角都会区联盟以及广佛、深莞惠、珠中江等三大都会区协调委员会，向上协调区域事务的学术主张（刘君德，2001）。尺度的有限上移还体现在设立深汕特别合作区等产业转移平台，作为广东省、珠三角以及以深圳为代表的经济发达城市等尺度交互下的生产空间（马学广和李鲁奇，2017）。

随着尺度作用层次的不断变化，区域政策与内部协调关系的作用层级也不断出现变化，空间治理出现"跨尺度"特征。深圳等发达城市通过权力下放和空间分化，形成了在更大范围、更深层次组织资源和空间的能力，并以"强区放权"的形式实现了制度化（艾琳和王刚，2017）。东莞、中山等不设区市，长期以来的镇街经济面临资源统筹不足、竞争力不强问题，产生"中间尺度"（即合并镇街，建立组团或空间分区，甚至设区）的需求（王登嵘等，2006；王雷和吴志强，2006；谢涤湘等，2019；张紧跟，2020）。为此，中山市委、市政府发布《关于实施组团式发展战略的意见》，东莞也在新一轮国土空间总体规划编制中，在乡镇和市之间加设"组团"层次协调空间。此外，香港、澳门也在融入内地发展的各类事务运作中，与中央、广东、深圳与珠海等产生跨尺度的协调需求。前海、横琴、河套等跨境合作区成为尺度治理的抓手（王博祎和李郇，2016）。各类增加尺度层级的方式，促进这一地区形成多尺度的区域空间单元体系和多元化的空间治理机制（张紧跟，2007）。

中央提出粤港澳大湾区国家战略后，一个新的空间尺度在这一城市群中诞生。对于一些难以在较下层尺度解决的问题，大湾区提供了一种处理这些问题的平台（王缉宪，2017）。同时，粤港澳大湾区是国家参与的尺度重构，意味着大湾区已经重组为"新国家空间"（许志桦等，2019）。但客观上看，粤港澳大湾区是一个高密度的碎片化空间，有较高的管制成本，也有特殊的制度环境，并且几乎是将各类行政区都压缩在了相对高密度且狭小的城市群中，成为多重制度空间，容易出现内部主体层级对等但尺度不对等（如"省港"关系），抑或尺度对等又层级不对等（如"深港"关系）的情况，增加城市群空间治理的复杂性。

（3）外部性应对

"外部性"（externality）理论发展久远，但学术界对于外部性的定义依然难以有明确定论（杨小凯和张永生，2000）。总的来说，外部性指的是经济活动中存在对第三者的经济影响。学术界普遍将外部性分成正外部性（某经济行为使第三方受益且无须支付成本）及负外部性（某经济行为对第三方经济造成受损却无承担成本）两种类型。

从区域发展层面来说，区域外部性主要发生在地理环境物质相关联发展的媒介（或产权人不明确的公共产品），主要表现为生态环境、发展关联（产业聚集、交通网络等）等形式（孙平军等，2013）。同时，由于行政管理体制和政府绩效评价机制等因素，在区域顶层或上级政府运用各种政策、税收等行政手段支配和调控要素流动时，可能引发区域的外部性问题。近年，国内诸多学者针对区域协调发展问题，如生态环境（赵晓兵，1999；卢现祥，2002；宋国君等，2008）、产业聚集（朱英明，2003；王春晖和赵伟，2014）、基础建设（朱中彬，2003；刘生龙和胡鞍钢，2010）、边界区划及行政制度（王廷惠，2006；唐为，2019）等问题提出大量研究及理论模型，并就区域外部性优化和空间调控提出对策和建议。

对于城市群而言，突破地理自然单元和行政边界的联系和嵌套容易引发区域空间冲突，从而形成外部性作用（芦伟，2014）。一方面，在城市群固有的利益格局之下，城市功能疏解、污染转移、利益分割等问题便依赖顶级政府通过垂直行政手段的介入推动城际利益再平衡，以实现效率与公平并重的资源配置（Greenwald and Stiglitz，1986）。另一方面，区域部门组织为消除负外部性或达到更高的区域效益，建立必要的制度和区域发展政策，以调节矛盾、加强协同。而城市群各单一子系统的外部性问题也可引发城市群的区域外部性问题，并通过城市群核心城市与外围城市之间各种要素的转移和联系变化而逐步显现（芦伟，2014）。

对于粤港澳大湾区而言，以产业集聚为特征的正外部性效应和城市博弈间产生的负外部性效应互现（孙平军和丁四保，2011），加之各城市在行政边界范围内不断出台同质化的发展政策（如人才政策），进一步加剧了协调、梳理外部性问题的难度。此外，世界经济政治格局的急剧变化也正在给粤港澳大湾区发展带来巨大的外部性影响。如何通过灵活有效的统筹机制和协同政策消减负外部性影响、强化正外部性效应，将是未来湾区经济社会发展和变革的关键议题。

（4）复杂网络

行动者网络理论（actor-network theory）源于社会学领域的革命性转变，它既否定将自然作为解释现象和知识最终依据的自然实在论，也不认同惯于用社会因素解释一切的社会实在论，而提倡遵循"广义相对性原则"（general symmetry principle），用平等对称的视角看待人类与非人类要素的在科学场域中的相互作用，从而将自然和社会统一作为行动者（actor）在同一认知系统中分析（Latour，1992）。

城市群的形成是自然要素、市场主体、社会交往主体、文化主体等身份各异的行动者在产业创新、基础设施、生态环境、社会治理、文化认同等各种层面上搭建出利益关系网络，并相互交织形成城市群网络的过程。城市群网络则进一步塑造区域空间形态，以及各城市在区域中的独特角色。

粤港澳大湾区的形成与发展体现出行动者网络构建及变化的动态特征——城市多元主体在利益、发展愿景、政策导向等因素驱使下，相互识别各地独特资源及差异性优势，依据利益回报预期确立合理的区域分工及定位，共同面对全球化、经济危机、环境问题等内外部挑战。而行动者网络构建的关键在于主体间的"转译"过程。行动者如何把其他行动者的意志用自己的语言理解（艾少伟和苗长虹，2010），决定了各方相互理解的共同基础及利益诉求的平衡区间。粤港澳大湾区城市群制度的协同，本质在于建立沟通理解、达成共识的通道。大湾区内各城市间各类各级主体相互建立的联席会议制度，各领域联盟、协会等协调机构与沟通机制，都为实现即时且顺畅的"转译"提供了平台和场景。未来，区域网络拓展和变换的需求也将进一步推动大湾区城市群的行动者网络越织越密。

4.5.2 粤港澳大湾区制度协同安排的进展与挑战

4.5.2.1 城市群协同发展的体制环境初步稳定

在改革开放初期，港澳（尤其是香港）凭借经济势差向内地进行劳动密集型产业转移，珠三角由此快速走上工业化道路。在 20 世纪 90 年代中期以后，附加值较低的一般服务行业开始跨境转移。该时期珠三角与港澳间的制度协同安排本质上是依托国家层面的改革开放政策通过市场力量形成珠三角对港澳的"单向依赖"。

在 1997—1999 年港、澳相继回归的背景下，港澳与珠三角的空间关系发生了变化。一方面，在"一国两制"框架下，国家力量积极推动三地的协调合作；另一方面，1998 年亚洲金融危机的冲击让香港愈发意识到香港的经济前途与珠三角是密不可分的，两地合作"广东热香港冷"的局面得到了一定程度的化解（杨春，2008），珠三角与港澳间的"单向依赖"开始转变为联系更为紧密的"双向依赖"。但是，单一的市场力量显然并不足以支持这种"双向依赖"，为此在上层机制层面逐渐衍生出粤港合作联席会议、粤澳合作联席会议等常态化的议事机制，协调珠三角对港、对澳协同事务。与此同时,《珠江三角洲城镇群协调发展规划（2004—2020）》《珠江三角洲地区改革发展规划纲要（2008—2020 年）》先后发布,区域协调发展成为珠三角地区的新热点,并逐步形成"广佛肇""深莞惠""珠中江"等区域概念,三个经济圈/都市圈也自 2009 年起陆续召开首届联席会议。但彼时粤、港、澳三地的协同尚处于摸索阶段,城市群的制度协同安排也因此常常转化为城市间合作事务的两两磋商。涵盖三个城市及以上,抑或是区域层面的制度协同,更多停留在框架协议、备忘录层面,未必能对实际事务提供长效支持与指引。

随着广、深中心城市区域能级的进一步提升,以及珠三角土地、劳动力等制造业要素红利和比较优势的转变,大湾区的中心-外围模式有所调整,深圳从香港的经济腹地转变为可与香港并驾齐驱的经济高地。《粤港澳大湾区发展规划纲要》更是明确了以香港、澳门、广州、深圳为四大中心城市的空间格局,提出中心城市要增强对周边区域的辐射带动作用。至此,粤港澳大湾区的体制环境和城市群格局初步稳定。依托这一体制环境,地方政府之间也在积极携手,在地方经济竞赛的发展轨道中努力为加快资源要素在区域内的流动建立更加通畅的政策渠道。

4.5.2.2 多层级区域协调发展行动逐步走向丰富

多层次的联席会议是现阶段粤港澳大湾区开展区域协作的主要机制支撑。现阶段,大湾区已初步搭建起省级-市级-部门三级运作的区域协商机制。

在省-特别行政区层面,主要以粤港合作联席会议、粤澳合作联席会议和香港、澳门特别行政区首长联席会议为平台,就合作方向、合作重点及重大经济社会问题进行磋商,形成区域协调机制的次顶层设计。省级的联席会议已经形成了工作会议、联络办公室、专责小组这三个层次的基本框架,形成了相对稳定的联席会议制度机制。但值得注意的是,省-特别行政区层面的次顶层设计主要为双边对话,鲜有粤港澳三地主要领导同台议事的场合出现。

在城市-城市层面,由于港澳的体制特殊性,市级层面的协商主要在珠三角九市范围开展,具有明显的以都市圈/经济圈为基本空间单元对话的特点。主要依托深莞惠经济圈党政主要领导联席会议、广佛肇经济圈市长联席会议、广佛同城化党政联席会议（2021 年起改称广佛全域同城化党政联席会议）、珠中江紧密合作党政联席会议、珠中江阳区域紧密合作党政联席会议等机制搭建市级领导人之间的沟通平台,实现城市群的中层协调。图 4-5 为三级运作的粤港澳大湾区区域协商机制框架。

4 粤港澳大湾区城市群协同发展的五个维度

```
省-特别行政区 ──→ 粤港合作联席会议
              ──→ 粤澳合作联席会议           ⟹  次顶层设计
              ──→ 香港、澳门特别行政区首长联席会议    （多为双边对话）

城市-城市 ──→ 深莞惠经济圈党政主要领导联席会议
          ──→ 广佛肇经济圈市长联席会议
          ──→ 广佛同城化党政联席会议         ⟹  中层协调
          ──→ 珠中江紧密合作党政联席会议       （深港跨境协同机制升级）
          ──→ 珠中江阳区域紧密合作党政联席会议
          ──→ "市委书记-行政长官"沟通渠道

部门-部门 ──→ 内地、香港、澳门卫生高层联席会议
          ──→ 粤港澳大湾区城市民政部门联席会议
          ──→ 粤港澳大湾区法律部门联席会议     ⟹  业务层执行
          ──→ 粤港澳大湾区五大机场高层联席会议
          ──→ 粤港、深港"工作专班"
```

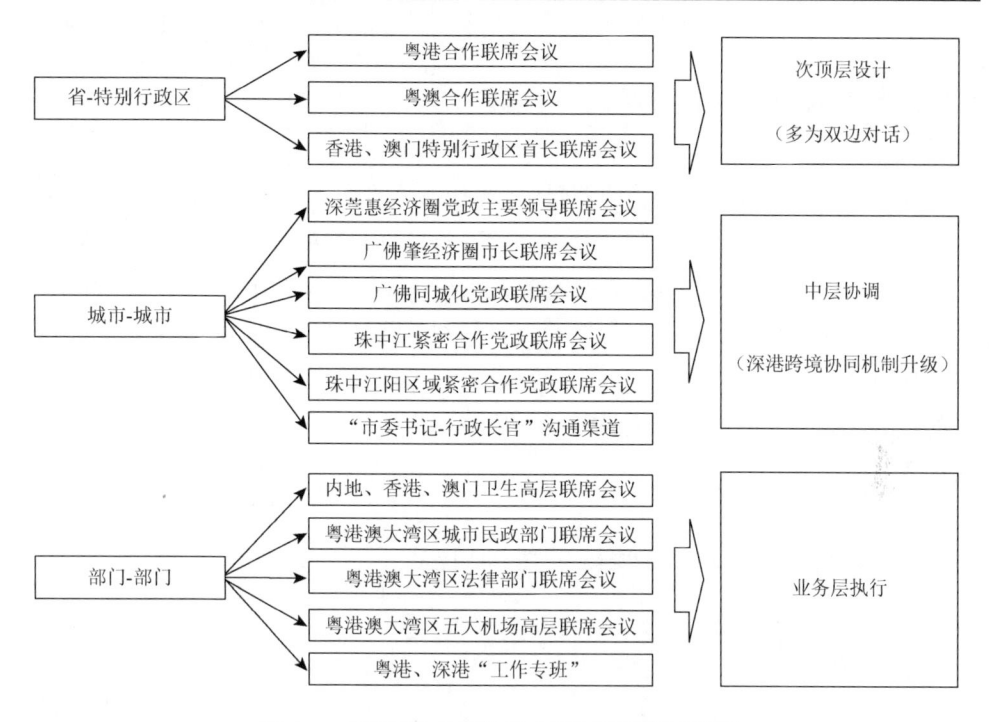

图 4-5 三级运作的粤港澳大湾区区域协商机制

近年来，大湾区城市群的中层协调机制还出现了新的迹象。一方面，都市圈/经济圈协商机制的参与城市主体增多（如深莞惠经济圈党政主要领导联席会议拓展到深莞惠与河源、汕尾"3+2"范围），"朋友圈"范围不断扩大；另一方面，随着都市圈内部分城市间同城化进程的加深，双城的联席会议可能替代原有的都市圈联席会议（如广佛肇经济圈市长联席会议自 2015 年后再未召开，广佛同城化党政联席会议至今仍一年一开）。

此外，近年新成立的粤港、深港"工作专班"成为省级合作、市级合作，乃至专项事务部门对接的新模式，为联席会议机制提供补充。2020 年 11 月，深圳与香港主动升级了深港双城的合作机制，由市委书记直接对接行政长官，并针对即将推行的 40 余个项目，成立"市委书记-行政长官"沟通渠道下的 19 个专班，提供深港两地重大跨境事项沟通衔接平台。2022 年 9 月 1 日，工作专班的模式扩大至省级合作层面，粤港双方设立 13 个粤港合作工作专班。对于深港两地而言，工作专班这一新模式通过灵活的尺度升维，缓解了机制体制不畅为区域协同带来的阻碍，"局-局""署-处"等执行层有机会直接搭建协商渠道，从而共同切实推进合作项目落地，弥补了联席会议制度下相对薄弱的执行环节。

4.5.2.3　利益博弈深刻影响战略实施

在市场经济与行政区经济的逻辑下,合作的动机仍然是实现自身更好的发展,因此,地方政府在区域合作中普遍倾向于追求自身利益的最大化,从而陷入博弈困境,使得许多有利于区域合作共赢的政策措施没能发挥效用(杨保军,2004)。现实的困境是,地方政府不愿意以减少自身利益的形式去补偿他人的利益损失,也不愿意在己方没有明显得利的情况下,去积极推进区域合作项目以实现区域利益的更大化。利益的博弈深刻影响区域战略的实施,甚至导致正在推进的合作建设项目时序不一。

4.5.3　粤港澳大湾区制度协同安排的机制

4.5.3.1　政策机制

在体制机制框架的支持下,粤港澳大湾区各城市均出台了一系列政策支持区域合作,政策领域涵盖产业协同创新、环境协同治理、资源协同配置、服务协同共享、危机协同应对等方面,且政策参与主体范围不断扩大、发文主体呈现多样化趋势,逐渐形成中央政府、大湾区以及各城市之间的多层联动与响应态势。

4.5.3.2　项目机制

在项目合作层面,政府与市场力量高频互动,既有政府自上而下推动的合作项目,又有市场自发组织并获得政府支持的合作项目,并在传媒层面形成了相对显著的区域合作声势。

4.5.3.3　合作平台

合作平台成为粤港澳大湾区区域合作的政策和项目载体。大湾区范围内几乎各个城市均积极开展对港、澳合作平台以及内地城市间双边、多边合作平台建设,为深化大湾区跨域合作提供了丰富的空间媒介。表 4-14 为粤港澳大湾区城际合作平台一览。

表 4-14　粤港澳大湾区城际合作平台

涉及主体	合作平台
中共中央，国务院；广东省；深圳市；香港特别行政区	前海深港现代服务业合作区
深圳市；汕尾市	深汕特别合作区
香港特别行政区；深圳市	北部都会区
国务院；广东省；深圳市；香港特别行政区	河套深港科技创新合作区（落马洲河套地区）
深圳市；东莞市	深莞深度融合发展示范区
深圳市；惠州市	深惠协同发展试验区
深圳市；中山市	深中合作创新区
中共中央，国务院；广东省；珠海市；澳门特别行政区	横琴粤澳深度合作区
珠海市；澳门特别行政区	粤澳跨境金融合作（珠海）示范区
广州市；佛山市	广佛高质量发展融合试验区
国务院；广东省；广州市；香港特别行政区；澳门特别行政区	广州南沙粤港澳全面合作示范区
广州市；佛山市；肇庆市	广佛肇经济合作区
深圳市；惠州市；东莞市	深莞惠"坪新清"合作区
佛山市；深圳市	深圳科技园佛山科创园
肇庆市；香港特别行政区	粤港澳大湾区（肇庆）特别合作试验区
中山市；澳门特别行政区	粤澳青年创新创业基地（中山）

参 考 文 献

艾琳，王刚，2017. 大城市的政府职权配置与现代政府型构：基于深圳"强区放权"的论析[J]. 国家行政学院学报（4）：134-138，149.

艾少伟，苗长虹，2010. 从"地方空间"、"流动空间"到"行动者网络空间"：ANT 视角[J]. 人文地理，25（2）：43-49.

巴曙松，白海峰，胡文韬，2019. 粤港澳大湾区金融机构协同发展策略[J]. 开放导报（4）：59-64.

蔡春林，陈雨，2022. 探索粤港澳大湾区协同发展新格局[N/OL]. 中国社会科学报. https://epaper.csstoday. net/epaper/read.do？m＝i&iid＝6250&eid＝43557&sid＝201323.

陈劲，阳银娟，2012. 协同创新的理论基础与内涵[J]. 科学学研究，30（2）：161-164.

冯邦彦，尹来盛，2011. 城市群区域治理结构的动态演变：以珠江三角洲为例[J]. 城市问题（7）：11-15.

符文颖，杨家蕊，2020. 创新地理学的批判性思考：基于中国情境的理论创新[J]. 地理研究，39（5）：1018-1027.

付淳宇，2015. 区域创新系统理论研究[D]. 长春：吉林大学.

顾朝林，2000. 论城市管治研究[J]. 城市规划（9）：7-10.

郭迪春，2019. 保险公司参与粤港澳大湾区建设研究[D]. 南昌：江西财经大学.

郭磊贤，彭琳婧，李启军，等，2022. 行政管理与空间治理单元的尺度协调与优化：基于粤港澳大湾区的实践与探索[J]. 国际城市规划，37（5）：71-79.

韩秋茹，刘玮，2022. 科技创新企业国际化发展：以大疆为例[J]. 科技和产业，22（11）：305-311.
贺灿飞，郭琪，马妍，等，2014. 西方经济地理学研究进展[J]. 地理学报，69（8）：1207-1223.
胡剑双，孙经纬，2020. 国家-区域尺度重组视角下的长三角区域治理新框架探析[J]. 城市规划学刊（5）：55-61.
蒋兴华，范心雨，袁瑜容，等，2022. 粤港澳大湾区科技创新体系构建与协同机制研究：基于一般系统模块理论的分析[J]. 研究与发展管理，34（6）：157-166，177.
李郇，谢石营，杜志威，等，2016. 从行政区划调整到同城化规划：中国区域管治的转向[J]. 城市规划，40（11）：72-77，86.
李静，2020. 粤港澳大湾区公共服务协同发展及影响因素研究[D]. 广州：广东外语外贸大学.
李铭，方创琳，心亮，2007. 区域管治研究的国际进展与展望[J]. 地理科学进展（4）：107-120.
李习保，2007. 区域创新环境对创新活动效率影响的实证研究[J]. 数量经济技术经济研究（8）：13-24.
林毅夫，蔡昉，李周，2016. 中国的奇迹：发展战略与经济改革[M]. 上海：格致出版社.
刘程，2018. 粤港澳大湾区促进要素自由流动的政策建议[J]. 新经济（6）：44-47.
刘建丽，2014. 新型区域创新体系：概念廓清与政策含义[J]. 经济管理，36（4）：32-40.
刘君德，2001. 论中国大陆大都市区行政组织与管理模式创新：兼论珠江三角洲的政区改革[J]. 经济地理（2）：201-207，212.
刘生龙，胡鞍钢，2010. 基础设施的外部性在中国的检验：1988—2007[J]. 经济研究（3）：4-15.
刘毅，王云，杨宇，等，2019. 粤港澳大湾区区域一体化及其互动关系[J]. 地理学报，74（12）：2455-2466.
刘毅，杨宇，康蕾，等，2020. 新时代粤港澳大湾区人地关系的全球模式与区域响应[J]. 地理研究，39（9）：1949-1957.
刘云刚，侯璐璐，许志桦，2018. 粤港澳大湾区跨境区域协调：现状、问题与展望[J]. 城市观察（1）：7-25.
卢现祥，2002. 环境、外部性与产权[J]. 经济评论（4）：70-74.
芦伟，2014. 我国城市群形成过程中的区域负外部性及内部化对策研究[J]. 中国软科学（8）：90-99.
马学广，李鲁奇，2017. 尺度政治中的空间重叠及其制度形态塑造研究：以深汕特别合作区为例[J]. 人文地理，32（5）：56-62.
梅亮，陈劲，刘洋，2014. 创新生态系统：源起，知识演进和理论框架[J]. 科学学研究，32（12）：1771-1780.
欧小军，2018. "一国两制"背景下粤港澳大湾区高水平大学集群发展研究[J]. 现代教育管理（9）：17-22.
钱海梅，2008. 长三角经济一体化与区域公共服务供给：基于区域公共服务供给模式的分析[J]. 政治与法律（12）：14-19.
曲然，2005. 区域创新系统内创新资源配置研究[D]. 长春：吉林大学.
石超艺，2011. 大都市区行政区划管理体制扁平化改革探析：基于深圳的实践[J]. 华东理工大学学报（社会科学版），26（3）：70-78.
司月芳，曾刚，曹贤忠，等，2016. 基于全球-地方视角的创新网络研究进展[J]. 地理科学进展，35（5）：600-609.
宋国君，金书秦，傅毅明，2008. 基于外部性理论的中国环境管理体制设计[J]. 中国人口·资源与环境（2）：154-159.
宋丽萍，2014. 区域创新系统绩效评价及创新能力提升路径研究[D]. 武汉：中国地质大学.
孙殿超，刘毅，2022. 粤港澳大湾区科技创新人才空间分布特征及影响因素分析[J]. 地理科学进展，41（9）：1716-1730.
孙平军，丁四保，2011. 垂直型经济协调发展的区域外部性及其内化研究[J]. 软科学，25（5）：85-90.
孙平军，赵峰，丁四保，2013. 区域外部性的基础理论及其研究意义[J]. 地域研究与开发，32（3）：1-4，26.
唐为，2019. 分权、外部性与边界效应[J]. 经济研究，54（3）：105-120.
王博祎，李郇，2016. 深港边界地区的尺度重组研究：以前海地区为例[J]. 人文地理，31（3）：88-93.
王春晖，赵伟，2014. 集聚外部性与地区产业升级：一个区域开放视角的理论模型[J]. 国际贸易问题（4）：67-77.

王登嵘, 邓荣全, 陈文胜, 2006. 城镇空间整合导向下的东莞行政区划管理体制创新研究[J]. 规划师（9）：65-68.
王吉勇, 2013. 分权下的多规合一：深圳新区发展历程与规划思考[J]. 城市发展研究, 20（1）：23-29, 48.
王辑宪, 2017. 粤港澳大湾区：一个处理特定空间尺度问题的平台[J/OL]. https://www.thepaper.cn/newsDetail_forward_1796937.
王雷, 吴志强, 2006. 试论城镇组团式规划的区域协调模式的选择：以中山市东部组团发展规划为例[J]. 城市规划（6）：15-21.
王廷惠, 2006. 外部性与和谐社会的制度基础：兼论政府角色定位[J]. 广东经济管理学院学报（1）：14-19.
王云, 杨宇, 刘毅, 2020. 粤港澳大湾区建设国际科技创新中心的全球视野与理论模式[J]. 地理研究, 39（9）：1958-1971.
魏立华, 阎小培, 2004. 快速城市化中城市规划和行政区划的关系研究：以珠江三角洲为例[J]. 城市规划（2）：48-51, 76.
吴康敏, 张虹鸥, 叶玉瑶, 等, 2022. 粤港澳大湾区协同创新的综合测度与演化特征[J]. 地理科学进展, 41（9）：1662-1676.
谢涤湘, 谭俊杰, 楚晗, 2019. 粤港澳大湾区城市群行政区划体制改革研究[J]. 规划师, 35（8）：44-50.
徐江, 叶嘉安, 2009. 珠江三角洲城市群规划中的空间重构与区域治理研究[J]. 城市与区域规划研究（3）：67-83.
许志桦, 刘云刚, 胡国华, 2019. 从珠三角到大珠三角再到粤港澳大湾区：改革开放以来中国的国家尺度重组[J]. 热带地理, 39（5）：635-646.
薛莉, 陈钢, 张白云, 2022. 产学研协同创新研究综述：热点主题及发展脉络[J]. 科技管理研究, 42（12）：1-8.
颜子明, 杜德斌, 刘承良, 等, 2018. 西方创新地理研究的知识图谱可视化分析[J]. 地理学报, 73（2）：362-379.
杨保军, 2004. 区域协调发展析论[J]. 城市规划（5）：20-24.
杨春, 2006. 大珠江三角洲跨境融合和管治的政治经济分析[J]. 地理学报（45）：95-112.
杨春, 2008. 多中心跨境城市-区域的多层级管治：以大珠江三角洲为例[J]. 国际城市规划, 23（1）：79-84.
杨秋荣, 2020. 粤港澳大湾区医疗协同发展方略[J]. 开放导报（1）：73-78.
杨小凯, 张永生, 2000. 新兴古典经济学和超边际分析[M]. 北京：中国人民大学出版社.
叶伟巍, 梅亮, 李文, 等, 2014. 协同创新的动态机制与激励政策：基于复杂系统理论视角[J]. 管理世界（6）：79-91.
叶玉瑶, 王景诗, 吴康敏, 等, 2020. 粤港澳大湾区建设国际科技创新中心的战略思考[J]. 热带地理, 40（1）：27-39.
叶玉瑶, 王翔宇, 许吉黎, 等, 2022. 新时期粤港澳大湾区协同发展的内涵与机制变化[J]. 热带地理, 42（2）：161-170.
张虹鸥, 王洋, 叶玉瑶, 等, 2018. 粤港澳区域联动发展的关键科学问题与重点议题[J]. 地理科学进展, 37（12）：1587-1596.
张虹鸥, 吴康敏, 王洋, 等, 2021. 粤港澳大湾区创新驱动发展的科学问题与重点研究方向[J]. 经济地理, 41（10）：135-142.
张紧跟, 2007. 区域公共管理视野下的行政区划改革：以珠三角为例[J]. 中山大学学报（社会科学版）（5）：91-96, 127-128.
张紧跟, 2020. 从放权强镇到市域整合：尺度重组视阈中的珠三角"市管镇"体制再造[J]. 广东社会科学（4）：191-200, 256.
张京祥, 2013. 国家-区域治理的尺度重构：基于"国家战略区域规划"视角的剖析[J]. 城市发展研究（5）：45-50.
张京祥, 黄春晓, 2001. 管治理念及中国大都市区管理模式的重构[J]. 南京大学学报（哲学·人文科学·社会科学）（5）：111-116.
张京祥, 沈建法, 黄钧尧, 等, 2002. 都市密集地区区域管治中行政区划的影响[J]. 城市规划（9）：40-44.

张京祥，庄林德，2000. 管治及城市与区域管治：一种新制度性规划理念[J]. 城市规划（6）：36-39.
张艺，2022. 粤港澳大湾区与世界其他湾区高校群基础科学研究比较分析[J]. 比较教育研究，44（11）：3-14.
张艺，许治，朱桂龙，2018. 协同创新的内涵、层次与框架[J]. 科技进步与对策，35（18）：20-28.
赵晓兵，1999. 污染外部性的内部化问题[J]. 南开经济研究（4）：14-18.
朱英明，2003. 产业集聚论[M]. 北京：经济科学出版社.
朱中彬，2003. 外部性理论及其在运输经济中的应用分析[M]. 北京：中国铁道出版社.
邹琳，曾刚，司月芳，等，2018. 创新网络研究进展述评与展望[J]. 人文地理，33（4）：7-12，67.
Bathelt H, Malmberg A, Maskell P, 2004. Clusters and knowledge: local buzz, global pipelines and the process of knowledge creation[J]. Progress in Human Geography, 28（1）: 31-56.
Bergek A, Hekkert M, Jacobsson S, et al., 2015. Technological innovation systems in contexts: conceptualizing contextual structures and interaction dynamics[J]. Environmental Innovation and Societal Transitions, 16: 51-64.
Bie J, de Jong M, Derudder B, 2015. Greater Pearl River Delta: historical evolution towards a global city-region[J]. Journal of Urban Technology, 22（2）: 103-123.
Chao H, Lin G C S, 2020. Spatializing the project of state rescaling in post-reform China: emerging geography of national new areas[J]. Habitat International, 97: 102121.
Coe N M, Dicken P, Hess M, 2008. Global production networks: realizing the potential[J]. Journal of Economic Geography, 8（3）: 271-295.
Coe N M, Hess M, Yeung H W, et al., 2004. 'Globalizing' regional development: a global production networks perspective[J]. Transactions of the Institute of British Geographers, 29（4）: 468-484.
Coenen L, Asheim B, Bugge M M, et al., 2017. Advancing regional innovation systems: what does evolutionary economic geography bring to the policy table? [J]. Environment and Planning C: Politics and Space, 35（4）: 600-620.
Donaldson C, 2021. Culture in the entrepreneurial ecosystem: a conceptual framing[J]. International Entrepreneurship and Management Journal, 17（1）: 289-319.
Duvivier C, Xiong H, 2013. Transboundary pollution in China: a study of polluting firms' location choices in Hebei Province[J]. Environment and Development Economics, 18（4）: 459-483.
Edquist C, 2006. Systems of innovation: perspectives and challenges[M]//Fagerberg J, Mowery D C, Nelson R R. The Oxford handbook of innovation. Oxford: Oxford University Press.
Etzkowitz H, Leydesdorff L, 2000. The dynamics of innovation: from national systems and "mode 2" to a triple helix of university-industry-government relations[J]. Research Policy, 29（2）: 109-123.
Fagerberg J, 2006. Innovation: a guide to the literature[M]//Fagerberg J, Mowery D C, Nelson R R. The Oxford handbook of innovation. Oxford: Oxford University Press.
Fritsch M, Kudic M, Pyka A, 2019. Evolution and co-evolution of regional innovation processes[J]. Regional Studies, 53（9）: 1235-1239.
Greenwald B, Stiglitz J E, 1986. Externalities in economics with imperfect information and incomplete market[J]. Quarterly Journal of Economics, 101（2）: 229-264.
Kashani E S, Roshani S, 2019. Evolution of innovation system literature: intellectual bases and emerging trends[J]. Technological Forecasting and Social Change, 146: 68-80.
Konisky D M, Woods N D, 2010. Exporting air pollution? Regulatory enforcement and environmental free riding in the United States[J]. Political Research Quarterly, 63（4）: 771-782.
Latour B, 1992. One More Turn after the Social Turn: Easing Science Studies into the Non-Modern World[M]. The Social Dimensions of Science Notre Dame: Notre Dame University Press.

Lee K, Lim C, 2001. Technological regimes, catching-up and leapfrogging: findings from the Korean industries[J]. Research Policy, 30 (3): 459-483.

Li J, Yang H T, Zha S P, et al., 2021. Effects of COVID-19 emergency response levels on air quality in the Guangdong-Hong Kong-Macao Greater Bay Area, China[J/OL]. Aerosol and Air Quality Research, 21 (2). https://doi.org/10.4209/aaqr.2020.07.0416.

Liu J X, Shi W Z, 2021. A cross-boundary travel tale: unraveling Hong Kong residents' mobility pattern in Shenzhen by using metro smart card data[J]. Applied Geography, 130: 102416.

Malerba F, 2004. Sectoral Systems of Innovation: Concepts, Issues and Analysis of Six Major Sectors in Europe[M]. Cambridge: Cambridge University Press.

Marks G, 1996. Governance in the European Union[M]. London: Sage Publishing.

Newman P, 2000. Changing patterns of regional governance in the EU[J]. Urban Studies, 37 (5, 6): 895-909.

Perkmann M, 2007. Construction of New Territorial Scales: A Framework and Case Study of the EUREGIO Cross border Region [J].Regional Studies, 41 (2): 253-266.

Uyarra E, Flanagan K, 2010. From regional systems of innovation to regions as innovation policy spaces[J]. Environment and Planning C: Government and Policy, 28 (4): 681-695.

Wenban-Smith A, 2002. Sustainable InstitutionalCapacity for Planning: the West Midlands[M]// Urban Governance, Institutional Capacity and Social Milieux.Aldershot: Ashgate Publishing.

Wu K M, Wang Y, Zhang H O, et al., 2021. Impact of the built environment on the spatial heterogeneity of regional innovation productivity: evidence from the Pearl River Delta, China[J]. Chinese Geographical Science, 31 (3): 413-428.

Yang C, 2005. Multilevel governance in the cross-boundary region of Hong Kong-Pearl River Delta, China[J]. Environment and Planning A, 37 (12): 2147-2168.

Yang C. Restructuring the export-oriented industrialization in the Pearl River Delta, China: institutional evolution and emerging tension[J]. Applied Geography, 32 (1): 143-157.

Zhang F Z, Wu F L, 2019. Rethinking the city and innovation: a political economic view from China's biotech[J]. Cities, 85: 150-155.

Zhong Y, Su X B, 2019. Spatial selectivity and intercity cooperation between Guangdong and Hong Kong[J]. Urban Studies, 56 (14): 3011-3029.

5 粤港澳大湾区城市群协同发展的综合测度

5.1 城市群协同发展的评价方法

5.1.1 城市群协同发展评价研究进展

随着全球化与城镇化进程的持续推进，协同发展已经成为邻近区域提升核心竞争力和实现互利共赢的首要选择（周春山等，2018）。近年来，随着《京津冀协同发展规划纲要》《粤港澳大湾区发展规划纲要》《长江三角洲区域一体化发展规划纲要》等一系列国家战略的相继颁布实施，促进区域协同发展成为新发展阶段的应有之义（方创琳，2017；张虹鸥等，2018）。但是，作为中国开放程度最高、经济活力最大、创新能力最强的三大城市群区域（樊杰等，2019），京津冀、粤港澳大湾区、长三角依然存在行政分割、产业同构、竞争同质、资源错配、环境污染等问题（陆大道，2018；方创琳等，2020；刘毅等，2020a）。总体上，跨区域共建共享共保共治机制尚不健全，协同性和连接性有待提升。

对于区域协同发展的理解，方创琳（2017）以京津冀为例，认为城市群协同发展的真正内涵是推动城市群实现规划协同、交通协同、产业协同、城乡协同、市场协同、科技协同、金融协同、信息协同、生态协同和环境协同，建设协同发展共同体。周春山等（2018）以协同学为参照，认为区域协同是区域内各城市通过人口、资金和信息等的相互作用，突破行政区划制约，发挥初始禀赋与比较优势，实现要素和资源的优化配置，形成时间、空间和功能上的有序结构，进而实现区域整体利益最大化。史培军等（2019）以"地理协同论"为基础，认为只有充分理解"人地关系"，才能科学设计"人地协同"。尤其是在新阶段、新背景、新趋势下，全球化、信息化、城镇化交互推进，全球经济的"地点空间"正在被"流的空间"所代替，"流"、节点、连接和网络成为构筑区域经济体系的核心逻辑基础（陆大道，2017）。城市群协同研究从以往基于场所空间的规模（能力）研究，转向基于流动空间的关系（功能）研究（唐子来等，2017）。以世界一流湾区（纽约湾区、旧金山湾区和东京湾区）为例，在增长极、区域经济一体化、核心-边缘、区域空间相互作用、全球生产网络等理论体系指导下，由"共享、协作、分工、互补"逐步形成区域协同发展的新路径（张胜磊，2018）。纽约湾区以"中心引领-外围若干功能区"空间结构为鲜明特征，旧金山湾区逐步强化以交通干线构建的"泛网络化"空间结构，东京湾区正在强化"对流型"的空间结构，世界一流湾区的发育成长都伴随持续的产业转型升级（刘毅等，2020b），以及经济、环境、服务、政策等各个层面的优化与协同（刘毅等，2020b），形成区域互联互通、要素高效流动的良好局面。

从珠三角城市群到粤港澳大湾区，从改革开放以来的"前店后厂"的地域分工模式（许学强和李郇，2009）到当前的"东亚最大的都市连绵区域"（马向明和陈洋，2017）再到正在建设的"国际一流湾区和世界级城市群"，粤港澳大湾区已经成为通过产业协同合作实现区域经济"多赢"局面的成功实践（李郇和殷江滨，2012；周春山等，2017；向晓梅和杨娟，2018）。但是，在新时期、新阶段、新形势下，作为"一国两制"、三个关税区的特殊区域，粤港澳大湾区更是研究区域协同发展的典型案例。粤港澳大湾区从过去的以跨境产业合作、以区域政府间合作为主的模式，转向由国家规划目标引导的跨境协同发展与跨境区域治理（蔡赤萌，2017）。要客观理性地分析粤港澳大湾区的特殊性与典型性（李立勋，2017），才能准确把握其协同发展的可为与不可为（林初昇，2017）。粤港澳大湾区的典型性主要表现在：制度环境特殊性（社会主义、资本主义）；关系尺度复杂性（中央-地方关系、政府间关系）；内部差异显著性（经济差异、文化差异等）。由此，粤港澳大湾区发展面临供需结构不匹配、资源能源约束趋紧、生态环境压力增大、公共服务不均等诸多挑战。进而，"建立区域合作关系，推进区域协同发展"成为推进大湾区建设的重要基本原则之一，建设粤港澳大湾区更加强调整体性与协调性。已有关于粤港澳大湾区协同发展的研究，主要体现在协同机制的战略探讨（邓志新，2017；李立勋，2017；毛艳华和荣健欣，2018）、跨境区域协调（刘云刚等，2018；许志桦等，2019）、区域一体化（李郇等，2018；刘毅等，2019）、产业协同模式（刘锦和田银生，2018；向晓梅和杨娟，2018；赵晓斌等，2018；钟韵和秦嫣然，2021）、创新联系（钟韵等，2020）、跨界通勤（李颖等，2020）、环境协同治理（潘泽强等，2019；许蝶和马丽，2020）等方面。协同发展研究由基于规模（能力）的场所空间转向基于关系（"流"）的流动空间，更加侧重城市之间的连通性与流动性。城市群空间网络成为理解城市群内部关系的重要视角，不同规模的城市在不同空间尺度下形成彼此间相互联系更加频繁密切、彼此间联系方式更加复杂多元的城市网络空间组织（彭芳梅，2017；邱坚坚等，2019）。如彭芳梅（2017）基于改进引力模型和社会网络分析方法揭示了粤港澳网络联系呈现由港深穗向周边梯度衰减态势，且表现出显著的圈层结构特征。陈世栋（2018）通过构建"百度指数"判别粤港澳大湾区 11 个城市之间的联系强度，解释了"香港-深圳"和"广州-佛山"是要素汇聚的两大极核。邱坚坚等（2019）借助交通流和信息流分析，揭示了流空间视角下粤港澳大湾区以广深为双核心的空间网络格局。已有的研究过多关注香港、广州和深圳"三城记"的种种想象（李立勋，2017），对于如何打造要素高效便捷流动的良好局面，进一步提升互联互通水平，进而形成协同和包容的区域内城市网络关系等方面关注不足（钟韵和胡晓华，2017）。毕竟，城市群协同发展最终不是消除区域内差异、不是实现区域内平均，而是提升区域整体的连通性、协同性和竞争力。然而，对于粤港澳大湾区协调发展的整体性评价、协调发展的关键制约因素依然缺乏系统的定量分析。当前，城市群协同发展评价主要侧重城市群各个城市的协同能力评价，首先，对于城市群各个城市之间的协同关系评价关注不足，并且缺乏相关大数据支撑的智能化评价手段，导致城市群协同发展评价的主要内容和评价结果存在差异。其次，一些指数的设计缺少简明的数学特性，虽然也能得出一定的量化评分，但很难做进一步的深入分析；有些方法的指标体系过于庞大复杂，因而不利于进行政策评价并得出清晰的政策含义。鉴于此，开展大湾区城市群协同发展水平综合评价具有必要性，同时，构建更具针对性的协同测度指标又是实现综合评价的关键所在。

协同发展是实现粤港澳大湾区竞争力整体提升的关键，而协同水平测度则是支撑粤港澳大湾区协同发展与综合决策的基础性、前沿性的技术难题。本书基于关系网络的新视角，创新性地提出了粤港澳大湾区协同测度的指标体系与技术方法。与国内外现有综合测度方法不同，该技术关注于传统发展要素之外的知识、技术、资本等创新要素的流动性以及区域治理的边界效应，着重测度城市之间的一对一、一对多、多对多的关系，实现粤港澳大湾区协同发展水平的智能化动态评估（王长建等，2022a；王长建等，2022b）。

5.1.2 城市群协同发展的五维模型

本书从产业协同创新、服务协同共享、资源协同配置、环境协同治理和制度协同安排五个维度全方位理解新时期粤港澳大湾区协同发展的新内涵与新需求，构建粤港澳大湾区协同发展的五维模型（叶玉瑶等，2022；图5-1）。五个维度涵盖了影响新时期粤港澳大湾区协同发展的关键领域。产业协同创新是粤港澳大湾区开展全球布局的经济支撑，是发展和培养战略性产业集群的根基，是破解"卡脖子"困境的关键,更是引领全球生产网络和全球创新网络的有效途径。服务协同共享是粤港澳大湾区打造优质生活圈的服务理念,是克服制度差异和应对文化冲突的必然选择,是促进人才、信息、资金、技术、商品等高效流动的重要支撑。资源协同配置是粤港澳大湾区高质量发展的物质基础,是实现资源高水平保护高效率利用的重要抓手,是促进要素高效流动和经济高效运行的加速器。环境协同治理是大湾区实现绿色发展的生态实践,是遏制边界区域环境污染负外部性的关键所在,是推进生态环境共保共治和联防联控的重要手段。制度协同安排是粤港澳大湾区创建一流湾区的政策保障,是削减"一国两制"、三个关税区制度差异的重要途径,是助推区域全面协同的顶层战略思考。

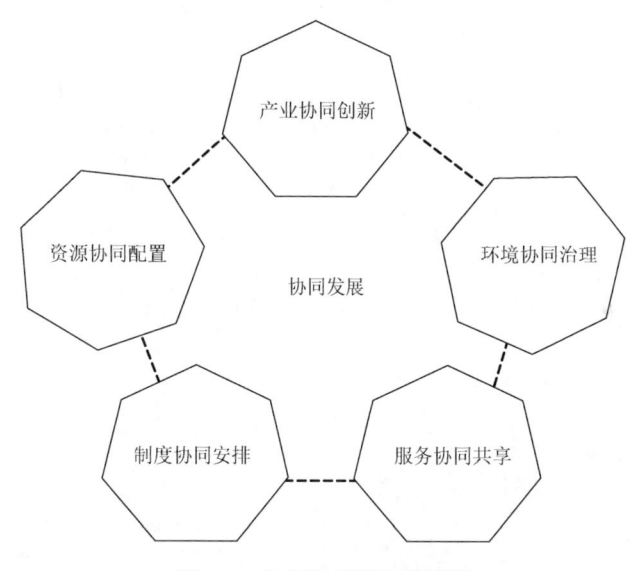

图 5-1 协同发展的五维模型

5.1.3 城市群协同发展的指标体系

粤港澳大湾区协同发展水平的指标体系构建,关键在于解决"测什么"的问题。本章对国际上相关指标体系进行了梳理。如表 5-1 所示,联合国可持续发展目标(sustainable development goals,SDGs)的具体指标达 200 项之多,涉及社会、经济、环境、政策等多个维度,是本书构建协同发展指标体系的重要参考。全球创新指数(global innovation index,GII)更聚焦于创新系统的综合分析,指标体系不仅包含多样性的创新要素,而且包含科技合作、创新网络等。城市群一体化发展指数和长江经济带城市协同发展能力指数使得本书从产业、科技、环境、生态、服务、政策等维度实现协同发展的量化分析，并进一步强调集聚、连接、协作等指标的重要性。GaWC 对于城市连通性的阐述，是本书系统构建关系类指标的重要支撑。但是，GaWC 更加侧重基于生产性服务业的城市网络，难以体现粤港澳大湾区当前的制造业优势。

表 5-1 已有协同发展相关指标体系

体系名称	简介	指标体系	测度内容
SDGs	2015 年，SDGs 在联合国可持续发展峰会上正式通过，SDGs 由 17 个可持续发展目标，以分类、分级和分层为原则，并通过估算历时性数据来观测各个国家/地区的发展变化趋势，旨在通过综合方式彻底解决社会、经济和环境三个维度的发展问题。	构建分 17 个维度指标体系	可持续发展能力测度，侧重规模、水平和能力的测度，同时关注跨界流域治理、国家间科技合作、南南合作、伙伴关系等。
GII	由世界知识产权组织（WIPO）、康奈尔大学（Cornell University）和欧洲工商管理学院（INSEAD）发布，GII 总得分是投入和产出次级指数得分的简单平均数。投入类指标包含：①制度，②人力资本和研究，③基础设施，④市场成熟度，⑤商业成熟度；产出类指标包含：⑥知识和技术产出，⑦创意产出。（详见：https://www.wipo.int/global_innovation_index/en/）	构建分投入和产出等维度指标体系	创新要素集聚能力测度，技术合作和创新网络是创新生态系统的一个重要组成部分。
长江经济带城市协同发展能力指数	长江经济带城市协同发展能力指数由华东师范大学曾刚教授领衔发布，根据增长极、区域协同发展、区域韧性等科学理论，构建了包括 4 个要素层、18 个具体指标的评价指标体系，从"经济发展""科技创新""交流服务""生态支撑"四个方面综合考察城市协同发展能力。	构建分经济、科创、服务、生态等维度指标体系	协同发展能力测度。
城市群一体化发展指数（ACEP 指数）	城市群一体化发展指数由中国发展研究基金会发布，从经济集聚度（A）、区域连接性（C）、经济均等化（E）、政策协同（P）四个方面来刻画区域的一体化，由此形成了 ACEP 指数。	构建分集聚、连接、均等、协同等维度指标体系	区域一体化关系测度，侧重城市与城市之间相互关系的测度。
GaWC 世界城市排名	GaWC 着眼于高级生产性服务业在全球的分布，以此定位城市在世界中的连通性。通过生产性服务业（金融、广告、法律、会计、管理咨询等）的全球布局，衡量所在城市的全球连通性（global network connectivity）。（详见：https://gawc.lboro.ac.uk）		GaWC 着眼于高级生产性服务业在全球的分布，以此定位城市在世界中的连通性。

因此，在充分理解 SDGs 和 GII 的基础上，借鉴城市群一体化发展指数、长江经济带城市协同发展能力指数、GaWC 世界城市排名的指标体系，结合粤港澳大湾区发展趋势，从产业协同创新、服务协同共享、资源协同配置、环境协同治理、制度协同安排五个维度构建协同发展综合评价指标体系，注重测度城市之间一对一、一对多、多对多的相互关系，实现大湾区协同发展水平的同一指标体系测度和综合发展评价。产业协同创新是大湾区开展全球布局的经济支撑，服务协同共享是大湾区打造优质生活圈的服务理念，资源协同配置是大湾区高质量发展

的物质基础，环境协同治理是大湾区实现绿色发展的生态实践，制度协同安排是大湾区创建一流湾区的政策保障。

5.1.4 城市群协同发展的测度模型

5.1.4.1 要素流强度统计模型

要素流强度的统计主要应用于 O-D 数据和非 O-D 数据，对于非 O-D 数据，主要构建城市群内 n 个城市的 $n \times n$ 的对称 O-D 流量矩阵。对于 O-D 数据，主要构建城市群内 n 个城市的 $n \times n$ 的非对称 O-D 流量矩阵。

O-D 数据的要素流强度统计为 $C_{ij} = C_{itoj} + C_{jtoi}$，$C_{ij}$ 表示城市 i 与城市 j 之间的要素流强度，以交通流量等典型的 O-D 数据为例，C_{itoj} 表示城市 i 到城市 j 的交通流量，C_{jtoi} 表示城市 j 到城市 i 的交通流量。

非 O-D 数据的要素流强度统计为 $C_{ij} = C_{iandj}$，C_{ij} 表示城市 i 与城市 j 之间的要素流强度，以论文合作等典型的非 O-D 数据为例，C_{iandj} 表示城市 i 与城市 j 的论文合作数量。

5.1.4.2 社会网络分析

社会网络分析主要侧重于对网络中行为者之间的关系进行量化，分为有向网络和无向网络两种网络，又分为关系取向和位置取向两种视角，并由此形成社会关系矩阵（汪菲等，2023）。并且依据优势流分析原理，探究网络中各个城市节点的联系强度，主要包括流量分析、流向分析和流强度分析等，进而揭示人流、物流、资金流和信息流等在不同城市节点间的流动特征（彭芳梅，2017）。

5.1.4.3 联锁网络模型

联锁网络模型（interlocking network model）由泰勒（Taylor）领衔的 GaWC 提出，建模流程详见倪鹏飞等的研究（倪鹏飞等，2011）。联锁网络模型以高级生产服务业中的企业总部与分支机构的分布作为测量依据，在模型中，假设 n 个城市中有 m 个生产性服务企业，城市中某一企业价值由该企业在该城市的服务价值（即企业的重要性）来衡量，企业的重要性主要由企业在城市中所具有的服务价值进行评分，由 V_{ij} 表示。V_{aj}，$a≤n$；$j≤m$ 表示企业 j 在城市 a 的服务价值，V_{ij} 构成 $n×m$ 的服务价值矩阵。

由服务价值矩阵可以得到城市 a 与城市 b 之间通过某一个企业的基本连接点：$R_{abj} = V_{aj} × V_{bj}$。$R_{abj}$ 即为城市 a 与城市 b 之间的单位链接（elemental interlock）。那么，$R_{ab} = R_{ab1} + R_{ab2} + R_{abj} \cdots + R_{abm}$（$1≤j≤m$）。$R_{ab}$ 表示城市 a 和城市 b 两城市通过所有企业单位链接的加总，即为城市链接（city interlock），表征城市之间的联系强度。

5.1.4.4 耦合协调度模型

耦合度是能够反映各系统之间的协调程度的重要指标，但是其并不能说明各系统整体的发展水平情况（刘耀彬等，2005）。基于此，耦合协调度可更全面深入地反映生态环境各系统在某个区域整体的发展水平以及相互耦合情况，耦合度（C）和耦合协调度（D）计算公式如下：

$$C = \left[\frac{\prod_{k=1}^{n} t_k}{\left(\frac{1}{n}\sum_{i=1}^{n} t_k\right)^n}\right]^{\frac{1}{n}}, T = \sum_{i=k}^{n} a_k × t_k, \sum_{i=k}^{n} a_k = 1, D = \sqrt{C × T} \quad (5-1)$$

5.1.4.5 引力模型

引力模型是分析和预测空间相互作用的经典模型，广泛应用于研究区域、城市、城乡之间的经济联系。通过对引力模型进行适当修正来测算城市群各市区域之间的联系强度（彭芳梅，2017），计算公式如下：

$$R_{ij} = K\frac{M_i M_j}{D_{ij}^2} \quad (5-2)$$

式中，R_{ij} 为两区域之间的联系强度；M_i、M_j 分别表示区域 i 和 j 的区域产出；D_{ij} 为区域 i 和 j 之间的时间距离；K 为引力常数，一般为 1。

通过产业协同创新、服务协同共享、资源协同配置、环境协同治理、制度协同安排等不同维度测度城市之间的协同发展水平，实现城市群协同发展水平的分层测度。借鉴 GII 总得分即投入次级指数得分和产出次级指数得分的简单平均数，通过标准化处理后的简单平均求和，实现城市群协同发展水平的综合测度。借鉴 GaWC 通过城市链接转换为城市总链接进行世界城市排名的计算逻辑，将城市群（总共 1+n 个城市）1 个城市与其他 n 个城市的协同关系进行加总，得出该城市的协同发展能力。

5.2 粤港澳大湾区协同发展的指标测度

5.2.1 粤港澳大湾区产业协同创新的协同发展水平

产业协同创新是粤港澳大湾区在新形势、新阶段和新格局下实现全面协同发展的首要任务。从城市之间企业相互投资、风险投资、企业总部分支的联系程度、产业链关联程度、技术创新合作等方面共选取 32 项核心指标，研究发现：①在地理邻近、社会邻近、制度邻近和等级邻近等因素影响下，科研单位联动、研究人员合作和政府政策推动促使粤港澳大湾区形成"广深港"多中心协同创新共同体，中小企业是大湾区产业科技创新的重要载体和活力呈现；②产业协同创新以广深港三座城市为核心，形成广深、深港、广港三条产业协同发展带，为广深港澳科技创新走廊空间战略的实施奠定了现实基础；③东西走廊呈现不均衡、不平衡的状态，东岸广深港走廊产业协同创新水平明显高于西岸，广澳走廊建设的创新和协同能力建设亟待推进。大湾区产业协同创新能力及关系测度结果分别见图 5-2、图 5-3。

企业相互投资即企业互投，主要表征股东企业和被投企业之间的投资关系，是对正在形成或强化的生产网络的精细化描述。通过企业间资本流出行业和资本流入行业聚合城市尺度的相互投资规模，挖掘城市之间的产业关联关系和资本流动结构。以高新技术企业为例，粤港澳大湾区企业互投主要体现在城市对城市本身的投资，且主要集聚在深圳市和广州市，其企业互投规模占粤港澳大湾区总规模的 45%以上。城市与城市之间的互投主要集中在广深，且以广州对深圳的投资为主，流入深圳的投资主要集中在计算机、电子通信，以及其他电子行业为主；其次是深佛、深莞、深惠，且以佛山对深圳、深圳对东莞、深圳对惠州的投资为主。对外投资企业数量主要集中在广州（999 家）、深圳（639 家）、佛山（414 家）和东莞（366 家），广州 68%的对外投资企业投向深圳，深圳 41%的对外投资企业投向东莞，22%投向惠州，21%投向广州，深圳在粤港澳大湾区高新技术产业联系中的主导地位比较突出。自 2008 年编制的《珠江三角洲地区改革发展规划纲要

（2008—2020年）》以来，"广佛肇、深莞惠、珠中江"三大都市圈成为较长时间内珠三角城市网络结构的鲜明特征。但是，当前通过产业协同的相互渗透，城市之间的行政边界逐渐模糊化，广佛同城之后，深佛联动趋势显现，最新的数据表明，深圳的龙头企业华润、飞荣达、中集天达等正在佛山批量布局，粤港澳大湾区正在构建一种新型城市关系。

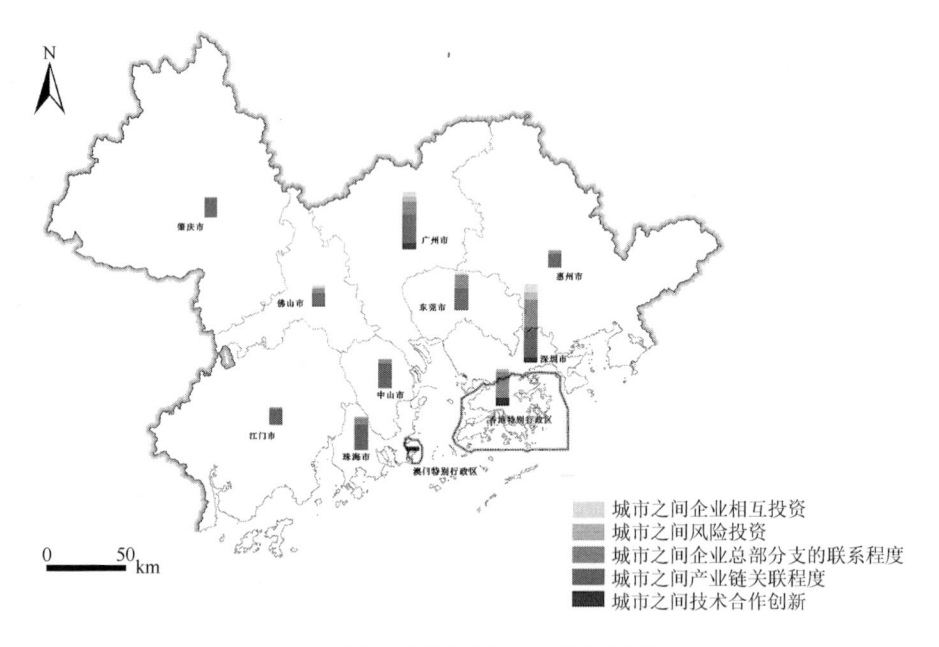

图 5-2 粤港澳大湾区产业协同创新能力测度结果

与揭示现状特征的企业互投不同，风险投资又称创业投资，主要是针对初创企业提供资金支持的融资方式，更多地代表未来产业发展方向和科技变革趋势。粤港澳大湾区风险投资规模主要体现在城市对城市本身的投资，且主要集聚在深圳市，其风险投资规模接近粤港澳大湾区总规模的50%。城市与城市之间的风险投资主要集中在广深和港深，且以深圳对广州的投资、香港对深圳的投资为主；其次是港佛、广珠、深莞和深中，且以香港对佛山、广州对珠海、深圳对东莞、深圳对中山的投资为主。粤港澳大湾区风险投资事件主要集中在广深之间，虽然广深和港深风险投资规模大致相当，但是广深之间的风投事件为342起，港深为46起，进一步说明中小型企业是粤港澳大湾区实施科技创新的重要载体。

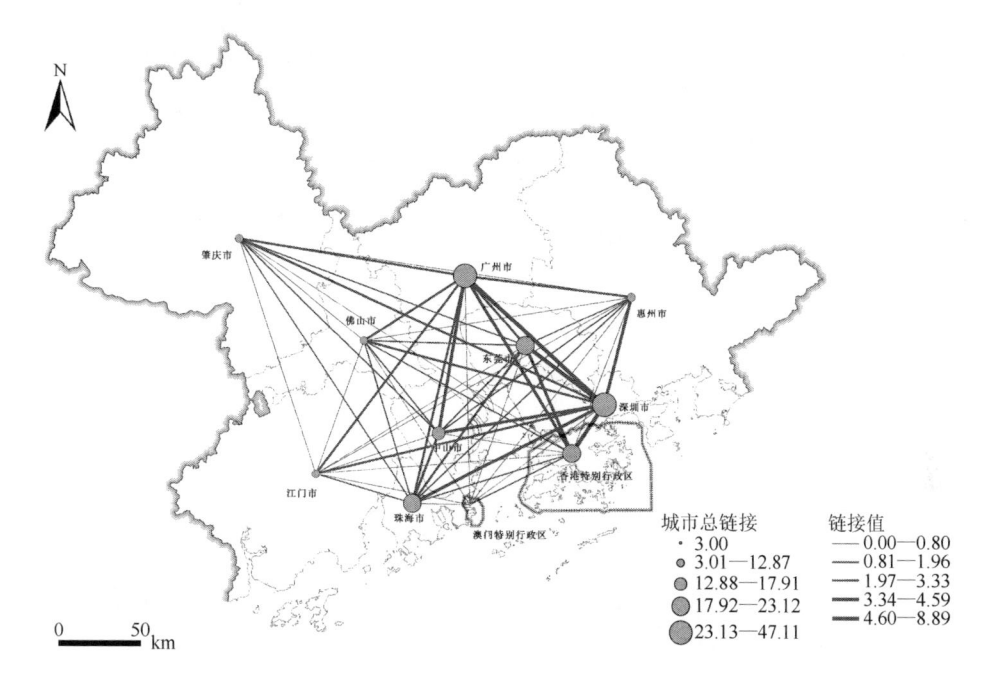

图 5-3 粤港澳大湾区产业协同创新关系测度结果

依据国际期刊数据库（Web of Science）、中国知网数据库（CNKI）、万方数据库，揭示粤港澳大湾区城市尺度的论文合作关系。粤港澳大湾区知识合作的演变趋势主要表现为：2000 年以来，论文合作发表以香港和广州为主；2005 年之后，深圳与其他城市之间的合作发表论文数量快速增长，主要得益于为弥补本地高等教育资源的不足，吸引国内外名校在深圳异地办学；2010 年以来，形成以广州、香港和深圳为主导的论文合作发表特征；2014 年之后截至 2017 年，香港与深圳之间的论文合作发表超过香港与广州之间的论文合作发表数量，广州和深圳之间的论文合作也呈现增长趋势。当前，粤港澳大湾区论文合作主要体现在港深，其次是港广和广深之间，再次是广佛、广莞、广珠和广惠之间。2017 年，广州与粤港澳大湾区其他城市合作论文总量为 4879 篇，香港为 4636 篇，深圳为 4294 篇。在地理邻近、制度接近和等级接近等因素影响下，科研单位联动、研究人员合作和政府政策推动促使粤港澳大湾区形成"广深港"多中心的协同创新共同体（马海涛等，2018）。

未来，粤港澳大湾区要重点关注如何促进"一国两制"框架下粤港澳三地人才、资金、技术等创新要素的高效跨境流动，兼顾创新要素的空间集聚和联通，进一步释放跨境区域协同创新的巨大潜力；以知识网络、创新网络、新型基础设施网络赋能产业网络,实现知识、技术、资产和产业的有机联动;探索粤港澳大湾区协同创新的制度突破,从跨境区域创新体系、企业多尺度创新网络和创新价值链等理论视角寻求新时期区域协同创新的路径与机制。

5.2.2 粤港澳大湾区服务协同共享的协同发展水平

服务协同共享是共建粤港澳优质生活圈的重要保障。基于区域公共服务供给的重大关切,从城市之间交通出行服务、物流服务、金融服务、教育服务共选取 15 项核心指标,研究发现:①广深、广佛、深莞、广莞、港深之间具有较强的服务协同共享水平,集中体现在交通、通信、物流、银行等基础设施服务上,表明大湾区中心城市之间和地理邻近城市之间的基础设施"硬联通"发展完善;②广佛、深莞之间人流和交通流联系最为紧密,体现出中心城市与周边次中心城市之间公共服务供给的"同城化"趋势;③广州、深圳和香港在金融协同服务方面发挥重要的中心性作用,但是,受跨境边界的影响,香港国际金融枢纽的对内辐射作用远未发挥。大湾区服务协同共享能力及关系测度结果见图 5-4、图 5-5。

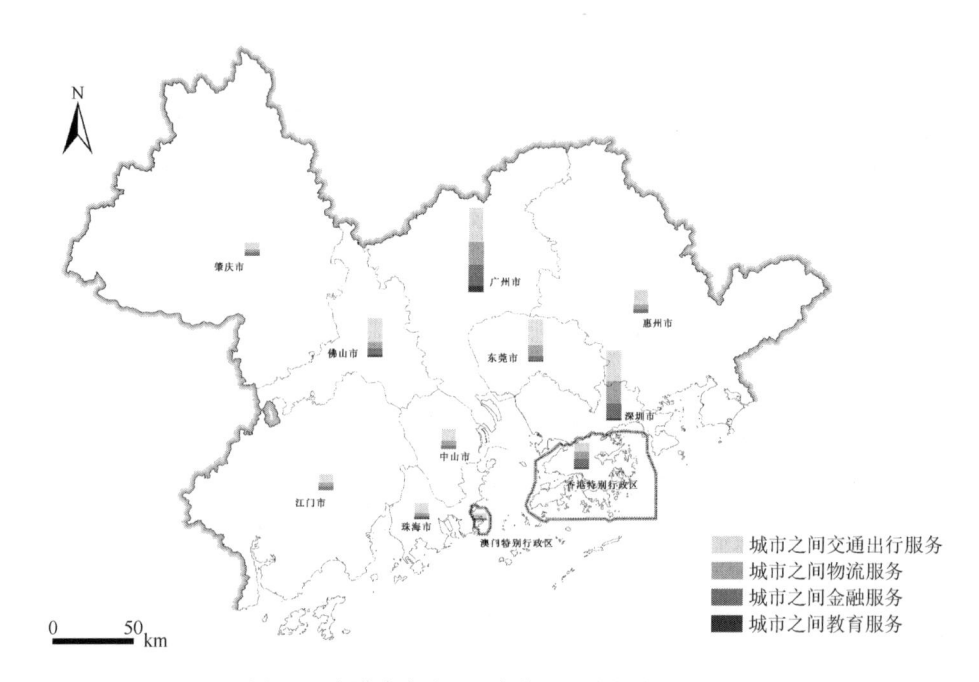

图 5-4 粤港澳大湾区服务协同共享能力测度结果

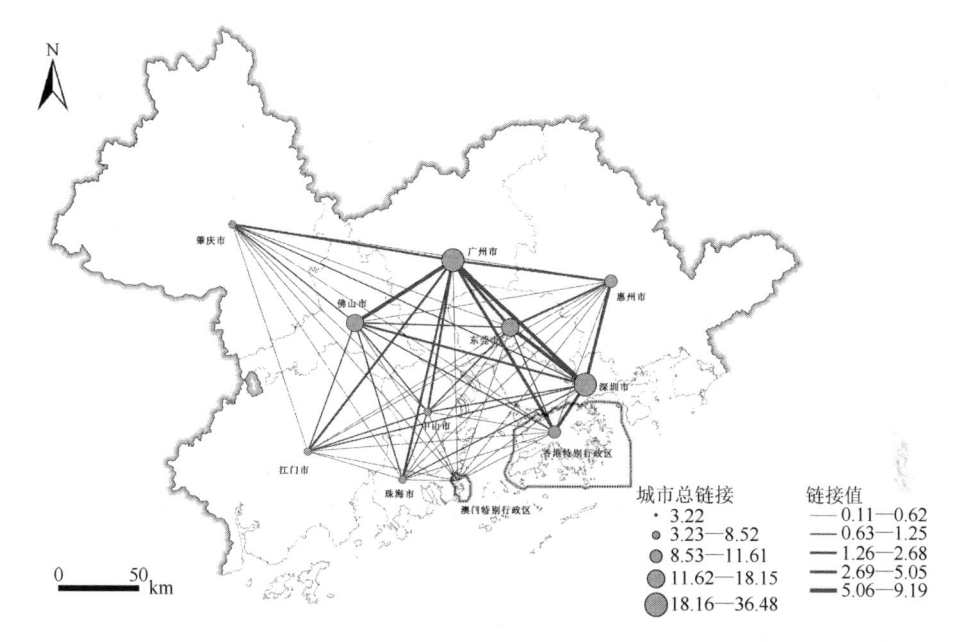

图 5-5　粤港澳大湾区服务协同共享关系测度结果

以高德地图逐日发布的驾车迁徙指数反映粤港澳大湾区人口通勤强度，指数越高表示驾车跨城出行用户量越大，深莞路线和广佛路线的单日迁徙指数最高，深莞之间和广佛之间的实际迁徙规模大致相当，其次是广莞线路、深惠线路和莞惠线路，并且东莞至广州、惠州至深圳的实际迁徙指数强于广州至东莞、深圳至惠州的实际迁徙指数。从实际迁徙指数分析，深圳与东莞两地之间的人员流动更为频繁，得益于其强大的交通基础设施服务能力，深圳与东莞两地之间有 9 条高速公路相连，广州与佛山之间主要有 6 条高速公路相连。随着轨道交通的进一步发展，将对深莞、广佛在交通维度上的协同发展水平产生深远影响。

以高速公路收费站点数据构建的城市之间交通流强度，主要集中在广州与佛山、深圳与东莞，并且广佛之间、深莞之间的出行往返规模大致相当；其次是广州与东莞、深圳与惠州，并且东莞至广州、惠州至深圳的出行规模强于广州至东莞、深圳至惠州的出行规模。以百度指数构建城市之间的信息流强度，主要集中在广州与深圳、深圳与东莞、广州与佛山，其次是香港与广州、香港与深圳、深圳与佛山、广州与东莞。以顺丰快递、中国邮政、德邦快递、申通快递、圆通快递、中通快递、韵达快递等 7 家快递公司的网点数据为基础，借助联锁网络模型评价城市之间物流联系强度，粤港澳大湾区物流联系强度最强的是广州与深圳，联系强度远远高于大湾区其他城市；其次是广州与佛山、深圳与东莞、广州与东莞；再次是香港与广州、深圳与佛山、香港与深圳。借助联锁网络模型评价城市之间金融协同程度，城市之间的金融协同程度最强的是广州与深圳、广州与佛山，其次是广州与东莞、深圳与佛山。2021 年，粤港澳大湾区银行网点数量最多的城市依次为广州（3843 家）、深圳（2818 家）、佛山（1916 家）、香港（1528 家）、东莞（1608 家）、江门（910 家）、惠州（850 家）、中山（810 家）、珠海（741 家）、肇庆（466 家）和澳门（211 家）。香港作为国际金融中心，布局最多的银行网点依次是中国银行、汇丰银行、恒生银行、东亚银行、渣打银行，除中国银行外，其他银行在珠三角九市的布局都相对较少，导致对内金融联系紧密程度远远低于其对外金融联系强度。

未来，粤港澳大湾区应在推进基础设施互联互通、社会民生服务共建共享、社会保障领域沟通合作等方面不断探索；完善粤港澳三地在就业保障制度、职业资格认证体系、医疗保障体系、医药准入标准、税制税率等跨境公共服务标准规范建设，共建优质生活圈；推进不同行政层级、跨区域和跨部门的多元主体在公共服务领域共商共事，形成灵活有效的服务协同共享新局面。

5.2.3 粤港澳大湾区资源协同配置的协同发展水平

资源协同配置是实现粤港澳大湾区协同发展的物质基础。从城市之间电力资源、水资源、土地资源、能源资源、港航资源、文旅资源协同配置等方面共选取 10 项核心指标，研究发现：①资源协同配置主要集中于湾区东岸城市，广深两座城市在电力、能源和土地等多种资源类型上的资源协同配置能力尤为突出，为大湾区协同发展筑牢根基；②以广深与佛山、东莞、惠州和中山等城市为代表，粤港澳大湾区中心城市与次中心城市之间的资源协同配置水平明显提升，中心城市带动周边次中心城市、次中心城市融入中心城市都市圈的资源协同配置格局开始显现；③除中山-江门、珠海-中山以外，大湾区西岸城市之间的资源协同配置能力有待提升，并且大湾区西岸与东岸城市之间资源协同配置水平也较为有限，例如大湾区东西岸各港口以自然独立的方式发展，重复建设、资源分散、同质竞争等问题削弱了粤港澳大湾区港口群的整体运营效率和竞争力。大湾区资源协同配置能力及关系测度结果见图 5-6、图 5-7。

未来，粤港澳大湾区要坚持各类资源的高水平保护和高效率利用，节约集约使用资源，着力推进"双高"示范省建设；完善水、能源、土地和电力等资源的协同配置机制，完善市场在资源配置中的决定性作用，强化政府在资源配置中的引导性作用；协调政府、企业、社会等多元行动主体在资源配置上的利益关系，助力东西岸城市之间、中心和次中心城市之间形成互惠互助的资源配置局面。

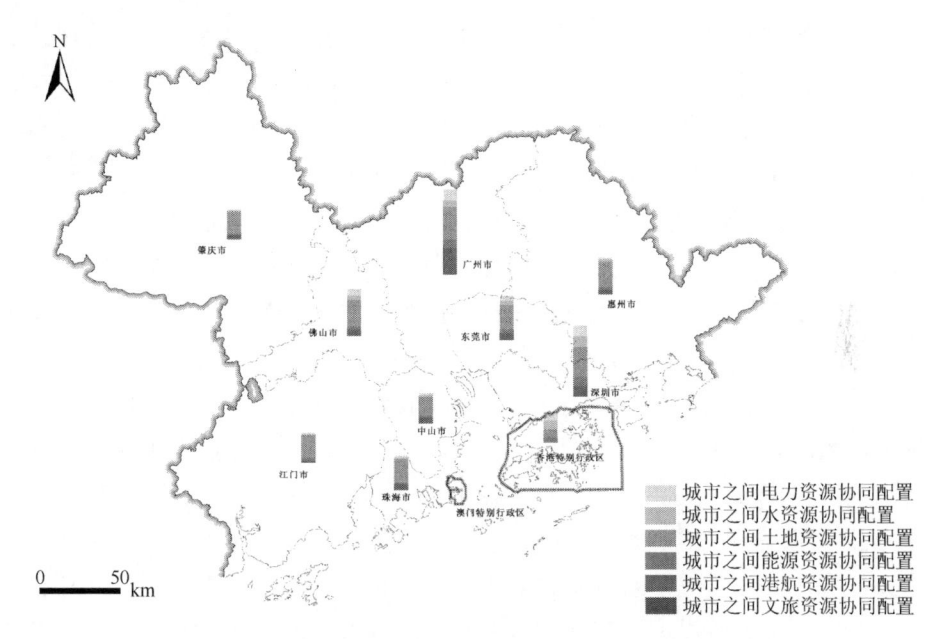

图 5-6 粤港澳大湾区资源协同配置能力测度结果

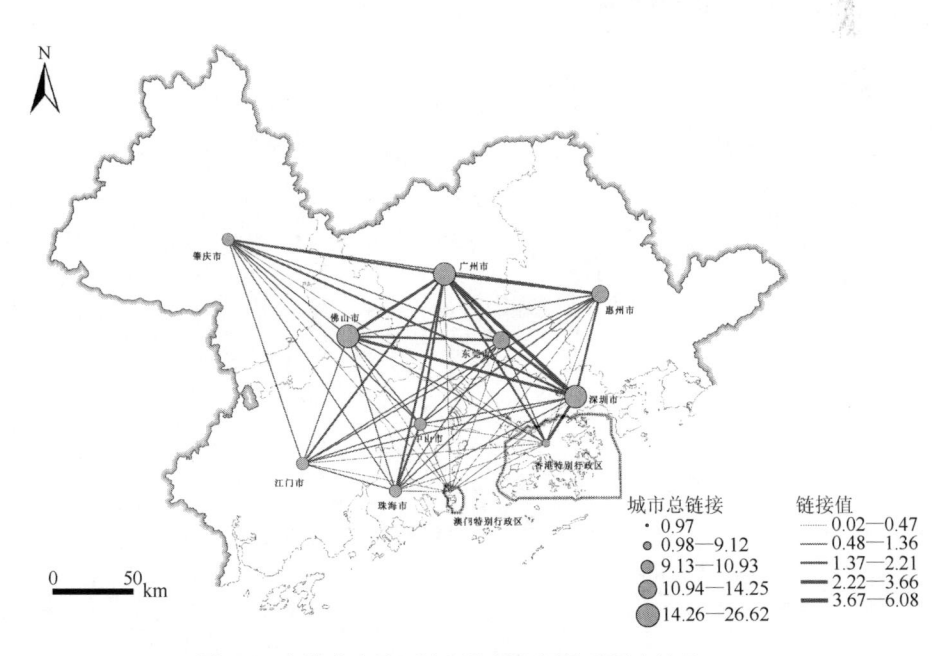

图 5-7 粤港澳大湾区资源协同配置关系测度结果

5.2.4 粤港澳大湾区环境协同治理的协同发展水平

环境协同治理是粤港澳大湾区携手共建优质生活圈与国际一流湾区的关键环节。基于环境污染边界效应的科学认知,从城市边界河流交接断面水质状况、空气质量、污染型企业密度、生态空间协同治理等方面共选取 8 项核心指标,研究发现:①边界缓冲区内污染密集型企业数量在粤港澳大湾区污染密集型企业总数中占比高达 66.2%,佛中边界主要集聚照明电器、钣金配件、印染企业,深惠边界主要集聚电子制品、手机配件企业,广莞边界主要集聚纺织服装、汽车摩托车零配件企业;②环境污染表现出明显的边界效应,跨市河流交接断面水质达标率表现较差的是深惠(龙岗河、坪山河)、深莞(观澜河)、惠莞(东江)、广佛(顺德水道、平洲水道),表现最优的是珠海与江门(磨刀门水道)、佛山与肇庆(西江干流)、中山与江门(磨刀门水道),边界区域成为环境污染治理的薄弱环节;③目前环境协同治理局限于"广佛肇""深莞惠""珠中江"三大都市圈内部,都市圈与都市圈之间、港澳与内地之间的跨境协同治理水平仍有待提升,表明都市圈建设对于消解城市间边界效应的作用显著,但是更大空间尺度上边界效应对于环境协同治理的阻碍仍需进一步破除。大湾区环境协同治理能力及关系测度结果见图 5-8、图 5-9。

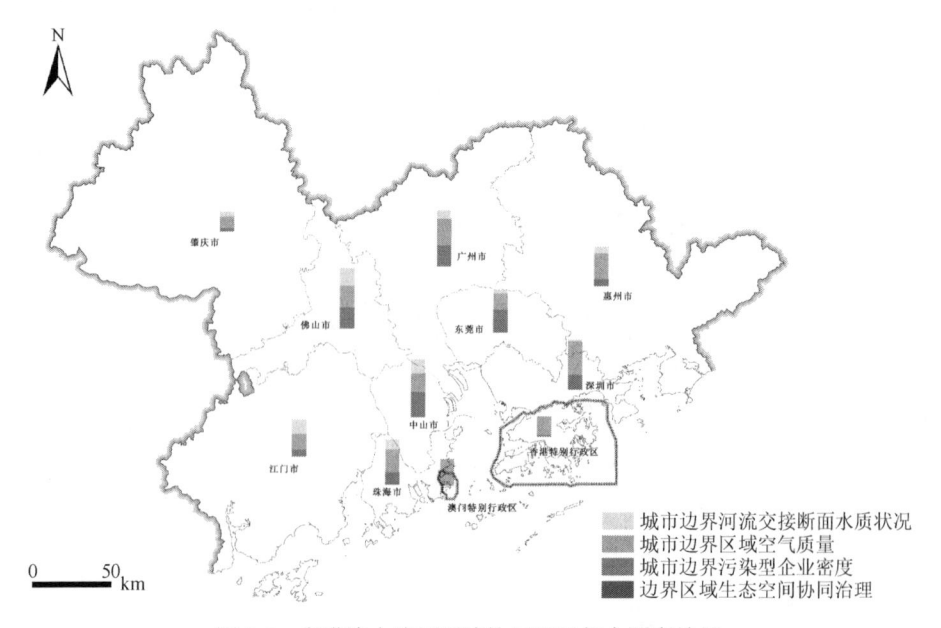

图 5-8 粤港澳大湾区环境协同治理能力测度结果

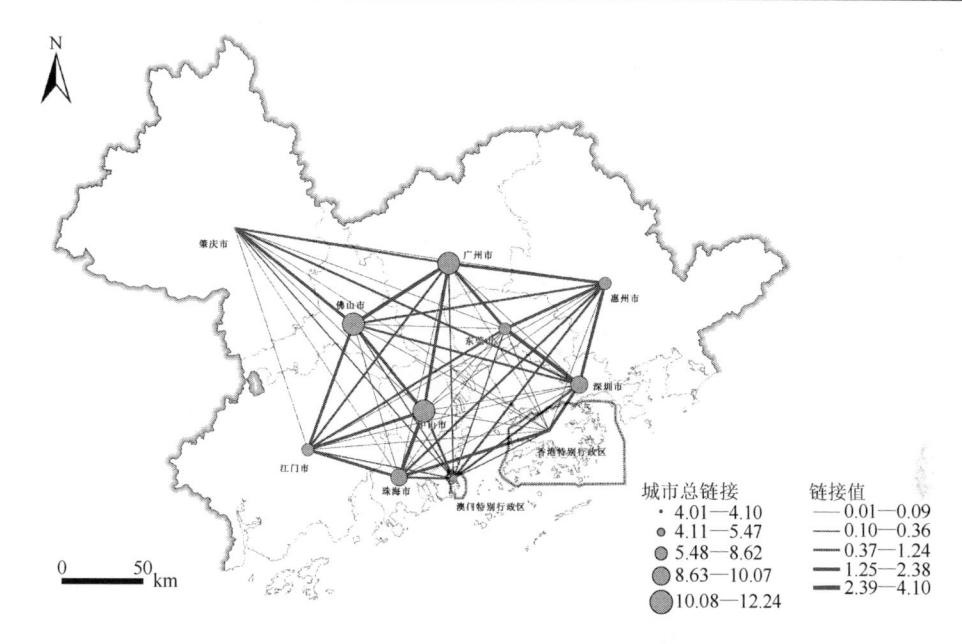

图 5-9　粤港澳大湾区环境协同治理关系测度结果

跨界水环境治理、空气污染治理、污染密集型企业治理一直是粤港澳大湾区环境治理的重点领域。以广东省省级环境信用评价企业数据库、广东省涉重金属重点行业企业数据、工业企业数据库为基础，构建粤港澳大湾区污染密集型企业数据库，在边界缓冲区半径 10 千米范围内计算城市边界区域污染密集型企业密度。边界缓冲区内的污染密集型企业数量占粤港澳大湾区污染密集型企业的 66.2%，其中佛山与中山、深圳与惠州、广州与东莞的边界污染密集型企业密度较高，反映其环境协同治理的效果稍差。佛山与中山的边界区域主要集聚照明电器、钣金配件、印染企业；深圳与惠州的边界区域主要集聚电子制品、手机配件企业；广州与东莞的边界区域主要集聚纺织服装、汽车摩托车零配件企业。在产业转移过程中，边界地区等洼地区域更容易吸引小型工业园集聚，正在成为新的增长空间。但是，在去边界化过程中，应特别关注污染企业向城市边界和环境准入门槛低的区域迁移。

以广东省主要跨市河流交接断面水质状况为基础数据库，其包含 20 多个交接断面水质状况数据（交接关系、水质类别、达标状况等），特别关注深圳与香港跨市河流深圳河、珠海与澳门跨市河流鸭涌河的交接断面水质状况，测算粤港澳大湾区跨市河流交接断面水质达标率。跨市河流交接断面水质达标率表现稍差的是深圳与惠州（龙岗河、坪山河）、深圳与东莞（观澜河）、惠州与东莞（东江）、广州与佛山（顺德水道、平洲水道）；跨市河流交接断面水质达标率表现最优的是珠海与江门（磨刀门水道）、佛山与肇庆（西江干流）、中山与江门（磨刀门水道）。截至 2017 年，深港联合治理深圳河四期工程完成。2018 年，深圳河水质达地表水 V 类标准，为 40 年来的最高水平。截至 2019 年，鸭涌河截污和清淤工程完成，实现鸭涌河水质达到地表 IV 类水目标。政府主体、民间机构、环保组织等多主体参与的跨境水污染协作治理，避免跨界流域河道成为转移环境负外部性的通道，为粤港澳大湾区环境协同治理提供宝贵实践经验（潘泽强等，2019）。

未来，粤港澳大湾区要推动城市之间、粤港澳之间环境治理体系的规则衔接和标准对接，缝合其在治理模式、执行主体、规制对象、执法途径和监管标准上的差异，提升环境协同治理的深度和广度；在都市圈建设的基础上，推动多尺度跨区域环境协同治理，多元主体参与环境协同共治、多方合作构建环境治理统筹机制、多领域拓展环境协作内容。

5.2.5 粤港澳大湾区制度协同安排的协同发展水平

制度协同安排是发挥"9+2"比较优势的机制保障。基于对 400 多项城市群主体合作信息的分析，从城市之间联席会议情况、政策关联、规划制定关联、舆情关联等方面共选取 8 项核心指标，研究发现：①制度协同安排更多关注边界合作开发、大型基础设施衔接、资源调配、产业协作、服务共享等；②城市之间制度协同关联主要发生在广佛、深莞、深惠、港深、广深和澳珠之间，地理邻近城市之间呈现更加紧密的双边合作关系，市场驱动力作用明显；③三边合作关系则更大程度上受国家战略驱动和都市圈战略驱动，同行政层级间合作关系中，深莞惠、粤港澳的多边合作最为频繁，中央对于大湾区城市群协同合作的事务介入均涉及香港、澳门。粤港澳大湾区制度协同安排能力及关系的测度结果见图 5-10、图 5-11。

"一国两制"下，制度因素对粤港澳区域协同发展的决定性影响显而易见（张虹鸥等，2018）。粤港澳大湾区制度协同安排主要是对公共政策的量化分析，以粤港澳大湾区城市政府官网发布的政策文件（内容涉及联席会议、经贸协定、联合规划、跨境区域合作、交通基础设施等）构建数据库，将城市政府主体间的政策互动形成量化指标，主要侧重城市主体间双边关系和多边关系的测度。比如开展多年的粤港联席会议、粤澳联席会议，以及泛珠三角区域合作行政首长联席会议，其主要议题主要集中在产业、经贸、基建、环保、社会服务等。城市之间双边合作关系主要集中在港深、澳珠，其次是港澳、广佛，广深之间缺乏双边合作。邻

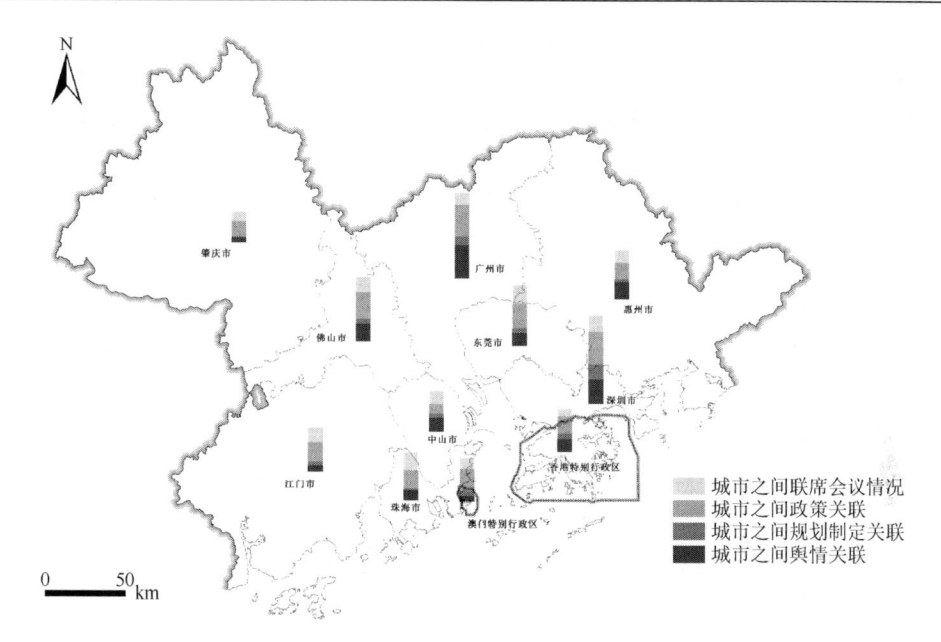

图 5-10　粤港澳大湾区制度协同安排能力测度结果

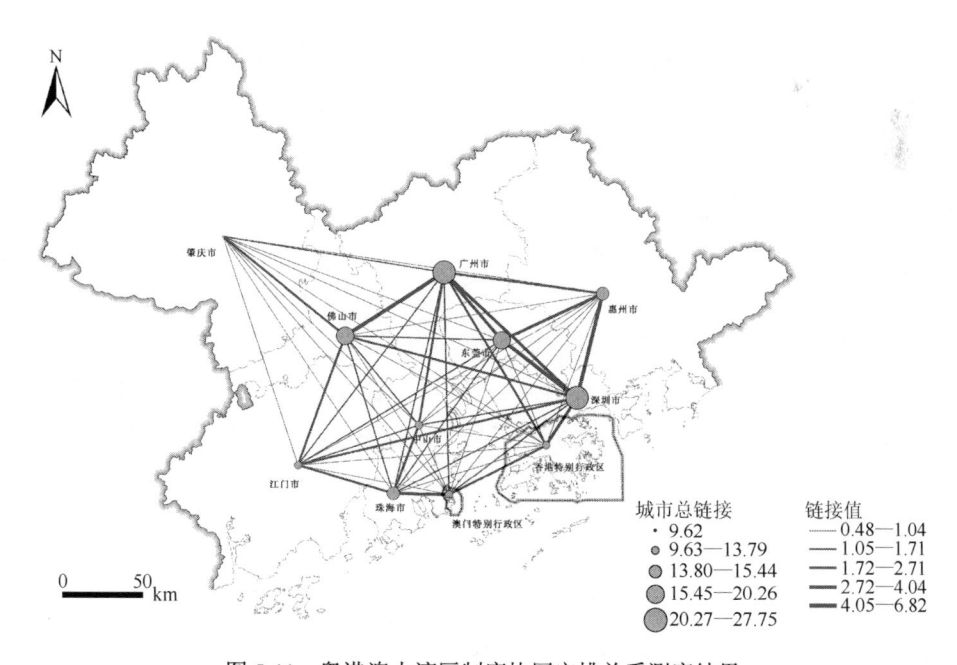

图 5-11　粤港澳大湾区制度协同安排关系测度结果

近城市更多体现双边合作关系,且以产业协同创新和服务协同共享类政策为主,合作领域涉及边界合作开发、交通基础设施衔接等。多边合作关系主要集中在深莞惠、粤港澳，具有国家战略驱动和都市圈战略驱动的典型特征，以服务协同共享类政策为主，体现对宜居宜业宜游优质生活圈的共同诉求。但是，粤港澳大湾区的特殊性，使其制度安排的参与主体、利益诉求、实施机制、协同路径等更为复杂多变，粤港澳大湾区跨境区域协同发展亟须建立制度化的广域行政模式（刘云刚等，2018）。

未来，粤港澳大湾区要进一步拓展和纵深制度协同安排的内容，在"一国两制"框架下探索有利于多元化制度之间协同互促、互补、互鉴的创新机制；尤其是，要在深刻理解粤港澳大湾区制度建构的空间多尺度性、多元主体复杂性的基础上，充分发掘实现粤港澳大湾区制度协同安排和创新治理机制的有效路径。

5.3 粤港澳大湾区协同发展的综合评估

5.3.1 五维集成关系网络

五个维度指标聚合形成粤港澳大湾区城市群协同发展综合指数，用以表征大湾区 9+2 个城市间 55 对协同关系及 4015 项分维度贡献，全面体现粤港澳大湾区协同网络的中心性及网络特征（图 5-12）。广州和深圳因其在产业协同创新、服务协同共享和资源协同配置 3 个维度表现突出，成为大湾区协同发展水平最高的城市组合。深莞和广佛在 5 个维度均具有较高的协同发展水平，并且在交通联系、信息交流、物流联系和金融协同等方面表现突出。香港与深圳的协同发展更多地体现在产业协同创新和制度协同安排。相比较于港深的协同发展水平，澳珠的协同发展水平总体偏低，澳门与珠海的协同发展主要体现在制度协同安排、环境协同治理和服务协同共享，产业协同创新是当前澳珠协同发展的最大短板。

5.3.2 网络中心性

粤港澳大湾区协同发展呈现出多中心节点网络特征（图 5-13），深圳、广州凭借其在服务协同共享、产业协同创新、资源协同配置领域的辐射力成为影响大湾区协同发展的核心枢纽。而东莞、佛山则发挥第二梯队的核心作用；受跨境边界的影响，香港和澳门的协同能力受到较大限制，作为粤港澳大湾区超级联系人的角色还没有完全发挥。

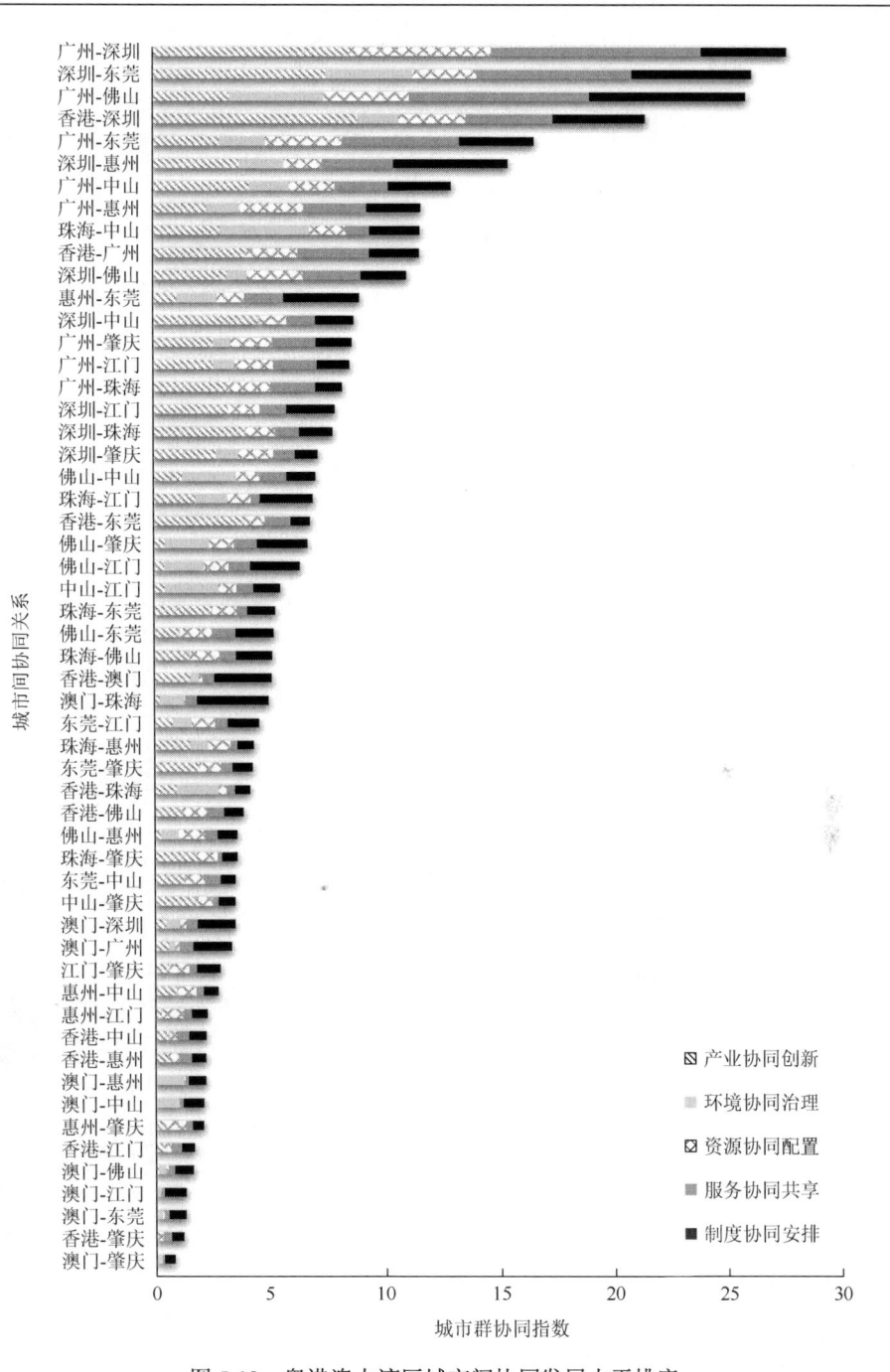

图 5-12 粤港澳大湾区城市间协同发展水平排序

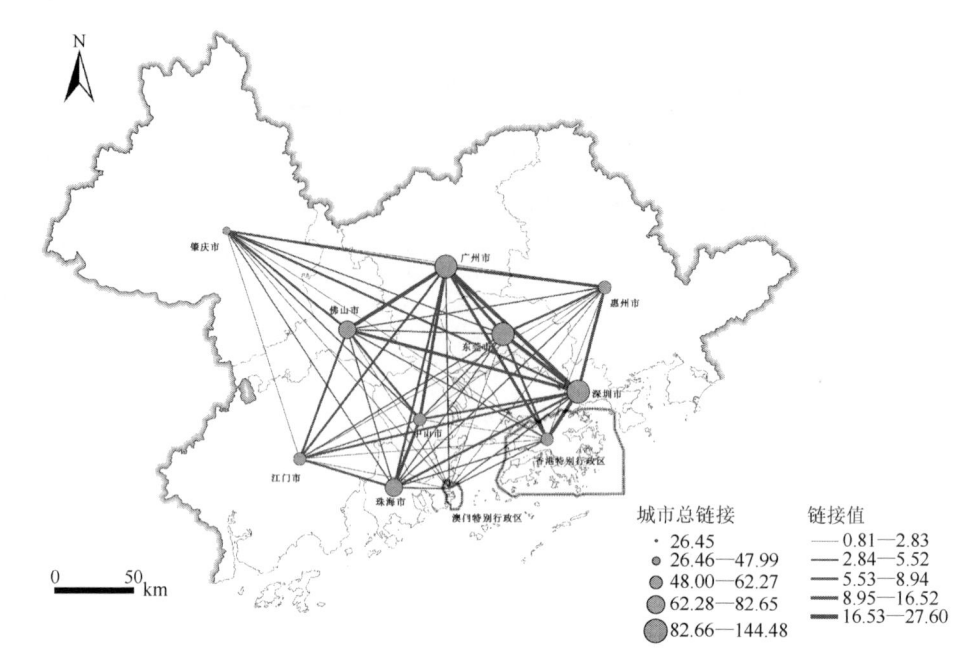

图 5-13　粤港澳大湾区协同网络特征

广州和深圳两座中心城市的协同能力最强，广州在服务协同共享方面具有优势，深圳在产业协同创新方面具有优势。东莞和佛山借助深莞和广佛"朋友圈"的地理邻近优势，在制度协同安排、服务协同共享和产业协同创新等方面具有优势，但是应特别注意在环境协同治理方面的不足。香港和澳门两座国际化城市，在粤港澳大湾区范围内的协同能力仍有很大提升空间，在粤港澳大湾区从全球"制造工厂"到国际科技创新中心的建设过程中，港澳应凭借雄厚基础研究实力、国际化专业服务水平和高端创新创业人才资源，在科技创新和金融服务等领域充分发挥"链接"内地与国际的"超级联系人"作用。珠海、中山和江门作为珠江西岸重点打造的都市圈，在服务协同共享和资源协同配置等方面存在突出短板，应强化与广州、深圳等周边城市在基础设施互联互通、服务共享和产业共建等方面的协同发展，在更大范围内提高资源配置能力和效率。粤港澳大湾区城市协同能力排序见图 5-14。

5.3.3　网络结构

粤港澳大湾区协同网络结构呈现以下特征：首先，由于大湾区西岸缺乏强有力的核心,协同关系网络整体呈现东岸强、西岸弱的特征。其次相较于固化的"广佛肇""深莞惠""珠中江"三大都市圈的传统认知,深圳、广州的协同影响力已经超越都市圈边界,呈现相互渗透的空间网络关系,深-佛、深-珠以及东西岸之间正在结成跨越都市圈的紧密的协同关系。

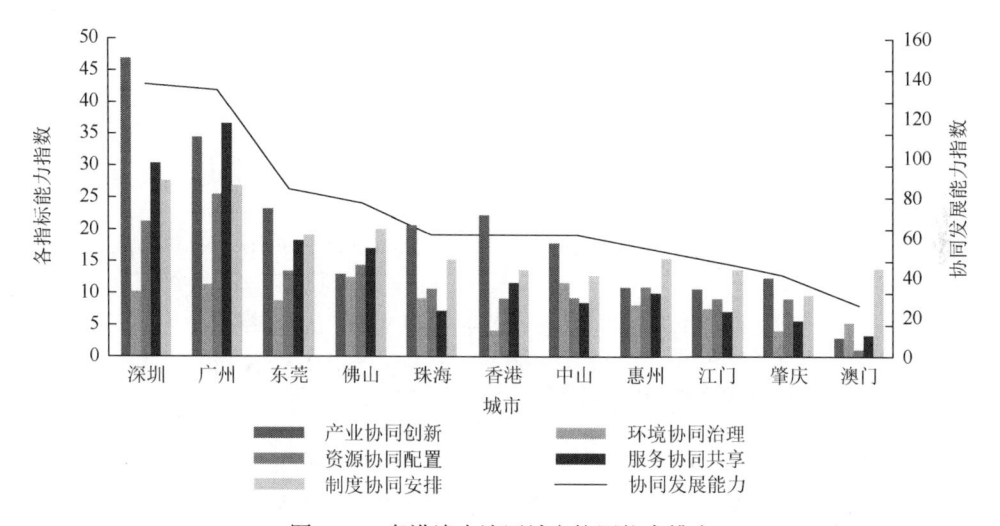

图 5-14 粤港澳大湾区城市协同能力排序

深圳都市圈的协同发展能力最强,其次是广州都市圈,再次是珠江口西岸都市圈。深圳都市圈和广州都市圈在产业协同创新、服务协同共享和资源协同配置等方面均表现相对突出。珠江口西岸都市圈在环境协同治理方面表现相对突出,在服务协同共享、资源协同配置和产业协同创新等方面仍有很大提升空间。

广州与东莞、深圳与佛山在服务协同共享和产业协同创新呈现较高的协同发展水平,特别是深佛之间的金融协同程度和广莞之间的物流联系强度表现突出,同时伴随着深佛、广莞的产业渗透,相较于固化的"广佛肇"和"深莞惠"的空间结构,城市之间的行政壁垒和边界属性逐步模糊化,这种关系空间的重塑将给粤港澳大湾区协同发展带来新的机遇与挑战。

参 考 文 献

蔡赤萌,2017. 粤港澳大湾区城市群建设的战略意义和现实挑战[J]. 广东社会科学(4):5-14,254.
陈世栋,2018. 粤港澳大湾区要素流动空间特征及国际对接路径研究[J]. 华南师范大学学报(社会科学版)(2):27-32.
邓志新,2017. 粤港澳大湾区:珠三角发展的新引擎[J]. 广东经济(5):32-35.
董超,修春亮,魏冶,2014. 基于通信流的吉林省流空间网络格局[J]. 地理学报,69(4):510-519.
樊杰,王亚飞,梁博,2019. 中国区域发展格局演变过程与调控[J]. 地理学报,74(12):2437-2454.

方创琳, 2017. 京津冀城市群协同发展的理论基础与规律性分析[J]. 地理科学进展, 36（1）：15-24.
方创琳, 梁龙武, 王振波, 2020. 京津冀城市群可持续爬升规律的定量模拟及验证[J]. 中国科学：地球科学, 50（1）：104-121.
方远平, 彭婷, 陆莲芯, 等, 2019. 粤港澳大湾区城市职能演变特征与影响因素[J]. 热带地理, 39（5）：647-660.
李郇, 殷江滨, 2012. 国外区域一体化对产业影响研究综述[J]. 城市规划, 36（5）：91-96.
李郇, 周金苗, 黄耀福, 等, 2018. 从巨型城市区域视角审视粤港澳大湾区空间结构[J]. 地理科学进展, 37（12）：1609-1622.
李立勋, 2017. 关于"粤港澳大湾区"的若干思考[J]. 热带地理, 37（6）：757-761.
李颖, 陈婷婷, 李郇, 等, 2020. 基于手机信令的跨界地区职住中心识别及其模式：以广佛地区为例[J]. 热带地理, 40（2）：206-216.
林初昇, 2017. "粤港澳大湾区"城市群发展规划之可为与不可为[J]. 热带地理, 37（6）：755-756，761.
林涛, 2019. 城市网络：中国城市地理研究的前沿和热点领域[J]. 科学, 71（4）：25-29，4.
刘锦, 田银生, 2018. 粤港澳大湾区背景下的珠三角城市群产业-人口-空间交互影响机理[J]. 地理科学进展, 37（12）：1653-1662.
刘耀彬, 李仁东, 宋学锋, 2005. 中国区域城市化与生态环境耦合的关联分析[J]. 地理学报, 60（2）：11.
刘毅, 王云, 李宏, 2020b. 世界级湾区产业发展对粤港澳大湾区建设的启示[J]. 中国科学院院刊, 35（3）：312-321.
刘毅, 王云, 杨宇, 等, 2019. 粤港澳大湾区区域一体化及其互动关系[J]. 地理学报, 74（12）：2455-2466.
刘毅, 杨宇, 康蕾, 等, 2020a. 新时代粤港澳大湾区人地关系的全球模式与区域响应[J]. 地理研究, 39（9）：1949-1957.
刘云刚, 侯璐璐, 许志桦, 2018. 粤港澳大湾区跨境区域协调：现状、问题与展望[J]. 城市观察（1）：7-25.
陆大道, 2017. 关于珠江三角洲大城市群与泛珠三角经济合作区的发展问题[J]. 经济地理, 37（4）：1-4.
陆大道, 2018. 长江大保护与长江经济带的可持续发展：关于落实习总书记重要指示，实现长江经济带可持续发展的认识与建议[J]. 地理学报, 73（10）：1829-1836.
马海涛, 黄晓东, 李迎成, 2018. 粤港澳大湾区城市群知识多中心的演化过程与机理[J]. 地理学报, 73（12）：2297-2314.
马向明, 陈洋, 2017. 粤港澳大湾区：新阶段与新挑战[J]. 热带地理, 37（6）：762-774.
毛艳华, 荣健欣, 2018. 粤港澳大湾区的战略定位与协同发展[J]. 华南师范大学学报（社会科学版），50（4）：104-109，191.
倪鹏飞, 刘凯, 彼得·泰勒, 2011. 中国城市联系度：基于联锁网络模型的测度[J]. 经济社会体制比较, 158（6）：96-103.
潘泽强, 宁超乔, 袁媛, 2019. 协作式环境管理在粤港澳大湾区中的应用：以跨界河治理为例[J]. 热带地理, 39（5）：661-670.
彭芳梅, 2017. 粤港澳大湾区及周边城市经济空间联系与空间结构：基于改进引力模型与社会网络分析的实证分析[J]. 经济地理, 37（12）：57-64.
邱坚坚, 刘毅华, 陈浩然, 等, 2019. 流空间视角下的粤港澳大湾区空间网络格局：基于信息流与交通流的对比分析[J]. 经济地理, 39（6）：7-15.
史培军, 宋长青, 程昌秀, 2019. 地理协同论：从理解"人-地关系"到设计"人-地协同"[J]. 地理学报, 74（1）：3-15.
唐子来, 李涛, 李粲, 2017. 中国主要城市关联网络研究[J]. 城市规划, 41（1）：28-39，82.
汪菲, 罗皓, 王长建, 等, 2023. 金融联系视角下粤港澳大湾区城市网络空间结构及其影响因素[J]. 热带地理, 43（4）：581-595.
王长建, 卢敏仪, 陈静, 等, 2022a. 城市网络视角下华为手机全球价值链的建构与重构[J]. 地理科学进展, 41（9）：1606-1621.

王长建, 叶玉瑶, 汪菲, 等, 2022b. 粤港澳大湾区协同发展水平的测度及评估[J]. 热带地理, 42（2）: 206-219.
向晓梅, 杨娟, 2018. 粤港澳大湾区产业协同发展的机制和模式[J]. 华南师范大学学报（社会科学版）, 50（2）: 17-20.
许堞, 马丽, 2020. 粤港澳大湾区环境协同治理制约因素与推进路径[J]. 地理研究, 39（9）: 2165-2175.
许学强, 李郇, 2009. 改革开放30年珠江三角洲城镇化的回顾与展望[J]. 经济地理, 29（1）: 13-18.
许志桦, 刘云刚, 胡国华, 2019. 从珠三角到大珠三角再到粤港澳大湾区: 改革开放以来中国的国家尺度重组[J]. 热带地理, 39（5）: 635-646.
叶玉瑶, 王翔宇, 许吉黎, 等, 2022. 新时期粤港澳大湾区协同发展的内涵与机制变化[J]. 热带地理, 42（2）: 161-170.
张虹鸥, 王洋, 叶玉瑶, 等, 2018. 粤港澳区域联动发展的关键科学问题与重点议题[J]. 地理科学进展, 37（12）: 1587-1596.
张胜磊, 2018. 粤港澳大湾区发展路径和建设战略探讨: 基于世界三大湾区的对比分析[J]. 中国发展, 18（3）: 53-59.
赵晓斌, 强卫, 黄伟豪, 等, 2018. 粤港澳大湾区发展的理论框架与发展战略探究[J]. 地理科学进展, 37（12）: 1597-1608.
钟韵, 胡晓华, 2017. 粤港澳大湾区的构建与制度创新: 理论基础与实施机制[J]. 经济学家（12）: 50-57.
钟韵, 秦嫣然, 2021. 中国城市群的服务业协同集聚研究: 基于长三角与珠三角的对比[J]. 广东社会科学, 208（2）: 5-15, 254.
钟韵, 叶艺华, 魏也华, 2020. 基于创新联系的城市网络特征及影响因素研究: 以粤港澳地区为例[J]. 科技管理研究, 40（7）: 1-9.
周春山, 邓鸿鹄, 史晨怡, 2018. 粤港澳大湾区协同发展特征及机制[J]. 规划师, 34（4）: 5-12.
周春山, 罗利佳, 史晨怡, 等, 2017. 粤港澳大湾区经济发展时空演变特征及其影响因素[J]. 热带地理, 37（6）: 802-813.
Castells M, 2004. Informationalism, Networks, and the Network Society: A Theoretical Blueprint[M]. Cheltenham: Edward Elgar Publishing.
Castells M, 2009. The New Economy: Informationalism, Globalization, Networking[M/OL]. Wiley. https://doi.org/10.1002/9781444319514.ch2.
Taylor P J, 2001. Specification of the world city network[J]. Geographical Analysis, 33（2）: 181-194.
Taylor P J, 2005. Leading world cities: empirical evaluations of urban nodes in multiple networks[J]. Urban Studies, 42（9）: 1593-1608.

6 粤港澳大湾区城市群协同发展的战略选择

6.1 协同创新的全球化路径

6.1.1 全球化变局给粤港澳协同发展带来挑战

近年来全球化格局呈现出新的态势,一方面,以国际贸易保护主义为代表的逆全球化思潮兴起;另一方面新冠疫情的全球大流行又进一步加深了全球化的不确定性。西方国家推进经济全球化的意愿逐渐减弱,反全球化思潮开始涌动,并逐渐升级为带有政治经济色彩的行动(张胜磊,2020)。

近年来,贸易保护主义表现形式更加多元化,约束范围更加广泛,主要通过技术壁垒、反倾销和知识产权保护等非关税措施来限制外国商品进入本国市场,产业领域和科技领域受影响显著。而高技术产业遭遇的国际贸易保护经历了由较早时期的反倾销(如欧盟 2012 年对我国光伏产品的反倾销),到知识产权调查(如美国"337 调查"制度)(高波阳等,2011;余乐芬,2011),再到美国限制其高技术产品出口的两个详细商品管制细则与三个制裁清单(包含了制裁诸如华为等企业的"实体清单")的演变。至 2019 年,美方对中方的技术出口管制急剧收拢,电子信息大类受限尤为严重;其中,深度学习、语音识别、AI 算法等新兴领域新增受限企业 28 家,超新增实体数量的 1/4(陆天驰等,2019)。美国严控上游制造材料及核心电子元件器的对外供给。

粤港澳大湾区的电子通信产业在本轮贸易保护的冲击中遭受相当大的影响。电子通信当中的集成电路产业作为深圳、东莞、惠州、广州的重点产业,面临着美国从源头的人才供给、前端的技术研发、中期的产品配套,以及最终的市场开放的全产业链封锁。深圳市海思半导体有限公司(华为旗下半导体公司)和深圳市中兴微电子技术有限公司是深圳芯片的领军企业,在 2017 年合计约占深圳芯片销售总额的 73%,但 2018 年新一轮贸易保护以来,面临越发严苛的技术封锁。2018 年 4 月 16 日,美国商务部宣布禁止美国公司向中兴通讯公司销售零部件、软件和技术 7 年,此事件以同年 6 月 7 日美国商务部 10 亿美元罚款加 4 亿元保证金的处罚宣布告一段落,中兴通讯公司以支付相当于其三年净利润罚款的代价被移出美国出口限制名单（王桃，2020）。比起中兴通讯公司的短期中断，华为作为我国电子通信领先企业的代表，遭遇的贸易保护形势则更为复杂和严峻。从 2019 年 5 月 15 日美国政府以实体清单为手段限制美国公司供应华为，到 2020 年 9 月 15 日美国对于"以美国软件或技术为基础的外国生产商品"交易各方的全面禁令，华为尖端技术零部件产品（如可以量产的 10 纳米以内芯片）供应链至此在全球范围内中断。在华为被列入出口实体清单后，美国谷歌公司停止了与华为合作的设计硬件、软件、技术服务等相关业务；英国半导体 ARM 公司则宣布停止与华为的所有业务往来。我国芯片生产制造的许多环节尚依赖全球供应链，特别是缺乏自主技术的光刻机、半导体存储、数字信号处理设备等，需要向因特尔、高通、阿斯麦等西方跨国公司进行采购。美国的技术封锁给大湾区芯片行业带来巨大冲击（张臻和张权，2019）。

另外，受中美贸易摩擦和跨国公司供应链回缩到本国就近区域生产的影响，近年大湾区制造业（无论是外国对大湾区的投资还是大湾区对外投资）也面临着加速外移的风险——逐渐向东南亚的越南、印度尼西亚、印度等具有廉价劳动力优势的国家转移。在全球供应链调整过程中，国际市场需求受到新冠疫情、中美贸易摩擦等多重因素的影响，部分行业订单骤增、部分行业订单需求量锐减，给大湾区重点出口行业带来不稳定因素。尽管不少国外企业在本国政策压力下，供应链回缩，但我国作为世界上最先在疫情中实现经济恢复性增长的国家，依然承接了部分行业的大量订单。纺织行业作为东莞的优势产业之一，2020 年前三季度的进出口情况显示，口罩在内的纺织品出口达 8287.8 亿元，同比增长 37.5%。2020 年 4 月以来，已经有大量的在印度生产的订单转移到我国，国内纺织行业开始回升，产量和销售量不断上涨（刘伟华和龙尚松，2021）。

中国自从加入世界贸易组织，随着珠三角成本优势减弱及其贸易快速发展，粤港澳的贸易关系逐渐改变。特别是近年来，深圳港、广州港不断削弱香港港海运中转站的作用，对香港转口贸易发展造成巨大影响（宋周莺等，2020）。在此态势下，粤港澳原有的贸易互补优势不断下降，反而在一些领域和地区存在潜在竞争和相互博弈。粤港澳大湾区面临的重要问题是如何进一步明晰三地的贸易竞合关系，通过贸易合作促进粤港澳区域协同发展、提升其在全球贸易格局中的地位。一方面，广东贸易迅速发展，并在规模上逐步赶超香港，粤港两地在东亚、东南亚地区等主要贸易地区具有较大空间重叠，而且粤港两地贸易商品结构同质化较严重，贸易竞争不断凸显；澳门受限于自身贸易体量，与粤港的竞争相对较小。另一方面，港澳两地的转口目的地均高度集中在东亚尤其是中国内地，且两地的转口商品结构有一定同质性,港澳两地在转口贸易上存在潜在竞争。

粤港澳大湾区在相当长的历史时期"两头在外""大进大出"的生产出口导向发展模式正受到严重挑战,正通过大力发展生产服务业和先进制造业来推动产业结构高级化和提高区域国际竞争力。然而大湾区自身的专业技术人才供应不足,需从外大量引进人才。为了吸引这些人力资本,大湾区的创新创业环境如融资渠道、知识产权保护、企业登记注册、学习和生活环境等与高品质发展需求还不匹配(林先扬,2017)。相对欧美发达国家来说,中国尽管经贸合作中的"量"得到大幅提升,但其"质"的影响力尚未明显提升(张胜磊,2020)。此外,粤港澳大湾区空港、铁路站线、港口资源的统一规划与整合在当前实践程度有限,这与粤港澳大湾区城市群产业发展与空间发展不相适应,挑战巨大。

6.1.2 全球化变局下粤港澳协同发展的未来路径

6.1.2.1 促成服务贸易无障碍的全方位合作

从 CEPA 最初协议至今已有二十余年的时间,后续又有补充协议不断加入。但从实施的结果来看,珠三角对港澳先进生产性服务业的引入对内地城市产业结构升级与调整的效应不甚明显(俞梅珍,2010),而港澳向内地最主要的服务业输入还在于传统的国际贸易和金融方面,其他领域拓展和深化有限,并且港澳的高新技术产业的生产和研发并未因此获得显著发展提升(封小云,2007)。现实情况是两地经贸合作中,香港经济中的内地因素增强,内地经济中的香港因素在减弱:随着香港经济结构转型以及内地制造业竞争力的提升,两地制造业之间优势互补的垂直分工合作基础在不断减弱,由此导致市场交易主体自发性合作交易减少,这是香港货物贸易出口占内地货物贸易进口比例不断降低的主要原因。

服务业的合作制度供给不仅要涉及市场准入的外部壁垒,更要深入到产业运行的内部制度。粤港澳服务贸易自由化及其路径策略包含几个方面。首要是解决由于制度性差异带来的衔接难题(陈恩和刘璟,2013)。具体而言,允许广东服务业对港澳开放实施肯定清单与否定清单混合模式,即在对服务贸易开放肯定列表同时,在负面清单中降低港澳服务业公司准入条件,把市场准入和国民待遇作为一般义务,允许港澳服务机构直接进入广东服务市场(杨娟和陈恩,2018)。对企业改行政审批制为登记注册制,放开企业经营范围过小的限制,与国际接轨。特别要强化金融服务领域的合作,不断提高对港资银行开放的层次和质量;支持香港保险公司设立营业机构或通过参股方式进入内地市场,并放宽对其总资产、业务收入的要求,适当提高香港保险公司在内地的持股比例;支持香港离岸人民币金融产品创新发展;把在香港发行人民币国债作为一项长期的制度安排等。另外,放宽对港澳生产性服务业人员内地执业的限制,扩大与港澳专业人才资格互认的范围。例如,拓宽法律服务的业务范围与合作形式,进一步放宽对香港会计师事务所合作人、建筑师等专业技术人员在内地有固定住所、居留时间和工作时间的规定。此外,有必要建立健全服务贸易领域的争端解决机制,建立健全区域服务贸易的规则和标准,确保粤港澳服务业合作与开放有序开展。

6.1.2.2 建设国际科技创新中心

国际科技创新中心应具备机构和基础设施的卓越性、原创研发与技术转移能力、产学研协同能力和较强的区域带动作用(刘清和李宏,2018)。大湾区"世界工厂"的地位面临挑战,产业结构调整压力大,亟须构建以科技创新带动供给侧结构性改革的新动力、新引擎,科技企业转型升级发展困难。建设"具有全球影响力的国际科技创新中心",是粤港澳大湾区建设过程中的重中之重,也是粤港澳大湾区建设最有共识、最具优势,也最富挑战的方向。就目前香港和澳门的情况看,最大问题在于其基础研究成果转化链条不完整。粤港澳大湾区仍存在诸多问题。第一,链条首端的基础研究实力总体偏弱。大湾区科技创新呈现"应用研究活跃,基础研究冷门"的现象,专利申请量排名比较靠前,但基础研究水平和前沿研究能力与国际一流湾区仍有较大差距,对国际科技创新中心建设十分不利。香港聚集了众多世界一流大学,建立了各类研发中心和研究院,金融、信息及其他科技服务业处于国际领先水平,并直接面向国际市场,但是制造业空心化严重,基础研究创新主体缺乏相应的创新成果应用场景。高新技术产业的缺乏导致香港基础研究成果转化链条缺失,无法回笼资金继续进行前端研发,难以形成科技创新闭环。第二,链条首端和中端的连接中,业界创新与学界创新割裂,科研成果转化率低(王云等,2020)。与日本的成果转化率(约70%)和欧美国家的成果转化率(约30%—40%)相比,大湾区约10%的转化率还有很大上升空间。虽然深圳、东莞、佛山等城市高新技术产业发展迅速,产业体系完备,是技术创新的重要需求方,但是由于香港、澳门与珠三角城市实行不同的社会制度、经济制度和法律制度,在一定程度上制约了人才、信息、技术等要素的自由流动,导致港澳基础研究成果转化链条缺失。

虽然目前粤港澳科技创新与创业合作已经没有了难以逾越的制度障碍，但粤港澳科技创新与创业合作的合作进展还处于探索阶段。科技创新与创业领域的高风险和参与科技创新与创业事业的高昂机会成本成为了制约港澳团队内地创业的主要因素。作为具有经济正外部性的领域，粤港澳科技创新与创业合作需要必要的政府扶持，并且这种政府扶持在理论和发达国家的实践经验中都具备必要性和正当性（艾德洲，2019）。从市场行为的层面看，在中美贸易摩擦不断升级的背景下，粤港澳科技创新与创业合作暗藏的投资规则隐患有被放大的风险。

有学者认为大湾区需以"科技"和"人才"为核心，串联起"科技-产业-全球生产网络"和"人才-环境-世界城市网络"两条链式结构，认为国际科技创新中心是全球创新网络、全球生产网络和世界城市网络三重网络结构的核心节点，建设国际科技创新中心需要在这三重网络中进行协同。国际科技创新中心是创新资源高度集中、科技产出丰富、科技服务范围广泛的特殊区域，是全球创新网络中的重要枢纽与节点。学者们普遍认为国际科技创新中心形成的核心要素特征主要包括几个方面：创新要素的集聚；支柱产业的多元化、影响力和引领性；政府高效的保障和监管能力；科技金融、法律等专业服务能力；开放包容的创新文化氛围以及良好的基础设施。

立足粤港澳大湾区区域发展的规律性与独特性，本书为粤港澳大湾区建设国际科技创新中心提出以下具体的策略路径。一是，加强基础研究和应用基础研究合作，加强面向国家战略需求的基础研究、应用基础研究和前沿技术研究，支持香港、澳门参与国家重点研发计划的基金、产业化项目及广东省科技计划项目，建立共建共享重大科研设施、科研资源的机制。二是，支持香港和澳门的高校、企业在广东设立研发机构，这些研发机构在承担和参与国家、广东省科技计划项目等方面与内地研发机构享受同等待遇。三是，推动国家自然科学基金委员会面向粤港澳大湾区国际科技创新中心建设任务及重点领域关键基础科学问题开展粤港澳三地联合资助工作。以共建粤港澳联合实验室为纽带，鼓励粤港澳联合实施重大科技项目，组织实施粤港澳大湾区重大科技研发专项，开展重大基础研究和技术合作。

在对创新活动主体的讨论中，三螺旋理论和杜德斌提出的国际科技创新中心理论认为"政府、大学和企业"为创新系统的三主体，而杨拓提出的理论模型则加上了"科研机构和风投机构"两个主体（杜德斌，2015；杨拓等，2016）。粤港澳大湾区已经通过产业跟随式创新和引进吸收再创新等形式，嵌入到全球生产网络中，未来更重要的是如何进一步强化产业的原始创新能力，提升对全球生产网络价值增值的支配能力。相比产业创新，人才是未来粤港澳大湾区建设国际科技创新中心的挑战。世界一流湾区的人才制度环境主要包括城市宜居性等硬环境和城市制度环境等软环境。因此，粤港澳大湾区建设国际科技创新中心，要着力成为全球创新网络、全球生产网络和世界城市网络的三重核心枢纽，具备全球科技与人才资源为核心的资源配置能力和影响力。即国际科技创新中心通过科技推动产业升级，通过人才促进城市发展，嵌入全球生产网络和世界城市网络，最终加入生产网络、城市网络和创新网络三者组成的大循环当中。

在"科技-产业-全球生产网络"链条中，链条首端应加强基础创新能力，加快部署面向国际科技前沿的基础创新载体，按照国家科学城建设的政策导向，积极推动国内外顶级高校/科研机构在大湾区设置分支机构与联合办学，吸引世界500强企业研发中心在大湾区设立实验室和研究中心，建立"国家实验室-大学/科研院所-企业研发中心"的多层次研究网络；在链条中端，应进一步放宽高校、科研院所科技成果转化的限制，引导企业参与和资助高校的研发项目并提供制度支持；在链条的终端，应以先进制造业为立足点，自主创新实现产业升级（赵晓斌等，2018）。

6.1.2.3 成为"一带一路"的重要支撑枢纽

从珠三角发展的历史脉络来看，由于地处大陆南端海滨这一独特的位置，日益受国家力量与全球化力量相互交织作用的影响。"一带一路"倡议下中国企业的走出去需要强大的城市服务功能作支持，珠三角城市群拥有处理这些议题的地缘优势和在漫长的对外交往历史中逐渐累积形成的社会基础网络（马向明和陈洋，2017）。

粤港澳大湾区正处于全面外向拓展的战略机遇期，要积极融入"一带一路"建设，推进国际产能和装备制造合作，打造陆海内外联动、东西双向开放的全面开放新格局。更具体而言，香港应加快服务业向高增值环节转型，而内地则应加快经济结构调整步伐；在深化两地服务业的深层次分工和服务贸易的优势互补过程中不断扩大双边服务贸易的市场规模（毛艳华和肖延兵，2013）。香港应发挥其在金融、法律、保险、税务、会计、设计、咨询等服务部门的优势，积极引导内地和香港企业联合"走出去"；以联合投资、联合投标、联合承揽项目等方式，合作开拓国际市场，扩大 CEPA 服务贸易的市场空间。粤港澳大湾区城市群紧邻国际航道，沿海的港口及城市都是古代海上丝绸之路的重要驿站，如今更是我国

21世纪海上丝绸之路的重要中转站，粤港澳大湾区城市群可以发展成为中国南海油气勘探开发的支持基地、国家石油储备基地和远洋渔业及综合补给服务基地，全面助推国家经济转型与升级（林先扬，2017）。

6.1.3　优化城市群内部功能分工，建设世界领先的全球城市区域

区域经济合作可以促进合作双方的经济融合与产业合作，但以何种方式融合与合作则取决于区域双方的经济发展阶段与比较优势特征。

6.1.3.1　充分发挥港澳的超级联系人作用

（1）香港

港澳两地由于自然资源禀赋与生产要素限制，本地生产商品规模小，总出口贸易额中均包含较高比重的转口贸易。香港地区凭借其优越的区位和政策优势，成为全球重要的贸易中转地和投资中转地，是中国商品和中国资本走向全球的"超级联系人"（李锋，2019）。香港身兼自由港、国际商贸和金融中心等多重角色（李立勋，2017），是内地乃至亚太地区的重要贸易中转站，转口贸易在香港出口贸易中占据极高比重，且规模不断扩大。近年来，香港的转口目的地不断向亚洲，尤其是内地倾斜。转口贸易以机械及电气设备为主，珠宝首饰及硬币所占比重次之，与总出口结构相似度高达约98%；而香港产品出口则集中在珠宝首饰及硬币上。香港贸易商品结构与广东同质化的部分主要来自其大额转口贸易，粤港本地产品出口竞争相对没有那么激烈（宋周莺等，2020）。

广东的出口规模已经超过香港，粤港呈齐头并进之势，出口竞争较激烈。香港应防范国际贸易形势恶化带来的风险，应进一步深化与东亚、东南亚的贸易合作（隆国强和王伶俐，2018）。在航运中心的建设和发展的同时，应注意广东港口群内部及其与香港港航运功能的协调，香港港应加强运输服务、建设中转型港口（黄超和陈奇，2017）。香港在金融业发展水平和投融资规模上具有明显的优势，应巩固和提升其国际金融中心的地位，加强金融服务输出，并利用金融与货币制度的差异加强香港与深圳、广州在金融业上的协调合作与深度融合。

当前，香港对珠三角地区的主要功能大部分仍然停留在传统的国际贸易与资金融通方面，新兴的功能还没有占主要的部分。香港在巩固原有的航运、贸易和金融中心地位之外，应加快建设新的联系中心：包括融资中心，满足"一带一路"

及海外投资的资金需求；离岸金融中心，顺应人民币国际化的趋势；国际法律及争议解决服务中心，为对外开放和"一带一路"建设提供配套服务（李锋，2019）。香港作为中间人联系内地和国际市场，应以项目经理或实际执行人的身份直接参与其中。

（2）澳门

澳门的产业及对外商品与服务贸易结构中，均具有博彩业"一业独大"的特点，但这一产业与贸易结构具有一定弊端。澳门特别行政区专门成立了以行政长官为主席的"中国与葡语国家商贸合作服务平台发展委员会"，逐步构建了"中葡信息共享平台"和"中葡中小企业商贸服务中心"、"中葡经贸合作会展中心"、"葡语国家食品集散中心"（即"一个平台、三个中心"）。未来澳门应基于低税率、低融资成本的优势，继续强化这些平台的作用，在中国与葡语国家之间发挥更重要的桥梁作用，促进产业的多元化发展。

6.1.3.2　构建全球城市区域：分工协作与升级转型

尽管出现同质化竞争，但数十年来，珠三角多个城市在全球化进程中还是形成了一定的特色。

（1）深圳

被确立为首批经济特区之后，拥有地理邻近优势的深圳成为香港转移制造业的主要承接地。20世纪80年代末，电子产业中的劳动密集型产业开始发生第二轮的国际转移，从东亚地区转入东南亚和中国（除港澳台）。深圳抓住这个契机进入了电子加工制造业。吸引了大量的跨国企业、国内创业者。这些创业公司与创业者推动了深圳的产业升级，使深圳诞生了一批优秀的高新技术企业，包括华为、中兴、联想、腾讯等。这些企业通过不断地自主技术创新、不断地走出国门，逐渐缩小与跨国企业间的技术差距与市场差距。

（2）东莞

紧靠在深圳之后的东莞依靠"三来一补"的政策，吸收了一批转移自香港与深圳的电子加工装配以及服装纺织企业，以"前店后厂"的方式嵌入到了全球生产网络。在这个过程中，由于市场信息首先汇集到深圳和广州，而东莞处于广州、深圳这两大城市中间，且其产业与深圳高度相似，因此只能获取少量市场与技术信息。长期处于技术差距、市场差距均较大的状况，依附性地嵌入到全球生产网络当中，成为世界工厂。

（3）广州

在过去的 40 多年里，广州除纺织服装产业外，汽车、化工等技术复杂型产业也通过互惠模式嵌入到全球生产网络当中。以汽车产业为例，广州在中央政策的支持下成为华南地区汽车生产的部署中心。广州吸引了法国标致、日本本田、丰田、日产等汽车企业通过合资入驻，成为中国一大汽车产业中心。与广州合资办厂的跨国汽车企业带来了大量的技术溢出，有利于技术差距的缩小。类似的发展模式也出现在广州的化工、快消产业领域，例如 T&G、宝洁、强生等企业。在产业发展过程中，广州以互惠方式努力缩小技术差距，逐步成为创新高地、生产中心（刘逸等，2020）。

（4）佛山

改革开放后，佛山没有彻底走向"三来一补"的东莞模式，而是在吸收外资的同时，积极培育本土企业，面向国内市场进行产品研发创新的尝试，在全球化的过程中逐步走上互惠的道路。顺德的家电产业是典型代表。改革开放之初，顺德企业通过香港渠道获得了代工生产家电的产业机会，在代工的过程中，采取了"逆向工程"战略，引进先进技术，向国内市场销售同类型但自有品牌的家电产品。这种一边为外资企业提供加工生产及营销推广服务、一边利用学到的知识和技术在国内创立自己品牌的模式被誉为"顺德模式"，造就了一批如美的、格兰仕、科龙等著名的家电民族品牌。

当下，粤港澳大湾区的总体规模与全球其他世界级湾区接近，其中人口和面积规模遥遥领先，但人均生产总值上仍存在较大差距，这说明粤港澳大湾区已经达到世界级城市区域的能量级，但价值还未得到充分发挥。21 世纪以来，区域化渐由超国家（supra-national）层面延伸至国家与次国家（subnational）层面，出现了微观区域化，基于世界城市与全球城市研究的全球城市区域（global city-region）日益成为世界经济增长的核心动力，并成为世界经济体系中地方经济与社会重构的基本研究单元，其表现形式之一是以合作形式联结的城市，该类城市区域有时跨越边界，称为跨境全球城市区域（李艳等，2020）。巨型城市区域本质是区域的一体化。区域一体化可促进区域协调发展，缩小区域内城市间的差距，实现区域各城市的增长趋同。粤港澳大湾区已凭借特定主导产业成为功能性城市区域，这些功能性城市区域是巨型城市区域功能化网络上的功能区块，在全球产业链中具备竞争优势，代替单一城市参与全球竞争（李郇和徐现祥，2006）。

展望未来粤港澳大湾区的发展，粤港澳大湾区将形成以广佛和港深为两大核心区、以若干功能区块为竞争单元、由公交化轨道网络串联和沟通、边界地区增长的"两核+若干功能区块"空间结构,并以命运共同体的方式参与到全球的市场竞争中(李郇,2018)。粤港澳大湾区正处于区域一体化进程中,朝着一体化程度更高的巨型城市区域发展。广佛和深港这 2 个核心区通过公交化的轨道网络,串联区域内的若干个功能区块,其中,劳动力、技术、资本等生产要素沿着区域共建共享的交通基础设施快速集聚和分散(王世福等,2018)。

在人地关系全球模式下,重构"创新-产业-环境"三个关键子系统之间的关系,是粤港澳大湾区建设世界一流湾区的重要途径(刘毅等,2020)。香港、广州的高校与科研院所积累了大量的专利成果和科学技术,深圳如今是国际科创成果重要的孵化基地,香港则能够为科技转化提供广阔的投融资服务,珠三角具备强大的制造业能力,这些优势都使得大湾区有潜力成为先进科技成果转化基地。未来,"香港深圳孵化+其他城市产业化"将成为大湾区建设国际科技创新中心的重要模式之一。粤港澳大湾区城市群具有比较优势的制造业,如服装纺织业和消费类电子工业,可进一步加大产业的组织程度,通过跨境地区和国家的外部空间拓展,尽快成长为具有国际竞争优势的产业。具有巨大国际市场和竞争优势的制造业如汽车制造业等,可共建更多国际合作平台。随着我国"一带一路"倡议推进,粤港澳大湾区城市群参与全球分工的程度将不断加深,也有机会有能力在更广的地域范围内整合资源,发挥扩张力而成为全球分工与竞争的重要节点(林先扬,2017)。环境提升是湾区聚集世界顶级人才与创新资源的主要方式之一。城市间交通运输网络是形成区域网络系统的前提条件,良好的交通连接对区域经济联系与空间整合具有重要意义。据此改善基于跨境口岸的粤港澳大湾区内部距离相对较远的城市对,如澳门-广州、香港-广州、澳门-惠州、香港-肇庆等城市之间的空间联系,可有效提升粤港澳大湾区整体城市空间联系。未来还需聚焦粤港澳大湾区的人口与城市发展,既包括高端人才集聚、人口老龄化等方面的问题,也包括经济与人口发展所带来的国土空间开发与环境协同治理等方面的问题。

6.2 跨境一体化制度创新

6.2.1 跨境一体化的制度演变

港澳回归初期到 CEPA 签订之前,主要以政府初步搭建的一些平台,以及市场化的企业合作为主。2001 年 5 月,广东省政府与香港、澳门特别行政区建立粤港、粤澳高层会晤制度及设立粤港、粤澳合作联络小组。广东省省长与香港、澳门特别行政区行政长官每年分别举行一次会晤，就两地合作的重大事项进行磋商；粤港、粤澳合作联络小组作为粤港、粤澳高层会晤制度的常设机构，直接向三地最高行政长官负责。粤港、粤澳双方组成若干专责小组，就粤港、粤澳两地合作开展研究和落实具体合作事项。2003 年，经中央政府批准，粤港、粤澳高层会晤制度升格为粤港、粤澳合作联席会议，并由双方行政长官共同主持。在粤港、粤澳合作联席会议机制内，逐步建立了不同层次的工作制度和规程（彭春华，2019；张树剑和黄卫平，2020）。

内地与香港、澳门的 CEPA 应该是最早正式推进的粤港澳三地跨境一体化的制度安排。2003 年 6 月 29 日，内地与香港的该协议正式签署，此后的十年间，香港与内地又补充签了 9 个协议。内地向香港开放包括法律、会计、审计和簿记、建筑设计与工程、城市规划和风景园林设计、医疗及牙医、房地产、广告、管理咨询、会议和展览、增值电信、视听、建筑及相关工程、分销、金融、旅游、运输、物流等服务部门达到 153 个，涉及世界贸易组织 160 个服务部门，其中 62 个部门实现国民待遇。服务业在香港和澳门国民经济都占主导地位，但两地服务业发展水平、特点和优势存在很大差异的。内地与香港、澳门分别签订的 CEPA 及其补充协议，尽管开放对象不一样，但在这些文件内容上区别并不大。除了某些少数部门澳门开放时间略晚于香港以外，内地对香港、澳门开放的服务部门基本保持一致。

尽管 CEPA 发挥了香港与内地服务业的比较优势，并且促进了双边服务贸易的增长，但是，CEPA 并没有使双边服务贸易在香港服务贸易总量中得到大幅提升，服务业在双边贸易的比例依然偏低。从双边服务贸易结构来看，主要是香港商贸服务这一传统优势部门对内地的输出占其总输出的比重明显下降，而金融、保险、专业服务等现代服务部门对内地的输出占其总输出的比重没有明显增加。一方面，CEPA 的设计能力还没有充分发挥，还需要有更多的市场开放条件，以便更好地发挥两地服务贸易优势互补的特点，实现双边服务贸易大幅度增长；另一方面香港和内地都需要加快经济转型和产业升级的步伐。香港与内地的服务贸易基本还集中在旅游服务、商贸服务和运输服务等传统服务项目。其中有内地经济中内需不足以及产业结构滞后影响了对香港现代服务的进口需求的原因。香港一些具有明显优势的服务领域，比如旅游、金融、保险、建筑、广告、法律、会计、视听等行业，申请进入内地市场的香港服务者仍然偏少。同时，CEPA 机制没有较好配合港澳服务业未来发展规划。例如，澳门特别行政区一直将会展业、文化创意产业作为现代服务行业重点扶植对象和施政重点（杨娟和陈恩，2018）。但 CEPA 及其补充协议 11 份文件当中，会展服务的开放措施仅有 10 条。文化创意产业无论是商业存在模式还是跨境服务模式，均以正面清单形式列出开放措施，并且措施数量较为有限。CEPA 下所有广东或内地会展业、文化业对澳门开放的措施，与香港开放措施数量和内容，并无差异。因此，双方有必要理清相关服务业行业准入政策，推进现行管理体制改革，完善 CEPA 各项规定的实施细则、配套政策措施，让现有自由化政策更好地发挥应有的作用。

就区域一体化治理制度而言，广东省和中央政府制定了从珠三角到大湾区尺度的各种制度规划，以协调社会经济等各项事业发展（吴成鹏等，2022）。大湾区建设领导小组为落实中央精神和国家战略提出原则、内容与方向；在推进有效市场方面，湾区成立了国际法务仲裁中心，签订有关法院-判决-仲裁协作互认、知识产权合作、金融合作、人才联合等的协议；在推进社会网络化发展上，主要在政府协调下，以事业单位为主体，兼有公司企业和社会团体，举行粤港澳文化、教育、卫生、媒体等领域的联合互动活动；在产业协作上，政府制定区域规划以协调城市分工，签订城市间合作协议；在创新发展上，以政府和事业单位为主成立联合实验室、教育联盟等组织机构，成立教育、科技合作专责小组，签订科创协议；在居住、交通、生态、市政等城市功能上，政府出台相关政策规划，签订合作协议，成立专责小组，其中重大区域公共问题往往需要中央政府介入协调。

在中央政府发布的大湾区政策中，涉及内地与港澳人员往来及出入境安排、港澳人士享受教育医疗等国民待遇、港澳职业人士执业资格、港澳人才个税征收等的公共服务政策成为绝对的主体，体现了中央政府依靠中央事权对粤港澳大湾区的两种经济制度、三个关税区开展协调的不可替代的职能。而 123 份省级政策、167 份市级政策与 38 份区县级政策的主题分布高度一致，公共服务与产业类政策同样占据绝对多数且二者比例接近，体现了区县级政策向市级、省级政策的逐级"看齐"特征（李启军等，2022）。

6.2.2 制度创新未来的重点

对现有制度细节进行完善，制定实施有助于要素在粤港澳三地顺畅流动的新制度是未来跨境一体化制度创新工作的重点。当前，粤港澳大湾区要素尚不能实现非常便捷的流通,以致产业的互补优势不能全面发挥。例如,内地的行业准入资质和市场监管与政府行政审批密切相关,而港澳更注重行业集体自律;内地各项税率高于港澳,部分港澳人才不愿在大湾区内地城市长居;内地对境外金融机构投资设定门槛较高,对港资金融机构在珠三角的投资有一定的影响;香港和澳门对科技创新的促进政策明显缺乏,影响了大湾区内地城市的科技创新人才到港澳创新创业等(毛艳华,2018)。同时,大湾区的内地城市和港澳又各自拥有历史遗留的、彼此有巨大差异的技术标准与行业准入资质,这构成了大湾区要素流通的"关境之后"障碍。例如,粤港、粤澳海关和边检部门技术标准不同且缺乏信息互通,导致口岸重复查验问题突出;会计、法律等专业服务业的准入资质差异妨碍了湾区专业服务人才的跨境执业。

6.2.2.1 人才集聚和流动机制的创新

近年来粤港澳大湾区的人才集聚优势主要体现在香港和澳门,内地珠三角城市群的人才集聚水平相对偏低。大湾区的高学历和高技能人才集聚的空间分布较为相似,均形成了以香港为绝对高地,澳门、广州、珠海和深圳为次高地,及外围县和县级市为洼地的人才集聚的空间分布结构。其中,制造业城市佛山和东莞人才集聚水平相对较低,内地因为发展教育提升的高学历人力资本尚未完全有效转化为高技能人力资本。大湾区内地的珠三角城市群人才集聚水平整体上低于京津冀和长三角城市群。一流高等院校建设滞后、港澳向珠三角人才流动的制度渠道不畅和服务业发展动能不足是珠三角人才集聚水平偏低的主要原因。在粤港澳大湾区,服务业集聚和高等教育发展均有利于促进人才集聚,服务业就业对高技能人才集聚的拉动效应强于对高学历人才集聚的拉动效应,制造业就业的带动作用并不显著(齐宏纲等,2020)。高等教育对高技能人才集聚的促进作用要弱于对高学历人才集聚的促进作用。薪资待遇有利于提升高学历人才集聚水平,但并未有效促进高技能人才集聚。

应着重推动如下几项工作。一是创新粤港澳大湾区人才集聚和流动机制。进一步完善"大湾区绿卡"制度,推动粤港澳人才资质全面互认,完全实现港澳创新人才与粤居民享受同等待遇。二是加大对外来人才尤其是国际人才的激励力度,彻底破除科技人才在企业和事业单位之间双向流动的制度障碍,重点是支持和鼓励高校师生和科研机构研究人员向企业自由流动(黎友焕,2020)。三是要加快建立粤港澳三地在收入分配、口岸通关和公共服务等管理制度上的衔接标准,保障粤港澳三地人才流动的通畅。四是加大内地珠三角城市群产业转型升级力度，大力发展服务型经济，重点提升深圳、佛山和东莞等核心城市的服务业就业吸纳能力，借助服务业吸引高技能劳动力就业的弹性优势，将高学历人力资本优势逐步转化为高技能人力资本优势。五是推进内地珠三角城市群优质高校与科研机构培育，依托"双一流"高校建设契机，面向技术创新关键领域加强一流高校和学科培育，全面提升内地珠三角的高等教育质量。

6.2.2.2 资本流通制度的创新

创业投资以及科研经费是大湾区跨境一体化资本的两个重要方面。

就创业投资而言，大湾区内地城市需要通过广州和深圳的率先发展，进而辐射带动其他城市的发展。目前，深圳创投的发展已经达到一定程度，广州的创投依旧存在许多困境，亦缺乏与香港和澳门的合作。广州市创业投资政策体系中的规划纲要数量与配套政策数量相当，比例不协调。规划纲领涉及多个方面，需要多个不同的配套政策进行支撑，失调的比例结构会导致规划纲领没有对应完整的配套制度（徐枫，2019）。在缺乏主导政策的情况下，整个创业投资制度体系是不完善的，创业投资制度也只是充当了辅助其他产业发展的角色。

相关制度创新方面，一是应尽快出台直接以创业投资为主的规划纲要性制度，发挥纲要性政策规划、统领的作用，提高创业投资制度的地位，其余的创业投资政策应当紧密围绕、合理布局，从而形成一个完整的系统。规划纲要、配套制度和实施细则三个部分应该结构合理清晰、联系紧密、相互配合。二是重点加强制度体系的薄弱环节，要加强"需求型"制度，即推出和完善基金引导制度，包括加强对本地产业结构升级、产业重点发展方向进行引导和推动的政策，推出和完善对技术创新目标、技术选择、创新创业的途径等做出规范的政策，优化涉及政府资金作为投资主体之一直接进行创业投资活动的政策。三是密切与港澳进行科技合作，建设"广深港澳"科技创新走廊，扶持重点理工大学。加大与国际理工名校的联合培养与共同研发力度，大力引进诺贝尔奖得主、院士等科研顶尖人才，集中力量发展新兴学科、关键技术，推动政府、高新技术企业、创投机构与重点理工大学签订区校合作协议，成立校地合作联盟，培育高端理工人才落户创业。四是深化穗港、穗澳金融合作，推动民营企业公司创业投资（CVC）发展。借助港澳发达的资本市场平台，吸引国际资本投入内地城市的创业投资行业，进而拓宽大湾区创投资金来源渠道。可以推动内地城市的优势企业赴港上市，通过香港从国际市场融通资金,推动金融与产业深度融合发展,提高内地城市的创业投资绩效水平;同时可以提高内地城市金融开放程度,支持港澳金融机构扩大在穗业务,支持有实力的香港金融机构参股内地城市金融机构,提高内地城市金融机构实力,为内地城市创业投资发展营造良好的金融环境。

就科研经费而言,虽然粤港澳地区对于财政科研经费跨境使用的制度创新已进行了初步探索,但是现阶段仍处于割裂状态,财政科研经费的申报资格均限于本行政区创新主体,经费在非本行政区使用限制重重(陈相,2018)。粤港澳在会计准则、资金凭证、货币类型和经费管理机构等方面均存在较大差异性,这对于财政科研经费的跨境申报、跨境管理,相关科技活动的开展以及科技成果的转化等都产生了明显的不利影响。

针对科研经费这些情况,一是要逐步建立多层次的跨区域对接关系。在地方政府层面,应坚持大局视野、开放性思维,搭建有机互动、顺畅和谐的沟通交流通道,并将财政科研经费跨境使用纳入到粤港(澳)合作联席会议、粤港澳大湾区系列政策文件中,结合三地实际,重点把握经费流动限制和申报主体限制放开的节奏,在部分地区开展专项试点,注重粤港澳专项支持领域的有机衔接。二是要探索构建多方共赢的利益分配机制。新制度框架的设计,必然会产生一定的利益博弈。粤港澳之间因扶持资金和重点扶持领域存在差异,当放开科研经费流动时,扶持资金多且支持领域重叠度高的地区将会比扶持资金少或支持领域重叠度低的地区科技贡献更大。这种情况下,获益大的地区应给予获益小的地区一定程度的让利。三是推动三地会计、审计机制的互融互通。可考虑在一定措施保证前提下,对对方的资金使用凭证进行认可;或者探索制定三地通行的粤港澳经费使用凭证认证办法,形成对科技项目支出的统一认证,畅通跨境认证通道。并可考虑在重大项目上探索实施固定汇率或者有限度的汇率浮动机制。当选择实施异地审计时,引导具有一定资质的会计师事务所采用一致的审计规则,推动审计报告互认。

6.2.2.3 促进科技成果转化的制度创新

在科技成果转化方面,为贯彻落实《中华人民共和国促进科技成果转化法》,以及国务院有关科技成果转化的一系列实施意见和方案,广东省政府办公厅于2016年印发了《关于进一步促进科技成果转移转化的实施意见》。这促使科研院所的科研成果变成市场上的科技产品,进而转化为现实的生产力(夏正林,2019)。

近年来，广东省在加强科技成果信息交流与分享、推进科技成果转移转化平台建设、市场化服务建设等方面推出了不少新制度，但相较于香港而言，广东省关于知识产权保护的政策性文件尚不够精细。广东省人民政府发布的《关于印发广东省建设引领型知识产权强省试点省实施方案的通知》和广东省人民政府办公厅发布的《关于知识产权服务创新驱动发展的若干意见》，这两个省级文件对全省加强知识产权保护工作作出了纲领性的规定，除此之外，配套的具有针对性的文件则比较少。广东省人民政府知识产权办公会议办公室在2017年印发的《广东省重大经济和科技活动知识产权审查评议暂行办法》是其中之一，但仅有知识产权审查评议的办法并不能覆盖知识产权保护的各个方面。当前，广东省在"智能制造2025""新能源汽车""人工智能""互联网+"等方面紧跟国家步伐，已经出台了一大批政策鼓励企业科技创新、支持新兴产业发展，但同时，在涉及知识产权从获取、保护到纠纷解决等各个环节的政策则稍显薄弱，企业与消费者的技术产权保护意识也普遍不高。未来应优化城市间技术创新链分工，建设粤港澳大湾区东线高端电子信息、西线先进装备制造、沿海新材料产业、环珠江口生物医药等四大产业创新带（郑国楠，2021）。香港、澳门仍以高校知识和资讯科技为创新主导力量，而珠三角已经形成相对完善的现代产业体系，未来应进一步推动它们之间的优势互补和融合创新（邱坚坚等，2020）。

在此基础上的制度优化包括：探索粤港澳科研设备和材料通关便利政策，对科研设备、实验材料等科研资源的流通给予特殊通关待遇，减免进出口税收，保障粤港澳联合在广东设立的研发中心可按规定充分享受进口科技研发设备、试验器材的税收优惠政策，重点是改革和优化粤港澳三地通关机制，促使更加快速、便利化地通关（刘宾，2017）；探索在粤港澳大湾区建立统一的"互联网特区""创新科技大数据联盟"，实现各种信息流的一体化融合，重点是逐步降低粤港澳相互间的通信网络使用费用，构建粤港澳三地共享的技术创新资源大数据库（黎友焕，2020）；大力发展技术转移服务机构，应整合粤港澳现有科技服务机构的有效资源，引进培育一批服务能力强的专业化市场化技术转移服务机构，加强科研主体与境内外权威科技服务机构的合作，鼓励外部科创服务机构开展科创咨询服务，挖掘科创蓝海领域（韩永辉等，2019）。此外，知识产权保护制度一直以来都是确保技术要素顺畅流动的重要制度因素。广东省人民政府应当明确自身在知识产权保护中的定位，更多地以政策的形式鼓励和支持产权创新。在国家知识产权立法相对完善的基础上，将关注点放在执法环节，聚焦在重点领域和关键环节开展知识产权"雷霆"专项行动，进行集中检查、集中整治，全面加大知识产权执法维权工作力度（夏正林，2019）。广东省在完善知识产权保护体系时要始终关注国际标准，尤其要关注发达国家的知识产权保护体系，加强与其他国家政府、地区政府以及国际组织的合作，积极参与国际知识产权保护合作，并在国际知识产权保护体系中争取话语权。

6.2.3　跨境一体化的重点区域与制度创新

6.2.3.1　深圳河套：粤港跨境合作区域的制度创新

2008年11月，深港两地政府签署《落马洲河套地区综合研究合作协议书》，将河套地区拓展为三个片区，其中河套A区、B区在香港，深圳河以北的河套C区在深圳。2017年1月，深港两地政府签署《关于港深推进落马洲河套地区共同发展的合作备忘录》，明确双方在河套A区共同发展"港深创新及科技园"，同时香港也支持深圳将深圳河北侧毗邻河套地区的约3千米^{2}区域规划打造成为"深方科创园区"，共同构建"深港科技创新合作区"。2018年，按照市委、市政府及市国资委的决策部署，深圳深港科技创新合作区发展有限公司组建成立，作为深方园区规划设计、开发建设、资源导入和运营管理的实施主体[①]。作为继前海之后的又一个深港合作重大平台，深港科技创新合作区将全力打造立足粤港澳和面向国际的科技创新合作综合性平台、开放协同创新的战略枢纽、政策制度创新的试验区。

2020年8月《深圳市人民政府关于支持深港科技创新合作区深圳园区建设国际开放创新中心的若干意见》（以下简称《若干意见》）指出合作区深圳园区将全力服务香港高校和科研机构，提供优惠、充足的科研、科技成果转化空间和公共科研装置、公共技术服务平台、中试基地等，向香港高校和科研机构全面开放，把香港高校和科研机构较雄厚的基础研究能力与深圳高新技术产业体系较发达的优势紧密联结起来。《若干意见》明确指出了要对标香港及国际上最有利于科技创新的体制机制，全方位探索构建有利于科技创新的政策环境。主要包括灵活高效的财税支持政策、规划建设功能分区上的服务协同、便利科创企业与人才的电子政务这三个方面。

2021年4月24日，粤港澳大湾区国际仲裁中心交流合作平台暨中国（深圳）

[①] 相关信息来自深圳政府在线（http://www.sz.gov.cn/）及深圳市人民政府国有资产监督管理委员会的相关信息公示。

知识产权仲裁中心签约挂牌仪式在河套深港科技创新合作区举行。这一仲裁中心的建立，是深圳落实综合改革试点方案的又一重大举措，对健全粤港澳国际法律服务和纠纷解决机制，深化粤港澳三地在国际仲裁和知识产权保护领域的交流与合作具有重要意义。依托粤港澳大湾区国际仲裁中心交流合作平台同步建立中国（深圳）知识产权仲裁中心，通过知识产权仲裁、知识产权调解与仲裁的有机衔接，帮助已入驻合作区的港澳、国际科技企业及人才和谐、高效、低成本地化解纠纷，为科研机构及高新科技企业提供含咨询、调解及仲裁的"一站式"知识产权保护服务，更系统更有力地保护珍贵的科研成果。

除了科研空间基础设施建设、产业+服务业的"硬件"之外，"1+N"规划体系"软件"也正在积极制订并推进落实。目前深圳市委、市政府已成立了高规格的合作区领导小组及四个专责领导小组，领导小组办公室设在福田区。市发展和改革委员会牵头编制了合作区总体规划和先行先试的政策，基本完成了合作区深方区域"1+N"规划体系的衔接。其中"1"是由国家层面所制定的合作区总体规划，"N"是由深圳和香港共同研究形成，包括空间规划、科技创新规划、交通规划、生态规划、环境规划等，这些规划都将共同形成支撑合作区未来发展的总体框架。

深圳市市政府针对合作区制度创新的需要，专门出台了一个支持科研发展的政策包。这个政策包经过广泛征求意见，形成了具有鲜明特色而且与国际创新制度接轨的制度体系。这一制度主要面向科研立项、实施和管理，分为选题征集、团队揭榜、项目经理制、评估淘汰、政企联投这五个维度[1]。目前，这些创新制度得到了社会广泛认可，而且也将为未来合作区深圳园区营造一个良好的制度环境。

深港科技创新合作区从成立以来，就一直坚持科技创新和制度创新的双轮驱动。一方面是从深圳市层面集合资源，强化市级部门协同工作机制，务实推进合作区深圳园区建设，加强与香港特别行政区政府的工作协同，优先保障科研创新所需的土地、空间和基础设施。直接驱动这一过程的是创新创业的制度创新，即对接香港和国际标准的创新创业的具体制度：选题征集制、团队揭榜制、项目经理制、评估淘汰制、政企联投制。这种制度最大程度地使得最富学科前沿性、拥有最大可行性、实现较大经济效益的科研与创业项目落地园区。另一方面，吸引

---

[1] 参考自福田区河套深港科技创新合作区建设发展事务署《河套深港科技创新合作区深圳园区科研及创新创业若干支持措施若干实施细则》的政策解读（http://www.sz.gov.cn/szzt2010/wgkzl/jcgk/jchgk/content/post_9560532.html）。

企业和服务企业的各种新颖、灵活的政策也在落实。更多的社会资本在灵活的财政体系之下被撬动。依托新电子政务平台,商事服务变得更为方便。

6.2.3.2 珠海横琴:粤澳跨境合作区域的制度创新

2015年珠海横琴粤澳合作区成立,横琴重点发展科技创新、特色金融、医疗健康、跨境商贸、文旅会展、专业服务等产业。横琴中医药科技产业园及周边适宜开发区域已开展财税政策、中医医疗职业人员资格准入、中医药价格形成机制、中医药标准和国际化等方面的创新试点工作,并将加强合作建设集养老、居住、教育、医疗等功能于一体的综合民生项目,联手打造中拉经贸合作平台,搭建内地与"一带一路"相关国家和地区的国际贸易通道,推动跨境交付、境外消费、自然人移动、商业存在等服务贸易模式创新。目前,合作区在与高校合作共建创新平台、办税便利化以及落实人才计划等方面,都已取得新的进展。

横琴的跨境合作制度,近年来大致经历了三个阶段的升级完善过程:从以营商制度为核心到破除粤澳体制差异带来的衔接难题、实现服务跨境共享,再到社会民生全方位的制度对接。2015年,广东自贸试验区珠海横琴新区片区建设起步,重点对标世界银行10项营商环境评价指标。具体制度创新主要体现在商事制度的改革、创业与人才配套政务服务便捷化以及粤澳司法仲裁制度对接。依据南方新闻网2020年4月的新闻报道,横琴创新推出全国首批集企业营业执照、登记、许可、备案、资质认证等信息于一体的"商事主体电子证照卡",率先建立上线商事登记标准化暨网上审批系统。开展企业专属网页建设,推出企业专属网页 PC端、"琴易办"APP 移动端、省统一平台"三位一体"信息互联互通服务。司法体制改革与粤澳制度对接在同步推进。横琴法院推行立案登记制并在全国法院全面推广,全国率先推行法官评鉴制度;横琴检察院率先实施主任检察官办案责任制,设立检察官惩戒(监督)委员会制度,经验成果在全国复制推广。在全国推出首个"知识产权易保护"模式,成立横琴国际知识产权保护联盟平台。率先成立珠港澳商事调解合作中心,建设商事争议解决平台,发布全国首部临时仲裁规则,研发全国首个专业互联网金融仲裁系统,实现与国际先进仲裁规则接轨。符合条件的澳门银行、保险机构已经在珠海横琴设立经营机构。合格境外有限合伙人(QFLP)业务也正有序开展,合格境内有限合伙人(QDLP)正在扩大试点。

2018年以来,横琴更加注重破解制约粤港澳深度合作的机制体制衔接难题,在重点领域推动与港澳规则衔接,更加注重凸显"跨境创新"元素,初步形成了以跨境福利延伸促民生合作、以跨境孵化促青年创新创业、以跨境办公促产业空间拓展等六大创新举措,为粤港澳大湾区发展提供新动能。教育、医疗、社区等民生服务正在跨境延伸。"澳门新街坊"综合民生项目加速推进;常住横琴的澳门居民参加珠海基本医疗保险试点,近 400 名澳门居民参保,在横琴就医澳门居民超过 1 万人次。率先实现与澳门社会服务规则衔接,成立澳门街坊会联合总会广东办事处横琴综合服务中心,首批 4 名澳门社工在横琴备案注册。澳门居民不动产登记绿色通道已设立,在横琴置业的澳门居民办理抵押登记、变更登记的办理时限压缩至 2 个工作日。澳门大西洋银行横琴分行等 14 家符合条件的澳门金融企业入驻[①]。横琴还率先设立全国首家内地与港澳合伙联营律师事务所、全国首家内地与港澳三地联营设计顾问机构、三地联营建筑工程咨询公司,为粤港澳三地的商事主体提供专业服务。此外还率先实行"港人港税、澳人澳税",累计补贴金额超过 1.5 亿元。依托 V-Tax 远程可视自助办税平台实现全国直办"零跑动",推出首批 7 大类 326 项办税事项"一次不用跑"清单,将跨境纳税服务延伸至港澳千家万户[②]。

如今站在新起点上,横琴继续"大胆闯、大胆试、自主改",充分发挥自贸试验区作为国家制度创新"试验田"的优势,以跨境要素高效便捷流动为核心,以进一步深化对澳合作为重点。本阶段进一步破解珠澳合作的体制性、机制性深层次问题,将澳门自由港经济制度规则延伸到横琴。参照国际贸易自由港标准,全面对接国际高标准市场规则体系,打造高度国际化、法治化、便利化的创新创业高地和与澳门趋同的营商环境,争取实施高度开放的投融资体系,促进资源要素自由有序流动及优化配置。

6.2.3.3 广州南沙:多方跨境合作区域的制度创新

南沙地处粤港澳大湾区地理几何中心,方圆 100 千米范围内汇集了大湾区全部 11 座城市以及五大国际机场,是连接珠江口两岸城市群和港澳地区的重要枢纽性节点。广州"十四五"规划明确南沙要聚焦国家新区、自贸试验区,打造粤港澳全面合作示范区,做强南沙高水平对外开放门户枢纽,加快建设大湾区国际航运、金融和科技创新功能承载区,建设成为落实新发展理念的引领区和示范区。

---

① 信息参考自珠海市医疗保障局《珠海市人民政府关于常住横琴的澳门居民参加珠海市基本医疗保险试点有关问题的通知》、横琴新区管委会 2019 年的公布信息。

② 综合广东省税务局官网公布信息、珠海特区报相关报道。

2020年南沙提出率先探索打造一流"营智环境"。与"营商环境"相比,"营智环境"不仅聚焦于人才的发展,更注重人才智力的产出和市场化的运作。近年的制度创新主要围绕"营智环境"。

根据广州日报的相关报道,"营智环境"就是在人才引进、使用、培养、评价、服务保障等人才工作环节中以及在原始创新、技术研发、成果转化、孵化产业化全链条的体系中涉及的经济发展类环境、政策制度类环境、服务保障类环境、社会人文类环境、心理感觉类环境等有关因素和条件的总和。打造"营智环境"就是为人才智力迸发、做出重大科技创新贡献而提供的各类环境支撑。

科技服务与产业链金融正为南沙经济提供双轮驱动。人工智能与数字经济是南沙未来十年经济发展的引擎之一,南沙人工智能高成长企业数量已经进入广州前三名,以"IAB"(新一代信息技术、人工智能、生物医药)为代表的人工智能和数字经济,将激发南沙实体经济新动能,促进现代服务业、战略新兴产业集群成型成势[1]。南沙依托高校与科研院所,正大力发展科技服务业和商业服务业,为珠三角地区的高端制造业提供技术支持和会计、咨询等商务服务。目前南沙正借助高起点的广州期货交易所、粤港澳大湾区国际商业银行、国际金融论坛(IFF)、国际风险投资中心等重点项目,充分发挥其影响力打造更利于科技创新的金融生态,实现科技与资本更充分、更紧密的结合。具体来看,通过制定优惠的税收政策,带动更多风投机构、私募投资机构在南沙集聚,发挥深圳、香港的金融中心优势,引进更多的国际创投资本,以培育南沙更多"科技独角兽"企业崛起。

近年来,南沙的制度改革与创新主要体现在四个方面。一是人才制度改革。南沙先后推动设立粤港澳院士专家创新创业联盟,成立粤港澳大湾区博士后公共研究中心等人才创新平台,2019年,南沙区"引导粤港澳三地人才共绘发展同心圆"项目获评全国人才工作十佳创新案例[2]。2020年,南沙"大湾区国际人才一站式服务窗口"服务模式入选广东自贸试验区第六批改革创新经验,向全省复制推广。二是建设城市投行、积极招商。2021年,根据国家、省、市最新部署,结合三年行动计划任务,南沙找准短板补齐弱项,有针对性提升营商环境,全面推动营商环境改革取得新突破,打造营商环境改革的"南沙样本"。三是积极推进从"对标"国际规则到"制订"国际规则的转变。南沙全面对接港澳,在全国率

---

[1] 参考广州市工业和信息化委员会发布的第一批人工智能企业入库名单,以及广州日报相关报道。
[2] 参考南沙区融媒体中心发布的信息。

先建立起聘任港澳仲裁员政策体系[①]。南沙还有许多全国首创和突破性的举措,例如[②],全国首推港澳同胞远程授权办事,率先实现政务全球通办,为港澳投资者、海外华侨提供商事登记、建设工程、经营管理等 856 项政务服务事项的全球通办体验。南沙区以全球溯源体系运行规则和全球溯源中心基本定位为准则,编制了《全球溯源体系共建方通则》《全球溯源体系服务通则》《全球溯源中心建设指南》三项标准。四是重仓基础设施和教育医疗配套。在开发建设层面,南沙采用 EPC + PPP 模式取得骄人成就,财政收入位居广州市前列,且负债率控制在合理区间;教育和医疗配套,得益于上轮城市规划,南沙在这方面的公共服务投资不遗余力;中国科学院几个院所、香港科技大学、华南师范大学附属小学、广州大学附属中学、广州外国语学校南沙校区陆续投入使用,两年内南沙还有 5 所名校投入使用,集中了广州许多优质的学校[③]。整体而言,南沙的制度创新是一种立足国际航运和自由贸易的"科融驱动"模式。

6.3 都市圈战略

相较于全国其他中心城市而言,粤港澳大湾区中心城市具有行政辖区面积小(例如香港、深圳)、城市中心相对偏离行政辖区几何中心(例如广州)等特点,中心城市的城市经济活动天然具有跨越该城市行政边界并向邻近城市行政区延伸的特点。以中心城市为核心、中心城市与周边城市共同组成都市圈作为城市经济的核心载体,是现有空间经济条件下粤港澳大湾区协同发展所采取的必然的战略选择。各类以都市圈、同城化为名义的空间和政策联盟,实现了中心城市和其他城市的多层级联系,邻近空间成为区域协同机制探索的高频空间尺度。此章节将主要以深圳都市圈为例,展现大湾区范围内都市圈协同发展模式的演变和现状,讨论空间资源紧约束和产业链、产业集群转型条件下中心城市的区域统筹应对方式。

6.3.1 都市圈政策指引与建设行动

都市圈是区域城镇化到达一定水平、大城市发展到达一定阶段后,由核心大

[①] 参考广东政法网(http://www.gdzf.org.cn/zwgd)公开信息。
[②] 参考 2020 年度粤港澳大湾区创新合作交流会发布的信息。
[③] 参考南沙产业园区开发办公室、南沙区委宣传部发布的相关信息。

城市和周边中小城市，或由多个大中城市紧密组合形成的经济与人居形态。在协调一体的基础设施、公共服务与市场支撑下，都市圈内部超越城市行政边界，形成紧密的通勤区和产业生态圈，实现高度同城化，都市圈整体代替核心城市共同参与全球与区域竞争。学术界很早就关注到珠三角地区范围内广州、深圳两大中心城市分别以周边城市为腹地，形成类都市圈关系的特点。历版珠江三角洲城市群规划也都提出构建广州都市圈、深圳都市圈、珠江口西岸都市圈等发展构想。其中，《珠江三角洲地区改革发展规划纲要（2008—2020年）》，明确提出珠三角建设"亚太地区最具活力和国际竞争力的城市群"，要求围绕广州"建成珠江三角洲地区一小时城市圈"；《广东省主体功能区规划》进一步提出构建珠三角城市群和潮汕城镇密集区、湛茂城镇密集区、韶关城镇集中区组成的空间发展战略格局，并推进广佛同城化，构建广佛肇一体化发展示范区，优化提升以深圳市为核心，以东莞、惠州市为节点的珠江口东岸地区的发展水平；2006年编制、2012年批复的《广东省城镇体系规划（2012—2020年）》，提出建设"珠三角世界级城镇群"以及珠三角中部、东岸、西岸、粤东潮汕、粤西湛茂、粤北韶关6个都市圈；《广东省新型城镇化规划（2016—2020年）》，提出珠三角地区"携手港澳建设粤港澳大湾区和世界级城市群"，并提出构建"广佛肇＋清远、云浮、韶关""深莞惠＋河源、汕尾""珠中江＋阳江"三大新型都市区。修编后的《广东省新型城镇化规划（2021—2035年）》及2022年由广东省自然资源厅印发的《广东省都市圈国土空间规划协调指引》提出规划建设广州都市圈、深圳都市圈、珠西都市圈、汕潮揭都市圈、湛茂都市圈等五大都市圈。广州都市圈包括广州市、佛山市全域，以及肇庆市的端州区、鼎湖区、高要区、四会市，清远市的清城区、清新区、佛冈县；深圳都市圈包括深圳市（含深汕特别合作区）、东莞市全域，以及惠州市的惠城区、惠阳区、惠东县、博罗县；珠西都市圈包括珠海、中山、江门三市全域。在国土空间规划体系改革背景下，大湾区都市圈的结构和组合初步稳定。

尽管广州都市圈和深圳都市圈已经初步形成了区域共同纲领和整体协调机制，依托广佛同城化党政联席会议、深莞惠经济圈党政主要领导联席会议等联席会议搭建市级领导人之间的沟通平台，以都市圈为基本单元开展对话，但利益博弈仍旧深刻影响战略的实施，区域协同的统筹效力仍然落后于实际需要。以深圳都市圈为例，作为区域的经济增长引擎，深圳的产业功能不断向周边地区转移与扩散。在以产业为先导与其他城市建立联系的过程中，深圳以地缘关系为基础，优先与周边城市构建联系网络，同属大湾区东岸电子信息产业集群的东莞与惠州在都市圈合作框架下与深圳建立起空间强关联。2009年起，深圳联合东莞、惠州举办党政联席会议,在"深莞惠"尺度形成了常态稳定但相对松散的区域协商机制。三市以产业创新合作为基点,建立了深莞深度融合发展示范区(含滨海湾新区、松山湖科技产业园、临深新一代电子信息产业基地等片区)、深惠合作试验区等合作区,并在基础设施共建、环境共治、公共服务共享等方面拓展合作领域。

然而,尽管市场力量长期并仍在深圳都市圈范围内配置和调整资源,但一系列深层次的管治问题仍然在困扰深圳都市圈的建构与发展。第一,困扰深圳的高质量发展困境,已愈发难以在 2000 千米^2 市域范围内得到充分解决。2005 年以来,深圳为应对土地、人口、资源、环境"四个难以为继",通过一系列改革与制度创新,开展存量规划与城市更新,城市的综合承载力与空间品质实现了长足的提升。尽管如此,深圳仍然面临空间紧约束的重大发展瓶颈,导致商品住房价格居高不下、公共住房供给不足、教育医疗等公共服务设施短板、实体经济企业外迁等重大经济与民生问题,并已严重阻碍了城市的短期吸引力与长期可持续发展。第二,深圳都市圈外围腹地的发展现状,仍与深圳以及区域的发展目标有较大的差距。深圳全市的人均国内生产总值已突破 3 万美元,但是汕尾、河源部分地区仅 4000 美元,二者相差 7 倍之多。这种短距离区域发展差距不仅在国内外都市圈中少见,也不符合先富带后富,逐步实现共同富裕的改革预期。与此同时,深圳都市圈外围地区的经济社会发展状况,也难以支撑深圳以及粤港澳大湾区其他核心城市越来越旺盛的休闲、康养等城市中产阶级周末、假期消费需求。本地大量的相关消费流失到国内其他地区和海外,不利于区域腹地的乡村振兴与生态文明建设。第三,深圳与外围腹地的协同发展,还面临许多深层次的体制机制障碍。为了解决深圳城市发展的资源条件限制问题,近年来关于深圳第二机场、人才安居住房、城市轨道交通、医院学校、市政设施等公共资源在莞惠落地、向莞惠延伸的方案始终在议事日程中,但是这些方案无一不面临公共资源区域配置与基于行政区事权的公共资源供给、财政税收安排等体制机制矛盾。都市圈发展建设仍然面临多方面的挑战。

6.3.2 都市圈发展重点领域

6.3.2.1 跨界融合

长期以来,大湾区珠江口两岸呈现"东强西弱、南北纵向联系"的区域发展格局，城市间的产业联动、资金流动、人员往来和政策供给主要集中在地理邻近、陆路接壤的深莞惠、广佛肇、珠中江都市圈内部，东西两岸之间的交流与互动较有限。受惠于深中通道、深珠通道、赣深铁路、深汕铁路、深茂铁路等一系列复合型跨江通道的规划和建设，珠江口两岸的区域联系格局正在发生深刻的改变，都市圈发展建设面临新的条件。诸如中山、江门等珠江口西岸的地区正在依托基础设施条件的改善纳入深圳都市圈的总体经济布局中。2022年4月，广东省推进粤港澳大湾区建设领导小组办公室起草《粤港澳大湾区珠江口一体化高质量发展试点总体方案》，明确以深圳前海、东莞滨海湾、中山翠亨三大环珠江口平台作为一体化试点。同年5月，广东省第十三次党代会报告提出，把珠江口东西两岸融合发展作为突破口，推进粤港澳大湾区、珠江口一体化高质量发展试点，打造环珠江口100千米的"黄金内湾"。此后，中山翠亨新区"十四五"规划提出重点建设深中产业拓展走廊先行区，构建"深中半小时、湾区一小时"通行圈，同时提出对接深圳综合授权改革试点，面向东岸引进人才，在住房、教育、医疗等公共服务建设上与深圳跨区域共享。

6.3.2.2 机制衔接

长期以来，行政不对等是阻碍深港合作深化的重要因素。香港作为特别行政区，在行政层级上明显高于深圳，因此，以往香港与珠三角的协商都是基于粤-港的沟通渠道开展。然而另一方面，香港作为大湾区的城市，与大湾区内其他城市的合作本质上是在市-市层面开展的，这意味着顶层设计与实际执行之间存在一定程度的脱节，增加了行政沟通的成本，降低了协同效率。

近年，深港两地的区域协同统筹机制有所调整和完善，跨境协同机制得到升级。深港通过设立粤港、深港工作专班，下放具体工作安排权限，以灵活的尺度升维实现了协商中的话语权对等，使协同机制扁平化，显著提高了深港合作项目落地实施的可能。2022年9月1日，香港特别行政区第六任行政长官李家超与广东省、广州市和深圳市领导举行线上会议，各方一致同意将工作专班的模式扩大化，设立13个粤港合作工作专班，涵盖防疫通关、北部都会区、南沙方案、创新及科技、金融、商贸、青年就业创业、法律及争议解决、航运及物流等合作重点平台和关键领域。此后，深港两地进一步重新整合"市委书记-行政长官"沟通管道，将专班数量扩大到19个，并针对科技、金融、青年就业实习、前海等深港合作的热门议题和重点领域展开磋商。这些工作专班为城市间在不同层级上沟通重大跨境事项、就关键问题共同决议、达成务实的协同对接举措提供了相应的渠道。

以工作专班的新模式配给相应的权限，缓解了机制体制不畅为区域协同带来的阻碍，打通了"市委书记-行政长官"决策层、"局-局""署-处"等执行层的横向协商渠道，使得双方可以真正就关心的议题开展平等磋商，推进合作项目落地。工作专班的出现，弥补了联席会议制度下相对薄弱的执行环节，成为推进具体领域项目实施的抓手。

6.3.2.3 合作平台谋划与开发

中心城市的发展需要空间资源持续扩容的支撑，在过去，这种扩容通常以行政区划调整的方式来实现，但在相对密集的行政区格局下，大湾区内部行政区划调整的制度成本十分高昂，因此在区域协同的框架下，中心城市与周边城市通过合作的方式共建大都市区已是一条必经之路，并衍生出包括边界地区共同开发、飞地产业园区、双城合作区等具有粤港澳大湾区特色的合作平台共建方式。

深圳是与周边城市共建大都市区、以都市圈的协同发展推动自身发展并带动区域能级提升的典型案例。在内部空间资源受到极大约束的条件下，除了通过城市更新进行更高质量的空间挖潜以外，一直以来，无论政府部门还是市场主体，都在试图为人口、产业寻求外部发展空间，周边城市也通过谋划紧邻深圳的园区、政策区载体定向承接深圳一侧相对优质的产业和人力资本。在双向需求的作用下，近年来，深圳周边城市临近深圳侧涌现了一系列的合作空间。在这些合作空间中，有些是深圳为纾解自身资源环境约束条件，与周边城市协商共同成立的合作平台，如深汕特别合作区、顺深产业城、深中深度合作示范区；有些是周边城市为吸纳深圳资源要素，主动建立的合作平台，如深河产业园、深江产业园；有些是周边城市借助深圳在产业、科创等方面已经积累的势能，与深方"共舞"的发展空间，如深莞深度融合发展示范区、香港北部都会区等（表6-1）。

表6-1 深圳与周边城市合作平台名录

对象城市	与深圳的合作平台
东莞	深莞深度融合发展示范区
惠州	深惠合作试验区
佛山	顺深产业城
中山	深中深度合作示范区
珠海	深珠合作示范区

续表

对象城市	与深圳的合作平台
河源	深河产业园
汕尾	深汕特别合作区
江门	深江产业园
香港	前海深港现代服务业合作区 河套深港科技创新合作区 香港北部都会区

当前，这些合作空间的功能与空间发展状况存在较大的差异。东莞临深地区已形成一定规模的人口集聚，深莞、深惠交界地区局部出现跨市通勤关系，形成深圳宝安区-东莞长安、深圳龙华区-东莞塘厦和深圳坪山区-大亚湾西区三个通勤组团。其余合作空间受制于发展基础抑或边界空间管制政策，人口和产业导入尚不充分，但是在市场机制之下各合作空间形成了自身的产业集聚专业化特点，产业谱系相对错位。与此同时，政策供给也在局部调校市场行为，例如在市级政策支持下广州南沙和珠海唐家湾正在出现创新活动的新增长点。但总的看来，目前城市间的市场壁垒尚存，统一的湾区大市场尚未真正实现。

无论这些合作空间以何种初衷、何种方式诞生，作为区域合作的载体，它们都为深圳在不调整行政区划的前提下拓展自身的经济腹地创造了可能性，成为深圳都市圈空间体系中的特色组成部分。这些合作空间不仅是周边城市链接深圳的媒介地区，也是周边城市对接粤港澳大湾区发展战略、汇聚区域要素、提升城市区域竞争力的重要平台。以合作空间为载体，深圳的产业功能或城市功能的有机组成持续向东莞、惠州等周边城市外溢，周边城市也以跨海大桥、城际铁路等基建为契机，以边界地区的合作开发为触媒，同步推进项目的合作、规划的衔接与机制的对接，为区域协同发展创造更为灵活的弹性空间。

6.3.3 都市圈协同发展的新思路与新路径

6.3.3.1 借助数字化信息化手段畅通跨界要素流动渠道

在行政区经济格局下，各类行政边界尤其是省市行政边界对资源要素的流动具有明显的阻隔效应。在深-港、珠-澳这类跨境区域，边境管制是影响大湾区内部要素流动效率的重要因素。

数字化、信息化手段的应用，可以帮助提升跨境信息的联通和管制水平，加速跨境人流、物流、信息流的流通。在区域共治的客观要求下,粤港澳三地已在特定领域开展信息平台互联互通的尝试,如海关系统查验结果参考互认、"跨境一锁计划"等。在新冠疫情大流行期间,为明确口岸配置、高风险人群排查和两地健康码对接的安排,香港特别行政区尝试与内地共享防疫数据,先后开发健康码转码系统,与广东省和澳门的健康码系统进行数据互认,并推出"来港易""回港易"计划支持单向通关。随着区域协作治理的内涵和深度的拓展,数字化、信息化手段若能更为广泛地应用于更多领域,必将更好地促进跨境人流、物流、信息流的高效自由流动。

6.3.3.2 利用现有的垂直业务系统优化对接机制

在区域协同事务难以通过城市间的"块-块"合作妥善实现的条件下,一些已在内部实现数据联动、业务协同的业务系统(如海关等系统),成为局部领域推动协同发展的机制捷径。结合管理体系的特点灵活开展业务协同,可为解决发展痛点问题另辟蹊径。利用科层管理体系下组织的架构的垂直管理特点,依托区块链、大数据、人工智能、云计算等技术,实现数据的联动和资源的重新调配,可以充分提高组织运转效率,建立更加丰富的协同发展机制。

利用"条"解决"块"的问题:大湾区组合港

深圳港是粤港澳大湾区最大的集装箱枢纽港,2020年全年货柜吞吐量2654.79万标箱,拥有东部盐田、西部蛇口(赤湾、妈湾、大铲湾)两大集装箱货柜港区。随着城市的高密度发展,两大货柜港区的发展空间已完全受限,堆场空间日渐不足,且由区域腹地通向两大港区的货运交通均需穿过城市建成区。在货运高峰时期,等待运往港区的货柜车拥堵于疏港通道,对城市交通带来负面影响。在激烈的大湾区港口竞争态势下,深圳港的长远可持续发展亟须解决港口堆场不足与疏港交通瓶颈两个问题,但传统空间配置手段难以直接解决这些问题。粤港澳大湾区的海关管理体制,成为"另辟蹊径"解决深圳港运行难题的关键线索。

粤港澳大湾区在国家海关管理体制中属于特殊地区。海关总署共管辖42个关区,绝大多数省份拥有1个或2个关区。但由于历史原因,广东省内拥有7个关区,且关区管辖空间与城市行政区范围并不对应。广东省海关关区与城市空间对应关系为:深圳海关(原九龙海关)辖深圳市、惠州市,黄埔海关辖广州黄埔区、广州增城区、东莞市,拱北海关辖珠海市、中山市,广州海关辖广州市除黄埔区、增城区以外的其他地区以及佛山市、肇庆市、韶关市、清远市、云浮市和河源市,江门海关辖江门市、阳江市,湛江海关和汕头海关辖粤西、粤东其余城市。广东海关分署统筹7个关区的工作,并归海关总署领导,分署级别机构全国仅广东一家。

在海关系统的垂直管理体制下，广东海关分署对每个关区的工作重点具有统管、协调能力。一方面，广东海关分署指导各关区配合对应关区所在城市政府协调海关事务和地方经济社会协调发展；另一方面，广东海关分署在粤港澳大湾区框架下，协调各关区介入城市群合作事务。例如深圳海关在大湾区工作中的重点任务，便是与香港海关积极对接。此外，在技术支持下，各个关区间的报关、通关等核心职能业务已经通过信息化方式打通，具备联动工作的基础。

2019 年，深圳海关在配合深圳地方发展经济社会发展的日常工作中，认识到深圳港堆场不足、疏港交通瓶颈等问题，提出可利用海关内部各个关区间的联合报关、通关系统，建立珠三角其他喂给港与深圳港的联动机制。2020 年，由深圳海关倡导、联合广州海关共建的"大湾区组合港"项目在深圳市政府、深圳海事局、深圳交通运输局的支持推动下投运。目前已建立顺德港-深圳西部港区、惠州港-深圳东部港区两个组合港机制。在组合港模式下，货物在两港间以专线驳船开展跨港区调拨作业，全程只需一次报关、一次查验、一次放行，可节省约 30% 的报关成本，并减少来往于佛山和深圳之间的公路货运交通量。同时，码头企业可更加合理安排国际班轮与内河驳船之间的衔接，减少货物港口停留时间，将平均堆存期 5—7 天缩短至 2 天以内，显著减少深圳港区的堆场空间需求。

6.3.3.3 搭建事权与财权相匹配的治理结构，确保合作平台发挥效用

根据共赢原则，若两个城市共建产业园区，一般而言对外输出产业的城市负责招商引资及土地开发，承接产业转移的城市负责社会管理及土地征收，双方约定分成的利益分配机制。但是发展至一定阶段，这种开发模式通常会遭遇制度性瓶颈，难以为继。在此背景下，合作项目的区域治理尺度重构呈现出向稳定的事权与财权相匹配的治理结构变化的趋势。若能将财权顺势转移至合作平台，则地方自主性得以强化，可实现在权责对等的情况下优化利益分配，跨越行政治理的制度性瓶颈。

责权下放促进要素定向流动：深汕特别合作区

2008 年，广东省提出推动珠三角核心区产业、劳动力向粤东西北地区"双转移"政策，直接促成东莞与汕尾合作共建东莞大朗（海丰）产业转移工业园。随后，园区的参与主体由东莞、汕尾两市转换为深圳、汕尾两市，由深圳对口帮扶园区，园区更名为深圳（汕尾）产业转移工业园。2010 年，产业转移工业园更名为"深汕特别合作区"。在对口帮扶阶段，要素转移主要由省级政策推动，但财权和事权依旧上收在省级政府手中，深、汕两地缺乏建设积极性，单向要素流动十分有限。

2011 年，深汕特别合作区挂牌成立，由广东省委省政府派驻机构，将地级市管理权限下放至合作区，委托深圳、汕尾两市共管共建，合作区进入共建阶段。2013 年，广东

省政府明确了深圳、汕尾两地在合作区建设中的权责分工。合作区生产总值中的70%纳入深圳市统计口径，30%纳入汕尾。税收则深、汕两市各享25%，剩余50%归合作区自身封闭使用。统计指标与利益分成规则的确定一定程度上提高了深圳向合作区的资源要素注入积极性。

2017年，广东省委、广东省人民政府批复《深汕特别合作区体制机制调整方案》，决定进一步将合作区党工委、管委会调整为深圳市委、市政府派出机构，明确生产总值全部纳入深圳市统计口径，但在广东省内考核时纳入汕尾市，兼顾两方诉求。合作区步入深圳全面托管阶段，深圳首次实现了对合作区的责权对等。

权责关系的调整促进了要素从深圳向汕尾的定向流动。一方面，上级政府的权限下放，契合资源要素"转出地"城市政府的责权诉求；另一方面，利益分配机制的优化也兼顾了双方的诉求。通过对利益分配机制的灵活调整与创新，深汕特别合作区搭建了事权与财权相匹配的治理结构，突破了过往区域合作平台始终难以解决的瓶颈，巧妙地将利益分配模式从"切蛋糕"转化为"共享蛋糕"，从根源上化解了利益冲突，确保区域合作平台长效稳定发展。

6.4 粤港澳大湾区经济腹地拓展战略

经济腹地，又称城市经济活动的影响范围，指的是被城市所支配、服务并与城市存在密切经济联系的区域（盛科荣等，2021）。自城市出现以来，就与广大周边区域保持着密切的联系。经济腹地作为城市的重要组成与载体，具有控制、调节、服务等多种复合功能，是城市发展的重要生态环境与资源基底。经济腹地的优化升级是拓展区域空间、促进区域发展的重要战略举措。长期以来，以地理邻近性为基础特征的都市圈、城市群是中国城市经济空间组织的主要形态（盛科荣，2021），城市群内部如何打破行政壁垒使各种经济要素高效快速流动，进一步成为分工合理的利益共同体以实现区域协同是长期以来众多学者的关注焦点。然而，越来越多的证据表明，中国城市网络联系的范围日益扩大（宁越敏和武前波，2011；盛科荣等，2019），建立在区域内部尺度上的经济活动组织已不再适用于当前的城市空间组织特征，在更广的地理空间范围上考虑城市经济活动组织和未来发展的战略选择等是新时期中国城市高质量发展的必然选择。因此，在重视都市圈、城市群等内部协同发展的同时，也应该高度重视建立在网络腹地基础上的城市外部经济腹地的培育，促进中心城市与经济腹地之间的相互嵌入和功能上的相互补充，拓展城市的经济发展空间。与此同时，顺应生产分割背景下企业网络的发展需求，积极推进跨区域交通、信息和融合等基础设施的建设，促进知识和技术通过网络产生溢出效应，推动中心区域与腹地之间的区域协同发展。

当前我国正处于新的发展阶段，在全球化与"双循环"新发展格局下，粤港澳大湾区协同发展面临着新机遇和新挑战，承担着联通国内国际两个市场、打造新发展格局战略支点的重任，日益需要明确其在国际循环和国内循环中担任的重要角色和发挥的重要作用。拓展经济腹地纵深，充分发挥珠三角市场力量比较强和体制机制比较灵活的优势，不断提升国际国内资源配置能力，加强对国内超大规模市场的整合利用，重塑珠三角高质量发展动力体系，为粤港澳大湾区经济高质量发展打开更大空间，是粤港澳大湾区打造规则衔接示范地、内外循环链接地、科技产业创新策源地、高端要素集聚地、安全发展支撑地的重要支撑，对联通国内国际两个市场促进国内国际双循环，奋力打造新发展格局战略支点具有重大意义。

聚焦新时期全球变化以及我国"双循环"新发展格局背景，立足国际、国内两个扇面，从广东省内部、泛珠三角、全国以及全球四个尺度研究粤港澳大湾区的区域关系，由于数据获取的有限性，本节重点关注珠三角对外经济腹地联系。研究视角上，除传统消费市场以及制造业联系之外，关注高技术产业、金融、会展、物流等新兴业态以及资本、技术、信息、高水平人才等创新要素流动对于经济腹地拓展的影响，采用地理空间大数据以及"流"空间网络分析方法研究珠三角经济中心与经济腹地的关系。

6.4.1 经济腹地演变阶段、特征及存在问题

6.4.1.1 经济腹地演变阶段

珠三角经济腹地辽阔，以广州、深圳结合香港特别行政区为核心区，包括珠三角全部以及广西、湖南、湖北、云南、贵州、四川以及河南、江西、福建的部分地区。珠三角作为珠江三角洲以及中南、西南、赣南、闽南等地区资源和要素的主要集散地，辅以便利的海、陆、空交通条件，使上述地区成为珠三角重要的经济腹地。自20世纪90年代开始，珠三角就陆续出台拓展经济腹地的相关规划，珠三角经济腹地规划战略可概括为泛珠三角经济腹地、西江走廊经济腹地以及"一带一路"倡议沿线经济腹地。同时，不同时期珠三角交通网络建设也不断推进，高速公路、铁路轨道、航空、航运运输等发展迅速、规模巨大，改革开放40年间，珠三角作为改革开放的前沿阵地，交通网络建设发生了翻天覆地的变化，极大地

促进了经济腹地的发展。围绕珠三角经济腹地的演变及相关的政策和交通建设变化的历史，其发展整体可概括为三个阶段：

（1）广货和劳动力流动的绿皮火车时代（1978—2002年）

这一时期珠三角核心区内高速公路网的布局基本完成，以珠三角地区同周边山区实现高速联通为标志，带动全省交通运输的机动性和通达性，为区域经济合作提供支撑能力，巩固了广-深-港三地的核心发展地位，确立了佛山、珠海、东莞周边经济腹地的功能。同时，铁路交通网络处于电气化阶段，表现出零散分布的特征。珠三角省内还未形成完整的轨道路网体系，省内各经济腹地零散分布，省外腹地也较为狭小，且沿铁路线（京广线）分布。以广州为中心，区域内各个城市属于独立个体并未与外界有过多经济联系。城市与腹地之间范围小，经济联系障碍颇多，生产要素流动不顺畅。大量劳动力流向珠三角地区，借助劳动力优势与广阔的腹地市场逐渐形成了"世界工厂"，香港与珠三角"前店后厂"模式初具规模。

（2）泛珠三角腹地拓展逐步进入高铁时代（2003—2014年）

这一时期为深化泛珠三角地区区域经济合作发展，从国家至地区制定了一系列的政策规划，为推进大珠三角世界级城市群建设，通过经济腹地的建设发展，辐射引领泛珠三角区域梯度发展，以期建设世界级城市群。在交通网络迅速发展的支撑下，珠三角出台了《泛珠三角区域合作发展规划纲要（2006—2020年）》，形成了武广、赣深、贵广、南广、沿海五条发展轴线，沿线经济腹地表现出向邻近省、市拓展的新特征。这是珠三角经济腹地高速发展的关键阶段，在交通网络特别是高速公路与铁路网络发展的带动下，珠三角经济腹地的发展进入了高速扩张阶段。一方面，高速公路网的发展将各零散腹地整合起来，尤其是将粤东西北和泛珠三角地区纳入核心区经济腹地范围。珠三角对外辐射的十七条高速出省通道的打通，形成以珠三角为核心的十七条（全省二十六条）高速公路出省通道。另一方面，这一阶段省内轨道网络体系进一步完善。经过铁轮运输的六次提速，形成以广州为核心的中心-外围点轴结构，核心城市的资源要素通过中心城市向其他城市聚集和扩散，各城市腹地之间的联系变得密切。同时，珠三角同贵州、湖北、福建等省市的联系加强。

（3）新时期国际国内两个扇面双向拓展时代（2015年至今）

经过近三十年的高速发展，面对全球与区域一体化的趋势，国家提出了一系列包括《国务院关于深化泛珠三角区域合作的指导意见》《珠江—西江经济带发展规划》《推动共建丝绸之路经济带和21世纪海上丝绸之路的愿景与行动》等在内的政策规划推动了珠三角在区域、全国乃至国外的经济腹地拓展。这一时期以高速公路网为带动的区域外围经济腹地进一步强化，2005年后珠三角陆续建成直通省外的陆路通道。以沿海交通圈、沿边交通圈、城市群交通圈为主的"三圈"和"五轴"为标志，通过良性合作机制，扩大和提升了珠三角同其他省市的联系与区域经济辐射力，以广—深—港为核心，涉及西南、华南、东南各省的大经济腹地雏形形成。同时，以高速铁路为代表的铁路交通网络建设进入全面提升阶段。"三横六放射"的高铁网络，将珠江口东西两岸、南沙、前海、横琴等地纳入经济腹地，通过珠三角地区的高速铁路强化了对省外（贵州、广西等地）的辐射力度。新时期下，伴随珠三角交通网络的发育成熟，经济腹地的形成也不断向更深、更广发展，持续展现出向国际、国内两个方向扇面拓展的趋势。

6.4.1.2 珠三角经济腹地联系特征

一是大部分要素联系集聚于胡焕庸线东南呈跳跃式节点网络特征。从珠三角对外的多维度（交通、人口、消费、资本等）要素联系网络分析来看，几乎全部要素都以胡焕庸线为界形成了2个较为分明的区域，与界线以东地区城市联系强、网络节点紧凑，特别是长三角和京津冀地区的省份，与界线以西地区联系弱、网络节点分散，尤其是西北和东北地区，但西部地区地广城稀，按照珠三角对外联系的城市数量统计来看，珠三角与全国大部分城市的网络联系已经形成。以上都反映出自然地理环境对要素聚集产生的重要影响，并与经济发展程度形成了高度的空间耦合关系。城市关联网络的腹地和城市层级之间具有显著的相关性，深圳和广州的关联腹地最大，其他城市的关联腹地依次递减。城市的影响腹地呈现明显的区域特征，同时创新要素、消费和资本等多个要素流呈现"飞地式"互联网络腹地。这是由于在互联网络中，地区间信息流交换的成本远低于实体空间中物流、人流等要素流的交换成本，因而互联网络腹地相对实体空间腹地的不确定性大大增加。

二是部分要素联系受距离衰减规律影响。空间距离上的邻近对城市腹地关系的建立会产生重大影响。建立在地理邻近性基础上的城市经济组织，反映了城市外部联系的本地主导特征。目前已有许多新兴要素呈现出脱离地理距离的限制而流动的特征，网络体系正成为以往的地理邻近式城市体系的重要补充，但仍有一部分传统要素如物流、人流等受制于距离流动成本，使其网络腹地呈现地理邻近性。从珠三角对外物流网络联系可以看出这种现象，而人口迁移网络则表现更为明显，与处于边界相邻的省域物流联系强度和迁移强度都非常高，而非邻近区域物流联系强度和迁移强度则随距离越远而逐渐降低，这表明地理距离在现阶段仍然是我国跨区域要素流动和城市间竞争互联网络腹地的一个重要因素。另外，公共服务、就业和文化认同等也是造成区域人口趋向集聚于区域中心城市的因素。

三是与京津冀、长三角、成渝地区呈现菱形腹地竞争关系。与各城市间的消费服务联系和产业联系，尤其是城市间风险投资联系网络结构均呈现出明显的以长三角、珠三角、成渝、京津冀 4 个城市群为核心顶点的"钻石形"结构，在北部，北京与天津形成风险资本核心，在东部，上海、杭州、苏州、南京等城市形成风险资本核心，在西部则是以成都和重庆为主的风险资本核心，在东南沿海，则形成了深圳、广州为核心的粤港澳大湾区风险资本核心。同时，在"菱形"内部有密集的风险资本联系，形成了一个复杂的风险资本网络结构。显然，珠三角与胡焕庸线以东南的区域形成了绝大部分的消费服务和投资联系。与我国西部与东北地区联系相对较少。可见，东南沿海、京津冀地区与中西部经济区是珠三角主要的消费服务和风险资本腹地范围所在地。

6.4.1.3 珠三角拓展经济纵深的障碍

一是体制机制及市场一体化障碍。主要表现为以下两个方面：①跨省市场准入障碍不利于畅通国民经济循环和异地户籍。跨省市场准入障碍体现为由政府干预及管制引发的部分省份在区域准入、区域资源配置、产业结构分工和发展布局等方面（即转轨市场分割地区行政壁垒）对跨省际投资企业创新路径的限制性。这种局部现象影响了珠三角企业的分支机构设立及其业务拓展效率，进而影响了珠三角跨省经济腹地的拓展效果。近年来，经济活动的跨省网络化布局趋势越来越明显，"总部签约，分部经营"是当前很多企业集约化经营的基本模式。但是，部分省份仍存在一些市场准入障碍。这在很大程度上阻碍了跨省要素市场的有序、高效流动，不利于畅通国民经济循环，也在一定程度上阻碍了珠三角经济腹地的拓展。②异地户籍和社会保障制度障碍影响市场要素流动，主要是劳动力、人才的跨省流动仍存在一定的行政障碍。外来人口和本地户籍人口在享受基础教育、养老、住房等公共服务方面仍有差异。跨省异地医保报销等仍存在很大障碍，这影响了跨省的人口资源配置，也影响了珠三角的经济腹地拓展。

二是现代物流基础设施网络不完善。主要表现为以下五个方面：①交通综合服务能力空间分配不均。珠三角综合交通服务能力主要分布在珠三角地区，珠三角交通综合服务能力与粤东西北具有显著的差异,同时在泛珠三角范围内,珠三角综合交通建设与其他省份衔接不充分,对其他省份的交通服务和支撑能力有待进一步提升。②高铁网络省内外覆盖度不足。珠三角高铁主要依托京广、京九、贵广、南广和厦深等高铁网络,除京广高铁覆盖范围较广,其他铁路辐射范围有限。珠三角与长江经济带沿线城市的高铁联系都相对较弱,省内如河源、梅州等地市高铁网络建设依然滞后。同时,铁路国际运输大通道能力依然不足,发展水平依然不高。③航空网络建设水平需进一步提升。在国际层面,珠三角需要拓展在国际航空网络中的地位,培育和提升在国际运输通道中的优势地位。在国内层面,珠三角航空与东北、西南等省市航空联系依然较弱,而且省内不同空港与国内重点地市的航空联系重叠度较高,未形成功能和区域的差异,造成航空服务区域与其他区域竞争较强,不利于构建航空影响力和服务覆盖度较大的腹地空间。④珠江航运大通道资源优势未充分发挥。珠三角港口面向国内大循环的支撑能力较弱。由于珠江流域的航运枢纽较多,部分枢纽配备的船闸通过能力不足,同时部分航道等级普遍较低,港口设施技术水平较差,珠江流域城市经济发展水平不高,造成依托珠江水运服务国内地区的航运优势未充分发挥。⑤高速公路衔接能力有待提升。与周边省市的高速公路建设还有短板,尚未形成完善的高速公路网络,影响珠三角核心城市与周边地区的交通联系。省内的港口、机场的集疏运高速公路还有欠缺,影响港口等服务周边区域的能力。高速公路与其他交通运输方式的衔接协调不够顺畅,高速公路整体效益未充分发挥。

三是产业分工缺乏协作。主要表现为以下三个方面:①产业空间溢出效应有限。从珠三角战略性支柱产业和新兴产业的对内产业分工联系强度的空间分布来看,目前产业空间溢出的效应仍然有限。在总部所在城市以外,尤其是珠三角内和周边欠发达地区的溢出效应有限,而分支机构设立在发达地区的动机更大程度上表现为进入发达地区市场或者与发达地区先进企业达成合作以获取当地资源等。②产业同质化竞争普遍存在。从珠三角各战略性支柱产业和新兴产业的总部-分支机构投资联系来看,产业分工联系很大比例集中于总部所在城市内部和总部所在城市与内地发达地区城市之间,但是与珠三角内其他城市的联系十分薄弱。这表明珠三角内不同城市之间的产业同质化竞争仍然普遍存在,行政边界仍然对产业分工协作具有显著影响。③产业链培育建设有待完善。珠三角战略支柱产业和新兴产业在省内及周边省份相关产业链条尚未在省域空间形成完善的发展格局,由于产业上下游互补性资源在省内其他城市难以获取,从而导致很多企业在特定产业环节有赖于外部合作以获取在省内城市很难获取的产业资源,从而开始与内地能够提供互补性资源的发达地区城市形成分工协作,这导致珠三角省内产业链的培育建设并未十分完善。

四是缺乏战略性合作平台。主要表现为研究与创新合作平台偏少。在"十一五"、"十二五"和"十三五"期间规划布局的43个国家重大科技基础设施(含5个后备项目)中,在北京市布局的国家重大科技基础设施有14项,上海有6项,珠三角仅有2项,无论是在数量还是在布局、与产业结合上都与北京、上海有明显差距。截至2016年,全国254个学科类国家重点实验室中,北京79个,上海32个,江苏20个,湖北18个,而珠三角仅有11个。企业国家重点实验室建设中,珠三角与江苏持平,均为13个,但远远少于北京(37个)。国家工程技术研究中心方面,北京是64个,居全国首位,其次是山东省(36个)、江苏(29个)、珠三角(23个)。

五是创新要素流通不畅。主要表现为以下三个方面:①粤港澳大湾区存在制约协同创新的因素。一直以来粤港澳要素自由流动都面临一系列体制机制衔接难题,受到两种制度、三个关税区等因素的影响,三地经济领域的人才、资金、技术等中高级要素仍然难以实现自由流动。这既限制了内地与港澳之间的人文交流,也限制了粤港澳三地资源的优化配置水平,制约了人才自由流动、资金流动、商品物流等方面的协同。②珠三角与粤东西北存在协同创新障碍。尽管珠三角在政策层面非常重视粤东西北与珠三角地区的差异,并持续推动两个圈层的要素流动。然而,珠三角与粤东西北的发展差距仍然在不断扩大。从创新产出分布、分市规模以上工业企业R&D活动人员和经费的分布、县级及以上政府部门属研究与开发机构和创新要素等可以看出粤东西北与珠三角地区存在着巨大的差异。地市的基础发展条件差异和行政分化与竞争也造成这种差异存在并且持续加剧并阻碍区域协同创新发展。③珠三角与创新节点城市能效有待提升。目前珠三角位于全国中心节点的创新城市仍然不多。节点性城市在全国创新网络中的参与度不高,创新合作的选择仍然主要集中指向省内。

六是高端生产性服务业辐射能力不足。主要表现为以下三个方面:①金融业辐射能力和影响力仍有限。珠三角金融业仍然大而不强,仍受到诸多体制机制障碍影响。同时,缺乏具有国际影响力的金融市场平台和大型金融龙头企业,金融业对外开放没有达到国际一流水平,在金融市场体系、金融总部机构、金融资源聚集等方面仍有待加强。②银行业、保险业和证券业公司总部的数量和影响力与自身经济体量不匹配。在银行业总部方面,设立在珠三角的著名的银行总部仅招商银行,并且其在全国的影响力仍然不强。广州在保险业方面的发展仍滞后。在证券业方面,仅有 2 个总部位于珠三角的著名证券公司(分别为广发证券和国信证券),影响力仍待提升。由此可见,珠三角的金融业影响力与其自身庞大的经济体量不匹配,仍有待提升。③珠三角会展业的辐射能力和影响力仍有待加强。中国会展经济研究会主办的 2020 中国城市会展业竞争力指数发布会暨会展业高端论坛发布的《2019 年中国城市会展业竞争力指数报告》表明,广州、深圳的城市会展业竞争指数分别为 73.881 分和 60.126 分,分列全国的第 3、第 5 位,相比于上海和北京仍有较大差距。

6.4.2 拓展经济腹地空间战略举措和重点行动

6.4.2.1 拓展经济腹地空间战略举措

一是粤港澳大湾区协同发展形成强核心。具体包括以下三个方面:①发挥港澳的核心功能。在新时代国家扩大对外开放的过程中,香港、澳门仍然有特殊地位和优势,其地位和作用只会加强,不会减弱。尤其在国际联系广泛、专业服务发达等方面具有不可替代的作用。未来要继续发挥港澳的核心功能,全面参与和助力"一带一路"建设,促进与共建"一带一路"国家和地区以及全球主要自贸区、自贸港区和商会协会建立务实交流合作,形成以粤港澳大湾区作为主要投资者和高价值产品输出者角色的新型包容性全球化格局;同时,港澳作为面向内地市场的研发和创新中心,珠三角是其进入内地市场的桥梁,在港澳青年创业、专业资格互认和港澳高科技企业的跨境投资等方面,都将形成面向内地市场的粤港澳新型产业组织模式和区域协同模式。②强化珠江西岸的腹地建设。珠江西岸地处粤港澳大湾区和沿海经济带西翼交会地带,区位优势明显,资源禀赋独特,是大湾区的重要制造业基地和成果转化基地,具备良好的经济发展基础。在拓展我省经济腹地的过程中,需要加快珠江口西岸都市圈建设,增强对沿海经济带西翼的辐射作用,加快构建更具竞争力的高端产业集群,力争将珠江西岸打造成为未来大湾区新的经济增长极和珠三角高质量发展的新动力源。③促进跨境区域的协作发展。实现粤港澳大湾区产业协同创新是扩展珠三角经济腹地的重要内容。粤港澳大湾区在产业协同创新方面具有制度互补优势。促进跨境区域在经济管理、营商环境、市场监管等重点领域深化改革,有助于扩展珠三角的经济腹地。未来香港+深圳的超级都市圈,将极大地促进粤港澳大湾区特别是香港和深圳在经济、基建、创科、民生和生态环境的紧密合作。此外,加强深圳河两岸、沙头角-大鹏湾、深圳湾地区等重点地区的空间整合和建设。并通过以广州南沙、珠海横琴、深圳前海等区域为重要载体，探索与港澳深度合作模式，支撑粤港澳大湾区形成利益共享的产业价值链，建立与国际接轨的"开放湾区"。

二是"一核一带一区"区域发展新格局减少广东内部势差。具体包括以下两个方面：①拓展沿海经济带经济腹地。在拓展经济腹地的过程中，重点依托深水大港资源，疏通联系东西、连通省外的大通道，打通东西两翼南北联动发展纵轴，拓展内陆、省外经济发展腹地，提升东西两翼聚集辐射能力，推动形成东西两翼两大增长极，实现沿海经济带整体实力跃升。全面强化沿海经济带发展中枢的功能支撑和综合服务能力，辐射带动粤东西北和内陆腹地协同发展。②推进与北部区域山海协作。北部生态发展区，是全省重要的生态屏障，是树立和践行绿水青山就是金山银山的发展理念的重点区域。通过实践山海协作战略，打造北部生态发展区与沿海地区强联系的协作平台。加强珠三角陆域和海域经济的联动发展，以沿海地区经济的先行发展带动近海内陆和北部山区的整体经济发展，强化北部生态发展区作为沿海经济带的经济腹地、生态支撑、要素互动和空间拓展的重要地位。

三是五大经济带布局拓展泛珠腹地纵深。以高铁为纽带，串接泛珠三角地区主要城市，尤其是省会城市，形成从大湾区伸出的多条高铁经济走廊，让经济触角呈放射状导入内地，拓展经济腹地。加快推进珠江-西江经济带建设，重点推动珠三角、广西、云南沿江合作，构筑西南地区重要水路通道和产业带。具体包括以下两个方面：①重点建设五大跨省经济带，包括珠江-西江经济带；对接北部湾城市群、海峡西岸城市群的沿海经济带；粤桂黔（贵广、南广）、武广、赣深等三大高铁经济带。②打造多个跨省重大合作平台。加强与邻省近地的合作平台的建设，如广西、湖南、江西、福建等省区，推动融入粤港澳大湾区，构建一个以粤港澳大湾区为中心的巨型扇面经济区；支持粤东、粤北、粤西地区与周边区域的合作，打造我国对外开放新高地；高水平办好泛珠三角区域合作行政首长联席会议以及区域合作与发展论坛暨经贸洽谈会，继续完善泛珠三角区域各领域合作机制。

四是节点网络构建拓展远程"飞地式"经济腹地。具体包括以下两个方面：①拓展与"菱形结构"区域的经济纵深。珠三角在交通服务腹地、产业分工联系、风险资本网络等方面，与长三角、京津冀和成渝城市群形成明显的"菱形结构"。因此，需要重点加强与京津冀、长三角、成渝地区等战略对接、协同联动，提高交通通达和市场对接效率，支持珠三角优势企业在国内布局建设产业链和产业集群，推动"广货"深耕国内市场。②构建"通道+枢纽+网络"现代流通体系。以《广东省综合交通运输体系"十四五"发展规划》提出的"12312"出行交通圈和"123"快货物流圈为统领，打造贯通全省、畅通国内、连接全球的现代综合交通运输体系，加快推进铁路、高速公路、世界级机场群和港口群等重大交通设施建设，形成"通道+枢纽+网络"现代流通体系。

五是"双循环"战略支点推进"两个扇面"腹地拓展。在全国全方位开放格局中，珠三角作为内外联动的战略平台特征明显。通过重大交通枢纽及通道、开放门户枢纽、国际国内重大合作平台、跨省重点经济带（城市群）等建设，促进珠三角与全球、周边区域以及省内"核""带""区"之间各项要素的多向对流，构建"两大扇面"的全方位区域协调发展格局，实现区域内外协同发展。具体包括以下两个方面：①推动国际扇面实施"西进南拓"。国际扇面重点实施"西进南拓"战略，提升与欧美发达国家及新兴市场经济体合作水平，提高利用外资质量，深层次融入经济全球化进程，拓展开放型经济发展空间。②以高铁为纽带拓展国内扇面腹地。在对内开放方面，珠三角是我国东部沿海经济带和珠江-西江经济带的交会点，以珠江-西江经济带、粤桂黔高铁经济带为纽带，主动联合"泛珠三角"共同融入"丝绸之路经济带"，进一步对接亚欧板块新兴市场，依托基础设施建设与跨区域合作，拓展"泛珠三角"内陆腹地，以区域合作促进区域发展新格局形成，进一步强化珠三角在内陆开放格局中的战略定位。

6.4.2.2 拓展经济腹地重点行动

一是对接成渝、联通中亚，构建"双循环"战略支点。新时期珠三角加快打造新发展格局战略支点，必须建构在对国内超大规模市场的更多利用上，充分发挥珠三角市场力量比较强和体制机制比较灵活的优势，不断提升国际国内资源配置能力，为经济高质量发展打开更大空间。珠三角提出的打造新发展格局战略支点，与成渝双城经济圈提出要建设支撑国内大循环的经济腹地、打造畅通国内国际双循环的门户枢纽，两者互补性强、融合度高，为新时期两者之间提供了诸多协作发展的机会和空间。当前亟须在既有合作机制的基础之上，大力推进两地互联互通；加强两地的交通连接，通过高铁、高速公路的修建形成两地的快速通道，推动两地人财物等资源的快速流通；加强城市对接，通过城市服务功能对接、文化旅游合作、消费互接等，探索沿海城市与内陆城市联动新模式；共同推动创新要素集聚共享，积极探索创新合作新模式，促进人才、技术、设备等创新要素全面对接，携手打造科技创新共同体；加强两地的产业连接，促进优势资源整合互补，加强产业深度对接，发展"飞地经济"，持续提升区域产业竞争力，推动珠三角打造成为国内大循环的重要发起地、策源地和联通国内国际双循环的战略连接地。

二是提升能源运输大通道跨区调配能力，保障珠三角能源安全供应。习近平总书记提出的"四个革命，一个合作"能源安全新战略，为推进新时代能源高质量发展指明方向。近年来，珠三角积极构建多元化能源供应体系，加强能源基础设施建设，能源供需总量稳定增长，能源结构持续优化，能耗水平总体下降。能源供给革命、能源消费革命、能源体制革命和能源技术革命取得显著成效。但是，珠三角能源进口趋势、原油加工目标、电力消费增势等都对珠三角能源保供应提出挑战。"双循环"背景下，珠三角应以构建能源国内大循环为机遇，提升能源运输大通道跨区调配能力，有效控制并降低能源对外依存度，保障珠三角能源供应安全。具体包括提升西部能源大通道南部通道利用水平，保障油气供应；全面保障送电珠三角特高压工程，提升清洁电力供应有效控制；推进粤湘赣成品油管道建设，进一步提升成品油的跨区输配能力；锻炼自身能力，打通开放格局，用好国内国际两个市场。

三是面向关键产业链安全的珠三角对内腹地拓展供应链战略。面对新环境新局势，党中央审时度势，明确提出"要加快构建以国内大循环为主体、国内国际双循环相互促进的新发展格局"，"锻造产业链供应链长板，补齐产业链供应链短板"。在由"外循环"为主向"双循环"新发展格局的转型中，珠三角需重新定位自身在全国关键产业链中的位置，力争成为"链主"区域，并且进一步拓展对内腹地供应链以确保在百年未有之大变局下的国家关键产业链安全。立足于珠三角关键产业链内外割裂、竞争力不足和产业链受制于人的局面尚未扭转的发展特点，以及针对当前产业供应链面临的空间溢出效应有限、同质化竞争普遍存在和体系培育有待完善的挑战，提出面向关键产业链安全的珠三角拓展对内腹地供应链战略，具体包括强化辐射能力：推动产业链高价值增值等核心环节集聚发展；优化区域分工：打破行政壁垒实现产业链区域合理分工；提升产业链竞争力：推动产业链数字化转型及精细化整合；增强产业链自主可控能力和治理能力：推进"稳链补链强链控链"工程。以强化珠三角战略性产业的对内辐射能力、优化产业链区域分工布局、提升产业链竞争力和增强对产业链的自主可控能力以及治理能力，推动珠三角在中国"双循环"新发展格局下成为衔接内外循环的战略支点和稳固中国产业链安全的战略基石。

四是构建内外联动的珠三角腹地拓展交通运输建设战略。在新发展格局背景下,珠三角要深化对内经济联系、增加经济纵深,打造新发展格局的战略支点,必须加快构建联通内外的综合交通运输体系支撑。交通运输连接生产和消费两端,能有效支撑现代物流体系建设,将增强经济腹地与区域中心城市之间的空间经济联系,不断为具有区位优势的珠三角经济腹地主要经济轴线上的城市提供新的发展空间。因此,珠三角亟须加快构建陆海内外联动的交通运输网络,面向国内推进出省运输通道建设,加强与内陆地区联系;面向国外开发欧亚非航线航班班列,加大开放力度。重点完善对接成渝城市群的交通运输建设,以珠江-西江经济带为腹地,全面对接西部陆海通道,向北构建经成渝都市圈对接新亚欧大陆桥经济走廊、中国-中亚-西亚经济走廊、中巴经济走廊的西向通道。通过完善运输通道的"大动脉"和畅通末端交通网络的"微循环",提升交通网络整体效率,降低物流成本,提高循环效率和降低循环成本,支撑珠三角增加经济纵深、打造"双循环"链接高地。

五是借力腹地优势,重塑岭南文化。珠三角地处五岭之南,是海上丝绸之路的发源地、近代民主革命的策源地和当代改革开放的先行地。钟灵毓秀、得天独厚的地理环境哺育出灿若星河的杰出人物,也造就了独树一帜的岭南文化。为进一步落实习近平总书记关于建设文化强国、弘扬中华优秀传统文化的系列重要讲话精神,应深挖珠三角特色资源,梳理岭南传统文脉,打造岭南文化新高地,提升珠三角文化形象。随着《粤港澳大湾区发展规划纲要》的出台,粤港澳大湾区建设进入全面深化发展的重要时期。"人文湾区"是对粤港澳大湾区发展的更深刻、更具体的定位,塑造湾区人文精神、共同推动文化繁荣发展、加强粤港澳青少年交流等对推进粤港澳大湾区建设具有重要的现实意义。珠三角要借力腹地优势,重塑岭南文化,具体建议包括:①坚持经济与文化协调发展。以经济带动文化,促进多元融合;以腹地作为基底,凸显地方特色;经济联系为先,文化认同为重;以腹地扩张带动文化输出。②繁荣发展文学艺术。③优化文化产业布局。

6.4.3 拓展经济腹地政策创新

一是鼓励优势企业跨区域投资建厂和设立分支机构。具体包括以下三个方面:①拓宽优势企业跨省投资领域,创新合作形式。充分发挥珠三角与外省的比较优势,拓宽跨省投资领域,创新合作形式。进一步引导优势企业,推动企业跨省投资建厂、扎根发展。在产业转移发展、产业园区建设、科技创新及其成果转化等方面进一步增强跨省投资水平。②建立跨省域的投资项目目录。尽快建立跨省域的投资项目目录，推进投资项目审批制度改革，进一步破除隐性门槛，推动降低市场主体跨区域投资准入成本，进一步优化营商环境；完善跨地区市场化配置要素，开展要素市场化配置综合改革试点；进一步加强和规范事中事后监管，创新和完善监管方式、构建协同监管格局；在固定资产投资项目一体化管理服务常态化工作机制方面，加快形成可复制可推广的经验。③降低跨区域投资的制度成本和协调成本。破除跨区域行政壁垒、地方保护主义和本位主义、市场分割等障碍性因素，整合区域发展事项。加强政策协同协调，统一规划、协同建设，降低跨区域的制度成本和协调成本。

二是破除地方保护和市场分割，促进市场区域一体化。具体包括以下三个方面：①开展放宽市场准入试点。制定出台深圳建设中国特色社会主义先行示范区、横琴粤澳深度合作区放宽市场准入特别措施。选择符合条件的地区开展放宽市场准入试点。继续推动放宽市场准入限制，着力开展放宽市场准入试点。②鼓励构建跨区域的统一市场准入服务系统和数据库。鼓励构建跨区域的统一市场准入服务系统，统一身份实名认证互认、统一名称自主申报行业字词库、统一企业经营范围库，实现跨区域注册登记无差别标准。③构建跨区域的市场监管案件移送、执法协助、联合执法机制。针对新型、疑难、典型案件，畅通会商渠道，互通裁量标准，完善跨区域市场监管案件信息共享平台，加强注册商标、行政处罚、信用信息等公示查询等信息共享，构建跨区域市场监管信息互通平台，建立案源共享、联合执法、案件移送、执法协助等机制，在线索排查、立案调查、取证固证、案情通报等方面加强跨区域合作。

三是建立跨区域互认的社会保障制度，推行无门槛的基本公共服务。具体包括以下三个方面：①推动社保、医保等跨区域互认制度。推动户籍准入年限同城化累计互认。完善跨省、跨区域互认的全国统一社会保险公共服务平台，推动社保转移接续。加快建设医疗保障信息系统，构建全国统一、多级互联的数据共享交换体系，促进跨地区、跨层级、跨部门业务协同办理。②推行无门槛的跨区域基本公共服务。零门槛满足子女入学需求。继续加大教育投入，扩大教育容量。零门槛满足卫生健康服务需求。严格落实医保关系转移接续，确保来粤落户人员连续参保。落户人员在家庭医生签约服务、免费公共卫生服务、优生优育健康检查服务等方面，享有与当地居民均等化的医疗卫生基本公共服务，推行基本公共卫生服务均等化。满足社会保障需求。外来人员各项社会保险政策严格遵照《实施〈中华人民共和国社会保险法〉若干规定》执行。加大对外来人员的公租房保障力度，符合保障性住房条件的外来人员，可以申请保障性住房。③提升对人力资源的跨区域社会服务质量。加快发展人力资源服务业，简化优化跨区域人力资源服务许可流程，加强人力资源市场事中事后监管。依托具备较强服务能力和水平的专业化人才服务机构、行业协会学会等社会组织，组建社会化评审机构，对专业性强、社会适用范围广、标准化程度高的职称系列，开展社会化职称评审。

四是协同创新机制。具体包括以下两个方面：①破除障碍，建立创新要素自由流动的新机制。在企业、政府、高校、研究院所等创新动力来源间，通过合作共享和交互协同形成技术链、知识链、价值链和产业链，构建有优势互补、要素资源共享和知识溢出的开放式长效协作关系。要突破制度、法律、文化等差异造成的桎梏，保障优质创新要素的畅通流动与有效整合，必须探索有利于人才、资本、信息、技术、科研物资等创新要素流动和区域融通的政策举措。②平台培育，形成协同创新格局。平台建设是形成协同创新格局的关键，依托战略性合作平台，可以有效整合不同地市的资源，吸引创新要素的集聚，以形成高效的协同创新体系。借助四个中心城市的引领作用与"广州-深圳-香港-澳门"科技创新走廊的辐射作用，在粤港澳大湾区中构建具有国际影响力的区域创新合作平台，有助于加快推进国内国际科技成果向大湾区转移，实现快速产业化。通过优化创新平台资源、保障平台建设的土地供给、以优惠政策促进各平台内全要素的资源协同，形成组合优势，进一步促进货物、资金、人员、技术、信息等要素的自由流动，有助于实现资源最优配置，让协同创新发挥更大作用。

五是投资及金融制度创新。具体包括以下三个方面：①有序扩大金融服务业市场开放。支持社会资本依法进入银行、证券、资产管理、债券市场等金融服务业。鼓励珠三角金融机构在外省设立合资银行、证券公司及独资或合资的资产管理公司。统筹规划银行间与交易所债券市场对外开放，优化准入标准、发行管理，支持符合条件的民营金融机构跨省开拓金融业务。②推动优势企业跨区域投资建厂。引导优势企业，推动企业跨省投资建厂、扎根发展。在产业转移发展、产业园区建设、科技创新及其成果转化、资源开发与推介等方面进一步增强跨省投资水平。③加强跨区域风险投资力度。树立市场化理念，调动民营企业和外资企业的积极性，鼓励和支持专业风险投资机构跨区域开展风险投资。设立跨区域风险投资专项支持资金。重点用于支持珠三角风险投资企业跨区域开展风险投资，集聚风险资本，推进风险资本与科技创新等领域的融合发展。引导和鼓励社会资金对符合大湾区发展规划的产业领域进行风险投资，对投资于科技创新领域的给予优先支持。积极培养、吸收和储备风险投资人才。鼓励新引进的风险投资企业及功能性机构积极开展各类培训学习和深造,对新引进的风险投资企业及功能性机构的高级管理人员,经认定,在办理户籍及子女就学、就医等方面提供服务。

六是区域协同治理制度创新。具体包括以下三个方面:①完善政府间沟通与协作机制。目前各级地方政府通常只对上级政府和辖区居民负责,难以形成相互间常态化、制度化的沟通、交流机制。因此,在跨界事务治理上,相邻政区的地方政府需要在上级政府的协同下或是自主地建立常态化、制度化的沟通机制、合作机制。②完善市场自律机制,构建公私合作治理的伙伴关系。应努力完善市场力量的自律机制,并积极推动其与地方各级政府构建良好的公私伙伴关系,以企业为主体的市场力量要主动遵循市场原则在区域内配置资源、坚持依法生产、积极承担社会责任,并在公共物品供给过程中与地方政府建立良好的合作伙伴关系。③推动社会组织自治机制的建立与完善。社会组织作为社会力量自主组织、自主治理的组织载体,在跨区域事务治理中的作用愈加凸显,如行业协会、环保社会组织和其他社会组织力量,可利用自身优势在区域经济协调发展、流域水污染治理和城镇跨界事务管理等事务中发挥重要作用。

6.5 从智慧城市到智慧城市群

自中国于 2012 年启动了以信息化为基础的智慧城市试点建设工作以来,经过若干年的探索,到 2016 年中国的智慧城市在空间上已经逐渐体现出由点发展为面的空间聚集趋势,《新型智慧城市发展报告 2017》指出新型智慧城市在空间上表现出明显的集群化特征。国内综合实力较强的城市已经构建了一定规模的智慧城市组群,组群内的城市之间积极互动以加强与外界城市的数据信息交流,以此打破单个智慧城市的"信息孤岛""数据烟囱""行政壁垒"建立智慧区域——"智慧城市群",如京津冀城市群、珠三角城市群、长三角城市群、长江中游城市群、长江经济带都确立了以信息化和互联化的智慧城市群发展模式促进区域协同发展,通过扩大新一代信息技术的运用促进城市转型及新型产业发展。

2019 年 2 月,中共中央、国务院印发了《粤港澳大湾区发展规划纲要》,中明确提出建设智慧城市群,建设全面覆盖、泛在互联的智能感知网络以及智慧城市时空信息云平台、空间信息服务平台等信息基础设施。智慧城市群的规划与建设将促进粤港澳大湾区城市群的高质量与可持续发展,提高城市群联通水平,推动城市群产业集群协同发展。目前粤港澳大湾区智慧城市群建设虽然在已有试点取得阶段性的成果，但在智慧区域发展过程中也暴露出了一些亟待解决的问题。如城市群群组内部各城市总体发展不均衡、发展政策不协同、城市间存在数字鸿沟等现象。粤港澳大湾区智慧城市群的建设需要广泛地借鉴吸收国内优秀智慧城市群试点及国际智慧城市群的先进建设经验，通过构建智慧区域避免发生"信息孤岛""数字鸿沟"，注重智慧区域中心城市发展的同时，加强与智慧区域内边缘化的中小城市的协同发展，搭建公共应用服务平台实现区域发展对设施、技术、资源的共享，推动智慧城市群一体化协同发展，结合粤港澳大湾区自身的特点建设成具有独特优势的世界级湾区智慧城市群。

6.5.1　统一标准形成智慧城市群一体化建设规范

智慧城市群的科学规划应制定相应的技术标准、评价体系以及运营模式等，在此基础上才能对智慧城市群这一巨型复杂系统进行有效分析，以突破城市群之间的数据壁垒，提高城市内部政府部门的生产资源利用率。总的来说就是要建立统一的标准规范，开放数据端口，建设公共服务一体化应用云平台，提高互联互通水平，推动智慧城市群的建设与发展。建设粤港澳大湾区智慧城市群一体化发展标准体系，主要关注网络化服务、数字化治理、智能化协同三个方面。通过建立三个方面的标准规范体系，贯通融合跨城市、跨部门、跨阶级的数据、技术、政策、标准等，形成智慧区域一体化协同发展体系。

6.5.1.1　网络化服务

通过明确公共服务事项和范围，制定完整的服务清单和公开透明的服务标准，通过高标准、规范化推动服务能力不断提升。在制定服务标准体系的同时加强分级分类的公共服务机构建设，做好公共服务的数据采集加工、信息利用、信息服务等的标准化、规范化工作，保障各类信息资源和平台的互联互通，实现线下线上优势互补、融合发展。充分结合人工智能、大数据、云计算等新一代信息技术，深入推进"互联网＋"网络化公共服务的开展，不断完善主干服务网络，扩大民生、政务等服务网点，构建政府主导、各方参与、互联共享的公共服务网络体系，提供优质、高效、便利、公平的公共服务。概括地说就是要加强覆盖面广、服务规范、智能高效的网络化服务供给，推动公共服务标准化、规范化、网络化建设，构建数据标准、资源整合、利用高效的公共服务模式。

6.5.1.2 数字化治理

数字化治理指通过广泛运用数字技术，以"数字技术+治理"模式推动治理主体（经济、社会、文化、政治、生态等）之间的有效协调，实现精准性、系统性、智慧化的公共治理。围绕数字化治理总体布局，构建分级分层、系统全面、规范统一、动态协同的数字化治理规范标准体系，引导智慧城市群推进数字政府、数字经济、数字社会等领域一体化建设。

数字政府：运用新一代信息技术所构建的新型政府形态，是以数字化理念、数字化思维、数字化战略、数字化资源、数字化工具和数字化规则等为手段，以构建新型生产关系、打造新型治理机制、推动生产方式和生活方式变革、破解政府运行难题为工作核心，推动公共服务普惠便利化、政府管理透明公平化、政府治理精准高效化、政府决策智能化的现代化治理模式。

数字经济：现代化经济体系的数字化表现形式，是支撑数字产业化、产业数字化，加快工业、农业、服务业与信息业深度融合，贯通生产、分配、流通、消费，优化要素和服务，建设实体经济与科技创新、现代金融、人力资源协同发展的现代产业体系（刘兵，2022）。

数字社会：以人的现代化和社会全面进步为导向，以满足人民美好生活需要和实现社会治理现代化为需求，以社会建设领域相关数据、模块及应用为手段，突出托育、教育、就业、居住、健康、救助、养老、便民利民8个领域，为群众提供全链条、全周期的多样、均等、便捷的社会服务，为社会治理者提供系统、及时、高效、开放的治理信息，为企业等第三方机构提供能开放、可赋能的数据、应用和模块。

6.5.1.3 智能化协同

智能化协同是新信息技术背景下大数据驱动的高级形态，在基础设施融合、数据融合、平台融合、技术融合、业务融合的基础上实现智慧城市群跨区域、跨层级、跨部门、跨系统、跨业务在各领域的整体协同。城市群的高度协同依靠完善的协同化标准规范，着力构建覆盖基础设施、数据、平台、技术、业务融合等领域的协同化建设标准，提高智慧城市群的数字化、智能化与智慧化建设水平，为数字化治理、网络化服务赋能。

建设完备的基础设施体系，依据城市数字化治理与发展的需求因地制宜规划数字基础设施建设，加强智慧城市群共建公用 5G 基站、物联网、互联网中心、数据中心等一系列数字基础设施，协同利用与管理数字基础设施资源避免重复建设。

数据驱动推动智能协同，智慧城市建设的核心要素就是数据，打破不同城市、不同层级、不同部门的数据壁垒的基础上建设融合多方主体数据资源的数据平台，强化整合不同层级数据信息是智慧城市群智能协同发展的基础。

加强业务协同联动，满足智慧城市群的整体协同、数字化公共治理、网络公共化服务等多元业务需求。从数据共享交换、共性支撑能力的角度考虑，运用新一代信息技术（人工智能、大数据、区块链等），促进跨场景融合建设、跨部门数据融合分析以解决业务功能重复、应用建设分散、跨部门协同调度困难等问题。

6.5.2 开放端口构建智慧城市群数据信息共享平台

6.5.2.1 信息孤岛与数字鸿沟

在粤港澳大湾区智慧城市群建设中存在着数字鸿沟、信息孤岛、重复建设、资源浪费等现象。在智慧城市群规划和建设的过程之中，不同地区、企业、部门、人群之间对智慧城市群建设的认知、接受程度存在偏差。同时城乡之间、部门之间、人群之间的信息流通不对称、资源获取不平衡等问题导致数据、信息交流与共享受到阻碍，严重制约了数据、信息的整合与共享流程，最终造成不同群体对智慧城市群相关项目与措施的认知存在较大差异，这样的现象称为"数字鸿沟"。粤港澳大湾区城市群内各部门采用不同的信息技术、设定不同的数据接口等加大了数据与信息共享的难度，造成了不同部门与群体之间的数字壁垒从而使智慧城市群智能化协同发展受到限制。例如城市不同的部门建立了各自的数据信息平台，而每个平台又都由城市自己的信息中心管理，并配置了只能适应内部数据信息系统的数据库、操作系统、应用软件，不同城市的不同部门形成了一种各自独立的体系而缺乏互通性，这种部门之间相对独立的数据与信息化建设表现为信息孤岛现象，进而导致了城市内部生产资源利用率低、业务功能建设重复性高等问题。数字鸿沟、信息孤岛等问题严重阻碍了智慧城市群的建设与发展，如何打破城市内部门与领域间的数据壁垒，以智能化协同方式实现智慧城市群内数字一体化发展是新一代信息技术发展背景下智慧城市群建设中亟待解决的问题。

6.5.2.2 解决措施与方法

建立多方合作与协调的管理机制，通过政策引导、市场运作逐渐突破已有的行政区划、部门壁垒，在保障数据安全性的前提下开放数据端口与接口，实现数据和信息的互通与共享，为智慧城市群新型基础设施建设、数字化治理、智能化协同发展提供有力支撑。智慧城市群的可持续发展建立在"开放"的环境下，开放具体包括政策、制度、技术和数据的公开性、灵活性和共享性。纵观世界上在建智慧城市群的成功案例，这些城市无一没有构建开放共享的发展环境。粤港澳大湾区智慧城市群的建设中应通过体制机制创新，充分考虑社会资源的优化配置和公共服务的均等化，逐步实现各种资源的共享。另外，在打破"信息孤岛""数字鸿沟"等问题上，也应该充分利用法律法规、标准规划、技术手段等多维度措施，充分整合政府和社会数据，提升城市间协同运用大数据的水平。因此，智慧城市群的建设需要在数据管理平台上实现互联互通，再结合各个城市的实际问题和痛点，加快关键应用的开发，通过标准衔接各个子系统，进而减少重复建设、提高城市管理效率以及市民体验。

6.5.3 建立新型基础设施一体化运行机制

2022年4月26日，习近平总书记主持召开中央财经委员会第十一次会议时强调，基础设施是经济社会发展的重要支撑，要优化基础设施布局、结构、功能和发展模式，构建现代化基础设施体系。新型基础设施建设是现代化基础设施体系的重要组成部分，是以新发展理念为引领，以科技创新为驱动，以信息网络为基础，支撑数字转型、智能升级、融合创新的新型基础设施体系，是智慧城市建设的基础，是信息化时代技术革命的产物，是赋能数字化时代新质生产力塑造的基础底座。据中国信息通信研究院测算，"十四五"期间，我国"新基建"投资将达到10.6万亿，占全社会基础设施投资的10%左右。由此可见，"新基建"已成为基建投资领域新的发力点，对于短期拉动经济增长，长期促进我国经济结构调整、实现新旧动能转换和高质量发展具有重要意义。

6.5.3.1 "新基建"领域的改革攻坚、机制创新已势在必行

粤港澳大湾区是我国经济活力最强、开放程度最高、国际化水平领先的区域

之一，也是"新基建"区域之一。目前，5G、人工智能、大数据中心等相关的"新基建"项目率先落地，正在大湾区加快布局，"新基建"正在成为粤港澳大湾区建设的新引擎。2020年11月，广东省政府办公厅印发《广东省推进新型基础设施建设三年实施方案（2020—2022年）》，对广东推进新型基础设施建设进行部署，提出建成全国领先的5G网络等基础网络体系和工业互联网等专用网络体系、打造高水平的创新基础设施集群、构筑经济社会智慧化运行的基础设施体系三大行动目标。目前，广东省在建及正在谋划的"新基建"项目超过700个，总投资超1万亿元。累计建设5G基站17万座，居全国第一，基本实现珠三角中心城区广覆盖，已布局22个大科学装置、20个联合实验室、8个智慧城市试点、8个"5G+工业互联网"应用示范园区。涌现出华为、中兴、大疆、小鹏等一批在5G、人工智能等领域引领"新基建"的全球领先企业。

然而，与大湾区蓬勃发展的"新基建"实践相比，制度创新与机制建设明显滞后，跨部门、跨系统、跨区域、跨境的信息共享、数据传输、标准对接都面临巨大障碍，机制上的不联通导致"各自为政"、"重复建设"、"投资浪费"、"数据鸿沟"、"数据烟囱"和"信息孤岛"等问题，严重制约"新基建"的一体化运行效能。因此，"新基建"领域的改革攻坚、机制创新已势在必行，既是当务之急，又是长远支撑。

6.5.3.2　一体化运行机制是保障大湾区"新基建"效益最大化的关键

"新基建"并非技术堆砌，一体化运行逻辑才是技术背后的基石。亟须从社会经济数字转型、智能升级、融合创新的现实需求出发，探索建立一套"新基建"技术-经济-制度一体化运行的机制，理顺从宏观区域治理到微观项目运行的完整逻辑，强化需求导向、问题导向、目标导向、效益导向，避免过度技术导向、项目导向，用于指导"新基建"区域一体化运行，促进"新基建"物理联通之外的机制联通，促进跨部门、跨系统、跨区域、跨境实现标准对接、规则对接、数据对接，促进新基建在大湾区区域经济数字化转型、智能升级、融合创新中发挥最大效应。

6.5.3.3　推动大湾区新型基础设施一体化运行的政策建议

统筹谋划，形成合理分工。目前，我国的"东数西算"工程全面启动，是继西气东输、西电东送、南水北调之后的第 4 个跨区域资源调配超级工程。工程发挥西部地区能源与土地等资源优势，通过战略腾挪，将算力资源向西部地区倾斜，在提高算力效率的同时将促进区域协调发展。值得注意的是，粤港澳大湾区的国家数据中心，布局在粤北的韶关，规划到 2025 年底，珠三角将有 60%中高时延数据业务迁至粤东西北地区。"东数西算"给大湾区新基建的区域一体化运行以很好的启发。我省应抓住新基建的契机，统筹规划，一盘棋布局，充分发挥大湾区 9 + 2 以及粤东西北的比较优势，将粤港澳大湾区的数据、算力和科技资源与粤东西北的土地、劳动力和能源资源优势互补，形成合理的区域分工与空间布局，让新基建在促进区域协调发展中发挥作用。

标准对接，保障数据流动。数据是信息化时代的关键生产要素和第一生产力。数据流动是万物互联的基础，也是发挥新基建一体化运行效能的关键。然而目前大湾区跨部门、跨系统、跨区域、跨境的信息难共享、数据标准难对接，数据传输与流动面临巨大障碍。要破除阻碍数据要素自由流通的体制机制障碍。一是要探索建立统一的数据标准，深入推进粤港澳三地数据标准对接、规则衔接；二是要加快推进数据要素市场化配置改革，释放公共数据资源价值、激发社会数据资源活力、加强数据资源汇聚融合与创新应用、促进数据交易流通；三是要推进粤港澳大湾区大数据中心建设，在科研创新与"新基建"领域先行先试，推动粤港澳大湾区数据有序流通。

需求牵引，顺应经济转型。进入数字经济时代，在新一代信息技术的颠覆式影响下，粤港澳大湾区经济发展动能体系、区域经济组织模式以及消费模式正在发生根本性的变革，人流、物流、信息流、数据流和技术流等要素形成相互交织的网络，对新基建运行目标和运行模式产生了新的需求。亟须把握数字经济时代社会经济数字转型、智能升级以及融合创新的新需求，以需求为导向，加强"新基建"与经济一体化发展的顶层设计，健全与"新基建"区域一体化运行相适应的区域治理体系，形成合理的发展时序，避免一拥而上、重复建设、资源错配等一系列问题。另外，与传统基础设施建设与运营分离不同，"新基建"，如工业互联网，其建设与运营是一体的，且产业链长，因此，应高度重视"新基建"与全产业链的同步规划、同步布局。最后，与消费模式的数字化和智能化转型相适应，应深度应用互联网、大数据、人工智能等技术，支撑传统消费基础设施转型升级，进而形成智慧物流、智慧商贸等新型消费基础设施体系，支撑我省"双循环"战略支点建设。

政企联动，激活企业动能。与传统基础设施建设相比，"新基建"项目更偏重于信息化应用及技术创新,因此,高新技术企业是参与"新基建"的重要主体。"新基建"需要改变以往传统基建以政府投资为主的模式,通过多元的金融手段吸引民间资本参与投资运营。形成政府引导和市场竞争相结合的模式,进一步发挥民营资本在"新基建"中的作用。分行业、分领域、分业务制定民营企业参与"新基建"市场准入的具体路径和办法。对于5G基站、公共大数据中心等公益性的"新基建",政府应积极主导或牵头。对于市场化潜力大、程度高的"新基建",应充分发挥市场在资源配置中的决定性作用,发挥企业的主导作用。

理论探索,赋能机制创新。加强相关理论与机制的研究,特别是基于大湾区"一国两制"、三个关税区制度特殊性,探索"新基建"从宏观区域治理到微观项目运行的完整逻辑,促进理论创新、路径突破和制度改革。

参 考 文 献

艾德洲,2019. 粤港澳科技创新与创业跨境合作的财税支持机制研究:基于广东自贸区粤港澳科创平台的调查[J]. 当代港澳研究(2):3-17.

陈恩,刘璟,2013. 粤港澳服务贸易自由化路径研究[J]. 南方经济(11):74-84.

陈相,2018. 粤港澳大湾区财政科研经费的制度特征及跨境使用路径[J]. 深圳大学学报(人文社会科学版),35(5):39-46.

杜德斌,2015. 全球科技创新中心:动力与模式[M].上海:上海人民出版社.

封小云,2004. CEPA推动大珠三角区域经济整合的新浪潮[J]. 开放导报(6):53-57.

封小云,2007. 香港经济转型:结构演变及发展前景[J]. 学术研究(8):52-59.

高菠阳,刘卫东,Glen N,等,2011. 国际贸易壁垒对全球生产网络的影响:以中加自行车贸易为例[J]. 地理学报,66(4):477-486.

韩永辉,谭舒婷,张帆,2019. 珠澳科技创新合作的现状、问题与对策[J]. 珠海潮(Z1):96-110.

贺俊,2020. 从效率到安全:疫情冲击下的全球供应链调整及应对[J]. 学习与探索(5):79-89,192.

黄超,陈奇,2017. "21世纪海上丝绸之路"下的粤港澳大湾区联动开放新路径[J]. 现代经济信息(15):473.

纪捷韩,刘逸,梅慕容,等,2022. 粤港澳大湾区战略耦合模式差异与区域协同[J]. 热带地理,42(2):171-182.

黎友焕,2020. 旧金山湾区政产学研协同创新对粤港澳大湾区的启示[J]. 华南理工大学学报(社会科学版),22(1):1-11.

李锋,2019. 香港地区在新时期国家对外开放中的功能定位[J]. 现代管理科学(1):54-56.

李郇,徐现祥,2006. 边界效应的测定方法及其在长江三角洲的应用[J]. 地理研究(5):792-802.

李郇,周金苗,黄耀福,等,2018. 从巨型城市区域视角审视粤港澳大湾区空间结构[J]. 地理科学进展,37(12):1609-1622.

李立勋,2017. 关于"粤港澳大湾区"的若干思考[J]. 热带地理,37(6):757-761.

李启军,郭磊贤,雷祎,等,2022. 政策视角下的粤港澳大湾区空间关联分析与协同发展政策机制优化[J]. 热带地理(2):269-282.

李艳,孙阳,姚士谋,2020. 一国两制[①]背景下跨境口岸与中国全球城市区域空间联系:以粤港澳大湾区为例[J]. 地

[①] 应为"一国两制"。此处保留文章原标题。

理研究, 39 (9): 2109-2129.
林梦, 路红艳, 孙继勇, 2020. 全球供应链格局调整趋势及我国应对策略[J]. 国际贸易 (10): 19-25.
林先扬, 2017. 粤港澳大湾区城市群经济外向拓展及其空间支持系统构建[J]. 岭南学刊 (4): 25-32.
刘宾, 2017. 从粤港澳推动科技成果产业化的经验看科技助推贫困地区脱贫[J]. 中国发展, 17 (4): 45-50.
刘兵, 2022. 构建数字经济为核心的现代化经济体系[J]. 经贸实践 (1): 54-56.
刘清, 李宏, 2018. 世界科创中心建设的经验与启示[J]. 智库理论与实践 (4): 89-93.
刘伟华, 龙尚松, 2021. 疫情背景下基于进出口供应链瓶颈分析的供应链自主可控策略研究[J]. 供应链管理, 2(4): 5-16.
刘逸, 纪捷韩, 张一帆, 等, 2020. 粤港澳大湾区经济韧性的特征与空间差异研究[J]. 地理研究, 39(9): 2029-2043.
刘毅, 杨宇, 康蕾, 等, 2020. 新时代粤港澳大湾区人地关系的全球模式与区域响应[J]. 地理研究, 39(9): 1949-1957.
隆国强, 王伶俐, 2018. 对中美贸易失衡及其就业影响的测度与分析[J]. 国际贸易 (5): 4-7.
陆天驰, 闵超, 高伊林, 等, 2019. 竞争情报视角下的中美人工智能技术领域差距分析: 以美国商品管制清单为例[J]. 情报杂志, 38 (11): 25-33.
马向明, 陈洋, 2017. 粤港澳大湾区: 新阶段与新挑战[J]. 热带地理, 37 (6): 762-774.
毛艳华, 2018. 粤港澳大湾区协调发展的体制机制创新研究[J]. 南方经济, 37 (12): 129-139.
毛艳华, 肖延兵, 2013. CEPA十年来内地与香港服务贸易开放效应评析[J]. 中山大学学报 (社会科学版), 53 (6): 160-173.
宁越敏, 武前波, 2011. 企业空间组织与城市: 区域发展[M]. 北京: 科学出版社.
彭春华, 2019. 依托粤港澳大湾区建设促进香港青年融入国家发展[J]. 广东行政学院学报, 31 (2): 41-50.
齐宏纲, 戚伟, 刘盛和, 2020. 粤港澳大湾区人才集聚的演化格局及影响因素[J]. 地理研究, 39 (9): 2000-2014.
邱坚坚, 刘毅华, 袁利, 等, 2020. 粤港澳大湾区科技创新潜力的微观集聚格局及其空间规划应对[J]. 热带地理, 40 (5): 808-820.
沈国兵, 徐源晗, 2020. 疫情全球蔓延对我国进出口和全球产业链的冲击及应对举措[J]. 四川大学学报 (哲学社会科学版) (4): 75-90.
盛科荣, 李扬, 孙威, 2021. 中国城市网络腹地空间格局及影响因素[J]. 经济地理, 41 (3): 66-76.
盛科荣, 杨雨, 张红霞, 2019. 中国城市网络的凝聚子群及影响因素研究[J]. 地理研究, 38 (11): 2639-2652.
宋周莺, 祝巧玲, 徐婧雅, 2020. 粤港澳大湾区的贸易竞合关系及其优化路径[J]. 地理研究, 39 (9): 2065-2080.
王世福, 赵渺希, 刘玉亭, 等, 2018. 粤港澳大湾区时代的广州（南沙）愿景与战略: 第三届"设计城市"圆桌研讨会会议综述[J]. 华南理工大学学报 (社会科学版), 20 (6): 46-53.
王桃, 2020. 美国长臂管辖原则探析及中国应对[D]. 长春: 吉林大学.
王云, 杨宇, 刘毅, 2020. 粤港澳大湾区建设国际科技创新中心的全球视野与理论模式[J]. 地理研究, 39 (9): 1958-1971.
吴成鹏, 张衔春, 胡映洁, 2022. 粤港澳大湾区治理框架比较研究: 基于制度环境视角[J]. 热带地理, 42(2): 256-268.
夏正林, 2019. 粤港澳大湾区"双创"的法治建设问题及对策研究: 基于广东省政府以及粤港澳大湾区内地9市的政策分析[J]. 华南理工大学学报 (社会科学版), 21 (6): 21-30, 2.
徐枫, 2019. 粤港澳大湾区发展成为国际创投中心的前景展望[J]. 华南理工大学学报 (社会科学版), 21 (5): 1-11.
杨娟, 陈恩, 2018. CEPA机制下服务贸易自由化经济效应研究[J]. 亚太经济 (6): 135-139, 149.
杨拓, 邵邦, 周寂沫, 2016. 全球科创中心的发展实践与运行机制研究: 基于对北京建设全球科创中心的启示思考[J]. 理论月刊 (9): 135-139.
余乐芬, 2011. 美国"337调查"历史及中国遭遇知识产权壁垒原因分析[J]. 宏观经济研究 (7): 35-40, 76.
俞梅珍, 2010. 增强CEPA效应: 政策推动与市场驱动的有效契合: CEPA框架下香港与内地经贸合作关系发展分析[J]. 华南师范大学学报（社会科学版）（4）：115-120，160.

张铖，高戈，张珺，2021. "一带一路"倡议下广东-东盟经贸发展研究——基于 SWOT 矩阵方法研究[J]. 中国集体经济（7）：19-21.

张胜磊，2020. 粤港澳大湾区城市群建设的问题与对策研究[J]. 广西社会科学（8）：44-50.

张树剑，黄卫平，2020. 新区域主义理论下粤港澳大湾区公共品供给的协同治理路径[J]. 深圳大学学报（人文社会科学版），37（1）：42-49.

张臻，张权，2019. 中美贸易战背景下深圳芯片产业创新驱动的供给侧体制改革建议[J]. 深圳职业技术学院学报，18（4）：3-11.

赵晓斌，强卫，黄伟豪，等，2018. 粤港澳大湾区发展的理论框架与发展战略探究[J]. 地理科学进展，37（12）：1597-1608.

赵阳，2020. 发改委首次定义"新基建"[J]. 理财周刊（8）：35-37.

郑国楠，2021. 粤港澳大湾区创新链协同：机理、评价与对策建议[J]. 区域经济评论（6）：85-92.

7 粤港澳大湾区城市群协同发展的政策机制

7.1 协同发展的政策演变

2016 年，国家"十三五"规划提出"支持港澳在泛珠三角区域合作中发挥重要作用，推动粤港澳大湾区和跨省区重大合作平台建设"。2017 年，粤港澳大湾区城市群发展纳入当年的国务院政府工作报告。2018 年的国务院政府工作报告进一步将"出台实施粤港澳大湾区发展规划纲要，全面推进内地同香港、澳门互利合作"纳入"区域协调发展战略"。2019 年，中共中央、国务院正式印发《粤港澳大湾区发展规划纲要》，明确了粤港澳大湾区的战略定位和发展目标。国家层面的相关政策文件发布后，广东省、珠三角九市积极响应，并先后印发各项关于贯彻落实《粤港澳大湾区发展规划纲要》的实施意见和行动方案。

国家层面的规划政策高位介入打破了过往各地方主体各谋其利、协调不足的状况，使大湾区完成了由以地方主导的合作机制向国家战略嵌入的发展机制转变。各级各类政府主体通过发布政策、建立机制、促成项目等方式，显著提升了大湾区的内部协作水平，区域合作也从"一事一议"的事项性合作，向区域协同治理的制度性合作拓展。当前，各行政层级发布的支持大湾区发展的配套政策聚焦在产业协同、服务共享、生态共治等领域，并为深圳前海、广州南沙、珠海横琴等粤港澳深度合作示范平台的建设提供支持。特别地，本章将粤港澳大湾区城市群协同发展政策定义为由粤港澳大湾区各级政府制定或缔结，旨在推动和促进区域社会经济协同发展的政策性文件的总称，包括中共中央、国务院及其组成部门、直属机构，广东省，香港、澳门 2 个特别行政区及广州、深圳、珠海、佛山、东莞、中山、江门、惠州、肇庆 9 市颁布的与粤港澳大湾区协同发展相关的规划、政策、实施细则、规章条例等政策文件。政策发布年份为 2018 年以后，截至 2021 年 6 月，共收集到政策文件 428 份。

7.1.1 政策主题特点

大湾区内各地各级政府出台的政策领域涵盖产业协同创新、资源协同配置、服务协同共享、环境协同治理、危机协同应对等方面，政策的发文主体逐步多样化，跨省市跨部门联合发布政策的趋势逐步显现。其中，中央层级和省级的政策供给在内容导向上呈现高度一致的趋向性，省级层面遵循中央层面的政策引导，具体以扩大粤港澳大湾区各城市服务协同场景的融合对接为主。市级层面更注重产业及服务协同政策（图 7-1、图 7-2）。

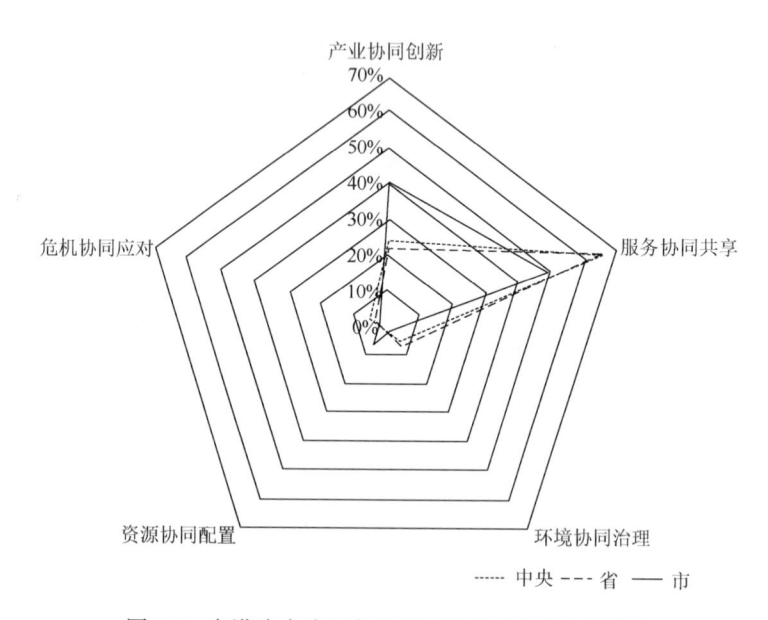

图 7-1　粤港澳大湾区各层级协同发展政策主题分布

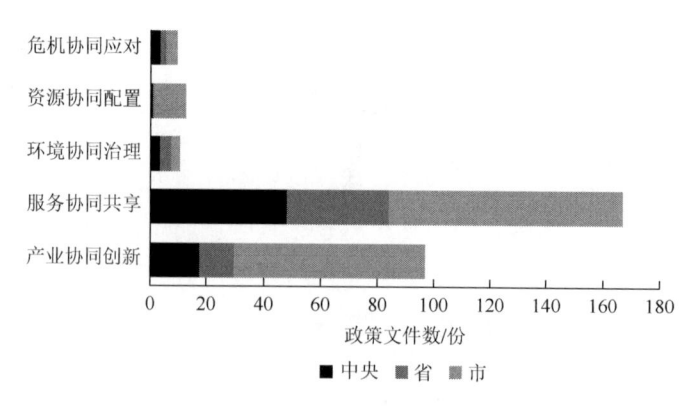

图 7-2　粤港澳大湾区不同主题协同发展政策数量的层级分布

若以广东省推进粤港澳大湾区建设领导小组办公室制定的相对细分的大湾区协同发展政策主题分类（共包括优质生活、通关服务、发展平台、城市建设、营商环境、财税支持、基础设施、生态文明、创业就业、用林用地用海、现代产业等12类），则从政策主题上看以"优质生活""城市建设""创业就业"为集中方向，但各级政策存在分布差异。其中，中央政策在"财税支持"领域提供了重要的支撑，充分体现了中央事权。而市级政策的主题分布与省级政策较为一致（图7-3、图7-4）。

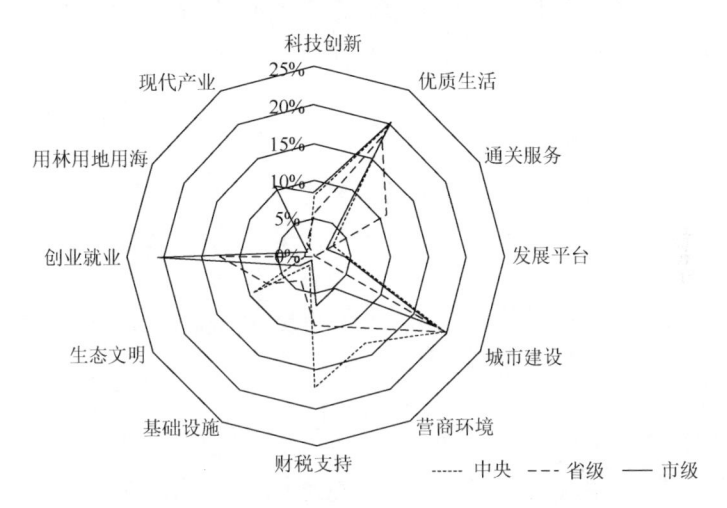

图7-3 粤港澳大湾区各层级协同发展政策主题分布（按细分主题类型）

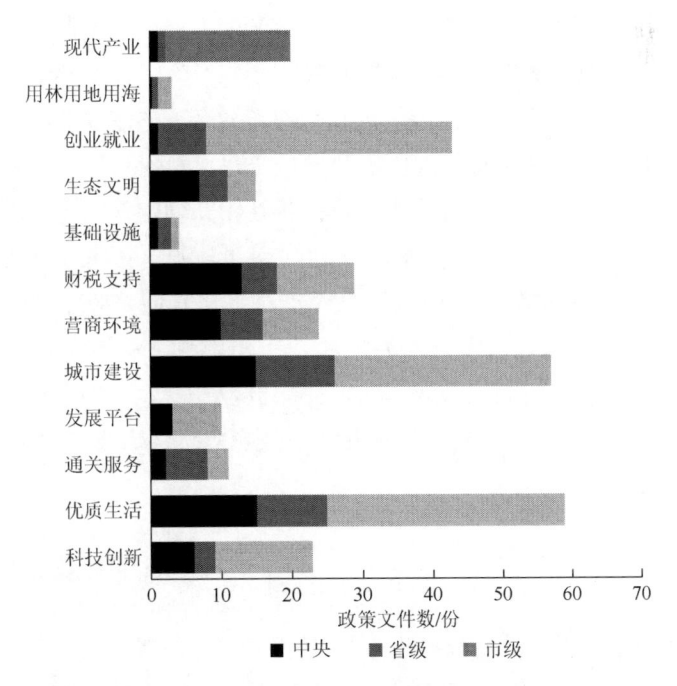

图7-4 粤港澳大湾区不同主题协同发展政策数量的层级分布（按细分主题类型）

7.1.2 政策新动态

步入"十四五"时期后,国家、广东省、港澳两个特别行政区以及珠三角九市层面对于粤港澳大湾区的协同发展政策有了不同程度的深化和调整,对于粤港澳大湾区在国家层面的定位,在区域层面承担的职责,以及市级层面小尺度合作的重点方向和空间载体有了更为清晰的政策引导。在城市群内部的协同关系网络中,香港开始更为积极主动地谋求与内地的深度融合,出现了新的空间平台——香港北部都会区;以珠江口跨江通道的建设为先机,东西两岸的融合互动加速,珠海、中山、江门等珠江口西岸城市主动对接深圳等东岸城市。

7.1.2.1 国家"十四五"规划:聚焦科创领域,突出强调港澳融入国家发展大局的主要路径

2021年发布的国家"十四五"规划全文共90处提及粤港澳大湾区,内容主要涉及产业创新、基础设施建设、区域协调发展、自然岸线整治修复等方面。其中,科技创新领域是粤港澳大湾区建设的重点领域。纲要明确指出,"以京津冀、长三角、粤港澳大湾区为重点,提升创新策源能力和全球资源配置能力","支持北京、上海、粤港澳大湾区形成国际科技创新中心","加强粤港澳产学研协同发展,完善广深港、广珠澳科技创新走廊和深港河套、粤澳横琴科技创新极点'两廊两点'架构体系,推进综合性国家科学中心建设,便利创新要素跨境流动"。

纲要同时明确,要"保持香港、澳门长期繁荣稳定","支持港澳巩固提升竞争优势",要加速港澳与内地形成合力,"完善港澳融入国家发展大局、同内地优势互补、协同发展机制",表明大湾区对支撑港澳长期繁荣稳定的重要使命。在这一政策体系下,深圳前海、珠海横琴、广州南沙、深港河套等粤港澳重大合作平台建设,既蕴含了多方合作共赢、提升区域竞争力的经济价值,更有支撑港澳融入国家发展大局、支持港澳巩固提升竞争优势、保持港澳长期繁荣稳定的政治意义。

7.1.2.2 广东省"十四五"规划:紧抓"双区"机遇,推动重大建设行动

广东省"十四五"规划全文共计79处提及"粤港澳大湾区",内容贯穿科技、产业、基建、开放等领域,明确提出广东省要"紧抓粤港澳大湾区和深圳中国特

色社会主义先行示范区建设重大机遇,以粤港澳大湾区为主平台,引领带动全省形成推动国家经济高质量发展的强大引擎,更高水平参与国内大循环和国内国际双循环,打造新发展格局的战略支点,为广东全面建设社会主义现代化提供更有力支撑"。

与国家"十四五"规划一脉相承,广东省提出要"以粤港澳大湾区国际科技创新中心建设为引领",从产业体系、企业激励、人才培育、机制体制等维度为创新驱动发展战略的实施提供指引。为保障创新资源和要素在粤港澳大湾区中高效流动,规划还提出打造"轨道上的大湾区",加快建设粤港澳大湾区城际铁路、粤东城际铁路网,推进深中通道、狮子洋通道、黄茅海跨海通道、莲花山通道建设,构建"以广佛-港深、广佛-澳珠以及珠江口跨江通道为主轴"的大湾区城际快速交通网络,并计划携手港澳共建世界级机场群、港口群。

在合作平台和基础设施建设之外,广东省"十四五"规划提出的粤港澳大湾区建设行动还包括:①推动粤港澳大湾区标准化研究中心建设,制定实施推广"湾区标准";②打造大湾区食品区域品牌,探索建立大湾区食品团体标准;③推广粤港澳大湾区专属保险产品;④推动设立粤港澳大湾区国际商业银行、国际海洋开发银行等一批重要金融机构;⑤探索建立粤港澳大湾区绿色金融标准体系,深化碳交易试点,积极推动形成粤港澳大湾区碳排放权交易市场;⑥联合香港、澳门以粤港澳大湾区名义申办2025年全国运动会等内容。这些事项的推动将在多个领域强化"粤港澳"这一地域概念,全力推进粤港澳融合发展。

7.1.2.3 香港特别行政区行政长官施政报告:积极筹划北部都会区等响应大湾区发展的空间载体

在香港特别行政区前行政长官林郑月娥任期内的最后一份施政报告——《行政长官2021年施政报告》中,明确将"融入国家发展大局"视为香港的"经济新动力",提出规划建设"北部都会区",与深圳共同形成"双城三圈"的空间格局。随后,香港特别行政区发布了《北部都会区发展策略》,阐释"双城三圈"的空间内涵、10个重点行动方向和45个行动项目。北部都会区是基于香港与内地关系的战略考量生成的香港城市发展战略,是对香港原有主要围绕香港岛和九龙发展维港都会区做法的一次重大调整,对于粤港澳大湾区协同发展的全局具有重大意义。

香港特别行政区第六任行政长官李家超上任后发布的首份施政报告中共计48次提及大湾区、31次提及"北部都会区"。报告提出成立"北部都会区督导委员会"及"北部都会区咨询委员会",并在 2023 年内成立特别行政区专责部门,以督导及协调相关部门建设北部都会区。施政报告中同时设立北部都会区的发展指标,要求特别行政区在未来十年为北部都会区提供不少于 1300 公顷的用地。

7.1.2.4 澳门"五年规划":加快横琴建设,助力澳门经济多元化

2021 年,澳门特别行政区发布《澳门特别行政区经济和社会发展第二个五年规划(2021—2025 年)》,明确澳门未来五年经济社会发展的目标。主要内容包括加快经济适度多元发展、推动社会民生建设优化、深入推进宜居城市建设、不断提升公共治理水平、更好融入国家发展大局等五个部分。其中,"积极参与粤港澳大湾区建设"被列为专门的章节,涉及的重点发展方向包括有序促进生产要素高效便捷流动、探索区域合作规则机制对接、建设粤港澳大湾区优质生活圈等三方面,涵盖跨境基建、智慧通关服务、相关标准机制对接、公共服务与社保体系对接、学历与职业资格互认等领域。

澳门"二五"规划还指出,在横琴深合区的建设中要"把体制机制及政策创新放在突出位置",提出在贸易、投资融资、财政税收、金融创新、出入境等重点领域进一步探索建立以"分线管理"为基础的制度规则体系。规划主张对横琴深合区与澳门之间经"一线"进出的货物,实施备案管理,进一步简化申报程序和要素;研究"二线"口岸的设置形式及提出相应的监管办法,确保货物"一线"放开、"二线"管住;不断提升通关便利化水平,更加方便人员进出横琴。

7.1.2.5 珠三角九市:与港澳合作仍是重点,广深"双城联动"以及珠江口东西两岸融合互动的重要性日渐凸显

深圳市"十四五"规划明确指出,深圳应携手大湾区城市共建世界级城市群,并以深港澳合作、深圳都市圈、广深"双城联动"为区域协同的抓手。在体制机制上,提倡推动深圳、香港、澳门经济运行的规则衔接、机制对接;以推进基础设施互联互通为核心目标,深入实施"湾区通"工程,加快东部过境高速公路、港深西部快轨等重点项目规划建设;在通关层面,探索更多"一事三地""一策三地""一规三地"创新举措,提升市场一体化水平;在促进人才流动方面,进一步为吸引港澳人才来深就业创业创造条件,提出应"创新完善港澳居民来深就学创业服务体系",为最大程度便利港澳居民在深工作生活,应"推进在深工作和生活

的港澳居民享有市民待遇"。规划提出了"高水平规划建设深港口岸经济带"的新构想,计划以深港口岸与邻近区域、过境地块为核心,协同建设深港口岸经济带,打造深港合作新平台。与此同时,在省级层面对于广深"双城联动"的倡导下,深圳"十四五"规划提出广深"协同打造一批重大科技基础设施,建设国际科技创新中心"。除此之外,深圳对于与珠江口西岸城市融合发展的关注也有所上升,希望"加强与珠江西岸先进装备制造业联动发展","创新产业园区共建、产业梯度转移、产业链协作机制"。

广州市"十四五"规划提出要致力加速区域基础设施的一体化,并积极为港澳产业转型发展提供支持。具体措施包括:①促进规则衔接和要素便捷流动,深入实施"湾区通"工程,积极探索食品安全、旅游、医疗、通关等重点领域"一事三地""一策三地""一规三地",探索社保制度衔接,探索医疗保险跨境结算机制;②共建广深港和广珠澳科技创新走廊;③深化现代产业体系合作,规划建设穗港智造合作区和穗港科技合作园,支持香港在优势领域探索"再工业化",支持澳门经济多元化发展。以天河中央商务区和广州南站地区为重点发展地区,推动天河中央商务区成为粤港澳大湾区服务贸易自由化示范区,广州南站地区成为粤港澳现代服务业协同发展示范基地;④提升基础设施互联互通水平,加强港口航运合作,联动香港、深圳共建邮轮港口集群,建设港澳客运口岸码头,推动广深港高铁引入广州中心城区;⑤支持港澳青年来穗发展;⑥全力打造南沙粤港澳全面合作示范区,建设内地与港澳规则相互衔接示范基地,规划建设粤澳合作葡语国家产业园,推动葡语系国家商品展示销售综合平台提质升级。广州还主动提出"支持深圳建设中国特色社会主义先行示范区",加快推进"双城"联动。

总的来看,珠三角九市面向港澳、深度融入大湾区的价值观已经成型。在与港澳的区域协同关系中,珠三角各市尤其是广州、深圳已经转变了改革开放初期依托港澳优势带动自身发展的观念,开始全面尝试通过双向深层次融合为港澳在新形势下的发展和繁荣稳定提供支持。与此同时,广州、深圳也开始寻找优势互补、携手并进、共同辐射带动周边区域发展的可能性,珠江口东西两岸发展不平衡的问题也在大湾区尺度上探寻到了新的解决方案。

7.2 协同发展政策作用机制

自《粤港澳大湾区发展规划纲要》发布以来,中央以及粤港澳三地有关政府部门在短期内出台了大量协同发展政策。这些政策本质上是各治理主体自身发展诉求的反馈，蕴藏着大湾区区域治理的基本逻辑，是大湾区城市群协同发展统筹机制调整与完善的依托和重要组成部分。这些政策的作用关系客观上反映了粤港澳大湾区城市群的关系架构特征。

7.2.1 政策主体类型

粤港澳大湾区协同发展政策涉及的政策分布主体涵盖层级广，从中央领导机构到各部委，再到省级、市级、区/县级、乡/镇/街道办级各政府及下属部门均囊括在内。在粤港澳大湾区上升为国家战略后，中央相应设立了专门领导机构统筹大湾区工作。同时，广东省和大湾区各市政府也已陆续设立"湾区办"等领导、联络、协调机构，专门管理大湾区事务。设置于发展和改革部门的"湾区办"以及原有地方政府下属"港澳办"共同在大湾区协调行动中发挥作用。

7.2.2 政策主体关系

将粤港澳大湾区各政策主体间的政策作用关系划分为"单向关系""双边关系""多边关系""上下关系"等四类。其中，"上下关系"主要指较高层级政府主体对较低层级政府主体发布战略性、指导性政策文件；"单向关系"指以某个城市为政策制定主体，面向另一个城市单方面发布，且政策实施不受制于政策目标受体的政策关系；"双边关系""多边关系"分别指由两个、多个政府主体联合共同发布政策文件。

7.2.2.1 单向关系

单向关系多数以香港、澳门两个特别行政区为政策目标受体。在本书的资料检索范围内，以大湾区内地省、市政府及其部门名义面向香港、澳门发布的政策共检索到 95 份，占全部单向关系型政策的 42%。单向政策大多聚焦在吸引港澳籍人才创业就业、提供生活服务便利、提供财税支持等层面。在此背景下，单向关系对应的政策主要服务于广东省，尤其是珠三角各市的人才发展战略，这一相对同质化的政策导向在珠三角九市层面形成了新的竞争关系，这一特点在广深两市层面尤其明显，表现为广深两市面向港澳的政策范畴和政策内容高度趋同（图 7-5、表 7-1）。

7 粤港澳大湾区城市群协同发展的政策机制

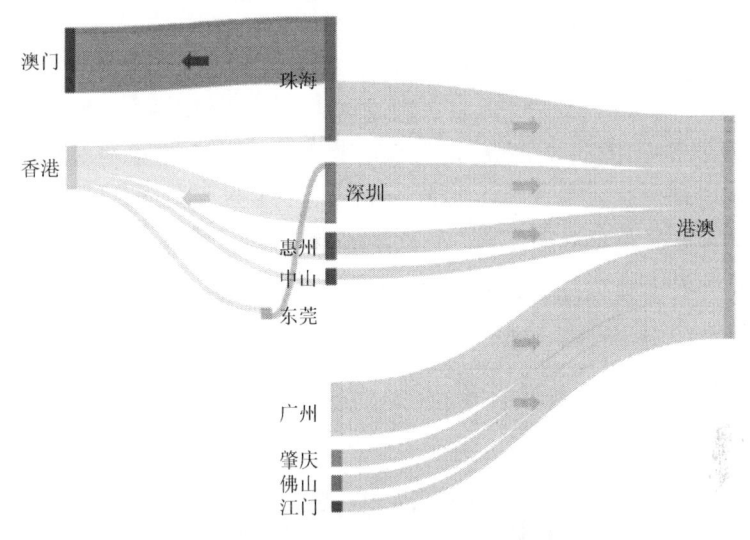

图 7-5 粤港澳大湾区城市间单向政策关系图

表 7-1 广深两市支持港澳青年就业政策对照（部分）

广州对港澳		深圳对港澳	
政策名称	发布时间	政策名称	发布时间
《发挥广州国家中心城市优势作用支持港澳青年来穗发展行动计划》	2019 年 5 月	《深圳市加强港澳青年创新创业基地建设工作方案》	2019 年 7 月
《广州市天河区推动港澳青年创新创业发展实施办法》	2017 年 3 月	《关于进一步便利港澳居民在深发展的若干措施》	2021 年 3 月
《广州市黄埔区广州开发区支持港澳青年创新创业实施细则》《广州市黄埔区广州开发区支持港澳青年创新创业实施办法》《番禺区关于进一步扶持港澳青年创新创业试行办法（征求意见稿）》《白云区支持港澳青年来云发展行动计划》《广州市白云区支持港澳青年来白云创新创业实施办法》	2019 年 12 月、2019 年 7 月、2020 年 5 月、2019 年 10 月、2019 年 10 月	《深港口岸经济带罗湖先行区支持港澳专业人才创业就业发展及配套服务实施方案（试行）》《深圳市龙华区关于支持深圳北站港澳青年创新创业中心建设扶持若干措施（试行）》	2020 年 11 月、2020 年 12 月、
《广州南沙新区（自贸片区）鼓励支持港澳青年创新创业实施细则（试行）》	2019 年 10 月	《关于支持港澳青年在前海发展的若干措施》《〈关于支持港澳青年在前海发展的若干措施〉实施细则》	2019 年 2 月、2019 年 5 月
《2019 年度粤港澳大湾区个人所得税优惠政策财政补贴（境外高端人才）申报指南》	2020 年 6 月	《关于落实粤港澳大湾区个人所得税优惠政策的通知》	2020 年 7 月
《2019 年越秀区港澳居民居住证持有人随迁子女义务教育入学工作的实施细则（试行）》	2019 年 4 月	港籍儿童积分入学政策	2017 年

7.2.2.2 双边关系

在大湾区各城市之间,"深-港""珠-澳""广-佛"三组城市的双边政策联系最为紧密。澳门是唯一一个与其他十个城市均发生政策联系的主体。"深-港""珠-澳"是传统的跨境双城关系,制度的特殊性带来先天的政策供给保障和关注度。澳门在产业多元化发展的诉求下,不断寻求与广州、深圳开展更加紧密的双边合作的机会。但在香港、澳门、广州、深圳四大中心城市之间,广州和深圳的双边政策联系最弱,公共部门的整体互动水平滞后于预期(图7-6)。

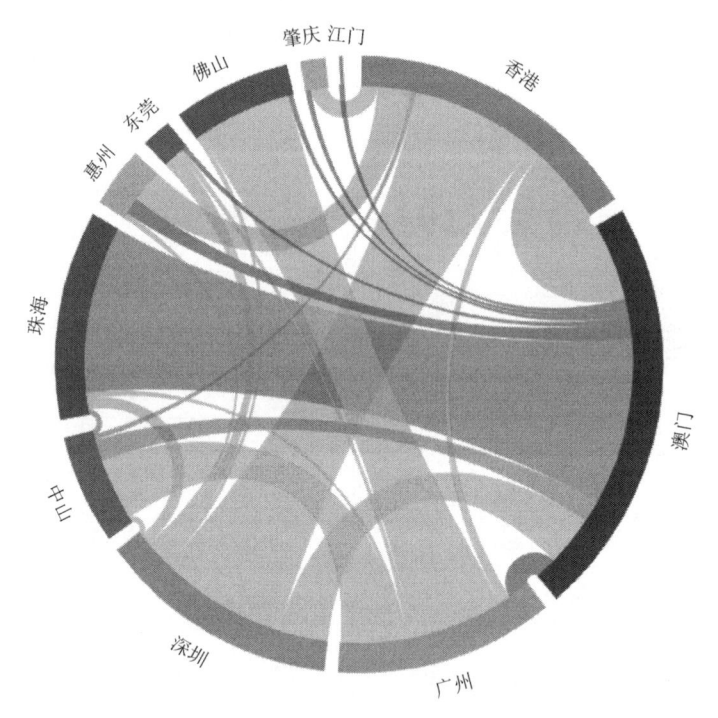

图7-6 粤港澳大湾区双边政策关系

大湾区城市群的双边政策关系更多情况下是以中心城市为节点的网络关系,"港-澳-广-深"四大中心城市扮演了政策中枢的角色。珠三角各市与港澳两个特别行政区的双边政策较多。其中,澳门的政策合作对象更为多元,而香港的政策关系更多侧重于深圳、广州、澳门等中心城市。非中心城市主要与空间邻近的其他城市进行合作,非中心城市间的双边合作相对有限,肇庆和江门在当前粤港澳大湾区的双边政策关系网络中明显边缘化。

7.2.2.3 多边关系

相较于点对点式的双边关系，多边关系涉及的主体更加丰富，利益协调也更加复杂，以多边关系为架构的协同政策数量总体少于双边关系。广东省作为相对高层级的省级主体与香港、澳门两个特别行政区建立了相对密切的政策关系，体现了省级政府在打破地方行政壁垒、促进要素跨境流动中发挥的积极作用。在多边的都市圈层面，深圳都市圈的政策联系最为紧密，其次为广州都市圈。在珠江口西岸地区，江门与各个城市的多边政策联系均较为单薄，珠中江自身也尚未形成比肩深莞惠或是广佛肇的政策供给强度。在两大都市圈内部，深圳都市圈的政策关系以深莞惠三地合作发布多边政策为主，深莞、深惠、莞惠之间的双边政策供给水平并不高，而广州都市圈的内部政策则以广佛两市的双边政策为主。除以都市圈为框架的政策机制外，广州、深圳、珠海等城市间也开展了若干围绕交通、旅游为主题的多边政策合作（图 7-7）。

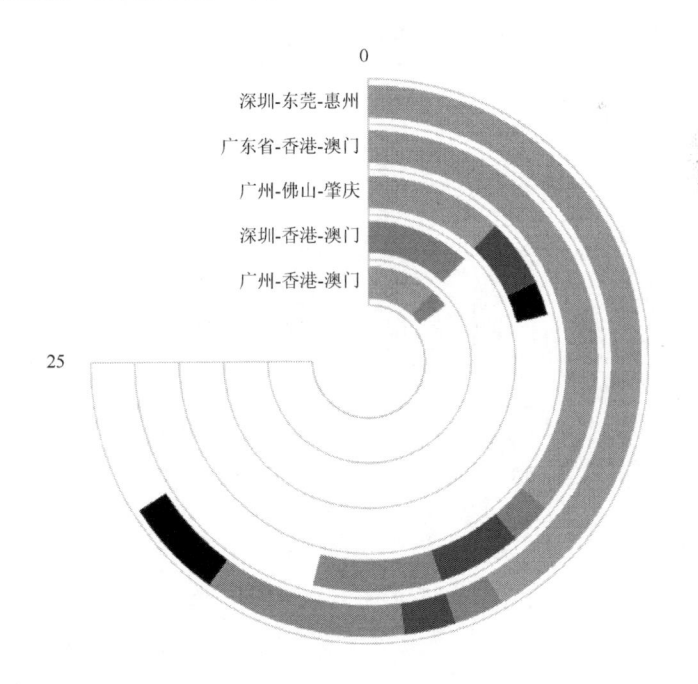

图 7-7 粤港澳大湾区多边政策合作频率（以相关文件数量度量）最高的五组城市及政策主题分布

7.2.2.4 上下关系

上下关系型政策主要表现为中共中央、国务院及其部门机构直接面向粤港澳三地发布的区域发展指导性政策。与一般意义上的"央地关系"有所区别的是，上下关系型政策的侧重点并不在于中央与地方政府的广义权力关系，而是聚焦于中央政府站在国家整体发展利益的主体视角统筹区域发展战略、协调地方主体、促进合作共建，以及地方政府依据中央政府提出的大政方针有针对性地进行政策实施的行动逻辑之上。尤其在"一国两制"的制度框架下，香港、澳门高度自治，香港、澳门根据基本法管理行政事务，使得上下关系型政策的本质主要体现为中央政府为支持港澳长期繁荣稳定所提供的国家层面的机制保障。也正因如此，在各类上下关系政策中，香港、澳门作为政策受体的出现频率远远高于其他政策受体（图7-8）。

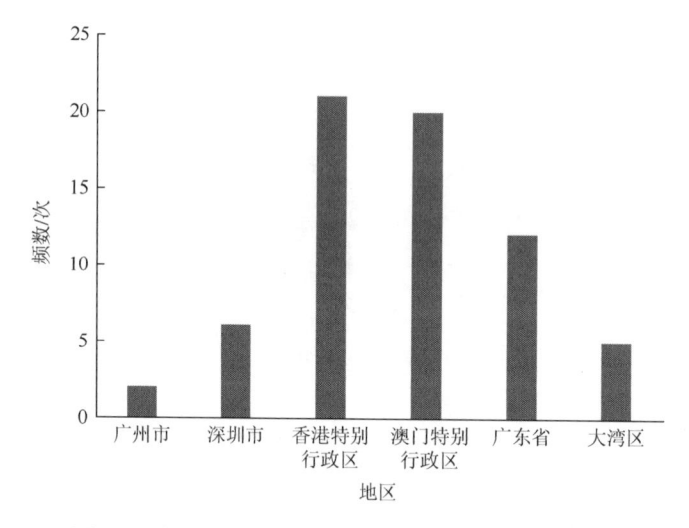

图7-8 粤港澳大湾区上下关系政策对应政策受体频数

中央政府是粤港澳大湾区建设的引导者和推动者。本书研究期内中央政府共计发布了100份政策，政策内容主要包括：①为协调香港、澳门特别行政区与珠三角九市或内地其他省市的经贸、人员往来、行业管理等领域的事务关系，由中央政府及其部门机构制定的面向港澳居民/企业、由内地城市实施的相关政策，占全部上下关系型政策的59%；②以中央政府及其部门机构名义制定的粤港澳大湾区发展规划、专项规划及实施配套政策；③围绕建设深圳中国特色社会主义先行示范区等议题，结合粤港澳大湾区建设的特定需要而专门发布的政策。

7.2.3 政策机制特征

7.2.3.1 高层级政策逐级向下传导，消弭了地方边界

与过往的"珠三角""大珠三角"等名义下的区域政策相比，被冠以"粤港澳大湾区"的新一轮区域行动中出现了来自中央政府的强有力政策姿态。国家层面的政策介入打破了过往珠三角地方主体各谋其利、协调不足的状况，使大湾区完成了由以地方主导合作向国家战略嵌入的发展机制转变（文宏等，2019），并体现为中央政府及其部门机构在近年来集中发布大量政策文件。由于"一国两制"、三个关税区的制度环境，部分涉及大湾区城市间关系的协调必定需要经由中央事权来开展，而中央层面的政策供给也在客观上提升了地方政府的战略共识，加强了地方行动在目标层面的一致性，提高了中央政府在区域场景下对地方的动员能力。从政策分析结果看，大湾区已初步形成"国家顶层设计—省级统筹推动—市级以下逐级落实"的政策运作逻辑，高层级政策通过逐级向下传导，客观上消弭了传统意义上的地方行政边界，将粤港澳大湾区从相对分散化的城市板块组织成为一体化的区域板块。

7.2.3.2 政策供给部分适应了多层级治理结构，市级层面双向互动有待提高

在"粤港澳大湾区"的政策名义和空间范畴下，嵌套了广深港澳科技创新走廊、大湾区综合性国家科学中心等专业化治理体系，广州都市圈、深圳都市圈等多边治理机制，广佛同城化、深汕合作区、河套深港科技创新合作区等双边合作机制，前海、横琴、南沙三大特别合作区等依托自由贸易试验区的对外开放平台机制以及其他大量依托市场、社群联系的地方协作机制，大湾区事实上已形成了"多层级治理结构"（张福磊，2019）。从政策分析结果看，市级层面的多边合作政策供给基本延续了《粤港澳大湾区发展规划纲要》公布前的政策态势，但是市级层面单向政策比例过高、与其他城市的双向互动不足，区县及以下级的政策合作显著不足。

7.2.3.3 面向港澳的政策出口繁多、形式多元，但政策效用待评估

在高层级政策的有力传导之下，大湾区内地城市大规模发布面向港澳的

公共政策。短短三年内,相关政策主体已制定了数百项适用于港澳企业、个人的各类政策文件。但从政策目标受体的角度看,繁多的政策总体呈现出效力层级不清、适用主体模糊的特征,且因大湾区缺乏对港、对澳政策发布的统一窗口和政策协调推进的统筹主体,港澳企业和个人难以针对性获知、应用所需政策。

7.2.3.4 广州、深圳缺乏政策互动

广州、深圳是大湾区人口、经济规模最大的两座城市。过往研究表明,广深两市的企业联系紧密(熊瑶和黄丽,2019)且主导功能发展相对错位(郭磊贤等,2021),具有较强的市场经济联系。但本书研究表明,广深两市间缺乏政策层面的互动和协调,且跨都市圈、经济圈的协作机制建设较为缓慢。

7.3 协同发展政策创新的主要方向

7.3.1 增强政策互动水平,匹配双向发展诉求

鼓励以现有单向关系协同发展政策为基础,提升政策目标受体城市对政策制定主体城市的主动政策响应水平,改进局部地区有单向政策供给但无双向政策互动的现状。打破上下关系传导下地方的被动响应惯性,搭建跨行政层级的对话机制,实现协商主体与执行主体的统一,在匹配双向发展诉求的基础上扩大双向政策供给;发挥公共政策的引导作用,以跨界合作平台或跨界基础设施规划建设为触媒,开展小范围双边政策合作试点,通过政策联合促进要素资源的合理流动与优化配置,加快边界消融。

7.3.2 推动区县及以下层级的政策与业务合作

在发挥高层级政策的引导作用、鼓励地方政策继续"向上看"的同时,应进一步加强基层横向政策协作,使政策供给关系更加匹配治理结构。面对大湾区内部的行政尺度和空间尺度不对等的状况,灵活运用尺度升维、降维手段,将行政层级本不完全对等的地方主体置于同一政策对话平台,使区县以下主体同样有机会参与政策合作;通过共编规划、共建项目、共享资源、共治政务等形式扩大政

策合作的形式和途径,授权并加强地方业务部门间的直接政策沟通,促进对生态环境治理、基础设施共建、公共服务共享等区域协同发展事务的有效应对。

7.3.3 适度统筹整合各级各类对港、对澳政策

整合大湾区各地面向港澳目标受体的公共政策,明晰相关政策的效力层级,有效解决当前大湾区对港、对澳政策在一定程度上存在的供给端无序和供需方之间信息交流不畅、政策效率低下等问题,增强大湾区内地九市与港澳之间的事务管理沟通效率及效力。后续尤需进一步协调以前海、横琴、河套等内地与港澳合作平台为主体的政策和其他市、区、县对港、对澳政策的相互关系,通过对政策内容与优先级的调整优化,促进以自由贸易试验区等重大合作平台为核心的粤港澳大湾区对外开放与合作空间秩序的塑成。

7.3.4 加速跨都市圈的政策渗透和融合

当前,大湾区跨都市圈/经济圈的渗透和融合已经启动,东西向的合作联系网络正在加密。但在南北方向上,都市圈尺度的小范围协同仍然优先于全域协同,集中表现为广深双城的协同不足。肩负粤港澳大湾区中心城市的使命和责任,广深应发挥引领和示范作用,在竞争中寻找合作空间,加强政策协调和联动水平。广东省"十四五"规划已明确提出要深化广深"双城"联动,建设具有全球影响力的大湾区"双子城",两市也已通过举办"双城联动"论坛等活动创造政策衔接的机会,并已在政府层面建立专门工作、绿色通道、政策协调、督查督办、信息反馈、对口指导、资源共享等七方面的特事特办机制。后续,广深两市需要进一步加强政策合作,提供更多面向大湾区市场和社会主体的政策空间。

7.4 结合新技术优化城市群协同发展机制

城市群协同发展政策的运作逻辑在于其背后的发展机制,其基础是决策机制,决策机制的基础又是信息机制和决策组织机制。随着城市群协同事务多主体协同、多事务领域、多决策目标的特点日趋凸显,过往的议事决策机制将难以充分胜任解决其中涉及的城市群协同问题,数字化网络化手段作为客观信息辅助决策的技术工具,将为城市群协同发展机制的优化提供新的思路与抓手。

7.4.1 城市群协同发展机制的现状及局限性

当前，尽管出现了工作专班等微观层次的城市群新对接机制，进一步丰富并完善了城市群协同发展路径，但城市群协同更多时候仍是依托联席会议构成的组织机制。联席会议上开展的单一领域或跨领域的综合决策，主要借助城市群范围内各类统计数据或专类采集数据的交汇。数据的类型多寡、精细程度、频度，很大程度上影响了决策的质量。此外，有别于欧洲大都市区议事会，大湾区城市群的联席会议，并未纳入市场主体和社会团体，而是完全依靠政府进行决策（图 7-9）。

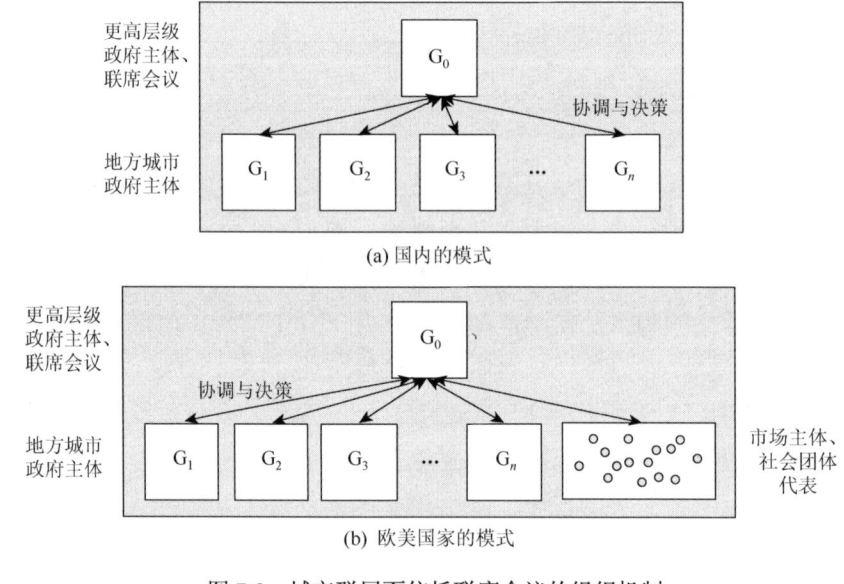

(a) 国内的模式

(b) 欧美国家的模式

图 7-9　城市群层面依托联席会议的组织机制

对于产业、环境、资源、服务、政务等协同发展各主要领域事务而言，核心协调对象在于城市群中的数量有限、架构清晰、行动具有一致性但具有地方化利益诉求的各级、各部门政府主体，以及数量庞大、行动逻辑分散的市场和社会主体。

产业发展的核心主体是企业。同时，在城市群内部政府间竞争机制以及地方政府利用土地资源和地方投融资平台进行"公司化"运行的逻辑机制下，地方政府同样也是重要的产业发展主体。通常情况下，城市群产业发展协调主要针对城市内部各个城市产业方向同质化竞争、重大产业项目选址、地方政府招商引资与企业落地匹配、产业链与产业集群的组织等核心场景。由于市场逻辑对于产业发展的作用相对显著，产业领域的协调难度较大，主要采取更高层级政府主体协调与决策或政府-市场主体博弈求解的方式进行（图7-10）。

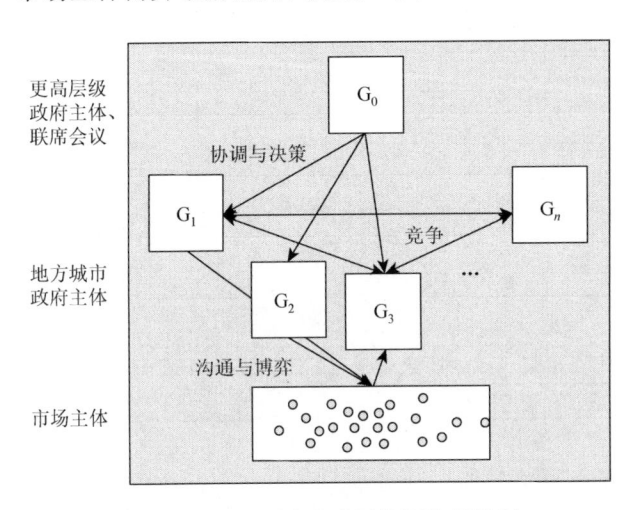

图7-10 城市群产业发展协调统筹机制

在城市群资源配置、环境治理、政务安排层面，更高层级政府下达考核目标，各级地方政府直接予以落实并接受监督。同时，地方政府之间就具体合作场景下衍生出的协同事务开展双边、多边协调与博弈（图7-11）。

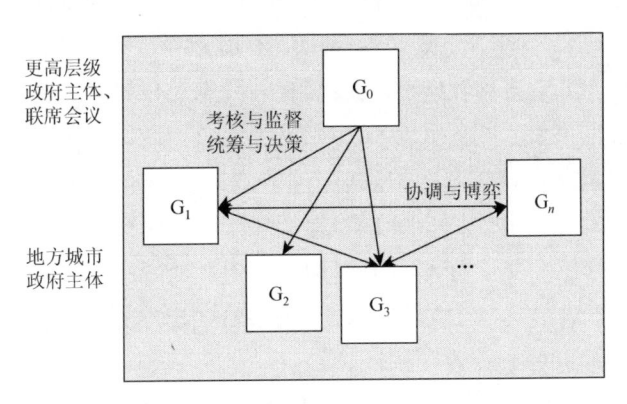

图7-11 城市群资源配置、环境治理、政务安排协调统筹机制

在服务共享领域，地方政府和市场主体是服务的供给方，大量的社会主体是服务的需求方。在市场经济环境下，商业服务的协调主要通过市场供需机制

进行解决。城市群的服务协调重点主要在于住房、教育、医疗等面向各类社会主体的公共服务，交通出行等依托公共资源、面向各类社会主体的准公共服务，商事、物流、创新等面向市场主体的公共服务。由于公共服务供给主要是地方政府的事务，因此上层次统筹的作用相对较弱，但在涉及制度协调的国际化医疗、教育等服务方面，仍然需要来自更高层级政府主体和联席会议的协商安排（图 7-12）。

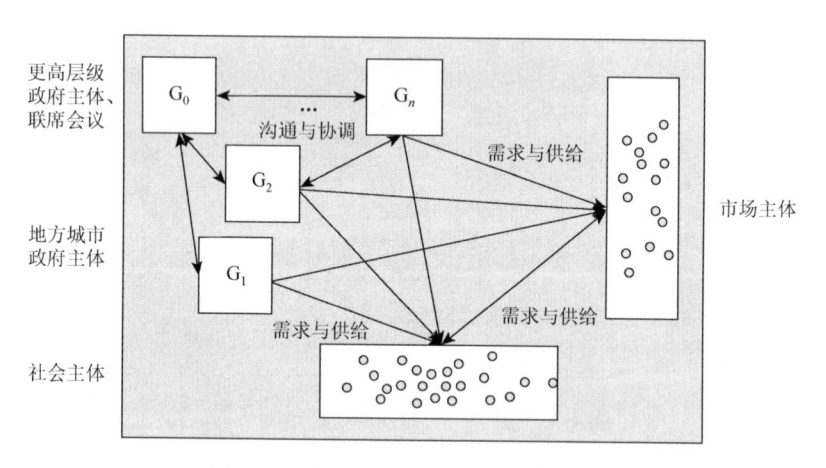

图 7-12 城市群服务共享协调统筹机制

依托联席会议搭建的协同组织机制，其运作效率和推行效果不一。在广-佛等相对紧密的都市圈尺度，面对单一领域事务，综合联席会议或部门联席会议能够解决具体的问题。但面对多领域、跨部门、多元主体的复杂事务，联席会议难以响应并兼顾各个城市、各个主体的发展需求，且无法化解多主体、多目标情境下各目标之间存在的某种矛盾性，出现的相关矛盾只能通过上级议事机构、决策机构协调。在此情境下，一年一度的联席会议虽未停摆，但其象征意义大于实质作用。换言之，随着城市群协同事务趋于综合多元，延续过往的协调机制将使得地方政府之间的竞争、协调、衔接、博弈规模过大，沟通成本过高，或使得上级议事、决策机构"不堪重负"，造成信息交互与决策依据不充分，不利于城市群科学发展与高效、合理运转。

7.4.2 ICT 模块介入下的协同发展机制优化方式

应用数字化网络化手段是提升城市群协同发展综合决策与协同服务水平

的重要途径之一。数字化网络化手段在技术层面可以帮助解决一些跨区域的管理问题，例如智能电网可以通过 ICT 技术集成实现大区域供电系统的优化和共享，提高整体供电效率；电子地图可以不受地域的限制实现点对点汽车导航。与传统城市群协调机制相比，城市群协同的数字化治理在技术层面的本质差异在于 ICT 技术的介入。城市群数字化治理涉及的 ICT 技术模块包括架构、数据、模型、应用等部分，本节在分析城市群协同发展综合决策与协同服务机制时，以 ICT 模块统一指代城市群数字化治理所需涉及的架构、数据、模型和应用技术。

在信息机制的支持下，传统城市群协同发展的统筹组织机制得以实现优化，提高决策的科学性和效率。经过多元数据、大数据的输入、计算和输出，更加客观、全面的信息及分析结论得以提供给决策组织中的各个主体。在一定的运行规则下，一方面一部分主体能够自主决策更优的行动方向，将显著降低需要通过更高层级政府主体或联席会议统筹决策的事务规模，另一方面更高层级政府主体或联席会议得以同时知晓各类判断依据，提高决策效率。

假设在传统模式下，参与协调统筹的 n 个地方城市政府主体中的每个主体都要向更高层级的政府主体或联席会议传递 k 比特的信息，同时更高层级的政府主体或联席会议需要对各个地方城市主体传递的信息进行逐一分析判断，则该统筹组织需要处理的总信息量为 nk 比特，需要用于决策的时间为 nk 个单位。如果在 ICT 模块的参与下，假使地方政府能够通过更有效的信息交互自主决策优化行动，减少 1/2 的事务协调规模，同时更高层级政府主体得以同时提高决策效率，减少 1/2 的决策时间，则该统筹组织需要处理的总信息量为 $0.5nk$ 比特，需要用于决策的时间为 $0.25nk$ 个单位，这就意味着该组织的统筹效率提升为 4 倍。进一步，如果数字化网络化水平持续提升，则城市群将摆脱对于上级议事机制的依赖，更高层级政府主体或联席会议只需要保持相对较低的议事频率就可解决重大问题（图 7-13）。

7.4.3 ICT 模块介入下单一领域和跨领域场景应用

在产业协同发展这一单一领域，当城市群内部各个城市、各个园区的土地成本、生产成本、物流成本、用工成本、产业政策、科技基础设施等信息得以充分集成，形成产业地图、产业图谱等数字化产品，为企业选址、发展和政府制定产业政策、为企业和人才服务提供决策支持，则企业自主作出最优决策的可行性显著提升，也将降低政府和市场主体之间的信息不对称，降低地方政府主体间的额外竞争损耗（图7-14）。

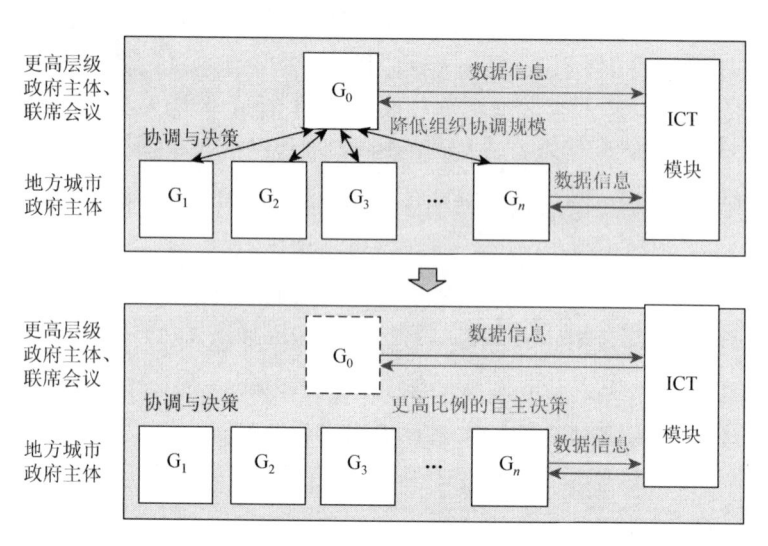

图7-13　ICT模块介入下的城市群协同发展的决策组织优化机制

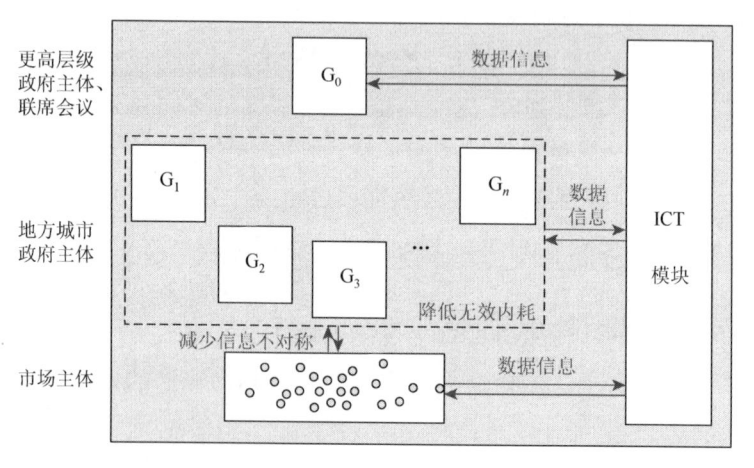

图7-14　ICT模块介入下的城市群产业协同发展机制

在资源协同配置、环境协同治理、政务协同安排等单一领域，数据和信息的核心作用在于比选最优、次优安排，并提供成本、收益等参考，从而压缩地方城市主体之间以及地方城市主体与更高层级政府主体之间的无效博弈，提高决策的效率与科学性，以城市群整体为对象进行整体分析和规划安排，减少"局部最优但整体非最优"出现的可能（图7-15）。

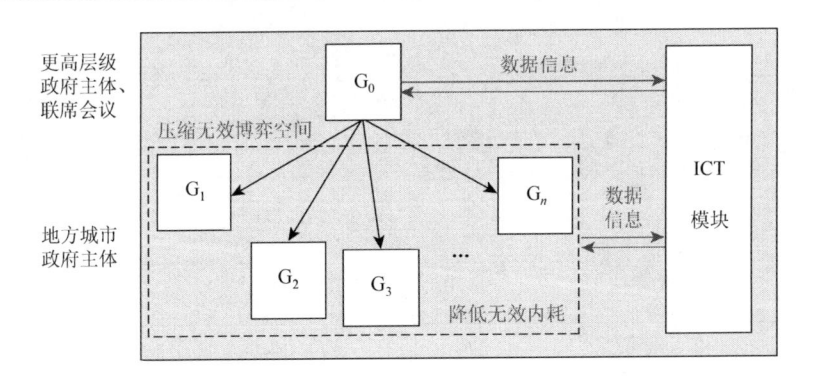

7　粤港澳大湾区城市群协同发展的政策机制　　　　·265·

图 7-15　ICT 模块介入下的城市群资源协同配置、环境协同治理、政务协同安排机制

在服务协同共享单一领域，通过不同城市的地方政府主体、市场主体和社会主体的信息交互，借助预测、预约、排队、提示等机制，实现规划、建设安排、实时响应等情景下各类服务资源的优化供给与合理使用（图 7-16）。

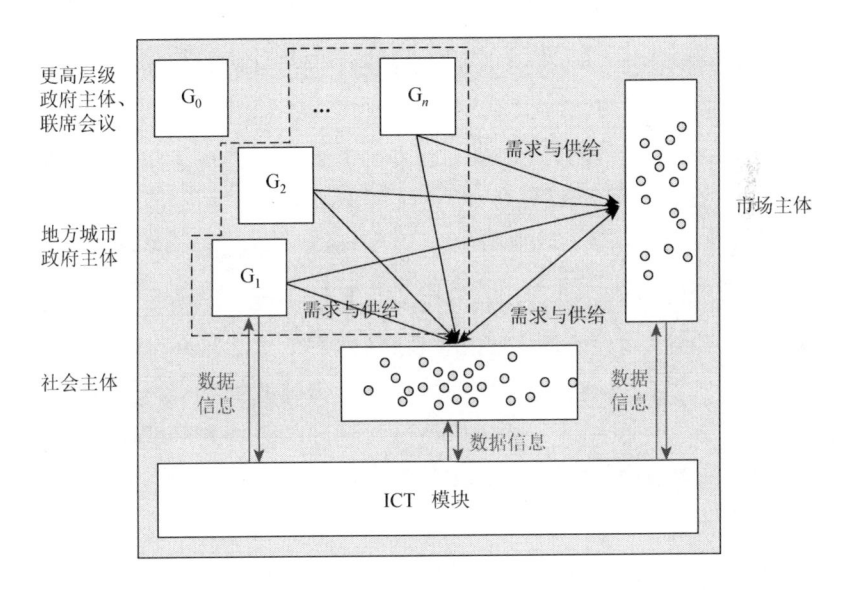

图 7-16　ICT 模块介入下的城市群服务协同共享机制

将上述几种单一领域统筹机制进行叠加后，获得具有相对普适性的城市群协同发展跨领域综合协调统筹机制（图 7-17）。

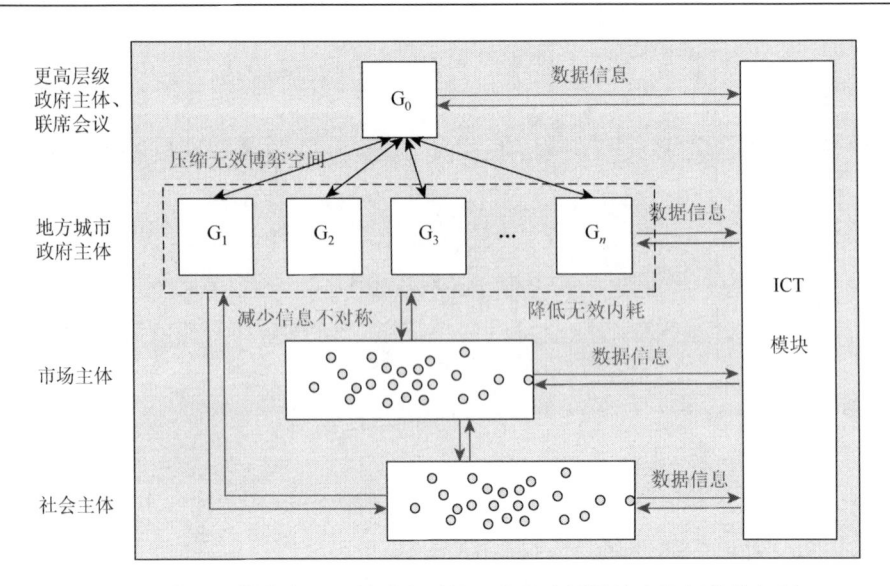

图 7-17　ICT 模块介入下的城市群协同发展跨领域综合协调统筹机制

7.5　加强粤港澳大湾区政策协调，优化城市群统筹机制

历经四十年改革开放探索与实践，粤港澳大湾区成为我国经济活力最强、开放程度最高的区域之一。从"世界工厂"到"世界湾区"，粤港澳大湾区始终是中国经济增长的动能和支点，也是中国以城市群协同发展协调区域经济的核心试验场。在粤港澳大湾区内部，既有在高度市场化环境下诞生的国际金融中心、国际航运中心，也有在计划经济向市场经济过渡探索中成长起来的全球制造中心和新兴科创中心。制度多样性是粤港澳大湾区不同于国内其他城市群的特性，特别行政区、经济特区、自贸试验区、先行示范区等制度的叠加为区域合作提供了更为多元的选择空间，也带来了制度势差，使得大湾区内参与主体、实施机制、协调问题更为复杂多变。

粤港澳大湾区的制度特殊性使得其协作政策制定和统筹机制确立需以中央和粤港澳三地协商的方式推进，这种自上而下与多方协商兼具的制度特性催生了其他城市群所不具备的政策机制创新可能性。在粤港澳大湾区升级为国家战略的短短数年中，政、企、学界都在积极对"粤港澳大湾区"进行学术、政策和实践层的再阐释，并以一系列的机制体制调整、协同政策供给、试点平台承载、基础设施建设推动粤港澳大湾区深度协同与区域一体化从愿景转变为现实。

公共政策是城市群协同发展的重要作用机制。现阶段，粤港澳大湾区的区域协同政策供给与多层级治理结构之间仍存在一定的不匹配现象。后续，粤港澳大湾区的政策行动应在持续发挥高层级政策传导作用的同时，尽可能增加双向的政策互动，尤其是加强邻域城市、区县和专业部门间以及广深两个中心城市之间的政策联动。此外，还需加大对面向港澳的政策的统筹力度，化解政策多而繁的问题，使城市群内部的协同发展政策更好地发挥引导要素资源合理有序流动的作用。作为具有复杂行政架构的跨境区域，粤港澳大湾区在面对不同制度层次与领域的合作时，需要在实践过程中依循"一国两制"框架，层层开拓制度空间和改革空间。粤港澳大湾区的区域协同发展注定没有"通用解""唯一解"，必须基于对"点对点"式的政策机制创新和协同发展实践的探索，提升地方政府在区域尺度下调校自身资源配置的能力，才能实现区域发展整体愿景向具体行动的有效传导和双向校验。而伴随经济社会数字化转型的新趋势，粤港澳大湾区城市群协同发展机制也需要充分借助数字化网络化工具加以优化，搭建起数字化治理的框架体系，提高城市群协同发展综合决策的效率，形成科学、高效、智慧的城市群协同发展机制。

参 考 文 献

郭磊贤，吴晓莉，郭晓芳，等，2021. 城市网络关系中的广州、深圳城市功能研究：基于对航空客流来源地的比较分析[J]. 热带地理，41（2）：229-242.

文宏，吕映南，林彬，2019."调适性互动"：我国地方政府间合作的现实模式与机制：以粤港澳大湾区为例[J]. 华南理工大学学报（社会科学版），21（3）：11-19，2.

熊瑶，黄丽，2019. 粤港澳大湾区城市网络的时空演化：基于企业组织关系视角[J]. 世界地理研究，28（5）：83-94.

张福磊，2019. 多层级治理框架下的区域空间与制度建构：粤港澳大湾区治理体系研究[J]. 行政论坛，26（3）：95-102.